화엄경소론찬요
華嚴經疏論纂要

화엄경소론찬요 ⑭
華嚴經疏論纂要

● 일러두기 ●

1. 이 책의 원서는 명말청초 때의 승려인 도패 스님*이 약술 편저한 《화엄경소론찬요》이다. 《대방광불화엄경》 80권본을 기초로 하여, 경문에 청량 스님의 소초(疏鈔)와 이통현 장자의 논(論)을 붙여 상세하게 풀이하였다.

2. 경(經), 소(疏), 논(論)은 원문에 토를 붙여서 그 뜻을 이해하기 편하도록 했으며, 원문 바로 아래 번역문을 넣었다.

3. 원문을 살려 그대로 옮겨 놓음을 원칙으로 하다 보니 본문의 제목 번호에 있어서 다소 혼동이 올 수 있다. 그럴 경우 목차를 참고하기 바란다.

4. 산스크리트어 표기는 〈표준국어대사전〉과 〈불광 사전〉 등에 등재된 음역어를 사용하였으며, 불교 용어에 대한 설명은 주로 〈불광 사전〉을 참고하였다.

5. 내용을 좀 더 쉽게 풀기 위하여 중간에 체계가 약간 바뀌었음을 밝힌다.

※ 위림도패(爲霖道霈, 1615-1702) 스님은 명말청초 때의 조동종 승려이다. 14세 때 백운사(白雲寺)에서 출가하여 경교(經敎)를 공부했다. 영각원현을 모시며 법을 이었고, 천동산(天童山) 밀운원오(密雲圓悟)에게 배워 크게 깨달았다. 그 후 백장산(百丈山)에 암자를 짓고 5년 동안 정업(淨業)을 닦았다. 나중에 고산(鼓山)으로 옮겨 20여 년 동안 살았는데 귀의하는 사람이 매우 많았다.
저술로는 《인왕반야경합소(仁王般若經合疏)》 3권을 비롯하여 《화엄경소론찬요(華嚴經疏論纂要)》 120권, 《법화경문구찬요(法華經文句纂要)》 7권, 《불조삼경지남(佛祖三經指南)》 3권, 《위림도패선사병불어록(爲霖道霈禪師秉拂語錄)》 2권, 《여박암고(旅泊庵稿)》 4권, 《선해십진(禪海十珍)》 1권, 《사십이장경지남(四十二章經指南)》, 《불유교경지남(佛遺敎經指南)》, 《고산록(鼓山錄)》 6권, 《반야심경청익설(般若心經請益說)》, 《팔십팔불참(八十八佛懺)》, 《준제참(準提懺)》, 《발원문주(發願文註)》 등이 있다.

• 간 행 사 •

《화엄경소론찬요》 번역서를 간행하면서

《화엄경》은 비로자나 세존께서 보리도량에서 처음 정각을 성취하신 후, 일곱 도량 아홉 차례의 법문에서 일진(一眞)의 법계(法界)와 제불의 과원(果願)을 보여주시어 미묘한 현지(玄旨)와 그지없는 종취(宗趣)를 밝혀주신 최상의 경전이다. 이처럼 《화엄경》은 법계와 우주가 둘이 아닌 하나로 그 광대함을 말하면 포괄하지 않음이 없고, 그 심오함을 말하면 갖춰져 있지 않음이 없어 공간으로는 법계에 다하고 시간으로는 삼세에 통하고 있다.

이러한 이유에서 《화엄경》은 근본 법륜으로 중국은 물론 동양 각국에서 높이 받들며 수많은 주석서가 간행되어 왔다. 그러나 세상에 널리 알려진 것은 청량 국사의 《대방광불화엄경소초(大方廣佛華嚴經疏鈔)》와 통현 장자의 《대방광불화엄경론(大方廣佛華嚴經論)》이다. 소초(疏鈔)는 철저한 장구(章句)의 분석으로 본말을 지극히 밝혀주었고, 논(論)은 부처님의 논지를 널리 논변하여 자심(自心)으로 회귀하고 있는 것이 특징이다. 이처럼 청량소초와 통현론은 양대 명저(名著)로 모두 수증(修證)하는 데에 지극한 궤범(軌範)이었다.

탄허 대종사께서는 이러한 점을 토대로 통현론을 주(主)로 하고 청량소초를 보(補)로 하여 번역하심으로써 《화엄경》이 동양에 전해진 이후 동양 최초의 《화엄경》 번역이라는 쾌거를 이룩하셨다. 일찍이 한국불교에 침체된 화엄사상은 대종사의 번역에 힘입어 다시 온 누리에 화엄의 꽃비가 내려 화엄의 향기로 불국정토를 성취하여 더할 수 없는, 지극한 법륜을 설하셨다.

그러나 대종사께서 열반하신 이후, 불법은 날로 쇠퇴하고 중생의 근기는 날로 용렬하여 방대한 소초와 논을 열람하기에는 역부족이었다. 이에 대종사의 《화엄경》을 다시 한 번 밝히기 위해서는 또 다른 모색을 필요로 할 시점에 이르렀다. 보다 쉽게 볼 수 있고 간명한 데에서 심오한 데로, 물줄기에서 본원을 찾아갈 수 있는 진량(津梁)을 찾지 않는다면 대종사의 평생 정력을 저버리게 된다는 절박한 마음이 없지 않았다.

청대(淸代) 도패(道霈) 대사는 청량의 소초와 통현의 논 가운데 그 정요(精要)만을 뽑아 《화엄경소론찬요(華嚴經疏論纂要)》를 편집하였다. 이는 매우 방대한 소초와 논을 축약하여, 가까이는 청량 국사와 통현 장자의 심법을 전수하였고 멀리는 비로자나불의 묘체(妙諦)를 밝혀주는 오늘날 최고의 《화엄경》 주석서이다.

이에 《화엄경소론찬요》를 대본으로 하여, 다시 대종사의 번역서를 참고하면서 현대인이 보다 쉽게 이해할 수 있는 번역서를 간행하기에 이르렀다.

이제 돌이켜 생각하면 무상한 세월 속에 감회가 적지 않다. 내지난날 출가 입산하여 겨우 이레가 되던 날, 처음 접한 경전이 《화엄경》이었다. 행자 생활을 시작한 영은사는 대종사께서 오대산 수도원이 해산된 후, 이의 연장선상에서 3년 결사(結社)를 선포하시고 《화엄경》 번역이라는 대작불사를 시작하여 강의하셨던, 한국불교사에 한 획을 그려준 역사의 도량이었다.

그 당시 대종사께서는 행자인 나에게 《화엄경》을 청강하라 하시면서 "설령 알아듣지 못할지라도 들어두면 글눈이 생겨 안 들은 것보다 낫다."고 권면하셨다. 이제 생각해보면 행자 출가 즉시 《화엄경》 공부 자리에 참여했다는 것은 전생의 숙연(宿緣)이 아니었으면 어떻게 그 당시 그 법회에 참석이나 할 수 있었겠는가. 이는 행운 중 행운으로 다겁의 선근공덕이 아닐까 생각되며, 아울러 늦게나마 대종사의 영전에 하나의 향을 올리는 바이다.

처음 《화엄경》 설법을 듣는 순간, 끝없는 우주법계의 장엄세계가 황홀하고 법계를 맑혀주고 무진 보배를 담고 있는 바다의 불가사의한 공덕이라는 대종사의 사자후가 머릿속에 쟁쟁하게 울려왔을 뿐, 그 도리를 이해한다는 것은 나의 근기로써는 도저히 불가능한 일이었다. "쭉정이만도 못하다."고 꾸지람을 하시던 대종사의 방할(棒喝)을 맞으며 영은사에서의 결사가 끝난 후, 나는 단 한 번도 《화엄경》을 펼쳐 볼 엄두를 내지 못했다.

그러던 몇 해 전, 무비 스님께서 범어사에서 《화엄경》을 강좌하시면서 서울에서도 《화엄경》 강좌를 열어보라고 권할 적만 하더라도 언감생심 《화엄경》을 강의하겠다는 생각을 하지 못하였다. 그러나 씨앗을 뿌려놓으면 새싹이 돋아나듯, 반드시 인연법은 사라지지 않는 모양이다. 영은사에서의 《화엄경》 인연이 자곡동 탄허기념박물관에 화엄각건립불사를 발원하게 되었고, 화엄각건립불사를 위하여 《화엄경》 강좌를 열기에 이를 줄은 꿈에도 생각지 못하였다.

미력한 소견으로 강좌를 열면서 정리된 강의 자료를 여러 뜻있는 이들과 다시 한 번 토론하고 강마하면서 우선 〈세주묘엄품〉 출간을 시작으로 계속 연차적으로 간행하고 있다.

이 책이 간행되어 그동안 추진되어온 화엄각 창건 불사 또한 원만히 성취되길 기원한다. 이 귀한 인연공덕으로 다시 한 번 화엄사상이 꽃피어 온 누리에 탄허 대종사의 공덕이 빛나고, 아울러 화엄정토가 구현되어 남북의 통일과 세계의 평화가 이루어지길 진심으로 축원하는 바이다.

2023년 10월

五臺山 後學 慧炬 合掌 再拜

• 추천사 •

인류사에서 가장 위대한 화엄경의 가르침

평소에 늘 두려워하며 존경하는 도반 혜거 스님이 《화엄경소론찬요》를 번역하고 출판하여 이 분야의 사람들을 온통 놀라게 하였습니다. 본디 화엄경에 이 몸을 바친 사람으로서, 어찌 가슴 떨리는 일이 아니겠습니까. 《화엄경소론찬요》 번역을 세상에 알리고 추천하는 글을 이 우둔한 글솜씨로라도 백 번이라도 쓰고 싶습니다.

　　화엄경이란 무엇입니까? 만약 화엄경을 알지 못하면 불법의 이치를 알지 못합니다. 또 화엄경을 알지 못하면 사람이 본래로 청정법신비로자나 부처님이라는 사실을 알지 못합니다. 이 세상이 그대로 화장장엄세계라는 사실도 알지 못합니다. 세간과 출세간의 진리를 전혀 알지 못합니다. 아름다운 세상과 환희로운 인생을 결코 알 길이 없습니다. 그러니 화엄경을 읽지 않고 어찌 불교를 입에 담으며 어찌 부처님을 입에 담겠습니까. 그래서 청량(淸凉) 스님은 화엄경을 두고 "이 몸을 바쳐서 그 죽을 곳을 얻었다[亡軀得其死所]."라고 하였습니다. 이 얼마나 가슴 저미는 말씀입니까. 그러므로 "화엄경이 있고서야 비로소 불교가 있다."라고 하겠습니다.

화엄경이 흥하면 불교가 흥하고, 화엄경이 흥하면 국가가 흥하였습니다. 원효(元曉) 스님과 의상(義湘) 스님이 화엄경을 흥성(興盛)시키던 신라가 그러했으며, 청량 스님과 통현(通玄) 장자가 화엄경을 흥성시키던 당(唐)나라가 그러하였습니다.

거기에 더하여 찬요(纂要)란 무엇입니까? 그것은 청량 스님의 화엄경에 대한 소(疏)와 통현 장자의 논(論)을 잎과 가지는 남겨두고 뿌리와 큰 줄기에 해당하는 요점만을 추려서 모아온 것입니다. 마치 흙과 잡석들을 걷어내고 진금들만을 모아왔으니 이 어찌 빛나지 않겠습니까. 그래서 화엄경을 그토록 빛나게 한 것은 알고 보면 소론찬요(疏論纂要)였던 것입니다.

옛말에 "산고수장(山高水長)이요, 근고지영(根固枝榮)"이라 하였습니다. 근세 한국의 불교를 중흥시킨 경허(鏡虛) 스님은 수월(水月)·혜월(慧月)·만공(滿空)·한암(寒巖) 등 기라성 같은 제자들을 길러내었는데, 한암 스님 밑으로 선교(禪敎)를 겸비하신 희대의 대석학이요 대선사이신 탄허(呑虛) 큰스님이 계셨습니다.

한암 스님 밑에서 오래 사셨던 범용(梵龍) 스님은 평소에 상원사에서 한암 스님이 화엄경을 강의하시던 일을 들려주셨습니다. 당시 교재는 통현 장자의 《화엄경합론(華嚴經合論)》이었으며 중강(仲講)은 언제나 탄허 스님이셨으므로, 대중들이 모두 동원되는 큰 운력까지도 면해주셨다고 하였습니다. 그날의 그 화엄법수(華嚴法水)가 흘러 흘러 영은사의 혜거 행자에게까지 전해지더니 수십 년이 지난 오늘에는 드디어 이와 같은 《화엄경소론찬요》 출판 불사의 큰 바다를 이루게 되었습니다. 이 얼마나 기쁘지 아니합니까. 큰스님께서도 또한 크게 환희용약하시리라 믿습니다.

필자도 또한 작은 인연이 있어서 역경연수원 수학과 큰스님께서 《화엄경합론》을 번역하신 후 교열하고 출판하고 기념 강의를 하시던 일까지 함께하였으니, 가슴이 뜨거운 홍복(洪福)이라는 사실을 알고 있습니다. 그것에 더하여 처음 통도사 강주로 가기 전에 법맥을 전해주시어 큰스님의 뜻을 잇게 하였으니 더없는 영광이지만, 그 보답을 다하지 못하여 아직도 큰 짐을 내려놓지 못하고 있습니다.

앞으로 남은 시간이라도 혜거 화엄도반과 함께 인류사에서 가장 위대한 화엄경의 가르침을 깊이깊이 공부하여 더욱 널리, 더욱 왕성하게 펼쳐서 크나큰 은혜에 보답하려 합니다.

나아가서 이 아름다운 출판 불사에 뜻을 함께한 모든 분께도 큰 감사의 인사를 올리며 이 책이 만천하에 널리 유포되기를 마음 다해 추천하는 바입니다. 이 인연으로 부디 화엄의 큰 물결이 온 세상에 흘러넘쳐서 집집마다 평화와 행복이 가득하기를 기도드립니다.

나무 대방광불화엄경
나무 대방광불화엄경
나무 대방광불화엄경

신라 화엄종찰 금정산 범어사 如天 無比 삼가 씀

◉ 목차 ◉

간행사 《화엄경소론찬요》 번역서를 간행하면서 5
추천사 인류사에서 가장 위대한 화엄경의 가르침 9

화엄경소론찬요 제64권 ◉ 십지품 제26-5

◉ 제2. 이구지

- 대의大意 21
- 경문의 해석 25

제1. 찬탄하며 법을 청한 부분 25

제2. 바로 설법하는 부분 28
    [1] 제2 이구지離垢地의 행상을 밝히다 28
      1. 시작의 청정 28
      2. 자체의 청정 40
      1) 율법과 위의를 지키는 계攝律儀戒 46
      제1단락, 의지의 대상을 밝히다 46

화엄경소론찬요 제65권 ◉ 십지품 제26-6

◉ 제3. 발광지

- 대의를 밝히다 231
- 경문의 해석 241

제1. 찬탄하며 법을 청한 부분 242

제2. 바로 설법하는 부분 247

[1] 제3 발광지發光地의 행상을 밝히다 247
  1. 염행厭行을 일으키는 부분 248
  2. 염리厭離를 수행하는 부분 256
  1) 번뇌를 막는 행 257
  2) 소승小乘을 막는 행 274
  3) 방편으로 받아들이는 행 292
  3. 염리의 부분을 밝히다 315
  1) 수행 317
  2) 증득證得하여 들어가다 325
    (1) 증득하여 들어간 의미 327
    (2) 명제의 해석 330
    (3) 증득의 체성體性 332
    (4) 경문의 해석 334
      ㈀ 4가지 선정禪定 334
      ㈁ 4가지 공空 361

3) 증득하여 들어간 의미 380
4. 염행의 결과 부분을 밝히다 384
　1) 4가지 한량없는 마음四無量心 384
　2) 5가지 신통五神通 396
　3) 자제함을 총괄하여 끝맺다 416

[2] 제3 발광지의 과덕을 밝히다 418

제3. 금강장보살의 게송 438

화엄경소론찬요 제66권 ● 십지품 제26-7

● 제4. 염혜지

- 대의 449
- 경문의 해석 454

제1. 찬탄하며 법을 청한 부분 454

제2. 바로 설법하는 부분 458
　[1] 제4 염혜지焰慧地의 행상을 밝히다 458
　　1. 청정으로 다스려서 수행을 증장하는 원인이 되는 부분 459
　　2. 청정 부분 469

3. 청정으로 다스려서 수행을 중장하는 부분 483
1) 번뇌를 막는 행 484
제1단락. 명칭의 해석 484
제2단락. 같고 다른 점을 밝히다 485
제3단락. 체성을 밝히다 487
제4단락. 경문의 해석 491
   (1) 4념처四念處 492
   (2) 4가지 정근四正勤 521
   (3) 4가지 신족四神足 531
   (4) 5근五根의 현관現觀 방편의 도 539
   (5) 5가지 힘五力 543
   (6) 7가지 깨달음七覺 544
   (7) 8가지 바른 도八正道 550
2) 소승을 막는 행 558
4. 그 결과 부분 562
1) 장애를 여읜 결과 563
2) 공덕을 성취한 결과 571

[2] 제4 염혜지의 과덕을 밝히다 593

제3. 금강장보살의 게송 604

화엄경소론찬요 제64권
華嚴經疏論纂要 卷第六十四

◉

십지품 제26-5
十地品 第二十六之五

第二離垢地라
初는大意라

> 제2. 이구지
> 첫 부분은 대의이다.

◉ 疏 ◉

所以來者는 論云 '如是已證正位하야 依出世間道 因淸淨戒일새 說第二菩薩離垢地라하니라
言正位者는 卽初地見道니 是出世間이라 依此修於三學하나니 戒最在初일새 故先來也니라
前地에 雖證眞有戒로되 未能無誤일새 又以十度明義에 前施此戒일새 故次明之라
下之八地도 依十度次하야 以辨來意니 準此可知니라

> 이를 여기에 쓰게 된 이유는 논에서 다음과 같이 말하였다.
> "보살이 이처럼 이미 '바른 지위'를 증득하여, 출세간 도의 원인인 청정한 계를 따른 까닭에 제2 이구지를 여기에서 말한 것이다."
> '바른 지위'라 말한 것은 초지의 견도위이다. 이는 출세간이다. 이 초지에 의하여 戒·定·慧 3가지를 닦는바, 계율이 가장 첫 자리에 있기에 이를 먼저 쓰게 된 것이다.
> 앞의 환희지에서는 진여를 증득하고 지계를 지녔지만, 잘못이 없을 수 없기에 또다시 십바라밀로써 이치를 밝힐 적에 앞의 환희

지는 보시바라밀이고, 이는 지계바라밀이기에 다음으로 이를 밝힌 것이다.

아래의 나머지 八地도 십바라밀의 차례에 따라서 쓰게 된 의미를 말하고 있다. 이에 준하여 살펴보면 말하지 않아도 알 수 있다. 言離垢者는 慈氏云 '由極遠離犯戒垢故'라하니 謂性戒成就가 非如初地의 思擇護戒라 唯識亦云 '具淨尸羅하야 遠離微細毀犯煩惱垢故'라하며 十住毘婆沙에 '雖云行十善道라하나 離諸垢故'라하니 亦不異戒니라 瑜伽에 亦名增上戒住라 故此地中에 斷邪行障하야 證最勝眞如를 皆約戒明이니라

'때를 여읜다.'는 말은 미륵보살이 말하기를, "계율을 범하는 허물을 지극히 멀리 여의었기 때문이다."고 하였다. 이는 '본성적으로 이미 갖추어진 계율[性戒]'의 성취는 초지에서 생각하여 선택하고 계율을 수호하는 것과는 다름을 말한다.

성유식론 권9에서 또한, "모두 계율[尸羅]을 청정하게 지켜서, 미세하게 범하는 번뇌의 허물을 멀리 여의었기 때문이다."고 하였고,

십주대비바사론에서는 "비록 10가지 선한 도를 행한다고 말하지만, 많은 허물을 여의었기 때문이다."고 하니, 이 역시도 계율과 다르지 않다.

유가사지론 또한 "더욱 뛰어난 계율에 머문 것이다."고 말하였다. 이 때문에 제2 이구지에서는 삿된 행위의 장애를 끊고서 가장 훌륭한 진여를 증득하는 것은 모두 계율을 들어 밝히고 있다. 言邪行障者는 謂所知障中의 俱生一分과 及彼所起誤犯三業이

能障二地라 由斯二地에 說斷二愚와 及彼麤重이라 一은 微細誤犯愚니 卽上俱生一分이 此能起業이오 二는 種種業趣愚니 卽彼所起誤犯三業이니라

'삿된 행위의 장애'라 말한 것은 소지장 중의 俱生 일부분과 거기서 일으켜 잘못 범한 삼업이 제2지를 장애한 때문이다. 따라서 제2지로 인하여 '2가지 어리석음'과 추중번뇌의 단절을 말한 것이다.

'2가지 어리석음'이란 다음과 같다.

(1) 미세하게 잘못 범한 어리석음이다. 이는 위의 소지장 구생번뇌의 일부분이 여기서 업을 일으키는 것이다.

(2) 가지가지 업에 나아가는 어리석음이다. 이는 그 어리석음이 일으켜 잘못 범한 삼업이다.

言最勝者는 謂此眞如가 具無邊德하니 於一切法에 最爲勝故라 此亦由翻破戒之失하야 爲無邊德이니라【鈔_ 此亦由 下는 是疏釋意니 彌顯戒勝이라 故智度論第十五云 '大惡病中에 戒爲良藥이며 大怖畏中에 戒爲守護며 死愚暗中에 戒爲明燈이며 於惡道中에 戒爲猛將이며 死海水中에 戒爲大船이라하니 故云最勝이라 餘如戒經하니라】

'가장 훌륭하다.'고 말한 것은 진여에 그지없는 공덕을 갖춰 그 어느 법보다 가장 훌륭하기 때문이다. 이는 또한 파계한 허물을 뒤바꿔서 그지없는 공덕을 만들어 주는 것이다.【초_ '此亦由' 이하는 소를 쓴 이가 해석한 뜻으로, 계행이 훌륭함을 보다 더 밝힌 것이다. 이 때문에 대지도론 권15에서 말하였다.

"큰 병에는 계율이 좋은 약이요, 큰 두려움에는 계율이 든든한 지킴이요, 생사의 어리석은 어둠 속에는 계율이 밝은 등불이요, 사나운 악도에는 계율이 용맹한 장수요, 생사윤회의 바다에는 계율이 큰 배이다."

이 때문에 가장 훌륭하다고 말한다. 나머지는 계경에서 말한 바와 같다.】

是以로 成於戒行하야 得於最勝無等菩提之果라 竝寄於戒하야 顯地相別이 雖經論文異나 大旨不殊니라

이런 까닭에 계행을 성취하여, 가장 훌륭하고 짝할 수 없는 보리의 과덕을 얻게 된다. 아울러 계행에 붙여 십지 양상의 차별을 밝힌 부분이 본경과 논의 문장이 다르긴 하지만 큰 의미는 다르지 않다.

◉ 論 ◉

何故로 名爲離垢地오 爲此位治上上十善戒니라 上上十善戒는 卽法身性戒니 能自體無垢故라 故名離垢地也라하니라

무엇 때문에 이구지라 말하는가? 이 지위에서 가장 좋은 10가지 善戒를 다스리기 때문이다. 가장 좋은 10가지 선계는 바로 법신 性戒이다. 그 자체에 때가 없기 때문이다. 이러한 연유로 이를 이구지라 말하였다.

次는 正釋文이라 文分三分이니 初는 讚請分이오 二는 正說分이오 三은 重頌分이라 今初에

다음은 경문의 해석이다.

경문은 3부분으로 나뉜다.

제1. 찬탄하며 법을 청한 부분,

제2. 바로 설법하는 부분,

제3. 게송 부분이다.

이는 첫 부분이다.

經

諸菩薩聞此　　　最勝微妙地하고
其心盡淸淨하야　一切皆歡喜라

보살들이 이구지란
가장 미묘한 지위임을 듣고서
그 마음 모두 청정하여
모든 보살 기뻐하나이다

皆從於座起하사　踊住虛空中하야
普散上妙華하고　同時共稱讚하사대

모두 자리에서 일어나
허공중에 뛰어올라

아름다운 꽃 널리 흩뿌리고

일시에 모두 찬탄하였어라

善哉金剛藏
善說於此地

大智無畏者여
菩薩所行法일세

훌륭하다, 금강장보살이여

큰 지혜로 두려움 없음이여

보살이 행할 법을

잘도 말해주었어라

◉ 疏 ◉

五頌을 分二니 初三은 慶聞初地오 後二는 請說二地라
今初에 前二는 經家가 敍其三業慶喜오 後一은 發言申讚이라 然此
慶聞이 亦屬前地니 以領前請後故로 皆判屬後라

5수 게송은 2부분으로 나뉜다.

앞의 3수 게송은 초지 법문을 잘 들었다고 찬탄함이며,

뒤의 2수 게송은 제2지 법문의 설법을 청한 것이다.

앞의 3수 게송 가운데, 앞의 2수 게송은 경전 편집자가 삼업의 즐거움을 서술하였고, 뒤의 1수 게송은 말하여 거듭 찬탄하였다. 그러나 여기서 잘 들었다고 찬탄함은 또한 앞의 초지에 속한 부분이지만, 앞부분을 이어받아 뒤의 법문을 청한 까닭에 이 모두가 뒤의 제2지에 속한 것으로 판단하였다.

解脫月菩薩이　　　　知衆心淸淨하야
樂聞第二地의　　　　所有諸行相하고

　　해탈월보살이
　　대중의 마음이 청정하여
　　제2지에서 행할 일들을
　　기꺼이 듣고자 함을 알고서

卽請金剛藏호되　　　大慧願演說하소서
佛子皆樂聞　　　　　所住第二地하나이다

　　금강장보살께 청하기를
　　큰 지혜 지니신 분이여, 연설하소서
　　불자들이 모두 기쁨으로
　　제2지에 안주할 바를 듣고자 합니다

● 疏 ●

後二中에 亦初는 序요 後는 請이라

　　뒤의 2수 게송 가운데, 앞의 게송은 대중의 마음을 말했고, 뒤의 게송은 법을 청함이다.

第二 正說分

中에 先은 明地相이오 後는 彰地果라

前中에 分二니

一은 發起淨이니 卽是 入地心이오

二는 自體淨이니 卽住地心이라 三聚無誤하야 地中正行을 名自體淨이오 直心起彼를 名發起淨이라

今初發起中에 三이니 初는 結前標後오 次는 徵列十名이오 後는 結行入位라

今은 初라

제2. 바로 설법하는 부분

[1] 제2 이구지의 행상을 밝혔고,

[2] 제2 이구지의 果德을 밝혔다.

'[1] 제2 이구지의 행상을 밝힌' 부분은 다시 2단락으로 나뉜다.

1. 시작의 청정이다. 이는 제2 이구지에 들어가는 마음이다.

2. 자체의 청정이다. 이는 제2 이구지에 머무는 마음이다.

三聚淨戒[攝律儀戒, 攝善法戒, 攝衆生戒]에 잘못이 없이 제2지 중에서 바르게 행하는 것을 '자체의 청정'이라 말하고, 정직한 마음으로 그 제2지를 일으키는 것을 '시작의 청정'이라 말한다.

1. 시작의 청정

이 부분은 3단락으로 나뉜다.

1) 앞의 문장을 끝맺으면서 뒤의 문장을 내세웠고,

2) 물음에 따라 10가지 마음의 명칭을 나열하였으며,

3) 행하여 제2 이구지에 들어감을 끝맺었다.

이는 '1) 앞의 문장을 끝맺으면서 뒤의 문장을 내세운' 부분이다.

經

爾時에 **金剛藏菩薩**이 **告解脫月菩薩言**하사대 **佛子**여 **菩薩摩訶薩**이 **已修初地**하고 **欲入第二地**인댄 **當起十種深心**이니

그때, 금강장보살이 해탈월보살에게 말하였다.

"불자여! 보살마하살이 이미 초지를 닦고서, 제2지에 들어가려고 한다면 10가지 깊은 마음을 일으켜야 한다.

● 疏 ●

標云深心者는 深契理事故라 論經云 直心이라하고 而下列中總句에도 同名直心이라하니 明知深直이 義一名異라【鈔_ 而下列者는 謂今經에 標云深心이라하고 下列中總句에 卽名直心이어니와 論經에는 標云直心이라하고 總句에도 亦云直心이라하니 則知義一이로다 而疏釋深心하야 云深契事理者는 若以深心으로 同論直心인댄 直心은 卽是正念眞如니 故深契理라 若順起信深心인댄 樂修一切善行이 卽是契事니 顯義包含하야 雙存事理니라 】

경문에서 '깊은 마음[深心]'이라 밝힌 것은 이법계와 사법계에 깊이 부합한 때문이다. 논경에서는 '정직한 마음[直心]'이라 하였고, 아래 명칭을 나열한 부분의 총상 구절에서도 똑같이 '정직한 마음'이라 하였다. 이로 보면 '깊은 마음'과 '정직한 마음'이 뜻은 같

은데 그 이름이 다른 것임을 분명히 알 수 있다.【초_ '而下列'이란 이의 경문에서는 '깊은 마음'이라 밝혔고, 아래의 명칭 나열 부분의 총상 구절에서는 '정직한 마음'이라 하였는데, 논경에서는 '정직한 마음'이라고 밝혔고, 총상 구절에서도 '정직한 마음'이라 하였다. 이로 보면 그 뜻이 하나임을 알 수 있다. 그러나 청량소에서 '깊은 마음'을 해석하면서 "이법계와 사법계에 깊이 부합한다."고 말한 것은, 만일 '깊은 마음'으로 논의 '정직한 마음'과 같다고 한다면, '정직한 마음'이 바로 바른 생각의 진여이기에 이법계와 하나가 된다. 만일 기신론의 '깊은 마음'을 따르면 일체 선행을 기쁜 마음으로 닦음이 사법계와 하나가 됨이다. 그 뜻에 포괄되어 있는 바를 밝혀 사법계와 이법계를 모두 들어 말한 것이다.】

二 徵列十心

2) 물음에 따라 10가지 마음을 나열하다

經

何等이 爲十고
所謂正直心과 柔軟心과 堪能(독음 내)**心과 調伏心과 寂靜心과 純善心과 不雜心과 無顧戀心과 廣心과 大心이니**

무엇을 10가지 마음이라 하는가?
이른바 정직한 마음, 부드러운 마음, 참을성 있는 마음, 조복한 마음, 고요한 마음, 순일하게 선한 마음, 잡란하지 않은 마음, 그리움이 없는 마음, 넓은 마음, 큰마음이다.

◉ 疏 ◉

列中에 有十句하니 初는 總이오 餘는 別이라
總云 直心者는 瑜伽云 '於一切師長과 尊重福田에 不行虛誑意樂'라하니 此約隨相別釋이어니와 今論主는 爲順一乘緣起義故로 分爲總別이라 別皆成總이니 則令總中에 具於別義일새 故不別釋總句니라
別中에 初四는 律儀오 次三은 攝善이오 後二는 饒益이라

　　10가지 마음을 나열한 가운데 10구이다.

　　첫 구절[正直心]은 총상이고, 나머지 구절은 별상이다.

　　총상의 구절에서 '정직한 마음'이라 말한 것은 유가사지론에 이르기를, "모든 스승과 장로, 존중하는 복전에 거짓을 행하지 않는 뜻"이라 하였다. 이는 마음의 양상을 따라서 개별적으로 해석하였지만, 여기에서 논주는 一乘 연기법의 이치를 따른 까닭에 총상과 별상으로 나눈다.

　　별상의 구절은 모두 총상이다. 총상 속에 별상의 의미가 들어있기 때문에 별상의 구절로 총상 구절을 해석하지 않는다.

　　별상 부분에서 앞의 4구[柔軟心, 堪能心, 調伏心, 寂靜心]는 攝律儀戒이며,

　　다음의 3구[純善心, 不雜心, 無顧戀心]는 攝善法戒이며,

뒤의 2구[廣心, 大心]는 攝衆生戒이다.

一者는 柔軟直心이니 共喜樂意持戒故라 故瑜伽云 '於同法菩薩에 忍辱柔和하야 易可共住'라 하니라【鈔_ '柔軟直心'者는 引瑜伽意니 於他에 柔軟이라 直就論意인댄 是自柔軟이라 柔軟이 卽喜樂이니 則持戒之人은 心無惱悔일새 故生喜樂이니라】

별상의 제1구는 부드러우면서 정직한 마음이다. 즐거움을 함께하면서 계행을 지키기 때문이다. 이 때문에 유가사지론에서는 "법을 함께하는 보살에게 인욕과 유화의 마음으로 함께 살기 쉽다."고 하였다.【초_ "부드러우면서 정직한 마음"이란 유가론의 뜻을 인용한 것이다. 이는 남들에게 부드럽게 대함이다. 직접 논의의 의의로 말하면, 자신의 부드러움이다. 부드러움이 곧 기쁘고 즐거움이다. 계행을 지키는 사람은 고뇌와 후회하는 마음이 없기에 기쁘고 즐거움이 생겨나는 것이다.】

二 '堪能'者는 有自在力하야 性善持戒일새 煩惱魔事 不能動轉이니 難持를 能持故라 所以鵝珠와 草繫가 盡命無違니라【鈔_ 鵝珠는 卽 阿閦佛經과 大莊嚴論第十에 廣有其緣이어늘 今當畧示호리라 謂有一比丘가 至金師家러니 其師 正爲王家穿珠라 由比丘 著赤色衣하야 映珠似肉이어늘 有鵝呑之라 金師失珠코 傍更無人일새 決謂比丘 盜其寶珠라하야 詢問言無일새 遂加拷楚하다 比丘 了知珠 爲鵝呑이나 爲惜鵝命하야 甘苦而黙러니 毆擊血流에 鵝來唼血이라가 杖誤殺鵝하니 比丘見已에 便言珠在하다 金師 問言호되 何不早陳코 受斯楚毒가 比丘 答言호되 我爲持戒하야 惜鵝命故로 黙受斯苦

니라 鵝若不死면 設斷我命이라도 我亦不言이렷다' 金師白王하야 具陳上事한대 王加敬重하니라

言草繫者는 亦此論第三이니 有諸比丘 行於曠野라가 爲賊剝掠하야 衣服罄盡이라 群盜共議호되 恐報王知하야 咸欲殺之한대 中有一賊이 語同伴言호되 '不須殺之라 比丘之法은 不傷草木이라 可以草繫면 必不馳告라'群賊이 從之하다 旣無衣服하고 風吹日炙에 蚊蛭虻蠅之所唼食이오 夜聞惡獸惡鳥之聲이라 長老比丘 勸諸少年하야 而作是言호되 '人命無常이라 要必當死니 今莫毁戒하라'說偈勸之하니 中有偈云호되 '伊羅鉢龍王이 以其毁禁戒하야 傷盜於樹葉일새 命終墮龍中이라 諸佛悉不記 彼得出龍時하니 能堅持禁戒 斯事爲甚難이니라 時諸比丘가 旣聞偈已에 自相勸誡호되 '引昔作惡하야 爲他殺害하야 喪身無數러니 今護聖戒하야 分捨微軀하노라'至於明旦하야 國王出獵이라가 初疑禽獸러니 復謂尼乾이라하고 及至詢問하야 具說護戒한대 王心歡喜하야 解縛稱讚하니라】

제2구의 '참을성 있는 마음'이란 자재한 힘을 지니고서 천성으로 계율을 잘 지키기에 번뇌나 마군의 일이 그를 뒤흔들지 못한다. 지키기 어려운 일을 잘 지키기 때문이다. 이 때문에 '거위의 구슬'과 '초계비구'가 목숨이 다하도록 계율을 어기지 않았다.【초_ '거위의 구슬'에 관한 고사는 아촉불국경과 대장엄경론 권10에 그 인연이 자세히 쓰여 있으나, 여기에서는 간추려 말하고자 한다.

어떤 한 비구가 금세공사의 집에 갔다. 그 세공사는 왕실의 구슬을 뚫어 금실로 꿰는 일을 하였다. 비구가 붉은 가사를 입었기에

붉은빛이 구슬에 반사되어 마치 살코기 한 점처럼 보이자, 그 집의 거위가 구슬을 삼켜버렸다. 금세공사는 구슬을 잃었는데 주위에 아무도 없었으므로, 비구가 그 보배구슬을 훔쳤다는 결정된 마음으로 물었다. 비구가 없다고 말하자, 마침내 고문을 가하였다.

비구는 거위가 구슬을 삼킨 사실을 잘 알고 있었지만, 사실대로 말하면 거위의 목숨을 잃을까 염려하여 고초를 달게 여기면서 끝까지 말하지 않았다. 몽둥이에 맞아 피가 흘러내리자, 거위가 다가와 피를 핥아먹다가 금세공사의 잘못 내리친 몽둥이에 맞아 거위가 죽어버렸다. 그 광경을 본 비구는 "거위의 배 속에 구슬이 있다."고 말하였다.

금세공사가 물었다.

"어째서 일찍 말하지 않고 이처럼 혹독한 고초를 받았는가?"

비구가 대답하였다.

"나는 계율을 지키기 위하여 거위의 목숨을 가엾이 여긴 까닭에 이러한 고통을 감수한 것이다. 거위가 죽지 않았다면 설령 나의 목숨을 잃을지라도 또한 말하지 않았을 것이다."

금세공사는 이 사실을 왕에게 아뢰어 위의 일을 모두 말하자, 왕이 더욱 공경하고 존중하였다.

'草繫' 또한 대장엄경론 권3의 내용이다.

어떤 비구들이 황량한 들판을 지나다가 도적 떼에게 노략질당하여 의복마저 모두 빼앗겼다. 도적 떼들이 서로 의논하기를, "왕에게 이 사실을 알릴까 두렵다."고 하여 모두가 비구를 죽이자고 하였다. 그중에 한 도적이 무리들에게 말하였다.

"굳이 죽일 필요가 없다. 비구의 법은 초목조차 해치지 않는다. 풀로 그들을 묶어두면 반드시 달려가 알리지 못할 것이다."

도적들은 그의 말을 따랐다.

비구들은 이미 옷이 없고 세찬 바람은 불고 따가운 햇볕이 내리쬐자, 모기·파리·벼룩 등 온갖 벌레들에게 뜯어 먹히고, 밤이면 사나운 짐승과 날짐승 소리가 들려왔다. 그중에 장로스님이 젊은 비구들을 권면하면서 이런 말을 하였다.

"사람의 목숨은 무상한 것이어서 반드시 모두 죽기 마련이다. 지금 계를 훼손하지 말라."

그리고 게송으로 권면하였는데, 그 게송은 다음과 같다.

"이라발용왕이 계율을 범하여 나뭇잎을 함부로 해치고 훔친 까닭에 목숨이 다한 후에 용의 세계에 떨어졌다. 부처님께서 그에게 용의 세계에서 벗어날 때를 알려주지 않으셨다. 계율을 굳건히 지키는 일은 매우 어려운 일이다."

그때, 비구들이 게송을 듣고서 서로 권면하고 경계하였다.

"지난 생에 지은 악업에 이끌려 남에게 살해당하여 잃은 목숨이 헤아릴 수 없었는데, 이제는 부처님의 계율을 지키기 위하여 보잘것없는 몸을 버리리라."

다음 날 아침, 국왕이 사냥하러 나왔다가 비구들을 보고서 처음에는 동물인가 의심했다가 다시 니건의 외도[裸形外道]라고 생각했다. 그리고 마침내 그 연유를 묻자, 계율을 지키기 위함을 모두

말하였다. 왕이 마음으로 기뻐하여 풀어주고서 찬탄하였다.】

三은 守護根門하야 不誤犯戒니 如良慧馬가 性自調伏이니 以於諸行에 深見過故니라

제3구[調伏心]는 육근의 감관을 수호하여 잘못 계율을 범하지 않음이다. 이는 마치 잘 길들여진 지혜로운 말이 타고난 본성에 따라 절로 조복되어 있는 것과 같다. 모든 행에 대해 허물이 되는 부분을 깊이 보았기 때문이다.

四 '寂靜'者는 論云 '調伏柔軟하야 不生高心故'라하니 則似不恃前三所持 是事寂靜이오 瑜伽云 '於大涅槃에 深見勝利'者는 斯卽稱理寂靜이니라 【鈔_ 不見能持所持戒等하고 了戒如空하야 順涅槃矣니라 】

제4구의 '고요한 마음'은 논에 이르기를, "마음이 조복되고 부드러워서 자만의 마음을 일으키지 않기 때문이다."고 하니, 이는 앞 3구절의 의지하는 대상을 믿지 않음이 사법계의 고요함과 비슷하고, 유가사지론에서 "큰 열반에 대한 훌륭한 이익을 깊이 보았다."고 말한 것은 이법계에 걸맞은 고요함이다.【초_ 계율을 지키는 주체와 그 대상 등을 보지 않고, 계율이 空과 같음을 알고서 열반을 따르는 것이다.】

五 '純善'者는 謂純修妙善菩提分法하야 能忍諸惱 如眞金故니라

제5구의 '순일하게 선한 마음'이란 미묘하고 훌륭한 보리의 부분법을 순수하게 닦아 모든 고뇌를 참음이 진금과 같기 때문이다.

六 '不雜'者는 論云 '所得功德에 不生厭足하고 依淸淨戒하야 更求

勝戒하야 樂寂靜故라'하니 謂雖得前句妙善而不厭이면 則不雜懈怠오 樂於寂靜이면 則不雜事亂이라 身心俱寂이 卽是勝戒니라

제6구의 '잡란하지 않은 마음'이란 논에서는 "얻은 바의 공덕에 만족하지 않고 청정한 계에 의하여 다시 보다 더 뛰어난 계를 구하여 고요함을 좋아하기 때문이다."고 하였다.

이는 비록 앞 구절에서 말한 '미묘하고 훌륭한 계'를 얻었지만 이에 만족하지 않으면 게으른 마음이 뒤섞이지 않고, 고요함을 좋아하면 현상의 산란한 일이 뒤섞이지 않는다. 몸과 마음이 모두 고요함이 바로 뛰어난 계행이다.

七은 諸有勢力을 棄而不顧니 不似難陀 爲欲持戒니라

제7구[無顧戀心]는 자신이 지닌 모든 세력을 버린 채, 다시는 뒤돌아보지 않음이다. 이는 아난다 존자가 계를 지키려고 노력하는 것과 다르다.

八은 大悲爲物하야 不斷有願 爲廣이니라

제8구[廣心]는 대비심으로 중생을 위해 끊임없는 서원이 있는 것을 '넓은 마음'이라 한다.

九는 大智로 隨有而無染故로 能作有情의 一切義利니라

제9구[大心]는 큰 지혜로 현상[有]의 세계를 따르면서도 오염이 없기 때문에 중생의 모든 이치와 이익을 만들어 내는 것이다.

第三 結行入位

3) 행하여 제2 이구지에 들어감을 끝맺다

經
菩薩이 **以此十心**으로 **得入第二離垢地**니라
　보살이 이 열 가지 마음으로 제2 이구지에 들어가는 것이다.

◉ **疏** ◉
由上十心하야 **成於上品**하야 **極圓滿故**로 **入斯戒住**니라
　위의 10가지 마음으로 인하여, 최상의 등급을 성취하여 지극히 원만하기에 이러한 持戒 위주의 제2 이구지에 들어갈 수 있다.

第二 自體淨中에 明三聚淨戒는 卽分爲三이니
初는 律儀니 論云 '離淨이니 謂淨離殺等故라'하니라 此約隨戒라 亦名正受淨이라하니 此約初受라 二는 攝善法戒오 三은 攝衆生戒라
此三聚戒는 攝前三位하나니 初는 攝治地住오 次는 攝饒益行이니 思彼衆生이 墮惡等故오 後는 攝不壞廻向이니 謂有智願等하야 於法寶等에 皆不壞故니라
律儀는 通於止作하고 攝善은 唯約善行이니 前二는 通於自利오 後一은 唯約益物이니라
又初律儀中에 雖有善行이나 而施忍等을 不行非過라 故攝善中에 無所不行이니라

38

若爾인댄 今經前二 同離殺等하니 二相을 寧分가

古釋에 有二義하니

一은 同體義分이니 約離過義邊하야 說爲律儀오 順理能益하야 判爲攝善이라

二者는 隱顯相成이니 律儀中에 有止作하니 因離果離는 是其止行이오 對治離者는 是其作行이니 擧作助止를 說爲律儀라 攝善戒中에도 亦有止作하니 以止助作을 說爲攝善이니라【鈔_ 謂有問言호되 '律儀之中에 旣有止作하니 止卽惡止오 作卽善行이라 作同攝善이어늘 何言律儀 但明惡止오' 故有此答하니 皆百論意니 謂論初에 外道問云 佛說何法고 答云 惡止善行法이니라

釋曰 殺等諸惡을 止息不作이 名爲惡止오 三業正行을 信受修習이 名爲善行이라

外道가 便爲立後重過云호되 外曰 '已說惡止인댄 不應復說善行이로다 內曰 '布施等이 是善行故니 謂布施는 是善이오 非惡止故니라

復次大菩薩이 惡已先止오 行四無量하야 憐愍衆生이니라 復止何惡고 外曰 '布施는 是止慳法이라 是故로 布施는 應是惡止니라' 內曰 '不然하다 若布施便是惡止者인댄 諸不布施면 悉應有罪니라'

釋曰 此是反難으로 明施非惡止어늘 今翻順用하야 明不施忍而無有罪니라 又律儀中에 作謂持衣說淨等이니 不作有罪니 非施忍等이라 故不同也니라

'若爾'下는 展轉通難하야 釋成前義니 先難도 亦是百論中意라 外曰 '已說善行이나 不應復說惡止니라 內曰 '止相息이나 行相作하야

二相違故일세니라 是故로 說善行이나 不攝惡止니라 外曰 是事實爾로되 我不言惡止는 善行은 是一相이라 但應惡止면 則是善行일세 故言善行이오 不應復說惡止니라

釋曰 此正同今經이니 殺卽是惡이오 離殺名善이라 故律儀中에 亦離殺等이오 攝善戒中에도 亦不殺等이라 故三難分이니라

古釋有二下는 答이니 先은 敍昔解오 其第二解는 亦是百論中意라 前所引布施는 是止慳法이라 答中에 後決云호되 '復次諸漏盡人은 慳貪已盡하니 布施之時에 復止何惡고 或有人이 雖行布施나 慳心을 不止면 縱復能止나 然以善行으로 爲本이니 是故로 布施是善行이니라'

釋曰 此論은 意明布施 雖有止惡이나 以善行爲宗이오 律儀에 雖有作持나 以止惡爲宗이라 斯就正助하야 分成二聚니라】

2. 자체의 청정

이 부분에서 삼취정계로 밝혔다. 이는 3단락으로 나뉜다.

1) 율법과 위의를 지키는 계이다. 논에 이르기를, "여의는 계의 청정함이다. 살생 등을 청정하게 여의었기 때문이다."고 하였다. 이는 계행을 따른 것으로 말하였다. 또한 '바르게 받아들이는 청정'이라 부르기도 한다. 이는 처음 받아들이는 것으로 말하였다.

2) 선한 법을 행하는 계이며,

3) 중생에게 이익을 베푸는 계이다.

이러한 삼취정계는 앞의 3가지 지위를 포괄하고 있다.

(1) 율법과 위의를 지키는 계는 십주의 治地住에 속한다.

"보시 등이 선을 행함이기 때문이다. 보시는 선한 일이지, 악을 그치는 것이 아니기 때문이다.

또한 대보살이 악을 먼저 없애고 4가지 無量[慈·悲·喜·捨無量心]을 행하여 중생을 가엾이 여겨야 한다. 그러면 다시 무슨 악을 그칠 게 있겠는가."

외도가 이에 대해 말하였다.

"보시는 인색과 탐욕의 마음을 없애주는 것이다. 이 때문에 보시를 행하면 당연히 악이 사라지는 것이다."

불자가 말하였다.

"그렇지 않다. 보시가 곧 악이 사라지는 것이라면, 보시를 하지 않을 경우, 이는 모두 당연히 죄가 있는 셈이다."

이에 대해 다음과 같이 해석하였다.

"이는 역으로 논란하여, 보시가 악을 없애는 것이 아님을 밝힌 것인데, 여기에서는 도리어 順으로 인용하여, 보시와 인욕을 하지 않았을지라도 죄가 없음을 밝힌 것이다. 또 율의에서 말한 '持衣說淨'[1] 등을 행해야 한다. 이를 행하지 않으면 죄가 된다. 보시와 인욕이 아니기 때문이다. 이런 까닭에 똑같지 않다."

'若爾今經前二' 이하는 전전하여 전체로 논란하여 앞에서 말한 뜻을 해석하였다. 앞에서의 논란 또한 百論에서 말한 뜻이다.

....
1 持衣說淨: 持衣란 보시한 의복은 10일 이전에만 지닐 수 있다. 10일이 지나면 계를 범하게 된다. 說淨은 지니고 있는 의발을 대중에게 공개적으로 말하면 청정이라 하고, 만약 이런 사실을 감추고서 말하지 않으면 犯戒라 한다.

외도가 이에 대해 말하였다.

"이미 선행이라고 말할 수 있으나 또한 악이 사라졌다고 말할 수는 없다."

불자가 말하였다.

"止相은 멈췄으나 行相이 일어나 2가지의 相이 서로 어긋나기 때문이다. 이런 이유로 선을 행하였다고 말할 수 있으나, 악이 사라졌다는 것까지는 포괄되지 않는다."

외도가 이에 대해 말하였다.

"이는 사실이라 말할 수 있으나 내가 '악이 사라졌다.'고 말하지 않는 것은 선을 행하는 것은 하나의 양상일 뿐이지만, 단 악이 사라지면 이는 곧 선을 행한 일이기에 선을 행하였다 말할 뿐, 다시는 악이 사라졌다고 말하지 않는다."

이에 대해 다음과 같이 해석하였다.

"이는 바로 여기에서 말한 경문의 뜻과 같다. 살생을 하면 악이요, 살생을 여의면 선이다. 이 때문에 섭율의계에서도 살생을 여의는 등에 대해 말하였고, 섭선법계에서도 살생하지 않는다는 등을 말하였다. 이 때문에 3가지의 논란으로 구분한 것이다."

'古釋有二' 이하는 대답이다.

앞은 예전의 해석을 서술한 것이다.

그 둘째 해석 역시 백론에서 말한 뜻이다.

앞에서 인용한 보시는 인색함을 없애주는 법이다. 대답 부분에서 뒤에 결정지어 말하기를, "또한 모든 번뇌가 다한 사람은 인색과 탐심이 이미 다했는데, 보시할 때에 다시 무슨 악을 없애겠는가. 혹 어떤 사람이 비록 보시를 행할지라도 인색한 마음이 사라지지 않으면 설령 또한 악이 사라졌다 할지라도 선을 행하는 것으로 근본을 삼는다. 이 때문에 보시는 선을 행함이다."

이에 대해 다음과 같이 해석하였다.

"이 논에서 말한 뜻은 보시는 비록 악을 그치는 일이지만, 선을 행하는 것으로 종지를 삼고, 섭율의계에 비록 持戒를 짓는 일이 있으나 악을 그치는 것으로 종지를 삼는다. 이는 正·助(主·補)의 측면에서 섭율의계와 섭선법계를 구분한 것이다."】

今更一釋호리니 此中엔 唯約自修正行이오 下攝善中에는 亦令他修니 則攝二利之善과 及悲智之善이라 又此唯已分之善이니라 下攝善中에 上修佛善이어니 豈得同耶아

여기에 또 다른 하나의 해석이 있다. 이 섭율의계에서는 오직 자신이 바른 행을 닦는 것으로 말하였고, 아래의 섭선법계 또한 남들까지 닦도록 하였다. 이는 자리이타의 선과 대비대지의 선행을 모두 포괄하고 있다.

또한 섭율의계는 오직 자신에 관한 부분의 선행일 뿐이지만, 아래의 섭선법계는 위로 부처님의 선행을 닦는 것이다. 어떻게 똑같을 수 있겠는가.

今初 律儀는 分三이니 初는 標所依니 謂離垢地에 戒增上故오 二는 正顯戒相이오 三은 結成增上이라

今은 初라

1) 율법과 위의를 지키는 계

이는 3단락으로 나뉜다.

제1단락, 의지의 대상을 밝혔다. 제2 이구지는 계행이 가장 뛰어나기 때문이다.

제2단락, 계의 양상을 밝혔으며,

제3단락, 더없는 법을 끝맺었다.

이는 첫 부분이다.

經

佛子여 **菩薩**이 **住離垢地**면

불자여! 보살이 이구지에 머물면

二. 正顯戒相中에 有十善業道이니 卽爲十段이라
今初는 離殺이라

제2단락, 계의 양상을 밝히다

10가지 선업의 도가 있다. 이는 10단락이다.

(1) 살생을 여의다

經

性自遠離一切殺生하야 **不畜刀杖**하며 **不懷怨恨**하며 **有慚有愧**하며 **仁恕具足**하야 **於一切衆生有命之者**에 **常生**

利益慈念之心하나니

是菩薩이 尙不惡心으로 惱諸衆生이어든 何況於他에 起衆生想하야 故以重意로 而行殺害아

　　타고난 성품에 따라 저절로 일체 살생을 멀리 여의어서, 칼이나 몽둥이를 두지 않으며, 원한을 품지 않으며, 부끄러워하는 마음이 있고, 사랑의 마음을 두루 갖춰 일체 생명이 있는 중생에게 항상 이익이 되고 사랑하는 마음을 내는 것이다.

　　보살이 오히려 악독한 마음으로 모든 생명체를 괴롭히지 않는데, 하물며 그들에게 중생이라는 생각을 일으켜 거친 마음으로 살해를 자행할 수 있겠는가.

◉ 疏 ◉

分二니 初는 總明이오 後 '不畜' 下는 別顯이라

　　이의 경문은 2단락으로 나뉜다.
　　제1구[性自遠離一切殺生]는 총상으로 밝혔고,
　　뒤의 '不畜刀杖' 이하는 별상으로 밝혔다.

今初 '性自遠離'는 文屬殺生이나 義該下九니 謂自性成就十善業道니 卽自性戒라

然離有三種이니

一은 要期離니 謂諸凡夫오

二는 方便離니 所謂二乘이오

三은 自體離니 謂諸菩薩이 契窮實性하야 自體無染이라

然諸菩薩이 同修自體나 而復有四하니

一은 離現行이니 所謂地前이오

二는 除種子니 卽是初地오

三은 除誤犯이오

四는 顯性淨이라

此二는 當於此地라 然性淨難彰일세 寄除殺等하야 以顯彼淨이라 此通餘教어니와 若依此經인댄 地體懸絶하야 寄顯地勝이어니 豈可 地前에 位位皆深이어늘 今居地上이라야 方行十善가【鈔_ '先離殺'者는 然小乘四重에 婬戒最初니 初有三義하니 一者는 此戒를 人之喜犯이오 二者는 劫初起過 此最爲先이오 餘之三戒 亦皆次第오 三者는 婬愛惑業이 招潤生死하니 二乘厭離일세 故制在先이어니와 今十善·十惡과 菩薩十重에 皆殺在初는 殺罪過重일세 善惡에 皆初오 菩薩大慈가 居十重首니라

又智度論十五中에 說호 '殺有十惡하니 一은 心常懷毒하야 世世不絶이오 二는 衆生이 憎惡하야 眼不喜見이오 三은 常懷惡念하야 思惟惡事오 四는 衆生見者 如見蛇虎오 五는 睡時心怖하고 覺亦不安이오 六은 常爲惡夢이오 七은 命終之時에 狂怖惡死오 八은 種短命惡業因緣이오 九는 身壞命終하야 墮泥犁中이오 十은 若得爲人이라도 常短壽命이라'하니라

釋曰 今但離殺에 十惡頓亡이라 故大論云 '遠離一切殺生者는 示現遠離利益勝故'라하니라】

이의 첫 구절 "타고난 성품에 따라 저절로 멀리 여읜다."는 문

장은 살생에 속한 부분이지만 뜻으로는 아래 9구를 포괄하고 있다. 이는 자성으로 10가지 선업의 도를 성취함을 말한다. 곧 육조단경에서 말한 "마음 자체에 그릇됨이 없는 자성의 계[心地無非自性戒]"이다.

그러나 여읨에는 3가지가 있다.

첫째, 여의고자 다짐하지만 정작 몸으로는 여의지 못함이니, 모든 범부를 말한다.

둘째, 방편으로 다스려서 여읨이니, 이른바 이승이다.

셋째, 그 자체를 여읨이니, 모든 보살이 진여실성을 끝까지 계합하여 그 자체에 물듦이 없음을 말한다.

그러나 모든 보살이 똑같이 그 자체의 여읨을 닦지만 여기에 다시 4가지가 있다.

① 현행을 여읨이니, 이른바 십지 이전이다.

② 종자를 없앰이니, 이는 곧 초지이다.

③ 잘못 범함을 없앰이다.

④ 본성이 청정함을 나타냄이다.

③과 ④ 2가지는 제2 이구지에 해당한다. 그러나 내면의 자성 그 자체가 청정하다는 것을 밝히기 어려운 터라, 살생 등을 여읨에 의탁하여 그 청정함을 밝힌 것이다.

이는 나머지 다른 가르침에도 통하지만 만약 본 화엄경에 의하면 지위의 체성이 너무 준절하여 십지의 수승함에 의탁하여 밝힌 것이다. 어떻게 십지 이전에 지위마다 모두 깊은데, 여기에서

지상에 머물러야 비로소 10가지 선업을 행한다고 하겠는가.【초_
먼저 살생을 여의어야 하지만, 소승에서는 4가지 중대한 犯戒 중에
는 婬戒를 가장 첫째로 꼽는다. 첫째로 꼽는 데는 3가지 뜻이 있다.

① 이 음계를 사람들이 즐겨 범하고,

② 겁초에 허물을 일으키는데, 이 음욕이 가장 먼저이고, 나머지 3가지 중대한 범계가 또한 모두 차례대로 생겨난다.

③ 음욕과 미혹한 업이 생사를 부르고 젖어들게 한다. 이승들은 이를 싫어하여 여의기에 가장 먼저 제재하지만, 여기에서 말한 10가지의 선업, 10가지의 악업, 그리고 보살의 10가지 중대한 계율에 모두 살생을 첫 자리에 둔 것은 살생의 죄가 너무 무겁기에 선업과 악업의 가운데 모두 첫 자리에 있고, 보살의 큰 자비는 10가지 중대한 계율 가운데 가장 첫 자리에 있다.

또 대지도론 권15에 말하였다.

"살생하면 10가지 악이 있다.

① 마음에 항상 품은 악독한 마음이 세세생생 끊이지 않고,

② 중생들이 그를 미워하여 반가운 눈으로 보지 않으며,

③ 항상 악독한 생각을 품고서 나쁜 일만을 생각하고,

④ 중생들이 그를 보면 마치 독사나 범 보듯이 피하며,

⑤ 잠잘 때는 가위 눌리고 잠을 깨도 편안치 않으며,

⑥ 언제나 밤마다 악몽에 시달리고,

⑦ 임종을 맞이해서는 광기와 공포로 죽음을 싫어하며,

⑧ 단명의 악업인연을 심고,

⑨ 목숨이 다한 뒤에는 지옥에 떨어지며,
⑩ 다시 사람으로 태어나도 항상 단명하게 된다."
이에 관한 해석은 다음과 같다.

여기에서 살생만 여의면 10가지 악이 단번에 사라지게 된다. 이 때문에 대지도론에서 "모든 살생을 멀리 여의는 자는 멀리 여읨의 이익이 뛰어남을 나타내 보이게 된다."고 하였다.】

二別顯中에 有三種離하니
一은 因離니 謂離殺因緣이오
二於一切下는 對治離니 謂離殺法이오
三是菩薩下는 果行離니 卽離殺業이라

'뒤의 별상으로 밝힌' 가운데는 3가지 여읨이 있다.

첫째, 인행으로 여읨이다. 살생의 인연을 여읨을 말한다.

둘째, '於一切' 이하는 다스려서 여읨이다. 살생의 법을 여읨을 말한다.

셋째, '是菩薩' 이하는 과행으로 여읨이다. 살생의 업을 여읨을 말한다.

今初 因離에 復有二種하니 一은 離受畜因이니 謂不畜刀杖이라 此雖是緣이나 從通名因이라 畧擧此二나 餘呪藥等도 皆是此因이라
二不懷下는 明離起因이니 此正是因이니 因卽三毒이라 不懷怨恨은 明離瞋因이니 殺父害母라도 亦不加報니라
次有慚下는 明離貪因이니 貪有二種하니 一은 爲財利故로 造諸惡業하야 乃至没命이라도 心無恥悔니 今有慚愧일세 故能離之라 二는

爲貪衆生하야 捕養籠繫하야 令生苦惱어니와 今有愍傷之仁하야 恕
己爲喻하야 便能離之니라 然起殺之癡는 必是邪見이니 邪見은 難
遣이라 非對治면 不離일새 是故로 論主 就對治中하야 明離於癡니
此畧不說이니라【鈔_ 俗典云 '愍傷不殺曰仁'이라하니 釋經仁字오
'恕己爲喩'는 此釋恕字니 卽涅槃經第十에 云 '一切畏刀杖하야 無
不愛壽命'이라 恕己可爲喩하야 勿殺勿行杖하라'하니라 】

'첫째, 인행으로 여읨'에는 다시 2가지가 있다.

① 별상의 제1구[不畜刀杖]는 받아 쌓아두는 원인을 여읨이다.
칼이나 몽둥이를 쌓아두지 않음을 말한다. 이는 비록 간접 원인이
지만 통칭으로 이를 원인이라 부른다. 여기에서는 간추려 칼과 몽
둥이 2가지만을 들어 말했지만, 기타의 주술과 독약 등도 모두 이
런 원인에 속한다.

② 제2구의 '不懷怨恨'은 탐심을 일으키는 원인을 여읜 것을
밝힌 것이며, 이것이 진정한 원인이다. 원인은 곧 삼독이다. "원한
을 품지 않는다."는 것은 성냄의 원인을 여읨을 밝힌 것이다. 아버
지를 죽이고 어머니를 해칠지라도 또한 원수를 갚지 않는다.

다음 제3구의 '有慚有愧'는 탐심의 원인을 여읨을 밝힌 것이
다. 탐심에는 2가지가 있다.

㉠ 재물과 이익을 탐한 까닭에 여러 악업을 지으면서 목숨이
다하는 날까지도 부끄러워하거나 후회하는 마음이 없다. 여기에서
는 부끄러워하는 마음이 있기 때문에 이를 여읜 것이다.

㉡ 짐승을 탐하는 마음에 우리에 가둬 기르면서 고통을 주었

지만, 이제는 불쌍히 여기는 사랑의 마음으로, 나 자신을 미루어 남들의 마음을 알기에, 곧 이런 탐심을 여읠 수 있다.

그러나 살생하려는 어리석음은 반드시 삿된 소견 때문이다. 삿된 소견은 버리기 어렵다. 이를 다스리지 않으면 여읠 수 없다. 이 때문에 논주는 다스리는 측면에서 어리석음을 여읨에 대해 밝혔다. 여기서는 생략하여 설명하지 않았다.【초_ 세속의 경전에서 "불쌍히 여겨 살생하지 않는 것을 仁이라 말한다."고 하니, 이는 경문의 仁 자를 해석한 것이며, "나 자신을 미루어 비유한다."는 것은 恕 자를 해석한 것이다. 이는 열반경 권10의 게송에서 말한 바와 같다.

"모든 짐승이 칼과 몽둥이를 무서워하여, 제 목숨을 아끼지 않는 게 없다. 나 자신을 미루어 남들의 마음을 알고서 죽이지도 말고 때리지도 말라."】

二對治離中에 亦有二種이니
一은 生利益心이니 是與衆生의 世出世間二種樂因이오
二는 生慈念心이니 謂令衆生으로 得人天涅槃之果라
旣於如是因果에 不顚倒求하니 則離愚癡心으로 起於殺因하야 殺生祭祠等이라 此中에 慈愍은 約能對治하야 卽名爲離니 不同前後의 殺因殺果而爲所離니라 若爾인댄 前有仁恕故로 離起貪因이니 仁恕之心이 豈非能治아 前約本有仁等하야 不起貪等이니 非是發起仁恕之心이오 今約於物에 發生慈愍之心하야 以爲能治일새 故不同也니라

'둘째, 다스려서 여읨' 부분 또한 2가지이다.

① 이익을 내는 마음이다. 이는 중생에게 출세간과 세간의 2가지 즐거움의 원인을 주는 것이다.

② 자비의 생각을 내는 마음이다. 중생으로 하여금 인간과 천상의 열반의 결과를 얻게 하는 것이다.

이미 이런 원인과 결과에 뒤바뀌지 않음을 구함이다. 어리석은 마음으로 살생의 원인을 일으켜 살아 있는 짐승을 죽여 제사 지내는 등을 여읜다는 뜻이다.

여기에서 말한 '자비의 이익'은 다스리는 주체를 가지고서 여읜다고 말하였다. 앞뒤의 살생의 원인과 결과를 여읠 대상으로 삼은 것과는 다르다. 그렇다면 앞에서는 사랑의 마음이 있는 까닭에 탐심을 일으키는 원인을 여의었음을 말한다. 사랑의 마음이 어찌 다스리는 주체가 아니겠는가.

앞에서는 본래 사랑의 마음이 있다는 등을 가지고서 탐심 등을 일으키지 않음을 말한 것이지, 사랑의 마음 그 자체를 일으킨다는 말이 아니다. 여기에서는 중생에게 사랑과 이익이 되는 마음을 일으켜 다스림의 주체를 삼은 것으로 말했기에 똑같지 않다.

三'果行離'者는 攬因成殺을 名業爲果라 今不正殺일세 故名果離라 於中亦二니 一은 微細니 謂心念害오 二는 麤重이니 謂身行害라 今經은 以細로 況麤니라

麤中成殺이 有五因緣이니

一은 身이니 謂於他故니 他是所殺之體라 故名爲身이니 此揀自身이라

二는 事니 謂衆生故니 此揀非情이니라

三은 想이니 謂起衆生想이니 揀作瓦木等想이라

四는 行이니 謂故以重意니 重意是思니 故名爲行이라 此揀錯誤니라

五는 體니 謂身行加害하야 斷命落究竟이라 正是殺業이니 故名爲體라 則揀前四 以爲方便이니라【鈔_ '五體謂身行加害'者는 然諸衆生이 攬五陰成하야 假名衆生이니 念念이 生滅하야 前滅後續하야 非斷非常을 假立命根이오 令其色心으로 而得相續하야 亦刹那滅이며 前念旣滅에 後念當生을 斷令不續하면 名爲殺生이며 亦名斷命이니라 對前未斷하야 名落究竟이니라 故次疏云 '卽揀前四以爲方便이라'하니라】

'셋째, 과행으로 여읨'이란 인행을 가지고서 살생을 이룬 것을 '업이 결과가 된다.'고 말한다. 여기에서는 바로 살생을 저지름이 아니기에 '과행으로 여읨'이라 칭하였다.

여기에는 또한 2가지가 있다.

① 미세한 살생이다. 마음의 생각으로 살해함이다.

② 거칠고 중대한 살생이다. 몸으로 살해를 실행함이다.

본 화엄경에서는 마음의 미세한 부분을 들어서 몸으로 실행한 거칠고 중대한 살생을 비유하였다.

거칠고 중대한 살생을 몸소 실행하기까지는 5가지의 인연이 있다.

㉠ 신체[身]이다. 내가 아닌 다른 존재라는 생각 때문이다. 내가 아닌 다른 존재는 살생의 대상이 되는 몸이다. 이 때문에 신체라

말하였다. 이는 나의 몸과 다르다는 점을 구분한 것이다.

　ⓛ 일[事]이다. 有情의 중생이라는 생각 때문이다. 이는 無情物과 다르다는 점을 구분한 것이다.

　ⓒ 생각[想]이다. 중생의 생각을 일으킴을 말한다. 나무, 기와 등의 생각과 다르다는 점을 구분한 것이다.

　ⓔ 행위[行]이다. 일부러 중대한 뜻으로 하는 것을 말한다. 중대한 뜻이란 생각이다. 이 때문에 '행위'라 말하였다. 이는 착오와 다르다는 점을 구분한 것이다.

　ⓜ 체험[體]이다. 몸으로 행동하여 피해를 입혀 그 목숨을 끊어 마지막에 떨어지게 함을 말한다. 이는 바로 살생의 업이다. 이 때문에 '체험'이라 말하였다. 이는 앞의 4가지가 방편이라는 것과 다르다는 점을 구분한 것이다.【초_ "ⓜ 체험[體]이다. 몸으로 행동하여 피해를 입힌다."는 것은 모든 중생이 오온으로 몸을 이루어 잠시 중생이라 이름 붙인 것이다.

　한 생각 한 생각이 생겨났다 사라지면서 앞에서 없어졌다 뒤에 이어오면서 단절된 것도 아니요, 영원한 것도 아닌 것을 잠시 그 이름을 '목숨[命根]'이라 불렀다.

　그 신체와 마음으로 하여금 이어 나가다가 찰나에 사라지기도 하고, 앞의 생각이 이미 사라지면 뒤의 생각이 당연히 생겨나야 함에도 끊어져서 이어가지 못하면, 이를 '살생'이라 말하고, 또한 목숨을 끊는다고 말하기도 한다.

　목숨이 끊어지지 않은 이전의 시간을 상대로 하여 '마지막에 떨어짐'이라고 말한다.

이 때문에 다음의 청량소에서 "이는 앞의 4가지가 방편이라는 것과 다르다는 점을 구분하였다."고 말하였다.】

第二. 離盜

(2) 도둑질을 여의다

經

性不偸盜하야
菩薩이 **於自資財**에 **常知止足**하며
於他에 **慈恕**하야 **不欲侵損**하며
若物이 **屬他**인댄 **起他物想**하야 **終不於此**에 **而生盜心**하며
乃至草葉이라도 **不與不取**어든 **何況其餘資生之具**아

타고난 성품으로 남의 물건을 훔치지 않아서,

보살이 자기의 재산에 항상 만족할 줄을 알며,

다른 이들을 사랑으로 용서하여 침범하지 않으며,

남들이 가진 물건이라면 남의 것이라는 생각으로 끝내 이 물건을 훔치려는 마음을 내지 않으며,

풀잎 하나까지도 주지 않으면 가지지 않는데, 하물며 그 나머지 생활에 필요한 물건이야….

● 疏 ●

亦初句는 總이라 非理損財커나 不與而取를 故名爲盜니라
別中에 亦三이니 一은 因離오 二 '於他'下는 對治離오 三 '若物'下는 果行離라

또한 첫 구절은 총상이다. 도리에 맞지 않게 남의 재물에 손해를 끼치거나 주지도 않은 것을 자기의 소유로 지님을 '도둑'이라고 말한다.

나머지 구절의 별상은 또한 3부분이다.

첫째, 인행으로 여읨이다.

둘째, '於他' 이하는 다스려서 여읨이다.

셋째, '若物' 이하는 과행으로 여읨이다.

因中에 止는 謂少欲이오 足은 謂知足이니 自之所有에 尙生止足일세 故無盜因이라
然止足에 有二義하니
一은 內心止足이니 卽離起因이라 若廉貞之士인댄 渴死라도 不飮盜泉이니라
二는 此地에 具無盡財故로 離受畜因이라
然殺中의 殺具는 畜則爲因이오 婬·盜·妻·財는 以不足爲因이니라
【鈔_ 此地具無盡財者는 從初地來로 檀度滿故로 卽具無盡財故로 此地亦具니라 】

'첫째, 인행으로 여읨' 부분에서 말한 '止'는 욕심을 적게 가짐을 말하고, '足'은 만족할 줄 앎을 말한다. 자신이 소유한 것만으로도

오히려 그치고 만족한 마음을 내는 까닭에 훔칠 원인이 없게 된다.

그러나 '그치고 만족함[止足]'에는 2가지 뜻이 있다.

① 마음속으로 그치고 만족함이다. 이는 훔칠 생각을 일으킬 원인을 여읨이다. 마치 청렴하고 지조 있는 선비라면 목말라 죽을지언정 '도둑의 마음이 일어나는 우물[盜泉]'의 물을 마시지 않는 것과 같다.

② 이 지위에 끝없는 재물을 갖추고 있는 까닭에 받아 쌓으려는 탐욕의 원인을 여의는 것이다.

그러나 살생 업 가운데, 살생의 도구는 쌓아놓으면 원인이 되고, 간음과 盜心과 아내와 재물이란 부족하게 생각하는 마음이 원인이다.【초_ "이 지위에 끝없는 재물을 갖추고 있다."는 것은 초지로부터 보시바라밀이 원만한 까닭에 끝없는 재물을 갖추게 된 것이다. 이 때문에 이 지위 또한 재물을 갖춘 것이다.】

二'對治離'中에 由發起慈心하야 恕己爲喩라 則於自資財에 尚捨而安彼어든 豈侵損他아
然他有二하니 一은 他人이오 二는 他世니 不盜則不損當來資生이니라

'둘째, 다스려서 여읨' 부분은 사랑의 마음을 일으킴으로 인하여 나의 몸을 미루어 남의 마음을 아는 것이다. 자신의 재물까지도 오히려 버리면서 남을 편안케 하는데, 어찌 남들을 침해하거나 손해를 끼칠 수 있겠는가.

그러나 남들이란 2가지 뜻이 있다.

① 다른 사람이며,

② 다른 세상이다. 남의 재물을 훔치지 않으면 내생의 살림에 손해가 없을 것이다.

三'果行離'中에 亦有麤細니 不取草葉은 爲細오 餘資生은 爲麤니라 而文通爲五緣이니

一者는 身이니 謂若物屬他이면 此揀於自니 是他物體일새 故名爲身이라

二는 事니 經闕此句나 論經云'他所用事'라하니라

三은 想이니 謂起他物想이라

四는 行이니 謂翻終不盜心이라

五는 體니 謂擧離本處니라

'乃至下'는 是以細況麤니라【鈔_ 言翻終不盜心者는 應言盜心取也니 若無盜心이면 雖知他物이나 或暫用取하며 或同意取하며 或擬令他知는 皆非盜也니라

'五體謂擧離本處'者는 此是盜業究竟이니 則顯前四方便이 亦是成業時分이라 殺은 要斷命不續이오 婬은 與境合이오 盜要擧離니 如於牀上에 手執其物이면 雖與境合이나 未名爲盜오 要須擧離니 纔離於牀하면 縱更不取라도 亦已成盜니라】

'셋째, 과행으로 여읨' 부분에는 큰 것과 미세함이 있다. 풀잎 하나까지도 취하지 않는 것은 미세함이요, 나머지 생활 도구는 큰 것이다.

그러나 이의 경문은 통틀어 5가지 인연을 말하였다.

① 자체[身], 이는 남의 물건은 나의 물건이 아님을 말한다. 남

의 물건의 자체이기에 '身'이라 말하였다.

② 것[事], 본 경문에는 이 구절이 빠져 있지만 논경에서는, '남들이 쓰는 것'이라 하였다.

③ 생각[想], 이는 남의 물건이라는 생각을 가지는 것이다.

④ 행위[行], 끝까지 훔칠 생각을 내지 않았던 마음이 바뀐 것을 말한다.

⑤ 체험[體], 본래 있던 장소에서 들어 옮기는 것을 말한다.

'乃至草葉' 이하는 미세한 것을 들어 거친 부분을 비유하였다.
【초_ "끝까지 훔칠 생각을 내지 않았던 마음이 바뀌었다."는 말은 당연히 '훔칠 마음으로 취한 것'으로 말했어야 한다. 만약 훔칠 생각이 없다면 비록 다른 사람의 물건인 줄 알지만, 간혹은 잠시 취하여 쓰기도 하고, 또는 같은 생각으로 취하기도 하며, 또는 물건의 주인이 알도록 하면서 사용하는 것은 모두 훔친 것은 아니다.

"⑤ 체험[體], 본래 있던 장소에서 들어 옮기는 것을 말한다."는 것은 이것은 훔치는 일의 마지막이다. 앞의 4가지 방편 또한 훔치는 일을 단계별로 이뤄가는 시간임을 밝힌 것이다. 살생은 명줄을 끊어 이어가지 못하도록 함이며, 음행은 그 어떤 상황의 경계를 만남이며, 훔치는 일은 본래 있던 장소에서 들어 옮기는 것이다. 이는 마치 평상 위에 놓여 있는 물건을 손으로 잡으면 그것은 비록 그 어떤 상황의 경계를 만남이지만 아직은 훔쳤다고 말할 수 없는 것과 같다. 중요한 것은 평상 위의 물건을 들어 다른 곳으로 옮기는 것이다. 조금이라도 본래 있던 평상에서 다른 곳으로 옮기면 설

령 그 물건을 훔치지 않았다 할지라도 그것은 또한 도둑으로서 훔친 일이 이미 이뤄진 것이다.】

殺·婬은 於他正報에 成業일새 故以身心으로 而分麤細오 盜戒는 雖通依正이나 但約損財일새 故唯就外物하야 以論麤細니라 又殺有多類나 唯人이 成重일새 故就麤中에 方說具緣이오 盜易成犯일새 故總明具緣이라 若麤若細가 皆成盜體니라

살생과 음행은 다른 사람의 正報에서 이룬 업이기에 몸과 마음에 따라서 거친 것과 미세한 것으로 구분되고, 훔치는 일에 대한 계율은 의보와 정보에 모두 통하지만, 다만 재물에 손해를 끼치는 것만을 들어 말한 까닭에 오직 외적인 물건으로 거친 것과 미세한 것을 말했을 뿐이다.

또한 살생의 상에는 여러 부류가 있지만 오직 살인이 중죄이기에 거친 부분에서 바야흐로 구체적인 인연을 말하였고, 남의 물건을 훔치는 일은 쉽사리 범하는 까닭에 거친 것과 미세한 것을 총괄하여 구체적인 인연을 밝힌 것이다. 거친 것이든 미세한 것이든 모두 남의 물건을 훔치는 일의 자체를 이루기 때문이다.

第三. 離邪婬

(3) 삿된 음행을 여의다

經

性不邪婬하야 菩薩이 於自妻에 知足하야 不求他妻하며 於他妻妾과 他所護女와 親族媒定과 及爲法所護에 尙不生於貪染之心이어든 何況從事하며 況於非道아

타고난 성품으로 삿된 음행을 범하지 않아서, 보살이 자기 아내에게 만족함을 알고서 남의 아내를 탐하지 않으며, 남들의 아내와 첩, 다른 이가 수호하는 여인, 친족이 보호하거나, 약혼하였거나, 법으로 보호하는 여인에게도 탐하는 마음 내지 않는데, 어찌 음란한 일을 저지르며, 더욱이 도리가 아닌 일을 범하겠는가.

⦿ 疏 ⦿

乖禮曰邪오 深愛曰婬이니라

別中亦三이니

一은 因離니 謂自妻知足이라

此亦二意니

一은 內心知足하야 離於起因이오

二는 自足妻色하야 離受畜因이라 故晉譯·論·經에 皆云自足妻色이라하니 足妻는 乃由寄報輪王하야 相同世間일새 故得示有니라 知足은 約心이니 亦不妨梵行이니라【鈔_ 一內心知足者는 起因卽貪이니 貪心難滿일새 故行邪婬이라

二自足妻色者는 不足於妻에 方有邪故니 自足故로 無라 則足字는 兩用이니 一은 唯取知足은 屬心이오 二는 連上自妻足故로

離受畜因이라

'晉譯'·論經'下는 通會三經이라 '自足'·'乃由'等者는 成彼二經이니 明登地已上에 無非梵行이로대 但由寄報示有而已라 無有從事면 則顯'自妻知足'之言은 似不愜當이로되 但揀婬泆過度일세 故云知足이니 不妨從事니라

'知足約心'者는 顯今經意니 以有知足之言은 則有離起因義하니 無貪心故니라 但云自足은 唯離受畜因耳라

'亦不妨梵行'者는 但明心中知足이오 非於事上知足이니 正同淨名에 示有妻子나 常修梵行이라 則知足之言이 妙矣니 翻顯自足之言은 未有梵行之相이라 】

예법에 어긋나는 것을 '삿됨'이라 말하고, 깊은 애욕을 '음행'이라 말한다.

별상의 구절은 이 또한 3단락으로 나뉜다.

첫째, 인행으로 여읨이다. 자기 아내에게 만족할 줄 앎을 말한다. 이 또한 2가지의 뜻이 있다.

① 마음속으로 만족할 줄 알고서 음심이 일어나는 원인을 여읨이며,

② 자기 아내의 용모에 스스로 만족하여 받아 쌓아놓으려는 원인을 여읨이다.

이 때문에 60권 화엄경[晋經]과 논과 경문에서 모두 "자기 아내의 용모에 스스로 만족한다."고 하였다. 자기 아내에게 만족함은 바로 전륜왕의 보답에 의탁하여 말한 것으로 세간의 일과 모두 똑같

은 까닭에 아내가 있음을 들어 보여준 것이다.

자기 아내에게 만족할 줄 아는 것은 마음으로 말한다. 이는 범행에도 나쁘지 않다.【초_ "① 마음속으로 만족할 줄 안다."는 것은 淫心이 일어나는 원인이 탐욕에 있다. 탐욕의 마음은 채우기 어렵기에 삿된 음행을 행한 것이다.

"② 자기 아내의 용모에 스스로 만족한다."는 것은 자기 아내에게 만족하지 못할 적에 비로소 삿된 음행을 범하게 된다. 자기 아내에게 스스로 만족한 까닭에 삿된 음행이 없다.

足이란 글자는 2가지 뜻으로 쓰인다.

① 오직 만족할 줄 아는 것만을 취하는 것은 마음에 속하고,

② 위에서 말한 "자기 아내에게 만족함"에 연결 지어 말한 까닭에 받아 쌓아놓으려는 원인을 여의는 것이다.

'晉譯·論·經' 이하는 3가지 경전을 회통하였다.

'自足妻色'과 '乃由寄報輪王' 등은 그 60권 화엄경과 논 2가지 경문을 끝맺은 것이다. 십지 이상에 梵行 아닌 게 없지만, 다만 전륜왕의 보답에 의탁하여 아내가 있음을 보여준 것일 뿐이다. 아내에게 종사한 바 없으면, 분명 "자기 아내에게 스스로 만족할 줄 안다."는 말은 합당하지 않은 것 같지만, 다만 도에 지나친 음행과 다른 점을 구분하기 위해 '스스로 만족할 줄 안다.'고 말했을 뿐이다. 스스로 만족할 줄 알면 아내에게 종사하는 것도 나쁘지 않다.

"자기 아내에게 만족할 줄 아는 것은 마음으로 말한다."는 것은 이의 경문 뜻을 밝힌 부분이다. 여기에 '만족할 줄 안다.'는 말을

한 것은 음심이 일어날 수 있는 원인을 여의었다는 뜻이다. 이는 탐욕의 마음이 없기 때문이다. 단 '아내의 용모에 스스로 만족한다.'고 말한 것은 오직 받아 쌓아놓으려는 원인을 여의었을 뿐이다.

'亦不妨梵行'이란 다만 마음속으로 만족할 줄 아는 것을 밝힌 것일 뿐, 현상의 사물상에서 만족할 줄 안다는 것은 아니다. 이는 바로 유마경에서 "처자식이 있으나 항상 범행 닦음을 보여주는 것"과 같다. '만족할 줄 안다.'는 말은 절묘한 표현이다. '아내의 용모에 스스로 만족한다.'는 말은 梵行의 양상이 있지 않다는 점을 거꾸로 밝혀준 것이다.】

二는 對治離니 謂不求他妻니 現在梵行이 淨故로 不求未來妻色이라 他人之妻는 蓋不在言이니라【鈔_ 現在梵行淨故者는 經說之天五欲으로 修梵行者는 名汚梵行故니라】

둘째, 다스려서 여읨이다. 이는 남의 아내를 탐하지 않음을 말한다. 현재의 梵行이 청정한 까닭에 미래의 아내의 용모를 구하지 않는데, 남들의 아내야 말할 게 없다.【초_ '현재의 범행이 청정한 까닭'이란 경문에서 말한 천상의 五欲 즐거움으로 범행을 닦는 것은 오염된 범행을 말하기 때문이다.】

三'於他妻'下는 明果行離라 亦有麤細이니 細約起心이오 麤約從事라 而文分二니 初는 擧邪境이오 後'尚不'下는 以細況麤라

初中에 邪境有三하니 一은 不正이오 二는 非時오 三은 非處니라 非處一種은 在後況中이라

初不正中에 他守護女는 此爲總句라 護有二種하니 一은 不共護니

謂他妻妾을 唯夫護故오 二者는 共護니 謂親族媒定이라 親謂父母오 族謂宗族이니 謂二親이 亡沒에 六親所護오 夫亡에 子等所護라 媒定은 謂已受禮聘이니라

二 非時者는 卽爲法所護라 然法有二하니 一은 王法이오 二는 佛法이라 佛法은 謂修梵行時니 此復有二하니 一은 分이니 謂八戒오 二는 全이니 謂具足等이라 然此非時를 準智論十五와 及諸論中이면 廣有其相이어니와 今之所列은 意在不起染心이니 故於自妻에 不委其事니라 二는 以細況麤中에 有二重況하니 一은 以染心으로 況於正道從事오 二는 以染心과 及正道로 以況非道니 非道는 卽前非處라 亦應以人으로 況於餘類니 以後後 麤鄙於前前故니라

셋째, '於他妻妾' 이하는 과행으로 여읨을 밝혔다. 이 또한 거친 것과 미세한 부분이 있다. 미세한 것은 음심을 일으키는 것으로 말하였고, 거친 것은 현상의 일을 따르는 것으로 말하였다.

경문은 2단락으로 나뉜다.

(ㄱ) 삿된 경계를 들어 말했고,

(ㄴ) '尙不生於' 이하는 미세한 것으로 거친 부분을 비유하였다.

'(ㄱ) 삿된 경계'는 다시 3부분으로 나뉜다.

① 바르지 않고,

② 때가 아니며,

③ 장소가 아니다. 장소가 아니라는 부분은 뒤의 비유 부분에서 말하고 있다.

'① 바르지 않음' 가운데 다른 이가 보호하는 여인이란 이 부분

에서 말하는 총상 구절이다. 보호에는 2가지가 있다.

㉠ 함께할 수 없는 보호이다. 타인의 아내와 첩은 오직 남편만이 보호하기 때문이다.

㉡ 함께하는 보호이다. 친족이나 약혼으로 정해진 경우를 말한다. 親은 부모를 말하고, 族은 종족을 말한다. 양친이 모두 죽으면 六親이 보호하고, 지아비가 죽으면 자식 등이 보호함을 말한다. '약혼으로 정해짐'은 이미 예물을 주고받은 상태를 말한다.

'② 때가 아님'이란 법으로 보호받는 경우이다.

그러나 법의 보호에는 2가지가 있다.

㉠ 바른 법[正法]이요,

㉡ 출세간법[佛法]이다. 출세간법은 범행을 닦는 시기를 말한다.

이 또한 2가지이다.

하나는 부분적인 법이다. 이는 '비구니의 8가지 계[尼八敬戒]' 등을 말한다.

다른 하나는 전체적인 법이다. 이는 구족계 등을 말한다.

그러나 때가 아님을 대지도론 권15와 여러 논에 준하여 보면 그 양상을 자세히 서술하였지만, 여기에 열거한 뜻은 오염된 마음을 일으키지 않는 데 있다. 이 때문에 자기 아내에 대해서는 그 일을 자세히 말하지 않았다.

'㉡ 미세한 것으로 거친 부분을 비유'한 부분은 2중으로 비유하였다.

① 오염된 마음으로 바른 도에 종사함을 비유하였고,

② 오염된 마음과 바른 도로 도가 아님을 비유하였다.

'도가 아님'이란 앞서 말한 장소가 아님을 말한다. 또한 당연히 사람으로 다른 부류와 비유하였다. 이는 뒤로 갈수록 앞의 앞보다 거칠고 비루한 때문이다.

第四 離妄語

⑷ 거짓말을 여의다

經

性不妄語하야 **菩薩**이 **常作實語眞語時語**하며 **乃至夢中**에도 **亦不忍作覆藏之語**하야 **無心欲作**이어든 **何況故犯**가

타고난 성품으로 거짓말을 하지 않아서, 보살이 항상 진실한 말, 참된 말, 때에 맞는 말을 하며, 꿈속에서까지도 덮어두거나 감추는 말을 차마 하지 않으며, 그런 말들을 하려는 마음마저 없는데 하물며 고의로 범하겠는가.

● 疏 ●

違想背心을 名之爲妄이니라

別中에 分二니 初는 對治離요 後 乃至 下는 果行離라

今初에 對治는 卽是因離니 不別明因이라

何者오 有二義故니

一은 無外事故니 謂無刀杖妻財之外事일세 故無受畜因이오

二는 無異因故니 謂但用誑他思心이 卽妄語因이오 無別貪等이 以爲異因이라 異因이 卽起因故니라

離彼誑心이 卽誠實語니 實語는 卽是誑心對治라 故對治離 卽是因離니 不同身三故니라 身三에 各具三離오 口四는 唯二이오 意三은 唯一이라

文中에 言實語者는 隨心想故니 謂縱實不見이라도 而心謂見而言見者도 亦名實語니라

眞語者는 審善思量하야 如事眞故니 謂由心思 與事相似하야 稱此而言이라 若唯稱事而不稱心이면 亦名妄語일세 故加善思量이니라

言時語者는 論云 ˈ知時語니 不起自身他身衰惱事故라ˈ하니 謂心事雖實이나 而廻改見時에 或令自他로 而有衰惱니라 今菩薩이 朝見言朝하고 暮見言暮일세 故曰知時라 晉經에 名隨라하니 亦順時義니라

二 果行離中도 亦以細況麤니 夢中은 是細오 故犯은 是麤라 此言覆藏之語者는 論經云 ˈ不起覆見忍見이라ˈ하니라 婆沙云 ˈ覆相妄語를 名爲覆見이오 覆心妄語를 名爲忍見이라ˈ하니 謂實見事를 心謂見을 言不見하면 此爲覆已所見事相이니 此翻眞語오 若實不見을 心生見想호되 誑言不見하면 於事에 雖實이나 於見에 有違니 名爲忍見이니 忍却已所見故라 此翻實語니라 夢中과 眼見은 但是智見이니라

【鈔ˍ ˈ亦以細況粗ˈ者는 細屬於心이니 聲聞은 不制어니와 今菩薩은 無心이오 夢亦不妄이라 此言覆藏之語者는 細尋이면 可知니라】

생각에 어긋나고 마음을 등지는 것을 거짓말이라 말한다.

별상의 구절은 2단락으로 나뉜다.

첫째, 다스려서 여읨이고,

둘째, '乃至夢中' 이하는 과행으로 여읨이다.

'첫째, 다스려서 여읨'은 곧 인행으로 여읨이다. 개별로 원인을 밝히지 않았다.

무슨 까닭일까? 2가지 의미가 있기 때문이다.

① 바깥일이 없기 때문이다. 칼, 몽둥이, 아내, 재물 등의 외적인 일이 없기에 받아 쌓아놓으려는 원인이 없음을 말한다.

② 다른 원인이 없기 때문이다. 단 남을 속이려고 생각하는 마음이 곧 거짓말을 하게 되는 원인이지, 별개의 탐욕 등 다른 원인이 없다. 다른 원인이 곧 일으키는 원인이기 때문이다.

그 속이려는 마음을 여읨이 곧 진실한 말이다. 진실한 말이 곧 속이려는 마음을 다스리는 것이다. 이 때문에 다스려서 여읨이 바로 인행으로 여읨이다. 이는 몸으로 짓는 3가지와는 같지 않기 때문이다.

몸으로 짓는 3가지 업은 각기 3가지 여읨을 갖추었고,

입으로 짓는 4가지 업은 2가지 여읨을 갖추었고,

뜻으로 짓는 3가지 업은 오직 1가지 여읨을 갖추었다.

경문에서 말한 '진실한 말'이란 마음의 생각을 따른 때문이다. 설령 실제 보지는 않았을지라도 마음으로 보았다고 생각한 나머지, 보았다고 말하는 것 역시 진실한 말이라 한다.

'참된 말'이란 살피고 잘 생각하여 사물의 진실대로 말하기 때문이다. 마음의 생각이 사실과 똑같게 맞추어 말함이다. 만약 사실에 맞추어 말할지라도 마음에 맞지 않으면 이 역시 거짓말이다. 이 때문에 '잘 생각한다.'는 말을 덧붙였다.

'때에 맞는 말'이란 논에서 "때를 알고서 말하는 것이다. 나와 남을 괴롭히는 일을 일으키지 않기 때문이다."고 하였다. 이는 마음과 일이 아무리 진실할지라도 보았던 때를 돌려 말하거나 바꿔서 말하면 간혹 나와 남을 괴롭히는 경우가 있다.

여기서는 보살이 아침에 보았던 것은 아침이라 말하고 저녁에 보았던 것은 저녁이라 말한 까닭에 '때를 안다.'고 말하였다. 60권 화엄경에서는 '따르는 말[隨語]'이라고 하였다. 이 역시 때를 따른다는 뜻이다.

'둘째, 과행으로 여김' 부분 또한 미세한 것으로 거친 일을 비유하였다. 꿈속이란 미세한 것이요, 고의로 범함은 거친 일이다.

경문에서 '덮어두거나 감추는 말'이란 논경에서 "보았던 사실을 덮어두거나[覆見] 보았던 것을 참고[忍見] 말하지 않는 행위를 일으키지 않는다."고 하였다.

대비바사론에서 말하였다.

"사실의 양상을 덮어두고 거짓말하는 것을 '본 것을 덮어둔다.'고 말하고, 마음속에 감추고서 거짓말하는 것을 '본 것을 참는다.'고 말한다."

이는 실제로 보았던 사실을 마음으로는 보았다는 것을 인정하면서도 본 적이 없다고 말하면 이는 자기가 보았던 일을 숨긴 것이다. 이는 참된 말의 반대이다.

만일 실제 보지 않았던 것을 마음으로는 보았다고 생각하면서도 마음을 속이고서 보지 않았다고 말하면, 그 사실에 있어서는 진실한 일이지만 소견과는 어긋나는 처사이다. 이를 '본 것을 참는다.'고 말한다. 자기의 소견을 참았기 때문이다. 이는 진실한 말의 반대이다.

꿈속과 눈으로 본 것은 단 지혜로 본 것일 뿐이다.【초_ "또한 미세한 것으로 거친 일을 비유하였다."는 것은 미세함이란 마음에 속하니, 성문은 이를 제어하지 못하지만 여기에서 말한 제2지의 보살은 무심하여 꿈속에서도 거짓말하지 않는다. 여기서 '덮어두거나 감추는 말'이라 한 것은 자세히 찾아보면 설명하지 않아도 알 수 있다.】

第五는 言不乖離를 名離兩舌이라

(5) 이쪽저쪽에 두말하는 것을 여의다

이는 이간질하는 말을 하지 않는 것이다.

經

性不兩舌하야
菩薩이 於諸衆生에 無離間心하며 無惱害心하며

不將此語하야 爲破彼故로 而向彼說하며

不將彼語하야 爲破此故로 而向此說하며

未破者는 不令破하며 已破者는 不增長하며

不喜離間하며 不樂離間하며

不作離間語하며

不說離間語의 若實若不實이니라

    타고난 성품으로 이쪽저쪽에 두말하지 않아서,

    보살이 많은 중생에게 이간질하는 마음이 없으며,

    괴롭히거나 해치려는 마음이 없으며,

    이쪽에서 하는 말을 가지고 저쪽을 타파하기 위하여 저쪽 사람에게 말하지 않으며,

    저쪽에서 하는 말을 가지고 이쪽을 타파하기 위하여 이쪽 사람에게 말하지 않으며,

    아직 사이가 나쁘지 않은 것은 나쁘지 않도록 하며,

    이미 사이가 나쁜 것은 더 키워가지 않도록 하며,

    이간질을 기뻐하지도 않으며,

    이간질을 좋아하지도 않으며,

    이간하는 말을 만들어 내지도 않으며,

    이간하는 말이라면 사실이든 사실이 아니든 말하지 않는다.

● 疏 ●

兩舌事成에 能令離間이니라

別中亦二니 初는 對治離오 後'未破'下는 果行離라

對治離者는 卽不破壞行이니 此唯約心이오 果行離者는 通心及事니 卽是差別이라

今初에 心者는 謂傳說者가 必於心中에 憶持惡言하야 欲將破壞하야 方成離間이니 故文云 '無離間心'이니 論經云 '無破壞心'하며 及爲破彼故'等이라하야늘 而論云 '二種明心受憶持'者는 謂詐現親朋이니 如野干이 詐親師子等이라 又狎密成疎曰離間이오 親舊成寃曰惱害니라【鈔 '卽不壞行'者는 謂若有離間之心하야 發言則成離間이라 今無此心일새 故無離間之過니 無離間心이 卽是離間對治라 '如野干'等者는 卽四分律에 '有善搏虎 與善牙師子로 爲友라가 爲野干所破'라하니 廣如彼說하다】

이 말 하고 저 말 하는 일이 이뤄지면 이간질을 할 수 있다.

별상의 구절은 또한 2단락으로 나뉜다.

첫째, 다스려서 여읨이며,

둘째, '未破者' 이하는 과행으로 여읨이다.

'첫째, 다스려서 여읨'이란 서로의 사이를 무너뜨리지 않는 행위이다. 이는 오직 마음으로 말하였다.

'둘째, 과행으로 여읨'이란 마음과 일에 모두 통하는 것으로 말하였다. 이는 곧 차별이다.

별상의 첫 구절[無離間心]에서 말한 '마음'이란 말을 전하는 사람이 반드시 마음속에 나쁜 말을 기억하고 지니고서 두 사람의 좋은 사이를 무너뜨리고자, 바야흐로 이간질을 하는 것이다. 이 때문

에 경문에서 "이간질하는 마음이 없다."고 하였다.

논경에는 "좋은 사이를 무너뜨리려는 마음이 없으며, 그들 사이를 무너뜨리기 위한 등"이라 하였는데, 논에서 "2가지로 마음에 받아 기억함을 밝혔다."고 말한 것은 거짓으로 친한 벗인 척 나타냄이니, 이는 마치 여우가 거짓으로 사자를 가까이하는 것과 같다.

또한 친한 사이에 멀어지게 만드는 것을 '이간'이라 하고, 친구 사이를 원수로 만드는 것을 '괴롭히고 해침'이라 말한다.【초_ "서로의 사이를 무너뜨리지 않는 행위"란 만약 이간하려는 마음을 가지고서 말을 하면 둘의 사이가 멀어지게 된다. 여기에서는 이런 마음이 없기에 이간하려는 허물이 없다. 이간하려는 마음이 없는 것이 바로 이간을 다스리는 것이다.

'여우' 등이란 四分律에 의하면, 잘 찢어발기는 호랑이가 날카로운 이빨을 가진 사자와 벗으로 잘 지냈는데, 여우에 의하여 둘의 사이가 무너졌다고 한다. 이에 관한 자세한 설명은 사분율장에서 말한 바와 같다.】

二는 果行離라 差別有三하니 謂身心業이라 各有二義하니 身壞二義者는 謂已破와 未破니 是離間體일세 故名 爲身이니라
二'不喜'下는 明心壞二義니 一은 隨喜他오 二는 自心樂이라
三'不作'下는 業壞二義니 謂若細와 若麤니 細則實有惡言이오 麤則不實虛構하야 正傳離間之言일세 故名 爲業이라 今菩薩은 竝離일세 故皆云'不'이니라

둘째, 과행으로 여읨이다. 차별에 3가지가 있다. 신업과 의업을

말한다. 각기 2가지 뜻이 있다.

① 몸으로 두 사람의 좋은 사이를 무너뜨리는 2가지 뜻이란, 이미 사이가 나빠진 것과 아직 나빠지지 않은 것을 말한다. 이는 이간질의 체성이기에 '몸[身]'이라 말하였다.

② '不喜離間' 이하는 마음으로 두 사람의 좋은 사이를 무너뜨리는 2가지 뜻을 밝혔다.

㉠ 남을 따라서 기뻐함이며,

㉡ 자기 마음으로 좋아함이다.

③ '不作離間' 이하는 업으로 두 사람의 좋은 사이를 무너뜨리는 2가지 뜻이다. 미세한 것과 거친 것을 말한다.

미세한 것은 실제로 나쁜 말을 한 것이며, 거친 것은 진실하지 않은 허구로 이간하는 말을 전하는 까닭에 이를 '업'이라고 말한다.

이의 제2지 보살은 이를 모두 여의었기에 모두 이런 일을 '않는다[不]'고 말하였다.

第六은 言不麤鄙를 名離惡口라

(6) 나쁜 말을 여의다

이는 거친 말, 비루한 말을 하지 않는 것이다.

經

性不惡口하야

所謂毒害語와 **麤獷語**와 **苦他語**와 **令他瞋恨語**와 **現前語**와 **不現前語**와 **鄙惡語**와 **庸賤語**와 **不可樂聞語**와 **聞者不悅語**와 **瞋忿語**와 **如火燒心語**와 **寃結語**와 **熱惱語**와 **不可愛語**와 **不可樂語**와 **能壞自身他身語**인 **如是等語**를 **皆悉捨離**하고

常作潤澤語와 **柔軟語**와 **悅意語**와 **可樂聞語**와 **聞者喜悅語**와 **善入人心語**와 **風雅典則語**와 **多人愛樂語**와 **多人悅樂語**와 **身心踊悅語**니라

타고난 성품으로 악담[惡口]을 하지 않는다.

이른바 악독하고 해를 끼치는 말, 거칠고 사나운 말, 남을 괴롭히는 말, 남을 성나게 하거나 섭섭하게 만드는 말, 앞에 대면할 적의 말, 대면하지 않을 적의 말, 비루하고 추악한 말, 속되고 천박한 말, 듣기 싫은 말, 듣는 이가 기쁘지 않은 말, 성내는 말, 불처럼 남의 속을 태우는 말, 원한이 맺힌 말, 극심한 괴로움을 주는 말, 좋지 않은 말, 달갑지 않은 말, 나와 남의 좋은 사이를 무너뜨리는 말, 이런 말들은 모두 버리고,

언제나 윤택한 말, 부드러운 말, 마음에 즐거운 말, 듣기 좋은 말, 듣는 이가 기뻐하는 말, 남의 마음에 잘 들어가는 말, 운치 있고 법이 되는 말, 여러 사람이 좋아하는 말, 여러 사람이 기뻐하는 말, 몸과 마음이 뛸 듯이 기쁜 말을 한다.

● 疏 ●

別中에 分二니 初는 果行離오 後'常作下는 對治離라

前後諸業을 治望果行에 非全次第일새 故先顯治하고 後能離果라

今此歷別相對에 先은 擧果行하야 一時彰離하고 後는 說能治하야 次第翻前이라 文義便故로 先明果行이라

今果行中에 先은 列所離오 後는 明能離라

今初에 有十七語하니 句各一義라 而其論意展轉相釋이라

於中有二하니 前四는 一重이니 總顯惡言體用이오 後十三語는 重顯前四니라

今初四語는 次第相釋이니 初一은 總明語體오 次는 云何毒害오 以麤惡獷戾故라 云何麤獷고 苦他故니라 如何苦他오 令他瞋恨故니라 此之四語義一名異니라

後重顯中에 初有四語는 總釋前四라 於中에 初二는 明其語時니 謂前四에 有對面과 不對面故라 後二는 明前語體가 不出二類니 一은 鄙惡이니 謂不遜故오 二庸賤이니 常無教訓故라

後九는 別釋上의 苦他令瞋하야 爲損之相이라 於中復二니

初二는 明說前麤鄙之言이 自違於戒라 何以違戒오 以能苦他하야 令他瞋故라 云何若他오 不喜聞故라 云何令瞋고 聞不悅故라

餘七語는 明自瞋忿心中發言하야 令他違戒起瞋生苦라 初瞋忿語는 是自瞋語體오 下는 能令他瞋이라

他瞋에 有二無饒益事하니

一은 初五語는 翻喜生瞋이니 謂聞時不愛 如火燒心이오 憶時에 不

樂일세 故生怨結熱惱니 熱惱者는 令心胸閉塞이라
二는 末後句는 違樂致苦니 謂已有同意樂事를 自身이 失壞하고 令他失壞니 失壞相知之樂故니라
後 '如是'下는 明能離니 可知로다【鈔_ 自違於戒者는 旣能苦他하고 又令瞋恚하야 惱彼深故로 違惡口戒하며 亦違自讚毁他之戒니라 令他違戒者는 令犯瞋戒하야 以憶持不樂하야 遂生怨結이라 前人이 求悔하야 善言懺謝하야도 猶瞋不解면 便犯重戒니라】

　나머지 별상 구절은 2부분으로 나뉜다.

　첫째, 과행으로 여읨이며,

　둘째, '常作潤澤語' 이하는 다스려서 여읨이다.

　앞뒤의 2부분에서 말한 수많은 口業을 '다스려서 여읨'으로 '과행의 여읨'에 대조하여 보면 차례가 모두 맞은 것은 아니다. 이때문에 먼저 '다스려서 여읨'을 밝히고, 뒤에 '과행으로 여읨'을 들 수 있다.

　여기에서 하나하나의 별상을 상대하여 살펴보면 '과행으로 여읨'을 들어서 한꺼번에 여읨을 밝히고, 뒤에서는 다스림의 주체를 말하여 순서를 앞과 뒤바꾸었다. 문장과 의미의 편의를 위해 먼저 '과행으로 여읨'을 밝혔다.

　여기에서 말한 '첫째, 과행으로 여읨' 부분은 먼저 여읠 대상을 나열하였고, 뒤에서는 이를 여의는 주체를 밝혔다.

　앞의 여읠 대상에는 17가지의 말이 있으며, 구절마다 각기 하나의 뜻을 가지고 있다. 그러나 그에 관한 논의 의의는 다음다음으

로 해석을 서로 이어가고 있다.

17가지의 말은 다시 2부분으로 나뉜다.

앞의 4가지 말이 한 부분이다. 나쁜 말의 본체와 작용을 총괄하여 밝혔다.

뒤의 13가지 말은 앞의 4가지 말을 다시 밝혔다.

앞의 4가지 말은 차례대로 이어가면서 해석하고 있다.

첫 구절[毒害語]은 말의 체성을 총체로 밝혔고,

다음 구절[麤獷語]은 어떤 것이 '악독하고 해를 끼치는 말'일까? 거칠고 사나운 말이기 때문이다.

어떤 것이 '거칠고 사나운 말'일까? '남을 괴롭히는 말[제3 苦他語]'이기 때문이다.

어떤 것이 '남을 괴롭히는 말'일까? '남을 성나게 하거나 섭섭하게 만드는 말[제4 令他瞋恨語]'이기 때문이다.

위 4가지 말은 뜻이야 같지만 그 명칭은 다르다.

'앞의 4가지 말을 다시 밝힌 뒤의 13가지 말' 가운데, 앞의 4가지 말은 앞의 4가지 말을 총괄하여 해석하였다.

앞의 4가지 말 가운데 앞의 2가지 말[現前語, 不現前語]은 그 말하는 시기를 밝혔다. '앞의 4가지 말'이란 상대의 얼굴을 대면하면서 말하는 경우와 대면하지 않은 경우이기 때문이다. 뒤의 2가지 말[鄙惡語, 庸賤語]은 '앞의 4가지 말'의 잘못된 자체가 이 2부류의 말에서 벗어나지 않음을 밝혔다. 첫째는 '비루하고 추악한 말', 둘째는 '속되고 천박한 말'이다. 이는 항상 교양이 없기 때문이다.

뒤의 9가지 말은 위에서 말한 '남을 괴롭혀 성나게 만들어 손해를 끼치는 양상'을 개별적으로 해석한 것이다.

뒤의 9가지 말은 다시 2부분으로 나뉜다.

첫째, 앞의 2가지 '듣기 싫은 말, 듣는 이가 기쁘지 않은 말[不可樂聞語, 聞者不悅語]'은 앞서 말한 '거칠고 비루한 말'이 스스로가 계율을 어긴 일임을 밝힌 것이다.

어떻게 계율에 어긋나는가? 남을 괴롭혀 그를 성나게 하였기 때문이다.

무엇으로 남을 괴롭혔는가? '듣기 싫은 말'을 하였기 때문이다.

어떻게 성나게 하였는가? '듣는 이가 좋아하지 않는 말'을 하였기 때문이다.

둘째, 나머지 7가지 말은 자신의 성난 마음으로 말하여 남들로 하여금 계율을 어기도록 하였고 성나게 하였고 괴롭게 만든 것이다.

7가지 말 가운데 첫 구절의 '성내는 말[瞋恚語]'은 자신의 성나는 마음에서 우러나는 말의 그 자체이고, 아래 구절은 남을 성나게 하는 말들이다.

남을 성나게 하면 이익 없는 2가지 현상이 생기게 된다.

① 앞의 5가지 말[如火燒心語, 冤結語, 熱惱語, 不可愛語, 不可樂語]은 기쁜 마음을 뒤집어 성나게 만든다.

그 말을 들을 적에 반갑지 않음이 마치 '불처럼 남의 속을 태우는' 것과 같고,

기억하면 할수록 마음을 언짢게 만들기에 '원한이 맺힌 말', '극

심한 괴로움을 주는 말'을 낳게 된다. '극심한 괴로움을 주는 말'이란 심장과 가슴을 답답하게 가로막는 것이다.

　② 마지막 구절의 '나와 남의 좋은 사이를 무너뜨리는 말[能壞自身他身語]'은 좋은 사이를 버리고 고뇌를 불러들인 것이다. 지난날 즐거운 마음으로 함께했던 일들을 나 자신이 무너뜨리고, 남들로 하여금 무너뜨리게 만든다. 서로 알고 지냈던 즐거움을 잃어버렸기 때문이다.

　'如是等語' 이하는 위의 잘못된 口業을 여의는 주체를 밝힌 것이다. 이는 설명하지 않아도 알 수 있다.【초_ "스스로가 계율을 어겼다."는 것은 벌써 남을 괴롭혔고, 또한 성나게 하여 그를 괴롭힘이 심각한 까닭에 '나쁜 말'을 한 계율을 어겼고, 또한 자신을 칭찬하고 남을 헐뜯는 계율을 어긴 것이다.

　"남들로 하여금 계율을 어기도록 했다."는 것은 그를 '성내는 말'의 계율을 범하게 하여, 생각하면 할수록 언짢은 기분에 마침내 '원한이 맺힌 말'을 낳게 하였다. 앞사람이 참회를 구하여 좋은 말씨로 사죄함에도 성난 마음을 풀지 않으면 그것은 곧 큰 잘못을 다시 범하게 된다.】

第二 對治中에 有十種語하야 翻前諸語호되 而小不次하니

謂潤澤은 翻苦他·令瞋二語오

柔軟은 翻毒害·麤獷이오

其現前·不現前은 無別體일새 故不翻이라

悅意語는 翻上瞋忿이니 謂和悅意中에 而發言故라

樂聞·喜悅은 翻不樂·不悅이라 上說은 麤鄙일세 故不悅樂이어니와 今說順人天일세 故生悅樂이라

又'悅意'下三語는 展轉相釋이니 善入人心은 翻如火燒心과 熱惱와 怨結이라 上以忿心으로 發言일세 故如火燒等이어니와 今以言順涅槃일세 故令善入人心이니라

風雅典則은 却翻上鄙惡庸賤이니 前則街巷陋音이오 今則言含經史故니라

愛樂·悅樂은 翻不可愛樂이니 生三昧故니라

身心踊悅은 翻壞自身他身이니 生親善故니라【鈔_ 謂潤澤者는 語必益他일세 名爲潤澤이니 故翻苦他와 令瞋二語니라

謂柔軟者는 柔는 謂柔和오 軟은 謂善軟이니 言爲戒攝일세 故爲柔軟이니 柔和는 卽無毒害오 善軟이 卽無粗獷이라 獷은 謂獷戾니 易傷折故오 害는 謂損害니 如劍戟故라 今柔軟故로 無損無害니라 論釋不獷云호되 '受行不斷이라'하야늘 遠公云 '常說이오 非暫일세 故云 不獷이라'하니라 故上釋獷云 易傷折이라하니라 是故로 菩薩은 言必順道하야 盡未來際토록 常行善言이라하니 斯亦天下之至柔로 馳騁天下之至堅也니라

謂和悅意者는 易 繫辭에 云'安其身而後에 動이오 易其心而後에 言이라'하니 注釋에 云'易는 和易也라하니 翻上瞋忿이면 理必然也라 今說順人天者는 世報適情일세 故云'悅樂이라하니라

'又悅意下三語展轉相釋'者는 重釋此三하야 上各別配故라 故令展轉이라 謂云何悅意오 可樂聞故며 云何樂聞고 聞者 喜悅故니라

'善入人心'者는 此以一語로 翻於三語니 言今說順涅槃일세 故令善入人心等者는 等取餘二니 謂說涅槃이면 則如甘露 入於身心이어니 豈如火燒리오 聞淸凉樂이어니 豈當熱惱리오 內外冥寂이어니 怨結豈生이리오

'生三昧故'者는 總出所以니라 前則聞時不喜하고 憶時不樂이라가 今聞順三昧에 法喜適神하야 憶其正受하고 輕安怡暢하야 而言多人愛樂者니라 論云 '怨親中人이 無不愛樂이라'하니 以言順三昧로 何厚何薄이리오 論에 又云 '此語能作二種利益이니 一은 他未生瞋恨하야 令其不生일새 故聞愛樂하고 復生三昧하니 卽是悅樂이오 二者는 未生親友令生故니 卽下身心踊悅이니 由自身心 歡喜敬信으로 亦令他聞歡喜敬信하니 歡喜敬信이 卽是踊悅이라 故疏云自身他身이 生親善故라'하니 翻前失於相知之樂이니라 】

'둘째, 다스려서 여읨' 부분 가운데 10가지 말은 앞의 여러 가지 말을 뒤집은 것이지만, 조금은 차례가 맞지 않다.

'윤택한 말'은 '남을 괴롭히는 말'과 '성나게 하는 말' 2가지를 뒤집고,

'부드러운 말'은 '악독하고 해를 끼치는 말'과 '거칠고 사나운 말'을 뒤집으며,

'대면하면서 하는 말'과 '대면하지 않고서 하는 말'은 특별한 자체가 없기에 이는 뒤집지 않았다.

'마음에 즐거운 말'은 위의 '성내고 분한 말'을 뒤집은 것이다. 온화하고 기쁜 마음으로 말하였기 때문이다.

'듣기 좋은 말'과 '듣는 이가 기뻐하는 말'은 '듣기 싫은 말'과 '기쁘지 않은 말'을 뒤집은 것이다. 위에서 말한 것은 거칠고 비루한 까닭에 듣기 싫고 반갑지 않았으나, 여기에서 말하는 것은 인간과 천상의 도리를 따른 까닭에 기쁨과 즐거움이 생기는 것이다.

또 '悅意語' 이하 3가지 말은 다음다음으로 이어가면서 해석하였다. '남의 마음에 잘 들어가는 말'은 '속을 태우는 말'과 '극심한 괴로움을 주는 말'과 '원한이 맺힌 말'을 뒤집은 것이다. 위에서는 분노한 마음으로 말을 하는 까닭에 '속을 태우는 말' 등이 있었지만, 여기에서는 열반에 따라 말한 까닭에 남의 마음에 잘 들어가는 것이다.

'운치 있고 법이 되는 말'은 위의 '비루하고 추악한 말'과 '속되고 천박한 말'을 뒤집은 것이다. 앞에서는 저잣거리의 비루한 소리를 하였고, 여기에서는 그의 말씨에 경전과 역사가 담겨 있기 때문이다.

'여러 사람이 좋아하는 말', '여러 사람이 기뻐하는 말'은 '달갑지 않은 말'을 뒤집은 것이다. 삼매에서 나온 말이기 때문이다.

'몸과 마음이 뛸 듯이 기쁜 말'은 '나와 남의 좋은 사이를 무너뜨리는 말'을 뒤집은 것이다. 친근함과 좋은 사이에서 나오는 말이기 때문이다. 【초_ '윤택한 말'이란 반드시 남에게 이익이 되는 말이기에 이를 '윤택한 말'이라고 말한다. 이 때문에 '남을 괴롭히는 말'과 '성나게 하는 말' 2가지를 뒤집은 것이다.

'부드러운 말'에서의 '柔' 자는 부드럽고 온화함을 말하고, '軟'

자는 착하고 연함을 말한다. 말을 할 적에 계를 받아들여 말하기에 유연하다.

'부드럽고 온화함'은 '악독하거나 해치는 말[毒害語]'이 없고, '착하고 연함'은 '거칠거나 사나운 말[粗獷語]'이 없다. 獷은 사납고 어깃장을 부리는 것을 말하니, 상처를 입거나 꺾이기 쉬운 때문이다. 害는 손해를 끼치는 것을 말한다. 칼이나 창과 같기 때문이다. 이제는 유연한 까닭에 손해를 입히거나 해를 끼침이 없다.

논에서 '사납지 않음[不獷]'을 해석하면서 "계법에 정해진 대로 받아들여 끊임없이 행한다."고 하였는데, 혜원 법사가 말하기를, "항상 이처럼 말하는 것이지, 잠시 그처럼 하는 것이 아니기에 사납지 않다."고 하였다. 이 때문에 위에서 '獷' 자를 해석하면서 "상처를 입거나 꺾이기 쉽다."고 하였다.

이런 이유로 보살은 말할 적마다 반드시 도리에 따라 미래의 세월이 다하도록 언제나 좋은 말을 해야 한다고 하였다. 이는 또한 노자 제43장에서 말한 "천하에 지극히 부드러운 것이 천하의 지극히 굳센 것을 부린다."는 이치이다.

'마음에 즐거운 말'이란 주역 계사에 이르기를, "그 몸이 편안한 후에 움직이고, '그 마음이 화평[易其心]'한 후에 말을 한다."고 하였다. 그 주석에서 "易는 화평하고 까다롭지 않음이다."고 말하였다. 이는 위의 '성내고 분한' 마음을 뒤집으면 반드시 그렇게 되는 이치이다. 여기에서 "인간과 천상의 도리를 따른다."고 말한 것은 세간의 보답이 마음에 맞기에 '마음에 즐거운 말'이라 하였다.

"또 '悅意語' 이하 3가지 말은 다음다음으로 이어가면서 해석하였다."는 것은 다시 이 3가지 말을 해석하여 위의 말에 각각 개별로 짝지어 말한 때문에 '다음다음으로 이어가면서'라고 말한 것이다.

어떤 것이 '마음에 즐거운 말'인가? '듣기 좋은 말'이기 때문이다.

어떤 것이 '듣기 좋은 말'인가? '듣는 이가 기뻐하는 말'이기 때문이다.

'남의 마음에 잘 들어가는 말[善入人心]' 하나로 위의 3가지 말을 뒤집은 것이다. 여기에서 "열반에 따라 말한 까닭에 남의 마음에 잘 들어갈 수 있다."는 등은 나머지 2가지 말을 동등하게 취한 것이다. 열반으로 말하면 감로수가 몸과 마음에 들어오는 것처럼 청량한데, 어찌 불타는 듯하다고 말하겠는가. 그 말을 들으면 시원한 즐거움이 있는데, 어찌 극심한 고뇌가 있겠는가. 안팎으로 고요한데 어찌 원한 맺힌 말이 생겨날 수 있겠는가.

'삼매에서 나온 말이기 때문'이라는 것은 그 이유를 총괄하여 말하였다. 앞에서는 말을 들을 적에 반갑지 않았고 기억할 때 즐겁지 않다가, 여기에서는 삼매를 따른 말을 듣고서 법의 기쁨으로 정신이 편안하여 바르게 받아들일 것을 생각하고, 편안하고 기뻐서 말을 하면 많은 사람이 사랑하고 좋아하였다. 논에 이르기를, "원수이든 친한 이이든 사랑하고 좋아하지 않은 이가 없었다."고 하였다. 삼매를 따른 말이 그 누구에게 후히 대하고 그 누구에게 박하게 대하겠는가.

논에서 또 말하였다.

"이런 말은 2가지 이익을 준다.

① 그는 성냄과 한이 서린 말을 하지 않기에, 그들에게 이런 마음을 내지 않도록 만들어 준다. 이 때문에 들으면 모두 사랑하고 좋아하며, 또한 삼매를 낸다. 이것이 곧 기쁨이요 즐거움이다.

② 삼매를 내지 않은 친우는 삼매를 내도록 마련해준다. 이는 아래의 문장에 '몸과 마음이 뛸 듯이 기뻐함'이다. 자신의 몸과 마음의 환희와 공경과 믿음으로 또한 남들로 하여금 이 말을 듣고서 환희와 공경과 믿음을 가지도록 마련해주는 것이다. 환희와 공경과 믿음이 바로 뛸 듯이 기뻐함이다. 이 때문에 청량소에서 '나와 남이 가까이 잘 지냄을 낼 수 있기 때문이다.'고 하였다."

이는 위에서 언급한 "서로 알고 지내는 즐거움을 잃었다."는 말을 뒤집은 것이다.】

第七은 言辭不正이라 故云綺語니 其猶綺文이라

(7) 번드르르하게 꾸미는 말을 여의다

이는 바르지 못한 말이기에 번드르르하게 꾸미는 말이라고 한다. 그 말이 아름답게 꾸민 문장과 같다.

經

性不綺語하야

菩薩이 **常樂思審語**와 **時語**와 **實語**와 **義語**와 **法語**와 **順道**

理語와 **巧調伏語**와 **隨時籌量決定語**니
是菩薩이 **乃至戱笑**에도 **尙恒思審**이어든 **何況故出散亂之言**가

　　타고난 성품이 번드르르한 말을 하지 않아서, 보살은 언제나 잘 생각하고 하는 말, 시기에 맞는 말, 진실한 말, 이치에 맞는 말, 법다운 말, 도리를 따르는 말, 잘 조복하는 말, 때에 맞추어 헤아려서 결정된 말을 좋아한다.

　　이 지위에 있는 보살이 하나의 웃음까지도 오히려 언제나 생각하고 살피는데, 어찌 고의로 산란한 말을 지껄이겠는가.

◉ 疏 ◉

總離는 可知오 別中에 亦二니 先은 對治오 後는 果行이라
前中八語에 初一이 爲總이니 故下結云 戱笑尙恒思審니라 是以로 菩薩이 常樂三思而後言이면 則無散亂矣니라
下七語는 別이라 時之一字는 亦總亦別이라 總者는 上言思審者니 謂思合其時하야 語黙得中也라 云何爲時오 謂彼此無損하고 自他成益時故니라 論云 '善知言說時는 依彼此語故'라하니라
時語有幾오 畧說有三하니
一은 敎化時語니 謂見非善衆生에 觀發生信하야 令捨惡就善이니 卽時字別義라
次三은 敎授時語니 令其憶念이라 實語者는 不顚倒故니 謂學承有本하야 轉相敎誨라 後二는 釋上이니 云何不倒오 以言含於義故며

稱行法故니라

後三은 敎誡時語니 令其修行이라 地持의 敎誡差別에 有五하니 一은 制오 二는 聽이오 三은 擧오 四는 折伏이오 五는 令喜니라

今三句로 攝之하니

一은 謂有罪者는 制하고 無罪者는 聽이니 爲順道理오

二는 於制聽有缺에 如法擧之하고 數數毀犯에 折伏與念이니 云巧調伏이오

三은 有實德者를 稱揚令喜니 故云決定이라

又此一句 總結上四니 謂若制若聽과 若擧若折에 皆須適時니라

【鈔】 畧說有三者는 一은 敎化生信이오 二는 敎授生解오 三은 敎誡成行이라

'卽時字別義'者는 時卽敎化體也라

'以言含於義'者는 卽經義語니 義卽義理며 亦云義利니라

'一謂有罪者制'는 如殺盜等이오 '無罪者聽'은 如畜長等이오 '擧'者는 律云 '不見不懺하고 惡邪不捨를 擧棄衆外者는 爲除惡人이라'하니 今此擧者는 爲除其罪오 此是彰擧오 非擯擧也라

如法擧者는 具擧德故니 謂一은 慈心이니 不以瞋恚오 二는 利益이니 不以損減이오 三은 柔和니 不以粗獷이오 四는 眞實이니 不以虛妄이오 五는 知時니 不以非時라 具此五德하면 名爲如法이니라

此云巧調伏은 論云毘尼라하고 釋以滅諍이라하니 毘尼는 云滅이며 亦調伏義니라

'又此一句'下는 上釋文決定이오 下釋隨時籌量이니 一則籌量有

91

罪無罪라 故律云 '知有罪無罪를 是名律師'라하니라 二則通皆籌
量이니 制聽舉折等이라 故疏總舉니 皆須籌量得所니라 】

총체로 여읨을 말한 첫 구절[性不綺語]은 설명하지 않아도 알
수 있다.

나머지 별상 구절은 또한 2가지이다.

첫째, 다스려서 여읨이며,

둘째, 과행으로 여읨이다.

'첫째, 다스려서 여읨' 부분에는 8가지 말이 있다.

첫 구절[思審語]은 별상 중의 총상이다. 그러므로 아래의 결론
에서 "하나의 웃음까지도 생각하고 살핀다."고 하였다. 이 때문에
보살이 항상 세 번 생각한 뒤에 말하기를 좋아하므로 산란한 말이
없다.

아래의 7가지 말은 별상이다.

'時語'의 時라는 한 글자는 총상이면서 별상이기도 하다. 총상
으로는 위에서 말한 '생각하고 살핀다.'는 것이다. 이는 그 때에 맞
춰 말하는 것과 침묵에 중도를 얻고자 생각함을 말한다.

어떤 것을 때라 하는가? 피차가 서로 손해가 없고, 나와 남이
모두 이익을 성취할 시점이다. 따라서 논에 이르기를, "말할 시기
를 잘 아는 것은 피차 상호의 편의를 따라 말하기 때문이다."고 하
였다.

때에 맞춰 하는 말은 몇 가지인가? 대략 3가지로 말한다.

① 교화할 시기에 맞춰 말하는 것이다. 착하지 않은 중생을 보

면 신심 낼 것을 권하여, 악을 버리고 선한 데로 나아가게 한다. 이는 곧 '時' 자의 특별한 의미이다.

② 3구절은 가르쳐줄 시기에 맞춰 말하는 것이다. 그들에게 기억하고 생각하게 한다.

'진실한 말[實語]'이란 전도되지 않은 때문이다. 배우고 본받음이 근본이 있어서 서로가 가르쳐줌을 말한다.

뒤의 2가지는 위의 '진실한 말'을 해석한 것이다. 어떤 것이 전도되지 않음인가? 말에 '이치[義語]'가 함축되어 있고, 行法[法語]에 걸맞기 때문이다.

③ 3구절은 가르쳐 훈계할 때에 하는 말이다. 그들로 하여금 수행하도록 하기 위함이다. 菩薩地持經에서 '가르쳐 훈계하는 말'을 5가지로 구분하였다.

㉠ 제재하고, ㉡ 따라주며, ㉢ 여법하게 거론하고, ㉣ 꺾어서 굴복시키며, ㉤ 기쁘게 하는 것이다.

이의 경문에서는 3구절로 포괄하였다.

① 죄가 있는 자는 제재하고, 죄가 없는 자는 따라주니, '도리를 따르는 말[順道理語]'이기 때문이다.

② 제재하고 따라주는 데에 모자란 부분이 있으면 如法하게 들어 말하고, 자주 훼손하거나 범하면 꺾어서 조복 받고 생각하도록 하니, '잘 조복하는 말[巧調伏語]'이라 한다.

③ 진실한 덕이 있는 이를 칭찬하고 드날려 기쁘게 하므로 '결정된 말[隨時籌量決定語]'이라 한다.

또한 이 한 구절[隨時籌量決定語]은 위의 4가지를 총괄하여 끝맺은 것이다. 제재와 따라줌, 그리고 여법한 거론과 조복에 모두 반드시 때를 맞추는 것이다. 【초_ "대략 3가지로 말한다."는 것은 다음과 같다.

① 교화하여 신심을 내게 하고,

② 가르쳐서 이해를 낳게 하며,

③ 가르치고 훈계하여 행을 성취하게 함이다.

"이는 곧 '時' 자의 특별한 의미[即時字別義]"에서 말한 '時' 자는 교화의 본체이다.

"말에 이치가 함축되어 있다."는 것은 경문에서 말한 '이치에 맞는 말[義語]'이다. 義는 義理, 또는 義利를 말한다.

"죄가 있는 자는 제재한다[一謂有罪者制]."는 것은 살생과 도둑 등의 죄와 같고, "죄가 없는 자는 따라준다[無罪者聽]."는 것은 비구가 필요로 하는 三衣 밖의 나머지 옷[長衣]을 비축[畜長]²하는 잘못 등과 같고, "여법하게 거론한다."는 것은 율장에 이르기를, "자신의 잘못을 살펴보지 못하고 자신의 잘못을 참회하지도 않고 사악함을 버리지도 않는 것을 거론하여 대중 밖으로 쫓아내는 것은 악한 사람을 제거하기 위함이다."고 하니, 여기서 거론한다는 것은 그의 죄를 없애주기 위함이다. 하지만 이는 그의 잘못을 들추어 밝히려

----

2 三衣 밖의 나머지 옷[長衣]을 비축[畜長]: '遺忘記' 148쪽. "如畜長者는 雖犯畜長衣戒라도 無罪故로 聽語畜長衣也라 比丘 三衣之外는 皆長衣也니 長은 剩也라"

는 것이지, 그를 쫓아내고자 그의 죄목을 거론한 것은 아니다.

"여법하게 거론한다."고 말한 것은 구체적으로 그의 잘못을 들어 말해주는 공덕을 말한다.[3]

① 인자한 마음이다. 성내지 않는다.

② 이익이다. 손해를 끼치거나 감소시키지 않는다.

③ 유연함이다. 거칠거나 사납지 않다.

④ 진실함이다. 허망하지 않다.

⑤ 때를 앎이다. 때에 알맞지 않은 적이 없다.

이런 5가지 공덕을 갖추면 '여법'하다고 말한다.

여기에서 '잘 조복하는 말'이라고 한 것은 논에서는 '계율에 맞는 말[毘尼語]'이라 하였고, 논쟁을 없앤다는 뜻으로 해석하였다. 毘尼는 없애다 또는 조복하다는 뜻이다.

'又此一句' 이하는 위에서는 경문의 '결정' 부분을 해석하였고, 아래에서는 "때에 맞추어 헤아린다[隨時籌量]."는 뜻으로 해석하였다.

① 죄가 있는지 없는지를 헤아리는 것이다. 때문에 율장에서는 "죄가 있는지 없는지 아는 사람을 律師라 한다."고 하였다.

② 통틀어 모두 헤아림이다. 제재하거나 허락하거나 여법하게 들어 말하거나 꺾어 조복하는 등이다. 이 때문에 청량소에서 총괄하여 들어 말하였다. 이는 모두 헤아려서 제자리를 얻는 것이다.】

....

3   위와 같음. "具擧德者는 具擧罪之德也니 如下具五德者가 方擧他人之罪也라"

二‵是菩薩'下는 果行離中에 亦以輕況重이니라

'是菩薩' 이하는 '둘째, 과행으로 여읨' 부분 가운데, 또한 가벼운 일을 들어서 중대한 것을 비유하였다.

第八 離貪

(8) 탐욕을 여의다

經

性不貪欲하야 **菩薩**이 **於他財物**과 **他所資用**에 **不生貪心**하며 **不願不求**니라

타고난 성품이 탐욕을 부리지 않아서, 보살이 남의 재물이나 다른 이의 물건을 탐하는 마음을 내지 않고 원하지 않고 구하지도 않는다.

● 疏 ●

此下意三에 但有對治者는 以貪等은 是業有之本이오 更無所依일세 故非果行이라 以非果故로 不可對之하야 更立異因일세 故但有其一이라

今初는 離貪이니 謂離求欲心이라【鈔_ '以貪是業'等者는 有卽是業이며 亦是三有라 故十二緣中에 過去를 名業이오 現在를 名有라 而貪若未決이면 但名煩惱오 決卽名業이니 故爲業本耳니라 不似

殺等은 依貪等心이니 方顯身口에 行殺等事일새 故云更無所依니라 所依는 旣非攬因所成殺等이라 故無果行이라 旣無因果어니 安有二離리오】

이 아래의 意業 3가지에 다스려서 여읨만이 있는 것은, 탐욕 등이란 업으로써의 존재[業有] 근본이요, 다시는 의지의 대상이 없다. 따라서 과행이 아니다. 과행이 아닌 까닭에 이를 상대로 다시 다른 원인을 세울 수 없기에 그 한 가지만이 있을 뿐이다. 의업의 첫 부분은 탐욕을 여읨이니 구하거나 욕심내는 마음을 여읜다는 말이다.【초_ '以貪是業' 등의 '有'는 곧 업을 가리키며, 또한 三有이다. 따라서 12緣起 가운데 과거에 지은 것을 業이라 하고, 현재에 그대로 받는 것을 有라 말한다. 그러나 탐욕이 아직 결정되지 않은 상태에서는 번뇌라 말할 뿐이며, 탐심이 결정되어 실행에 옮기면 이를 業이라 말하기에, 여기에서 탐욕의 마음을 '업의 근본'이라 말한 것이다. 따라서 살생 등의 업이 탐욕 등의 결정된 마음에 의한 것과는 다르다.

이는 바야흐로 몸과 입으로 살생 등의 일을 실행한다는 것을 밝힌 까닭에 "다시는 의지의 대상이 없다."고 말하였다. 의지의 대상은 이미 그 원인을 가지고 이뤄진 살생 등이 아니다. 그러므로 과행으로 여읠 것이 없다. 이처럼 원인도 결과가 없는데 어찌 2가지를 여읠 수 있겠는가.】

別中에 有三하니 一은 事오 二는 體오 三은 差別이라
於他財物은 是事니 他所攝故라 此揀於己니라 他攝有二하니 一은

己現攝用이오 二는 己雖不在나 作攝護想이니라

二는 他所資用이 是體니 謂所貪物體라 然用含二義하니 一은 所用事니 謂金等이오 二는 資用事니 謂飮食等이오

三 '不生貪'下는 明差別이니 正顯能治라 一은 始欲名求니 卽他物想이오 二는 希得屬己 爲願이니 卽是樂欲이오 三은 終起奪想이 爲貪이니 此卽方便과 及究竟이라

幷前他物하면 卽是五緣이니 故意三中에 要具五緣이라 若闕究竟이면 但名煩惱라 今皆性離일새 故以不로 不之니라【鈔_ '故意三中'下는 揀業異惑이니 卽瑜伽意라 本論에 亦云 '前二는 爲細오 後一은 爲粗라'하니 粗卽成業이니 顯今菩薩이 細亦不起일새 故竝不之니라】

별상으로 말한 구절은 3부분으로 나뉜다.

첫째, 현재에 사용하는 일[事],

둘째, 탐욕의 대상인 사물의 자체[體],

셋째, 다스릴 주체의 차별이다.

첫째, 남들의 재물은 '현실에 사용하고 있는 일[事]'이다. 타인이 지닌 바이기 때문이다. 이는 자기의 소유와는 다르다는 것을 구분한 것이다.

타인의 소유에는 2가지가 있다.

① 자기가 현재 사용 중이며,

② 자기는 가지고 있지 않으나, 남의 것을 받아들이고 보호하려는 생각을 하는 것이다.

둘째, 남들이 생활에 사용하는 것은 '자체[體]'이다. 탐욕의 대

상인 사물의 자체를 말한다.

그러나 생활의 사용에는 2가지 뜻을 포함하고 있다.

① 사용하는 대상이다. 황금 등을 말한다.

② 생활에 사용되는 일이다. 음식 등을 말한다.

셋째, '不生貪心' 이하는 '차별'이다. 바로 다스릴 주체를 밝힌 것이다.

① 처음 욕심내는 것을 '구하는 것[求]'이라 말한다. 그 물건을 생각함이다.

② 자기 소유로 얻으려고 바라는 것은 '원하는 것[願]'이라 한다. 이는 좋아하고 욕심내는 것이다.

③ 마침내 빼앗으려는 생각을 일으키는 것은 '탐내는 것[貪]'이라 한다. 이는 곧 방편과 끝이다.

앞의 남의 물건까지 함께 생각하면 5가지 인연이 된다.

그러므로 意業의 3가지 가운데는 요컨대 5가지 인연[事, 體, 求, 願, 貪]을 갖추고 있다. 만일 '탐심의 끝[究竟]'이 빠지면 그것은 '번뇌'라 말할 뿐이다.

여기에서는 모두 성품이 여읜 것이기에 '않는다[不: 不生, 不願, 不求]'는 것으로 부정하였다.【초_"그러므로 意業의 3가지 가운데" 이하는 업이란 미혹과 다름을 구분하였다. 이는 곧 유가사지론에서 말한 뜻이다. 본 논에서도 "앞의 2가지[求, 願]는 미세한 것이고, 뒤의 하나[貪]는 거친 것이다."고 말하였다. 거친 탐욕의 마음은 결국 현실로 업을 이루게 된다. 여기에서는 보살이 '구한다거나 원

하는 미세한 마음'도 일으키지 않기에 아울러 모두 不生, 不願, 不求로 부정하였음을 밝힌 것이다.】

一

第九는 離於忿怒含毒일세 故名離瞋이라

(9) 성냄을 여의다

이는 분노하여 독을 품은 마음을 여읜 것이다.

經

性離瞋恚하야 **菩薩**이 **於一切衆生**에 **恒起慈心**과 **利益心**과 **哀愍心**과 **歡喜心**과 **和潤心**과 **攝受心**하야 **永捨瞋恨怨害熱惱**하고 **常思順行仁慈祐益**이니라

타고난 성품이 성내지 않아서, 보살이 일체중생에게 언제나 자비한 마음, 이익을 베푸는 마음, 가엾이 여기는 마음, 환희의 마음, 화평의 마음, 포섭하는 마음을 내어,

영원히 성냄의 마음, 원한의 마음, 원망의 마음, 해침의 마음, 열 내는 마음, 고뇌의 마음을 버리고,

항상 인자하고 도와주고 이익을 베풀려는 일을 생각하는 것이다.

◉ 疏 ◉

別中有三하니 一은 別顯能治오 二 '永捨'下는 總顯所治오 三 '常思'

下는 類通治益이라

　별상의 구절은 3부분으로 나뉜다.

　첫째, 다스림의 주체를 개별로 밝혔고,

　둘째, '永捨' 이하는 다스릴 대상을 총괄하여 밝혔으며,

　셋째, '常思' 이하는 유별로 다스림의 이익과 회통하였다.

今初에 爲六種衆生하야 起六種治어늘 論攝爲五니

一은 於怨生慈니 治於寃者에 欲加苦故오

二는 於惡行者에 生利益心이니 治當危苦故오

三은 於貧及苦에 生哀愍과 歡喜二心이라 以此二心이 有通有別하니 通則可知니 故論合此니라 別則貧窮者를 愍之하고 憂苦者를 令其喜樂이니라

四는 於樂衆生에 生和潤心이니 論名利潤이라 治彼染著 無利潤故니라

五는 於發菩提心人에 起攝受心이니 攝令成故니라【鈔_ '治彼染著'者는 以善法益으로 令離放逸을 則名利潤이라 '五於發菩提心等'者는 論云 '於發菩提心衆生에 恐於無量利益行中에 勤勞疲懈'라하니 今攝令起造하야 治彼疲懈하야 令不退轉이니라】

　'첫째, 다스림의 주체를 개별로 밝힌' 부분은 6부류의 중생을 위하여 6가지 다스림을 일으켰는데, 논에서는 이를 5가지로 포괄하였다.

　① 원수에게 자비심을 내는 것이다. 원수 맺은 이에게 괴로움을 가하고자 하는 마음을 다스리기 때문이다.

② 악을 행하는 이에게 이익이 되는 마음을 내는 것이다. 닥쳐올 위험과 고통을 다스리기 때문이다.

③ 빈곤하고 고통받는 중생에게 가엾이 여기는 마음과 환희의 마음을 내는 것이다. 이 2가지 마음에는 通相도 있고 별상도 있다. 통상은 말하지 않아도 알 수 있기에 논에서는 이를 합하여 말하였다. 별상에서는 빈궁한 이를 가엾이 여기고, 근심과 고통받는 이를 기쁘게 해주는 것이다.

④ 즐거워하는 중생에게 온화하고 윤택한 마음을 내는 것이다. 논에서는 이를 '利潤'이라고 말하였다. 그 오염과 집착으로 이익되고 윤택함이 없는 마음을 다스리기 때문이다.

⑤ 보리심을 낸 사람에게 받아들이려는 마음을 일으키는 것이다. 그를 받아들여 성취시켜 주고자 한 때문이다.【초_ "그 오염과 집착을 다스린다."는 것은 善法의 이익으로 방일을 여의게 하는 것을 '이윤'이라고 말한다.

'⑤ 보리심을 낸 사람에게' 등이란 논에서는 "보리심을 낸 중생이 한량없는 이익행 가운데, 힘들다 하여 지치거나 게을러질까 두렵다."고 하였다. 여기에서는 그들을 받아들여 이익의 마음을 일으켜 나아가게 하여, 그 지치거나 게을러지는 것을 다스려서 뒤로 물러나지 않도록 하는 것이다.】

'二 總離障'中에 亦有六障하야 通障前六이오 非一一別對일세 故云 總也라

於此六中에 攝爲三對니

初二는 以己로 對他하야 用辨寃親이니 生怨故로 瞋이오 敗親故로 恨이라 怨則未生已生을 令其生長이오 親則未生已生을 令不生長이오
次二는 唯約於已善不善法하야 以明生長이라 障善을 名怨이오 增惡을 名害니 皆有已生과 未生이라
後二는 唯就於他愛不愛事하야 明其生長이라 忌勝을 名熱이니 謂見他愛事오 苦他를 名惱니 謂見他不愛事라 皆有已生未生等하니라 瑜伽云 '瞋恚의 方便究竟者는 謂於損害事에 期心決定하야 正能成業이라하니라 今竝不行일새 故上云永離니라【鈔_ 若依論中 具委說者인댄 自身善法이 未生을 令不生하고 已生을 令滅하야 卽障善法을 名怨이라

自不善法이 未生者能生하고 已生令增長하야 卽增惡을 名害라

後二도 於他亦然이라 於他身中에 不愛事가 未生을 令生하고 已生者를 令增長하야 卽苦他를 名惱오

他身愛事의 未生者를 令不生하고 已生者를 令不隨順이 卽是忌勝이니 名熱이니라】

'둘째, 다스릴 대상을 총괄하여 밝힌' 부분 또한 6가지 장애[瞋, 恨, 怨, 害, 熱, 惱]가 있어 앞의 6가지에 모두 장애가 되며, 하나하나 따로 상대하지 않기에 이를 '총괄'이라 말하였다.

이 6가지 장애를 포괄하여 3가지 對句를 삼았다.

① 처음 2가지[瞋, 恨]는 자신으로 남을 상대하여 원수와 친한 이를 구분하였다. 원망하는 마음이 있기에 성을 내고, 친분이 무너졌기에 한을 품는 것이다.

원망하는 마음이 있으면 아직 생기지 않았거나 이미 생긴 마음을 더욱 키워나가고, 친하면 아직 생기지 않았거나 이미 생긴 마음을 더 이상 커나가지 못하게 한다.

② 다음 2가지[怨, 害]는 오직 자신의 착한 법과 착하지 않은 법만을 가지고서 키워나가는 마음을 밝혔다. 착한 법에 장애가 되는 것을 '원한'이라 말하고, 악한 법을 더욱 키워나가는 것을 '해침'이라 말한다. 이는 모두 이미 생긴 것과 아직 생겨나지 않은 것이 있다.

③ 뒤의 2가지[熱, 惱]는 오직 남을 사랑하거나 사랑하지 않는 일에 입각하여 키워나가는 그 마음을 밝혔다. 자기보다 뛰어남을 시기하는 것을 '열 냄[熱]'이라고 말한다. 이는 남들이 그를 사랑하는 것을 보았기 때문이다.

남을 괴롭히는 것을 '고뇌[惱]'라 말한다. 이는 남들이 좋아하지 않는 것을 보았기 때문이다.

모두 이미 생겼거나 아직 생기지 않은 것이 있다.

유가사지론에서 말하였다.

"성냄의 방편 究竟이란 손해 따위의 일에 기어이 하려는 다짐의 마음으로 결정한 나머지, 바로 업을 이룬다."

여기에서는 모두 이러한 일을 행하지 않기에 위에서 '영원히 여읜다.'고 말하였다.【초_ 만일 논의 자세히 구체적으로 밝힌 부분에 의하면, 자신의 착한 법이 아직 생겨나지 않은 것은 생겨나지 않게 하고, 이미 생겨난 것은 없애어, 착한 법에 장애가 되는 것을 '원한'이라 말한다.

또한 자신의 착하지 않은 법이 아직 생겨나지 않은 것을 생겨나게 하고, 이미 생겨난 것을 더욱 키워서 악한 법이 보다 더 커나가는 것을 '해침'이라 말한다.

뒤 2가지의 남에게 대한 것 또한 마찬가지이다.

남의 몸에 좋아하지 않는 일이 아직 생겨나지 않은 것은 생겨나게 하고, 이미 생겨난 것을 더욱 키워서 남을 고통스럽게 하는 것을 '고뇌'라고 말한다.

남의 몸에 좋아하는 일이 아직 생겨나지 않은 것은 생겨나지 않게 하고, 이미 생겨난 것을 따르지 못하게 하는 것이 바로 자기보다 더 뛰어난 것을 시기하는 일이다. 이를 '열 냄'이라고 말한다.】

'三 類通治益'者는 謂前所不說者를 亦常思慈祐니라【鈔_ 謂前所不說者는 上來畧說六類之人하야 起慈等六心이어니와 實則無生不化며 無益不起니라】

'셋째, 유별로 다스림의 이익과 회통함'은 앞에서 말하지 않은 것을 또한 자비한 마음으로 도울 것을 항상 생각하는 것이다.【초_ "앞에서 말하지 않은 것"이란 위에서 6부류의 사람은 생략한 채, 자비심 등 6가지 마음을 일으켰지만 실제로는 교화하지 못할 중생이 없으며, 이익이 되는 일을 일으키지 않은 게 없다.】

第十은 離於乖理推求라 故云邪見이라 不言性離者는 蓋文畧耳니라

⑽ 삿된 견해를 여의다

이는 이치에 벗어난 추구를 여읜 것이다.

"타고난 성품으로 여의었다."고 말하지 않은 것은 경문에서 생략했을 뿐이다.

經

又離邪見하야 **菩薩**이 **住於正道**하며 **不行占卜**하며 **不取惡戒**하며 **心見正直**하며 **無誑無諂**하며 **於佛法僧**에 **起決定信**이니

또한 타고난 성품으로 삿된 견해가 없어서, 보살이 바른 도리에 머무르며, 점을 치지 않으며, 나쁜 계율을 가지지 않으며, 마음과 소견이 정직하며, 속임이 없고 아첨함이 없으며, 불보·법보·승보에 결정된 신심을 내는 것이다.

● 疏 ●

別中에 治七種邪見이니
一'住正道'者는 治異乘見이니 小乘對大에 非正道故니라
二'不行占卜'은 治虛妄分別見이니 卽是邪見이라 夫吉凶悔吝이 由愛惡生일세 故云虛妄이라
三'不取惡戒'는 治於戒取오
四'心見正直'은 治於見取오
五'無誑'者는 治覆藏見이오

六'無諂'은 治詐現不實見이오

七'於佛'下는 治非淸淨見이라

此所治七見을 釋有二門하니 一은 約行이오 二는 約人이라

約行中에 初一은 願邪니 願小乘故오

次三은 解邪니 顚倒見故라 然邪見·惡戒는 唯是外邪오 見取一種은 通於內邪니 謂學大乘者 執語成見故니라

次二는 行邪니 藏非詐善故니라

後一은 信邪니 信世間故라 又於三寶에 決不信故라 故瑜伽에 '邪見方便究竟者는 誹謗決定故'라하니라

二는 約人者는 初四는 是邪梵行求衆生이라 於中에 初一은 同法小乘이오 後三은 外道라 次二는 是欲求오 後一은 有求라 今性不求일새 名離邪見이니라

별상의 구절 부분은 7가지 삿된 견해를 다스리는 것이다.

① "바른 도리에 머문다."는 것은 이단과 소승의 소견을 다스림이다. 소승은 대승을 상대로 보면 바른 도가 아니기 때문이다.

② "점을 치지 않는다."는 것은 허망한 분별의 소견을 다스림이다. 이는 곧 삿된 소견이다. 길하다, 흉하다, 후회하다, 부끄럽다 등의 점괘는 사랑과 증오의 마음으로 생겨난 것이기에 '허망'하다고 말하였다.

③ "나쁜 계율을 가지지 않는다."는 것은 '외도의 방법이 열반에 이르는 길이라고 집착하고 행하는 견해[戒禁取見]'를 다스림이며,

④ "마음과 소견이 정직하다."는 것은 '잘못되거나 어리석은 생

각을 옳다고 고집하는 그릇된 견해[見取見]'를 다스림이며,

⑤ "속임이 없다."는 것은 '자신의 허물을 덮고 숨기려는 견해 [覆藏見]'를 다스림이며,

⑥ "아첨함이 없다."는 것은 '거짓으로 나타내는 진실하지 못한 견해'를 다스림이며,

⑦ '於佛法僧' 이하는 청정하지 않은 견해를 다스림이다.

이런 다스려야 할 대상인 7가지 견해를 2가지 부문으로 해석하면,

첫째, 행법으로 말하였고,

둘째, 사람으로 말하였다.

'첫째, 행법으로 말한 부분'은 4가지로 나뉜다.

① 첫째[住於正道↔異乘見]는 삿된 誓願이다. 소승법을 원하기 때문이다.

② 다음 3가지[不行占卜↔虛妄分別見, 不取惡戒↔戒取, 心見正直↔見取]는 삿된 이해이다. 전도된 견해이기 때문이다. 그러나 邪見과 惡戒는 오직 외적인 삿된 견해일 뿐이며, 見取見 한 가지는 내적인 사견과 통한다. 대승법을 배우는 사람이 말에 집착하여 견해를 이뤘기 때문이다.

③ 다음 2가지[無誑↔覆藏見, 無諂↔詐現不實見]는 행실이 삿되었다. 잘못을 숨기고 거짓으로 착한 척 속였기 때문이다.

④ 뒤의 하나[於佛法僧 起決定信↔非淸淨見]는 믿음이 삿되었다. 세간법을 믿기 때문이며, 또한 삼보에 결정된 신심이 없기 때문이

다. 그러므로 유가사지론에서 "삿된 견해의 방편 구경이란 비방하려는 마음이 결정되어 있기 때문이다."고 하였다.

'둘째, 사람으로 말하였다.'는 것은,

① 앞의 4가지[異乘見, 虛妄分別見, 戒取, 見取]는 삿된 梵行을 구하는 중생이다. 그 가운데 첫째[異乘見]는 불법은 같지만 소승이기 때문이고, 뒤의 3가지[虛妄分別見, 戒取, 見取]는 외도를 가리킨다.

② 다음 2가지[覆藏見, 詐現不實見]는 구하기를 원하는 중생이고,

③ 뒤의 하나[非淸淨見]는 구함이 있는 중생이다.

여기에서는 그 체성을 구하지 않기에 '삿된 소견을 여의었다.'고 말하였다.

第三 結成增上

제3단락, 더없는 법을 끝맺다

經

佛子여 菩薩摩訶薩이 如是護持十善業道하야 常無間斷이니라

불자여! 보살이 이와 같이 열 가지 선업의 도를 지니고서 항상 끊임없이 행하는 것이다.

● 疏 ●

增上者는 此有三義하니

一 偏護十善은 卽不闕義이오

二 '常無間'은 卽淸淨義니 誤犯之垢 不起間故오

三 '常無斷'은 卽常護義니

具斯三義하야 得增上戒名이니라

　증상이란 3가지 뜻이 있다.

　① 10가지 선법을 두루 보호함은 어느 것 하나 빠뜨리지 않는다는 뜻이다.

　② 언제나 사이가 없다는 것은 청정하다는 뜻이다. 잘못 범한 때가 사이사이로 일어나지 않기 때문이다.

　③ 언제나 끊임이 없다는 것은 항상 보호한다는 뜻이다.

　이런 3가지 뜻을 갖춰 더없는 계라는 명칭을 얻은 것이다.

第二는 攝善法戒니 謂非唯律儀 不闕不斷이라 常攝善法도 亦無斷闕이라

文中에 分三이니

初는 畧觀不善하야 起攝善行이오

次 '佛子'下는 廣觀障治하야 起攝善行이오

三 '如是方便'下는 總結勸修라

今은 初라

2) 선법을 받아들이는 계

이는 계율과 위의만 빠뜨리지 않고 끊이지 않도록 할 뿐 아니라, 언제나 선법을 받아들이는 것 역시 단절하거나 빠뜨림이 없다.

이의 경문은 3부분으로 나뉜다.

제1단락, 착하지 않은 법을 간단히 살펴보면서 선법을 받아들이는 행을 일으킴이며,

제2단락, '佛子' 이하는 장애의 다스림을 널리 살펴보면서 선법을 받아들이는 행을 일으킴이며,

제3단락, '如是方便' 이하는 총괄하여 끝맺으면서 수행하기를 권함이다.

이는 첫 부분이다.

經

復作是念호되 一切衆生의 墮惡趣者 莫不皆以十不善業이라

是故로 我當自修正行하고 亦勸於他하야 令修正行이니

何以故오 若自不能修行正行하고 令他修者 無有是處니라

또 이런 생각을 하였다.

'나쁜 세계에 떨어진 일체중생은 모두 열 가지 나쁜 업을 행하지 않은 이가 없다.

이 때문에 나는 스스로 바른 행을 닦고, 다른 이들에게도 바른

행을 닦도록 권할 것이다.

　무엇 때문인가? 만약 나 자신이 바른 행을 수행하지 않고서 남들에게 바른 행을 닦도록 한다는 것은 도저히 있을 수 없는 일이기 때문이다.'

◉ 疏 ◉

分二니 先은 明觀智요 後'是故'下는 明起願行이니라
今初에 墮惡道者 有三種義하니
一者는 乘惡行徃故니 此卽集因이라 經云'皆以十不善業이라하니라
二者는 依止自身하야 能生苦惱니 此卽能墮一切衆生이니라
三은 常墮種種苦相處니 斯卽所墮惡趣라
上二는 皆苦果니라 業者는 因義요 道者는 通到義라 旣要用不善하야사 方墮惡道니 則非無因이오 所用이 唯是不善일세 故非邪因이라
後는 起願行者는 由念衆生惡因果故로 便起大悲하야 要心二利라
於中에 先은 正修二利오 後'何以'下는 徵以反釋이라

　이의 경문은 2단락으로 나뉜다.

　앞에서는 관찰하는 지혜를 밝혔고,

　뒤의 '是故' 이하는 願行을 일으킴에 대해 밝히고 있다.

　'앞의 관찰하는 지혜' 부분에서 말한 '나쁜 세계에 떨어졌다.'는 것은 3가지 의미가 있다.

　① 악행을 따라가기 때문이다. 이는 고통의 원인을 모은 것이기에, 경문에서 "그 모두가 열 가지 나쁜 업을 행하지 않은 이가 없

다.”고 하였다.

② 자신이 범한 일에 따라서 그 스스로가 고뇌를 낳는다. 이는 삼악도에 일체중생을 떨어지게 하는 주체이다.

③ 항상 가지가지 고통의 양상으로 이뤄진 세계에 떨어진다. 이는 떨어질 대상인 삼악도이다.

위의 ②와 ③ 2가지는 모두 고통의 결과이다. 업이란 원인의 뜻이며, 惡道의 길이란 그곳을 통하여 과보에 도달한다는 뜻이다. 이미 착하지 않은 법을 행해야 비로소 삼악도에 떨어지게 된다. 이는 그 원인이 없는 게 아니다. 그가 써왔던 대상이 오직 착하지 않은 법이었지, 삿된 원인은 아니다.

'뒤의 원행을 일으킴에 대해 밝힌 부분'은 중생이 악한 원인과 결과를 생각함으로 인하여 곧 대비심을 일으켜 마음으로 자리이타를 요한 것이다.

이의 부분에 앞은 바르게 자리이타행을 닦음이며,

뒤의 '何以' 이하는 묻고서 반대로 해석하였다.

第二는 廣觀障治하야 明攝善法이라
中에 謂觀五重善法하야 於上上淸淨佛善에 起增上心하야 求學修行攝善法戒의 淸淨行故니라
且分爲二니 先은 觀不善이 唯是所治오 後 十善業 下는 觀於善法通能所治니라

제2단락, 장애의 다스림을 널리 살펴보면서 선법을 받아들이는 행을 밝히다

이의 부분은 5중으로 선법을 관찰하면서 최상의 최상인 청정한 부처님 경지의 선법에 뛰어난 마음을 일으켜, 선법을 받아들이는 계의 청정한 행을 배워 수행하고자 한 때문이다.

이는 2단락으로 나뉜다.

먼저 착하지 않은 법은 오직 다스릴 대상임을 살펴보고,

뒤의 '十善業' 이하는 선한 법이 다스림의 주체와 대상에 모두 통함을 살펴보는 것이다.

經

佛子여 此菩薩摩訶薩이 復作是念호되 十不善業道는 是地獄畜生餓鬼의 受生因이며

불자여! 이 보살마하살이 또 이런 생각을 하였다.

'열 가지 착하지 않은 업은 지옥이나 아귀나 축생에 태어나는 원인이며,

● 疏 ●

今初에 具有苦集이나 此中에 爲明攝善일새 故畧示其惡이라 旣果擧三塗하니 則顯因亦三品이니 如後攝衆生戒에 經文自具니라

첫 부분에서는 고통의 결과를 불러들이는 원인을 구체적으로 밝혔으나, 여기에서는 선법을 받아들이는 계를 밝히기 위한 까닭

에 그 악법을 간단하게 보여준 것이다.

이미 결과로 삼악도를 들어 말했기에 그 원인 또한 3품임을 밝힌 것이다. 뒤의 '중생을 받아들이는 계'에 관한 경문에서 그 나름 구체적으로 밝히고 있다.

▰▰

後는 攝觀十善에 具諸法門이라 然通相而辨인댄 善皆能治니 以順理益物으로 正反惡故니라 若隨相分인댄 人天之善도 猶爲所治니 是苦集故니라
文分五重이니 今初는 人天十善이라

뒤는 열 가지 선업에 모든 법문이 갖춰져 있음을 포괄하여 살펴보는 것이다.

그런데 전체적인 양상으로 논변하면 선법은 모두 다스림의 주체이다. 이치를 따르고 중생에게 이익이 됨으로써 악업과는 정면으로 상반되기 때문이다.

만일 개별의 양상으로 구분한다면, 인간과 천상의 선한 법도 오히려 다스림의 대상이다. 이는 고통의 결과를 불러들이는 원인을 모으기 때문이다.

경문은 5중으로 나뉜다.

(1) 인간과 천상의 선업

十善業道는 是人天과 乃至有頂處의 受生因이니라

열 가지 선한 업은 인간에나 천상 내지 유정천(有頂天: 색계와 무색계)에 태어나는 원인이다.

● 疏 ●

以人天이 是世間之善일새 故不分之어니와 實則亦具三品이니 謂人善이 爲下오 欲天이 爲中이오 色無色界 爲上이라

言三品者는 或由三時之心하며 或約境有勝劣하며 或心有輕重하며 或自作敎他等이라 細論其義하면 多品不同이어니와 畧言三五耳라 爲不善者는 反此可知니 瑜伽六十에 廣顯差別하니라【鈔_ 或由三時等者는 畧擧四重하니

一은 約時니 如欲行善時와 正行善時와 行善已時니 三時俱重을 名爲上善이오 隨一二輕이 爲中이오 俱輕爲下라

二는 約境者인댄 如一不殺에 不殺蚊蚋 爲上이오 不殺畜生이 爲中이오 不殺人이 爲下라 殺卽反此니라

三은 約心輕重者인댄 隨於一境하야 如殺一畜에 猛利重心과 處中心과 不獲已而殺이 爲上中下三品之惡이오 三種不殺은 卽三品之善이라

四는 約自作敎他者인댄 具自他 爲上이오 唯自非他 爲中이오 自雖不作이나 而敎他作이 爲下니라

'細論其義'者는 將上四事하야 交絡相望하면 則成多品이니 如約殺

삼계를 두려워하는 까닭에,

대비심이 없는 까닭에,

다른 이의 말을 듣고 이해하는 까닭에 성문승이 되는 것이다.

● 疏 ●

下의 三乘中에 各有三段하니 初는 標所修善同이오 次는 顯所用功異오 後는 結成自乘이라【鈔_ '次顯所用'者는 此語는 卽借莊子第一逍遙篇言也라

惠子謂莊子曰 魏王이 貽我大瓠之種이어늘 我樹之成하니 而實이 五石이라 以盛水漿에 其堅을 不能自擧也오 剖之以爲瓢하니 則瓠落無所容이라 非不呺然大也로대 吾爲其無用而掊之라

莊子曰 夫子는 固拙於用大矣로다 宋人이 有善爲不龜手之藥者어늘 世世 以洴澼絖으로 爲事러니(其藥은 令人手不龜折이라 故常漂絮於水中也라) 客이 聞之하고 請買其方百金한대 聚族而謀曰 我世世에 洴澼絖이라도 不過數金이어늘 今一朝에 而鬻技百金이라하니 請與之하노라 客이 得之하야 以說吳王이러니 越有難이어늘 吳王이 使之將하야 冬與越人으로 水戰할새 大敗越人하고 裂地而封之하니 能不龜手는 一也로대 或以封하며 或不免於洴澼絖하니 則所用之異也일세니라 今子 有五石之瓠하니 何不慮以爲大樽하야 而浮乎江湖하고 而憂其瓠落無所容고 則夫子가 猶有蓬之心也夫인저(蓬非直達者也라 此章은 言物各有宜하니 苟得其宜면 安往而不逍遙哉아)

今借此言하야 一種十善은 猶不龜手之藥也라 凡夫는 用之에 處乎

生死요 二乘用之에 纔能自免이니 則猶漂絮也요 菩薩用之에 兼濟無外하니 則裂地而封矣니라】

아래의 삼승 부분은 각각 3단락이다.

첫째, 닦을 대상인 선법이 동일함을 밝혔고,

둘째, 쓰는 바가 다름을 밝혔으며,

셋째, 성문승의 성취를 끝맺음이다.【초_"쓰는 바가 다름을 밝혔다."는 것은 장자 제1 소요유편의 말이다.

혜자가 장자에게 말하였다.

"위나라 혜왕이 나에게 큰 박의 씨앗을 선물로 주기에 내 이를 심었는데, 정작 박이 익고 보니, 그 박이 얼마나 크던지 박 속에 든 씨앗만도 다섯 섬이 되었다.

여기에 물과 장을 담으니 워낙 무거워서 도저히 들 수 없었다. 그래서 이를 쪼개어 바가지를 만들었다. 그러나 이 역시 워낙 커서 놓아둘 만한 장소가 없었다. 휑하니 크지 않은 것은 아니지만, 나는 그 바가지가 쓸모없다고 생각되어 깨버렸다."

장자가 그에게 말하였다.

"선생은 정말 큰 물건을 쓸 줄 아는 솜씨가 없다!

송나라에 손이 트지 않는 약을 잘 만드는 사람이 있었다. 그는 대대로 솜 빨래하는 것으로 가업을 삼아왔는데, (그 약은 손을 트지 않게 하는 약이다. 이 때문에 언제나 물속에서 빨래를 할 수 있었다.) 한 길손이 이 말을 전해 듣고서 그 비방을 백금을 주고 사겠다고 청하였다.

그 일족이 모여 상의하였다.

'우리 집안은 대대로 솜을 빨아왔지만 고작 몇 푼 얻은 데 지나지 않았다. 그러나 하루아침에 우리의 비법을 百金에 사겠다고 하니 그에게 우리의 비법을 전해주고자 한다.'

길손은 그 비방을 얻어 가지고서 오나라 왕에게 유세를 하였는데, 때마침 월나라에서 오나라를 쳐들어왔다. 오나라 왕은 그를 장수로 삼았다. 한겨울에 월나라 사람들과 水戰을 벌여 월나라 사람들을 크게 격퇴시키자, 오나라 왕은 전공에 대한 감사로 그에게 땅을 떼어 봉해주었다.

손을 트지 않게 하는 비방은 한 가지이지만, 한 사람은 그 비방으로써 封邑을 얻었고, 한 사람은 줄곧 솜 빨래를 면하지 못한 것은 그 비방을 사용하는 방법이 달랐기 때문이다.

지금 그대는 박의 씨앗이 다섯 섬이나 들어가는 큰 박을 가지고서 어찌하여 큰 통을 만들어 허리춤에 차고서 강물을 건너는 배처럼 강호에 띄워 사용할 것을 생각지 못하고, 바가지가 워낙 커서 놓아둘 장소가 없다고 부질없는 걱정만 하는가. 선생의 마음은 쑥대밭처럼 뒤덮여 있다! (쑥대는 곧게 크지 않는 식물이다. 이 장에서 말한 바는 '모든 물건에는 각기 그에 따른 편의가 있다. 그 편의를 따르면 어디를 간들 소요하지 못할 곳이 있겠는가?'라는 점을 밝힌 것이다.)"

여기에서는 이 말을 빌려, 똑같은 열 가지 선업은 '손을 트지 않게 하는 약'과 같다. 범부는 이를 쓰면서도 생사에 걸려 있고, 이승은 이를 쓰면서도 겨우 자신만 면했다. 이는 솜 빨래를 하는 것과 같다. 보살은 이를 사용하여 끝이 없는 일체중생을 모두 제도하였다. 이는 땅을 분할받아 제후에 봉해진 장수와 같다.】

今聲聞中에 '以智慧'下는 明所用異라
於中初句는 對前彰勝이니 以實相智修 不同人天 無智善故니라
通觀上來善惡因果면 皆是苦集所觀境故니라

이의 성문 십선법 가운데 '以智慧' 이하는 쓰는 바가 다름을 밝힌 것이다.

그 가운데 첫 구절[以智慧修習]은 앞의 人天 십선을 상대로 뛰어남을 밝힌 것이다. 실상의 지혜로 닦음이 인천의 지혜 없는 선법과 다르기 때문이다. 위에서 말한 선악의 인과를 통틀어 살펴보면 이는 모두 괴로움과 괴로움의 원인으로 관찰할 경계이기 때문이다.

次'心狹劣'下는 對後顯劣이니 有五種相하니
一은 因集이니 由集小因일세 故心狹劣이라 狹은 謂修行少善이오 劣은 謂但能自利라
二는 畏苦니 卽怖三界故니라
三은 捨心이니 卽闕大悲로 捨衆生故니 上三은 唯劣菩薩이오 下二는 兼劣緣覺이라
四는 依止니 卽經從他라 謂必藉師敎故니라
五는 觀이니 卽聞聲解了라 謂聞人無我法聲하야 心通達故니라

다음 '心狹劣' 구절 이하는 뒤의 연각을 상대로 보다 못함을 밝힌 것이다. 여기에는 5가지 양상이 있다.

① 원인의 모임[因集]이다. 작은 원인들을 모아나감으로 인하

여 마음이 좁고 못난 것이다. 속이 좁다는 것은 적은 선법을 닦음이며, 못났다는 것은 자리만을 행한다는 뜻이다.

② 고통을 두려워함[畏苦]이다. 이는 삼계의 생사윤회를 두려워하기 때문이다.

③ 버리는 마음[捨心]이다. 대비심이 없어 중생을 외면하기 때문이다.

위의 3가지[因集, 畏苦, 捨心]는 보살에 비해 열등할 뿐이고, 아래의 2가지[依止, 觀]는 겸하여 연각에 비해 보다 열등하다.

④ 의지함[依止]이다. 경문에서는 이를 "다른 이를 따른다."고 하였다. 반드시 스승의 가르침을 의지한 때문이다.

⑤ 관찰[觀]이다. 말을 듣고 이해함이다. 人無我의 법문을 듣고서 마음으로 통달하였기 때문이다.

三 '成聲聞乘'은 結成自乘이라 然能治十善과 及與智慧는 卽是道諦요 惡因果滅과 善因果中에 使滅은 名爲滅諦오 成聲聞乘은 義含道滅이니라【鈔_ '然能治'下는 結成四諦 爲聲聞乘이니 惡因惡果인 二體俱亡이라도 善體는 不亡일세 故上爲道오 迷勝義愚等이 起於十善하면 此便順滅이나 滅此가 異於人天이라 成聲聞乘者는 道는 卽因乘이오 滅은 卽果乘이니라】

셋째, "성문승이 된다."는 구절은 성문승의 성취를 끝맺음이다. 그러나 다스림의 주체인 십선법과 지혜는 곧 道諦이고, 악법의 인과가 사라짐과 선법의 인과 중에 속박이 소멸함[使滅]은 滅諦라 이름하고, 성문승이 된다는 것은 도제와 멸제의 뜻이 포함되어 있다.

【초_ '然能治' 이하는 四諦를 끝맺음이 성문승이다. 악한 원인과 악한 결과인 2가지 자체가 모두 사라질지라도 선법 자체는 사라진 것이 아니기에 위로는 道諦이고, 勝義에 미혹한 어리석음 등이 십선법을 일으키면 이는 곧 따라서 사라지지만 이를 소멸함이 인천의 십선법의 경우와는 다르다. "성문승이 된다."는 것은 道諦는 원인의 교법이고, 滅諦는 결과의 교법이다.】

第三 緣覺善

(3) 연각의 선업

經

又此上品十善業道는 修治淸淨호되 不從他教하고 自覺悟故며 大悲方便이 不具足故며 悟解甚深因緣法故로 成獨覺乘이니라

또한 상품의 열 가지 선업을 청정하게 닦지만,

남의 가르침을 받지 않고 스스로 깨달은 까닭에,

대비방편을 두루 갖추지 못한 까닭에,

매우 깊은 인연법을 깨달은 까닭에 독각승이 된 것이다.

● 疏 ●

所用異中에 初句는 總明이니 以能修習일세 名修淸淨이오 未能圓

修일세 不名具足이라【鈔_ '第三緣覺善'者는 然緣覺·聲聞이 各有 二類하니 總相而說인댄 聲聞은 觀諦오 緣覺은 觀緣이며 聲聞은 依聲 이오 緣覺은 依現事니라 而各成二者는 一은 聲聞聲聞이니 謂本求 聲聞하고 亦觀四諦하야 於最後身에 値佛成果오 二는 緣覺聲聞이니 謂昔求緣覺하야 觀十二緣이라가 於最後身에 値佛爲說十二因緣 敎하야 依聲悟故로 名緣覺聲聞이니라

言緣覺二者는 一은 緣覺緣覺이니 謂本求緣覺이라가 於最後身에 不値佛世하고 自藉現事因緣得道오 二는 聲聞緣覺이니 謂先求 聲聞하야 悟得初果하고 未現涅槃하야 人天七返이라가 七返滿已에 値無佛世하야 藉現事緣而得道果라 今此는 就其緣覺以明善法 이니 此人勝故니라 】

연각의 쓰는 바가 다른 부분 가운데, 첫 구절[上品十善業道 修治 淸淨]은 총괄적으로 밝힘이니, 잘 닦아 익히므로 닦음이 청정하다 고 말하였고, 원만하게까지는 닦지 못한 까닭에 구족하다고 말하 지 않았다.【초_ '(3) 연각의 선업'이란 연각과 성문이 각기 2종류 가 있다. 총상으로 말하면 성문은 4성제를 관찰하고, 연각은 12연 기를 관찰하며, 성문은 음성에 의지하고, 연각은 현상의 일에 의 지한다.

그러나 '각기 2종류를 이룬다.'는 것은 ① '성문의 성문'이다. 본래 성문을 추구하였고, 또한 4성제를 관찰하여 최후의 몸으로 부처님을 뵙고 과덕을 성취함이다.

② '연각의 성문'이다. 예전에 연각을 추구하여 12연기를 관찰

하다가 최후의 몸으로 12연기의 가르침을 설법하신 부처님을 만나, 그 음성에 의하여 깨달은 까닭에 '연각의 성문'이라 한다.

연각의 2종류는 ① '연각의 연각'이다. 본래 연각을 구하다가 최후의 몸에 부처님의 세상을 만나지 못하고, 스스로 나타난 현상이 인연이 되어 도를 얻은 것이다.

② '성문의 연각'이다. 예전에 성문을 구하여 須陀洹만을 깨달았을 뿐, 열반을 나타내지는 못하고 인간과 천상을 '7차례나 반복된 생사[七返生事]'를 겪은 뒤, 부처님이 안 계신 세상을 만나 나타난 현상이 인연이 되어 아라한의 결과를 얻은 것이다.

여기에서는 그 가운데 '연각의 연각'으로 십선법을 밝힌 것이다. 이는 사람이 보다 뛰어난 까닭이다.】

次'不從'下는 別顯이라 有三種相하니
一은 自覺이니 謂異聲聞하야 不從他聞하야 顯依止勝이오
二 '大悲'下는 不能說法이니 大悲不具일새 無心起說이오 方便不具는 力不堪說이라 若有利物인댄 多但現通하나니 此劣菩薩이라【鈔_ 方便不具者는 緣覺出世에 無九部經故로 此無所依일새 故不能說이언정 非是智慧 劣於聲聞이라 餘可準知니라】

다음 '不從他敎' 이하는 개별로 밝힌 것이다.

3가지 양상이 있다.

① 스스로 깨달음이다. 성문과는 달리 다른 이의 말을 듣지 않고, 의지함이 뛰어남을 밝힌 것이다.

② '大悲方便' 이하는 설법을 잘하지 못함이다. 대비심을 갖추

지 않았기에 설법하려는 마음을 내지 않고, 방편을 갖추지 않았기에 힘껏 설법하지 못한 것이다. 만일 중생을 이롭게 하려면 대체로 신통만을 나타낼 뿐이기에 보살보다 못하다.【초_ "방편을 갖추지 않았다."는 것은 연각이 세상에 나오면 9부의 경전이 없는 까닭에 이는 의지한 바가 없기에 설법을 못하는 것이지, 지혜가 성문보다 못하다는 것은 아니다. 나머지는 이에 준하여 살펴보면 알 수 있다.】

三悟解`已下는 卽觀少境界라 少有二義하니

一은 對前顯勝이니 以是利根일세 但觀苦集하야 便悟甚深之觀이 勝於聲聞이라

二는 對後彰劣이니 但觀人無我法이 不同菩薩의 求佛大智等故라 上之二乘은 廣如瑜伽本地中說이니라【鈔_ '廣如瑜伽'者는 有十七地하니 聲聞地는 當第十三이니 從二十一論으로 至三十四로되 卽此卷中은 明緣覺地라 此卷에 建立緣覺이 有五種相하니 一은 種性이오 二는 道오 三은 習이오 四는 住오 五는 行이라

言種性者는 謂由三相하야 應正了知니 一은 本性獨覺이 先未證得彼菩提時에 有薄塵性이라 由此不樂憒閙하고 深樂寂靜이오 二는 有薄悲性이니 於利生事에 不樂이오 三은 有中根性이니 是慢行이니 希願無師無敵而證이니라

二道에 亦有三하니 一은 百劫에 親承佛하야 修蘊善巧等이오 二는 値佛世하야 近善士聞法이나 未得煖等이오 三은 已得沙門果나 未究竟이니라

三 習者는 依其三種하야 習菩提分이니라

四 住者는 初는 名麟角이니 樂寂靜處오 後의 二는 名部行이니 亦樂部衆等이니라

五 行은 謂依村落等하야 守根正念하고 神通化物이언정 不言說法이니라

又云 '一切本來가 一向趣寂'이라하니라

釋曰 今經論中에 通三種性하니 總句修習은 顯已有習이며 亦有道니라 初'自覺'者는 即是麟角이오 二'不能說'은 即是彼行이오 亦是前明薄悲種性이라 三'觀少境界'는 有二意하니 前意는 由有道故오 後意는 通相而明이라 餘多大同이니라 】

③ '悟解甚深' 이하는 적은 경계만을 관찰함이다.

적은 경계에는 2가지 뜻이 있다.

㉠ 앞의 지위를 상대로 뛰어남을 밝혔다. 그들의 날카로운 근기 때문에 苦諦와 集諦만을 관찰하여도 곧바로 매우 깊은 관법을 깨달음이 성문보다 뛰어나기 때문이다.

㉡ 뒤의 지위를 상대로 열등함을 밝혔다. 다만 '인간 존재에는 참다운 본체인 실아가 없다[人無我]는 법'만을 관찰함이 부처님의 큰 지혜를 구하는 보살 등과 다르기 때문이다.

위의 성문과 연각은 유가사지론 本地分에서 자세히 설명한 바와 같다.【초_ "유가사지론에서 자세히 설명한 바와 같다."는 것은 17지위가 있는데 성문의 지위는 제13에 해당한다. 유가사지론 권21로부터 권34까지이지만, 이 권에서는 연각의 지위를 밝혔다.

이 권에서 내세운 연각에는 5가지의 양상이 있다.

① 연각의 종성,

② 연각의 도,

③ 연각의 학습,

④ 연각의 안주,

⑤ 연각의 실천이다.

'① 연각의 종성'이라 말한 것은 3가지 양상으로 인해 바로 깨달아 아는 것이다.

㉠ 본성의 독각이 앞서 지난날 아직 보리를 증득하지 못했을 때, '세속에 담박한 성품[薄塵性]'이 있었다. 이로 인해 심란하거나 시끄러운 것을 좋아하지 않고, 고요함을 깊이 좋아하였다.

㉡ '대비에 담박한 성품[薄悲性]'이다. 중생에게 이익되는 일을 좋아하지 않았다.

㉢ '중간 근기의 성품[中根性]'이다. 기만한 행실이다. 스승도 없고 적도 없이 증득하기를 바라는 것이다.

'② 연각의 도' 역시 3가지 양상이 있다.

㉠ 백 겁 동안 가까이서 부처님을 받들어 오온을 닦음이 뛰어남 등이다.

㉡ 부처님 세상을 만나 선지식을 가까이하여 법문을 듣지만 煖位 등의 지위를 얻지는 못하였다.

㉢ 이미 沙門의 四果는 얻었지만 궁극의 자리까지는 이르지 못하였다.

'③ 연각의 학습'이란 3가지에 의지하여 보리의 부분법을 익히는 것이다.

'④ 연각의 안주'란 첫째[薄塵性]는 기린의 뿔[麟角]이라 말하니 고요한 곳을 좋아함이며, 뒤의 2가지[薄悲性, 中根性]는 무리를 거느리고서 행함[部行]이라 하니, 역시 대중 거느리기를 좋아함 등이다.

'⑤ 연각의 실천'은 촌락 등에 의지하여 살면서도 감관을 지키며 생각을 바로잡고 신통력으로 중생을 교화할지언정 말로 설법하지는 않는다.

또한 "일체 본래가 하나같이 고요함으로 향한다."고 하였다.

이에 대한 해석은 다음과 같다.

이의 경문과 논에서는 3가지 종성을 모두 통하여 말하였다. 총상의 구절에서 '닦아 익힌다.'는 것은 이미 익힘이 있음을 밝힌 것이며, 또한 도가 있다.

① 自覺이란 바로 기린의 뿔과 같으며,

② 설법을 잘하지 못함은 바로 그 실천을 말한다. 이는 또한 앞서 말한 '대비에 담박한 성품[薄悲性]'임을 밝힌 것이다.

③ 적은 경계만을 관찰함에는 2가지 뜻이 있다. 앞의 뜻은 도가 있기 때문이며, 뒤의 뜻은 전반적인 양상으로 말한다. 나머지는 대부분 거의 같은 내용이다.】

第四 菩薩十善

(4) 보살의 열 가지 선업

經

**又此上品十善業道는 修治淸淨호되 心廣無量故며 具足
悲愍故며 方便所攝故며 發生大願故며 不捨衆生故며
希求諸佛大智故며 淨治菩薩諸地故며 淨修一切諸度
故로 成菩薩廣大行이니라**

또한 상품의 열 가지 선업을 청정하게 닦지만,

마음이 한량없이 광대한 까닭에,

자비를 구족한 까닭에,

방편으로 포섭한 까닭에,

큰 서원을 낸 까닭에,

중생을 버리지 않은 까닭에,

부처님의 큰 지혜를 구한 까닭에,

보살의 여러 지위를 청정하게 다스린 까닭에,

모든 바라밀다를 닦은 까닭에 보살의 광대한 행을 이뤘다.

● 疏 ●

所用異中에 有四種相하니 一은 因集이오 二는 用이오 三은 彼力이오 四
는 地라

四中에 初一은 行因이며 次二는 行相이오 後一은 行位라

因集者는 宿習善根하야 依之起行이라 此又三義니 一은 依一切善
根起行故니 卽修治淸淨具足이라 具足이 卽一切善義라 今經에 闕
此二字하니 則不能異上辟支니 此明自利라 二는 心廣者는 卽利他

心이오 三은 無量者는 卽大乘心이니 是二利行體니라
二'具足悲愍'은 是菩薩用이라
三'方便所攝'은 卽以四攝으로 攝生이니 是彼悲力이라
四'發生'下는 皆顯地義라
地雖有十이나 就三祇滿處하야 畧擧三地하야 以攝餘七이니
一'發生大願'은 卽淨深心이니 初地오
二'不捨衆生'은 卽不退轉地니 雖得寂滅이나 不捨衆生이니 卽八地오
三'希求佛智'等은 卽受大位地니 是第十地라
此有三句하니 一은 觀求行證이니 智度가 滿故오 二는 盡淨諸地障故오 三은 盡淨諸度蔽故니라
三'成菩薩廣大行'은 結成自乘이니라

둘째, 쓰는 바가 다른 부분에 4가지 양상이 있다.

(ㄱ) 보살의 원인을 쌓음,

(ㄴ) 보살의 작용,

(ㄷ) 보살의 힘,

(ㄹ) 보살의 지위이다.

4가지 양상 가운데, 처음 '원인을 쌓음'은 보살행의 원인이며, 다음 '보살의 작용과 힘' 2가지는 보살행의 양상이며, 뒤의 '지위'는 보살행의 지위이다.

'(ㄱ) 보살의 원인을 쌓음'이라 말한 것은 숙세에 선근을 익혀, 이를 의지하여 보살행을 일으킨 것이다.

여기에 또한 3가지 뜻이 있다.

① 일체 선근에 의하여 보살행을 일으키기 때문이다. 이는 닦고 다스림이 청정하고 구족함이다. '구족'이란 일체 모든 선이라는 뜻이다. 본 경문에는 '구족' 2글자가 누락되어, 위의 벽지불과의 차이점을 구분하지 못하게 된 것이다. 이는 자리행을 밝혔다.

② 마음이 광대하다[心廣]는 것은 이타행의 마음이다.

③ 한량없다[無量]는 것은 대승의 마음이다. 이는 자리이타행의 체성을 말한다.

㈐ 대비심과 연민심을 구족함은 보살의 작용이다.

㈑ "방편으로 포섭한다."는 것은 四攝法으로 중생을 거두어 줌이다. 이는 大悲의 힘이다.

㈒ '發生大願' 이하는 모두 지위의 의미를 밝힌 것이다. 지위가 비록 10가지이지만 3아승기겁의 원만한 곳에 입각하여 대략 3가지 지위를 들어서 나머지 7가지 지위를 포괄하였다.

① "큰 서원을 냄"이란 곧 맑고 깊은 마음이니 初地이다.

② "중생을 버리지 않음"은 곧 물러서지 않는 지위이다. 비록 적멸을 얻었지만 중생을 버리지 않으니, 이는 八地이다.

③ "부처님의 큰 지혜를 구함"이란 '큰 지위를 받는 지위[受大位地]'이니 제십지이다.

여기에 3구절이 있다.

㉠ 보살행의 증득을 살펴보고 구함이니, 지혜바라밀이 원만한 때문이며,

ⓒ 여러 지위의 장애를 모두 청정하게 닦은 때문이며,

ⓒ 여러 바라밀의 장애를 모두 없앤 때문이다.

셋째, "보살의 광대한 행을 이뤘다."는 것은 보살승의 성취를 끝맺음이다.

第五 佛善

(5) 부처님의 선업

經

又此上上十善業道는 一切種이 淸淨故며 乃至證十力 四無畏故로 一切佛法을 皆得成就하나니
是故로 我今等行十善하야 應令一切로 具足淸淨이니 如 是方便을 菩薩이 當學이니라

또한 최상의 상품 열 가지 선업은 일체 모든 것이 청정하기 때문이며, 내지 열 가지 힘과 4가지 두려움 없음을 증득한 까닭에 일체 불법을 모두 성취하였다.

그러므로 내가 이제 열 가지 선을 평등하게 행하여, 일체 모든 것을 두루 원만히 청정하게 할 것이다.

이와 같은 방편을 보살이 배워야 한다.'

◉ 疏 ◉

'上上'은 是總이며 '一切'下는 別이라

有四種義하야 顯上上事하니 前三은 屬佛이오 後一은 菩薩思齊니라

一者는 滅이니 謂不善業道 共習氣滅故로 種智淸淨이오

二者는 捨니 謂乃至證十力·無畏·不共之法이니 捨二乘故오

三者는 方便이니 謂於菩薩乘에 一切佛法을 皆善巧成就故오

四는 菩薩이 求無厭足이니 故云 '是故我今에 等行十善이라'하니라

上에 雖列五重十善이나 凡小는 但將化物이언정 非己所行이라 菩薩 十善은 先已安住일새 故唯要心等行佛善이니 佛善을 望己에 是餘 殘未修니 一切智中에 自在純熟이라야 方爲具足이며 亦滅習氣일새 故云淸淨이라

結勸은 可知니라

'上上'이란 총상 구절이며, '一切' 이하는 별상 구절이다.

4가지 뜻으로 '上上'의 일을 밝혔다. 앞의 3구[一切種淸淨故, 乃至證十力·四無畏故]는 부처님에 속하고, 뒤의 한 구절[是故我今等行十善]은 보살이 부처님과 똑같이 할 것을 생각함이다.

① 사라짐[滅]이다. 착하지 못한 업이 습기와 함께 사라진 까닭에 일체종지가 청정함을 말한다.

② 버림[捨]이다. '내지 열 가지 힘, 4가지 두려움 없는 마음, 그 누구도 함께할 수 없는 부처님의 법'을 증득함을 말한다. 이는 이승을 버렸기 때문이다.

③ 뛰어난 방편이다. 보살승에서 일체 불법을 모두 훌륭하게

성취하였기 때문이다.

④ 보살이 부처님의 도를 구하는 데에 싫어함이 없다. 이 때문에 "내가 이제 열 가지 선을 평등하게 행한다."고 말하였다.

위에서 비록 5중의 10가지 선법을 나열하였지만, 범부나 소승은 그저 이를 가지고서 중생을 교화하려고 할 뿐, 자신이 행할 대상으로 삼지는 않았다.

보살의 10가지 선법은 먼저 자신이 안주한 까닭에 오로지 마음으로만 부처님의 10가지 선법과 평등하게 행하려고 할 뿐이다. 부처님의 10가지 선법과 자신을 비춰보면 이는 모두 닦지 못한 부분이 남아 있다. 일체 지혜 가운데 자재하고 순수하고 완숙해야만 비로소 구족하게 되며, 또한 습기까지 없앨 수 있기에 이를 청정하다[具足淸淨]고 말한다.

끝부분에 수행할 것을 권면하면서 끝맺음은 설명하지 않아도 알 수 있다.

◉ 論 ◉

上上十善者는 明依智發心이오 自餘三品은 雖皆離三界業하야 得出三界果나 皆依空發心일세 漸求佛智하야사 方入普賢願行이니 爲三乘中菩薩은 願行이 雖廣이나 爲未至佛智故로 皆有限量이니 如立三千大千國土하야 爲佛報境者 是라

以是義故로 與佛智中行普賢行者로 全別이니 三乘은 以觀空과 及五位行門欣理로 至理하야사 方欣如來種智之門이라 然更須入普

賢願行인댄 卽佛果 在十信五位後하야 云滿三祇方至라하나니 若不廻心者면 元且在門外草菴이어니와 上上十善一乘之門은 卽以如來一切處不動智佛로 以爲信心하고 十住位中에 卽入如來智慧之果하야 十信五位 皆以佛果大智로 以成行門일새 卽以如來普光明智로 以成十住·十行·十廻向·十地·十一地爲體하야 卽佛果與普賢行이 同資니 以智體圓明하야 出情見故로 非三世攝이라

"최상의 상품 열 가지 선업"이란 '지혜에 의지하여 발심'하였음을 밝힌 것이며, 그 나머지 3품[一切種淸淨故, 乃至證十力·四無畏故]은 비록 모두가 삼계의 업을 여의어 삼계를 벗어나는 과덕을 얻었지만, 모두 '空에 의지하여 발심'하였기에 점차 부처의 지혜를 구해야 비로소 보현행원에 들어갈 수 있다.

삼승 가운데 보살은 원행이 광대하지만 부처의 지혜에는 이르지 못한 때문에 모두 한계가 있다. 예컨대 삼천대천국토를 세워서 부처의 報應의 경계를 삼음이 바로 이것이다. 이러한 의의 때문에 부처님의 一切智 가운데서 보현행을 행하는 자와는 전혀 다르다.

삼승은 空을 관하는 것과 五位行門의 이치를 기뻐함으로써 이치에 이르러야 바야흐로 여래의 일체종지의 법문을 기뻐할 수 있다. 그러나 또다시 보현행원에 들어가려면 佛果는 十信五位의 뒤에 있기에, "삼아승기겁을 모두 채워야 비로소 불과에 이를 수 있다."고 말하였다.

만약 마음을 돌리지 못하면 모두 문밖의 토굴에 있지만, 최상의 상품 열 가지 선업인 一乘 법문은 곧 여래의 一切處不動智佛

로 신심을 삼고, 十住位 가운데 곧 여래 지혜의 果에 들어가 十信 五位가 모두 佛果大智로 行門을 이루게 된다. 이 때문에 여래의 普光明智로 십주, 십행, 십회향, 십지, 십일지를 이루어 체성을 삼고서 곧 佛果와 보현행이 함께 힘입게 된다. 지혜의 자체가 원만하고 밝아서 情識의 견해를 벗어난 까닭에 삼세에 포괄함이 아니다. 是以로 法華經에 爲廻三乘令歸智海하사 卽以龍女로 表之하시고 此經엔 頓示佛門하시니 卽如善財所表라 善財는 雖徧巡諸友나 然不動足於覺母之前하고 慈氏는 雖授一生成佛之功이나 然不離一念無前後無生智海하시니 此是乘一切智乘하야 古今見盡이어니와 若情存前後하면 不入佛智之門하고 且住草菴하야 止於門外니라

이 때문에 법화경에서는 삼승을 돌이켜 지혜의 바다에 돌아가게 하기 위해서 곧 용녀로 들어 이를 밝혔고, 화엄경에서는 곧장 佛門을 보여주었다. 이는 선재동자가 밝힌 바와 같다.

선재동자는 두루 많은 선지식을 참방하였지만 그의 발은 문수보살[覺母] 앞에서 한 발짝도 움직이지 않았고, 미륵보살은 일생 成佛의 공덕을 전수했지만 한 생각의 찰나도 앞뒤 없는, 無生智의 바다를 떠난 적이 없다. 이는 一切智의 이치를 타고서 고금이라는 시간의 견해가 다한 것이지만, 만약 情識으로 앞이니 뒤이니 하는 차별을 따지면 부처님의 一切智의 법문에 들어가지 못하고, 또한 문밖의 토굴에 머물게 된다.

論主 頌曰 一切衆生金色界 白淨無垢智無壞라 智珠自在內衣中이어늘 只欲長貧住門外로다 廣大寶乘住四衢하야 文殊引導普

賢扶하니 肥壯白牛甚多力하야 一念徧遊無卷舒로다 如是寶乘不能入하고 但樂勤苦門前立하야 不覺自身常住中이라 遣上恒言我不及이로다

논주가 게송으로 위의 뜻을 밝혔다.

일체중생의 금색세계

한 점 허물없는 청정 지혜 무너짐이 없어라.

지혜 구슬은 나의 옷 속에 그대로 있음에도

오랜 빈곤으로 문밖을 떠돈다.

큰 거리에 서 있는 광대한 보배 수레

문수보살 이끌고 보현보살 붙잡으니

살지고 씩씩한 흰 소, 힘이 넘쳐서

한 찰나에 두루 돌되 발을 펼치거나 오므린 적 없어라.

이와 같은 보배 수레 올라타지 못하고

그저 힘들게 문 앞에 서 있는 것 좋아하여

자신이 항상 그 자리에 있는 줄 모르고

上乘을 배척한 채, 으레 '나는 도저히 미칠 수 없다.'고 말한다.

第三 利益衆生戒

文分爲二니 初는 廣明攝生이오 後 佛子菩薩如是護持於戒下는 結成益生之戒라

前中에 顯此戒增上이 有五種義하니 一者는 智오 二者는 願이오 三은

行이오 四는 集이오 五는 集果라

今初는 謂善知衆生의 苦因果故니라

文分爲三이니 初는 總明知因이오 二는 別顯知果오 三은 結成苦因이라

今은 初라

3) 중생에게 이익을 베푸는 계

이의 경문은 2단락으로 나뉜다.

제1단락, 중생의 섭수를 자세히 밝혔고,

제2단락, "불자여! 보살이 이와 같이 계를 지니고" 이하는 중생을 섭수하는 계법을 끝맺었다.

'제1단락, 중생의 섭수' 부분에서 '중생의 이익이 되는 계'의 뛰어남에는 5가지 뜻이 있음을 밝혔다.

(1) 지혜, (2) 서원, (3) 행법, (4) 쌓아 모음, (5) 모음의 결과이다.

(1) 지혜를 밝히다

중생이 겪는 고통의 인과를 잘 알기 때문이다.

이의 문장은 다시 3부분으로 나뉜다.

첫째, 고통의 원인을 잘 앎을 총괄하여 밝혔고,

둘째, '於中殺生之罪' 이하는 고통의 결과를 잘 앎을 개별로 밝혔으며,

셋째, '佛子十不善業道' 이하는 고통의 원인을 끝맺었다.

이는 첫 부분이다.

佛子여 此菩薩摩訶薩이 又作是念호되 十不善業道 上者는 地獄因이오 中者는 畜生因이오 下者는 餓鬼因이니

불자여! 이 보살마하살이 또 이런 생각을 하였다.

'열 가지 나쁜 업의 상품은 지옥에 떨어지는 원인이고, 중품은 축생이 되는 원인이고, 하품은 아귀가 되는 원인이다.

◉ 疏 ◉

初總中에 果有三塗不同하고 因有三時階降하니 論名時差別이라하니라

三時 復二하니

一者는 約心이니 謂如殺生에 欲殺과 正殺과 殺已니 三時俱重하면 名爲上者오 隨一時輕하면 爲中者오 三時俱輕이 爲下者라

二는 約時니 謂少時와 多時와 盡壽作等이라

餘有三品은 如上十善中說이니라 復應於一一塗中에 各有三品等이라 然依正法念經인댄 三塗에 各有邊正하니 正者는 爲重이오 邊者는 爲輕이니 正鬼로 望邊畜이면 則餓鬼罪重이라 故雜集等에 鬼次於獄이니라 若正畜으로 望邊鬼이면 則畜生罪重이니 故今云下者는 餓鬼因이라하니라

첫 구절의 총상 부분에서, 결과에 의한 삼악도의 길이 각기 다르고, 원인도 3시기의 단계에 따라 내려온다. 논에서는 이를 '시기의 차별[時差別]'이라 말하였다.

3시기의 단계 또한 2가지가 있다.

① 마음으로 말한다. 예컨대 살생을 할 적에 살생하려고 마음먹을 때, 바로 살생을 저지를 때, 살생한 이후이다. 3시기가 모두 겹치면 상품, 한 시기가 가벼우면 중품, 3시기가 모두 가벼우면 하품이다.

② 시간으로 말한다. 적은 시간, 많은 시간, 수명이 다하도록 행하는 것들을 말한다.

나머지 3품에 대해서는 위의 10가지 선법 부분에서 말한 바와 같다.

또한 하나하나의 세계에는 각기 3품 따위가 있다.

그러나 正法念處經에 의하면, 삼악도에는 각기 주변과 중앙[正]이 있다. 중앙은 무거운 곳이고, 주변은 가벼운 곳이다. 중앙의 아귀를 주변의 축생에 대조하여 보면 아귀의 죄가 축생에 비해 보다 더 무겁다. 이 때문에 雜集論 등에서 아귀를 지옥 다음에 두었다. 만약 중앙의 축생을 주변의 아귀에 대조하여 보면 축생의 죄가 보다 더 무겁다. 이 때문에 여기에서 하품은 아귀의 원인이 된다고 말하였다.

二 別顯知果中에 十不善中 各有二果差別하니
一은 報果差別이니 所謂三塗異熟이오
二는 習氣果差別이니 卽人中殘報라 是正報之餘니 經中에 若生人

中하면 得二種이 是라

然雜集·瑜伽等論에 開習氣果하야 以之爲二하니

一은 約內報하야 名等流果니 卽如經辨이오

二는 約外報하야 感增上果니 今經에 闕此라 下에 依彼顯호리라

異熟報果 十惡攸同이나 今但解釋等流增上이라 然二等流 多是 前重後輕이니 輕은 卽方便等流오 重은 卽正惡等流니라

둘째, 고통의 결과를 잘 앎을 개별로 밝히다

그중에 10가지 착하지 않은 법 가운데 각기 2가지 결과의 차별이 있다.

㈀ 과보의 차별이다. 삼악도로 다르게 성숙됨을 말한다.

㈁ 습기의 결과에 따른 차별이다. 이는 사람 중의 나머지 과보이다. 이는 正報의 나머지이다. 경문에서 말한 "만일 사람으로 태어나면 2종류를 얻는다."는 것이 바로 이를 말한다.

그러나 잡집론과 유가사지론 등에서는 습기의 결과를 나누어서 2가지로 삼았다.

① 내적인 과보에 가지고서 等流果라 말한다. 이는 경문에서 논변한 바와 같다.

② 외적인 과보에 가지고서 增上果를 얻는 것이다. 본 경문에서는 이를 빠뜨렸다. 아래에서는 그 부분을 따라 밝히고자 한다.

異熟報果가 10가지 악업과 같은 바이지만, 여기에서는 등류과와 증상과만을 해석하였다. 그러나 2가지 등류과는 대부분 앞은 무겁고 뒤는 가볍다. 가벼운 것은 方便等流果이고, 무거운 것은

正惡等流果이다.

經

於中에 殺生之罪는 能令衆生으로 墮於地獄畜生餓鬼하며 若生人中이라도 得二種果報하나니 一者는 短命이오 二者는 多病이니라

그중에 살생한 죄는 중생들이 지옥·축생·아귀에 떨어질 것이며, 인간에 태어나더라도 2가지 과보를 받게 된다. 첫째는 단명하고, 둘째는 병이 많을 것이다.

⊙ 疏 ⊙

十惡을 卽分爲十이라
初는 殺生中에 殺令夭折하야 不終天年일새 故得短命이니 卽正惡等流라
二는 未死受苦일새 故獲多病이니 卽方便等流라 怖無精光하야 感外增上의 資具等物이 乏少光澤이니라

10가지 악업을 10부분으로 나누었다.
① 살생의 죄는, ㉠ 살생의 과보로 요절하여 타고난 수명을 마치지 못하기에 단명하게 된다. 이는 정악등류과이다.
㉡ 죽기 전에 고통을 받으므로 병이 많다. 이는 방편등류과이다. 精光이 없는 것을 두려워하여 外報의 증상과인 생활 도구[資具] 따위의 물건들이 광택이 줄어든다는 뜻이다.

經

偸盜之罪도 亦令衆生으로 墮三惡道하며 若生人中이라도 得二種果報하나니 一者는 貧窮이오 二者는 共財不得自在니라

남의 물건을 훔친 죄 또한 중생들이 삼악도에 떨어질 것이며, 인간에 태어나더라도 2가지 과보를 받게 된다. 첫째는 빈궁하고, 둘째는 재물을 함께하여 마음대로 하지 못할 것이다.

◉ **疏** ◉

二는 盜損彼財일세 故獲貧窮이오 令其不得稱意受用일세 故共財不得自在오 感外田苗 霜雹損耗니라

② 남의 재물을 훔쳐 손해를 끼치기에 빈궁한 과보를 받으며, 그로 하여금 마음에 걸맞은 수용을 얻지 못하게 함으로써 재물을 남들과 함께하여 마음대로 쓰지 못하며, 외적으로는 전답의 농사가 서리나 우박으로 수확이 줄어듦을 얻게 된다.

經

邪婬之罪도 亦令衆生으로 墮三惡道하며 若生人中이라도 得二種果報하나니 一者는 妻不貞良이오 二者는 不得隨意眷屬이니라

사음한 죄 또한 중생들이 삼악도에 떨어질 것이며, 인간에 태어나더라도 2가지 과보를 받게 된다. 첫째는 아내가 부정하고, 둘

째는 마음에 드는 권속을 얻지 못할 것이다.

● 疏 ●

三은 婬中에 令其妻不貞故며 方便詃誘故로 婬之穢汚 感外臭惡 塵坌이니라

③ 음행의 죄는 그 아내를 부정하게 만들며, 방편으로 꼬여내기 때문에 음행의 더러움이 외적으로는 나쁜 냄새로 더렵혀짐을 얻게 된다.

經
妄語之罪도 亦令衆生으로 墮三惡道하며 若生人中이라도 得二種果報하나니 一者는 多被誹謗이오 二者는 爲他所誑이니라

거짓말한 죄 또한 중생들이 삼악도에 떨어질 것이며, 인간에 태어나더라도 2가지 과보를 받게 된다. 첫째는 비방을 많이 받고, 둘째는 남에게 속게 되리라.

● 疏 ●

四는 妄語는 等流라 又誹謗은 約違境이오 被誑은 約違心이니 言無實故로 外感農作事業이 多不諧偶니라

④ 거짓말의 죄는 等流果이다. 또한 비방을 받음은 경계에 어긋남으로 말하고, 속임을 당하는 것은 마음에 어긋남으로 말한다.

말이 진실하지 않은 까닭에 외적으로 농사짓는 일에 대부분 조화롭지 못함을 얻게 된다.

經

兩舌之罪도 亦令衆生으로 墮三惡道하며 若生人中이라도 得二種果報하나니 一者는 眷屬乖離오 二者는 親族弊惡이니라

이간하는 죄 또한 중생들이 삼악도에 떨어질 것이며, 인간에 태어나더라도 2가지 과보를 받게 된다. 첫째는 권속이 뿔뿔이 흩어지고, 둘째는 친족들이 험악하게 될 것이다.

⊙ 疏 ⊙

五는 兩舌中에 令他離間故며 親友成怨故며 由出不平之言하야 外多險阻니라

⑤ 이간질하는 죄는 남을 이간질시키고, 친구가 원수가 되기 때문이며, 편하지 않은 말을 함으로 인해 외적으로 험한 일을 많이 겪게 된다.

經

惡口之罪도 亦令衆生으로 墮三惡道하며 若生人中이라도 得二種果報하나니 一者는 常聞惡聲이오 二者는 言多諍訟이니라

나쁜 말을 한 죄 또한 중생들이 삼악도에 떨어질 것이며, 인간에 태어나더라도 2가지 과보를 받게 된다. 첫째는 항상 나쁜 소리를 듣고, 둘째는 말마다 다투는 일이 많을 것이다.

◉ 疏 ◉

六는 惡口中에 語體惡故며 語用惡故로 言恒有諍하야 違惱他人일세 外感荊棘砂鹵等事니라

⑥ 악담을 한 죄는 말하는 자체가 흉악하고, 말의 작용이 흉악한 까닭에 말하는 것마다 항상 다투어 남을 괴롭히므로, 외적으로 가시덤불이나 진펄 등에 허덕이는 일을 얻게 된다.

經

綺語之罪도 亦令衆生으로 墮三惡道하며 若生人中이라도 得二種果報하나니 一者는 言無人受오 二者는 語不明了니라

번드르르한 말을 한 죄 또한 중생들이 삼악도에 떨어질 것이며, 인간에 태어나더라도 2가지 과보를 받게 된다. 첫째는 사람들이 내 말을 곧이듣지 않고, 둘째는 언어가 분명치 못할 것이다.

◉ 疏 ◉

七 綺語에 言無人受는 機不領故오 語不明了는 自綺錯故라 以言綺故로 外感果物이 不應其時니라

⑦ 번드르르한 말의 죄에서 말을 해도 나의 말을 곧이듣지 않는 것은 말할 시기를 알지 못한 때문이며, 말이 분명하지 못한 것은 스스로 번드르르한 잘못 때문이다. 말이 번드르르한 까닭에 외적으로 결과가 그 시기에 맞지 않음을 얻게 된다.

經

貪欲之罪도 亦令衆生으로 墮三惡道하며 若生人中이라도 得二種果報하나니 一者는 心不知足이오 二者는 多欲無厭이니라

탐욕의 죄 또한 중생들이 삼악도에 떨어질 것이며, 인간에 태어나더라도 2가지 과보를 받게 된다. 첫째는 만족한 줄을 모르고, 둘째는 많은 욕심이 끝없을 것이다.

◉ 疏 ◉

八은 貪欲中에 已得不足故며 未得欲求故라 貪則念念欲多일세 感外增上이 日日減少니라

⑧ 탐욕의 죄는 이미 얻은 것에 만족하지 못한 때문이며, 얻지 못한 것을 얻고자 한 때문이다. 탐욕을 부리면 생각하면 할수록 욕심은 많아지기에 외적으로 증상이 나날이 줄어듦을 얻게 된다.

經

瞋恚之罪도 亦令衆生으로 墮三惡道하며 若生人中이라도

得二種果報하나니 **一者**는 **常被他人**의 **求其長短**이오 **二者**는 **恒被於他之所惱害**니라

성낸 죄 또한 중생들이 삼악도에 떨어질 것이며, 인간에 태어나더라도 2가지 과보를 받게 된다. 첫째는 항상 남들에게 시비를 받게 되고, 둘째는 항상 남의 해코지를 받을 것이다.

● 疏 ●

九는 瞋恚中에 二種等流 似前輕後重하야 見其不可意故로 求彼長短이오 二는 惱害彼故니 瞋不順物之情일새 外感增上이 其味辛苦며 又多惡獸毒蟲이니라

⑨ 성냄의 죄는, ㉠ 2가지 등류과가 앞은 가볍고 뒤는 무거운 것처럼 그 생각할 수 없는 일을 보기 때문에 그들의 장단점을 찾으며,

㉡ 남들을 괴롭힌 때문이다. 성내어 중생의 마음을 따르지 않기에 외적으로 증상이 그 맛이 쓰며, 또는 사나운 짐승이나 독충의 피해를 많이 입게 된다.

經

邪見之罪도 **亦令衆生**으로 **墮三惡道**하며 **若生人中**이라도 **得二種果報**하나니 **一者**는 **生邪見家**오 **二者**는 **其心諂曲** 이니라

삿된 소견을 가진 죄 또한 중생들이 삼악도에 떨어질 것이며, 인간에 태어나더라도 2가지 과보를 받게 된다. 첫째는 삿된 소견을 가

진 집에 나게 되고, 둘째는 그 마음이 아첨하고 바르지 못할 것이다.'

● 疏 ●

十은 邪見으로 還生邪見之家 若水之流濕이오 心見不正일새 故多諂曲이라 總由不正故로 外感上妙華果 悉皆隱沒이오 似淨不淨하며 似安不安이니 是以로 觀果知因하야 應當除斷이니라

⑩ 삿된 소견의 죄로 삿된 소견의 가문에 환생함이 마치 물이 습한 곳으로 흐르는 것과 같다. 마음으로 바르지 않은 것만을 본 까닭에 아첨과 왜곡이 많다.

총체적으로 바르지 않은 까닭에 외적으로 아름다운 꽃과 열매가 모두 보이지 않음을 얻게 되며, 청정한 것 같지만 청정하지 못하고 편안한 것 같지만 편안하지 못하다. 이 때문에 결과를 보면서 그 원인을 알아서 당연히 이를 제거하고 단절해야 한다.

三 結成苦因

셋째, 고통의 원인을 끝맺다

經

佛子여 十不善業道가 能生此等無量無邊衆大苦聚하나니라

불자여! 열 가지 나쁜 업은 이처럼 한량없고 그지없는 큰 고통

무더기를 내는 것이다.

● 疏 ●

無邊苦聚 由此生故니라

끝없는 괴로움의 무더기가 이로 인해 생기기 때문이다.

第二 明願

(2) 서원을 밝히다

經

是故로 菩薩이 作如是念호되 我當遠離十不善道하고 以十善道로 爲法園苑하야 愛樂安住하야

그러므로 보살은 이런 생각을 한다.

'나는 열 가지 착하지 못한 도를 멀리 여의고, 열 가지 선한 도로 법의 동산을 삼아 즐거운 마음으로 안주하여,

● 疏 ●

依智起願하야 願爲衆生하야 自修善故나 但離惡因이면 惡果自亡이오 願修善因이면 善果自至니라

問이라 '惡名殺等이니 離卽不殺이오 不殺이 卽善이니 離惡·住善 二相을 寧分고'

答이라 此有二意하니 一은 離殺이니 謂離作犯이오 住善은 謂住止持니 體則不殊나 約持犯하야 分二라 作持止犯은 反此可知니라 二는 離惡은 但是惡止오 住善은 兼於善行이라 具有止作二持하니 止는 如前釋이라

作義云何오 前三聚初에 已畧指陳이어니와 今當重釋호리니 謂非唯不殺이라 護衆生命을 如護己命이 是第一善이오 守他財物을 如自己有하며 他妻에도 亦然이라 實語와 軟語와 和合과 饒益은 是語四善이니라 非直無貪이라 更能惠施오 非唯不瞋이라 慈悲和悅이오 何但無於邪見이리오 乃成就正見하야 智慧深廣이니 斯卽作也니라

　　지혜를 의지하여 서원을 일으켜 중생을 위하여 스스로 선법을 닦기를 원하기 때문이다. 다만 악한 원인만 여의면 악한 결과는 절로 사라지고, 선한 원인을 닦기를 원하면 선한 결과는 절로 이르러 온다.

　　물었다.

　　"나쁜 것은 살생 따위를 말하니 여의면 살생하지 않음이며, 살생하지 않음이 곧 선업이다. 악을 여읨과 선에 머무는 2가지 모습을 어떻게 구분하는가?"

　　답하였다.

　　"여기에 2가지 의미가 있다.

　　① 살생을 여읨이다. 짓거나 범하는 것을 여윔을 말하고, 선에 머무는 것은 그치고 지니는 것에 머묾을 말한다. 그 자체는 다르지 않지만, 지니는 것과 범하는 것을 가지고서 2가지로 나누었다. 짓

는 것과 지니는 것, 그리고 그치는 것과 범하는 것은 반대가 됨을 말하지 않아도 알 수 있다.

②악을 여읨은 악만 그치는 것이고, 선에 머무는 것은 선행을 겸하였다. 그치고 짓는 2가지를 모두 지닌 것이다. 그침은 앞의 해석에서 말한 바와 같다."

"짓는다[作]는 뜻은 어떤 것인가?"

"앞의 三聚淨戒 첫 부분에서 이미 대략 말했지만, 여기에서 다시 해석하고자 한다.

이는 살생하지 않을 뿐 아니라, 중생의 목숨을 자신의 목숨처럼 보존하는 것이 첫째가는 선행이고, 남의 재물을 나의 물건처럼 수호하고, 남의 아내 또한 마찬가지이다. 진실한 말, 부드러운 말, 화합하는 말, 이익되는 말은 말의 4가지 선법이다.

정직하여 탐내는 마음이 없을 뿐 아니라 또한 은혜를 베풀고, 성내지 않을 뿐 아니라 자비롭고 온화하고 기뻐하며, 어찌 삿된 소견만 없을 뿐이겠는가. 바른 소견을 성취하여 지혜가 깊고 넓다. 이것이 곧 짓는다는 뜻이다."

第三 明行

(3) 행을 밝히다

自住其中하며 **亦勸他人**하야 **令住其中**이니라

나도 그 속에 머무르며, 또한 다른 이도 권하야 그 속에 머물도록 한다.'

◉ 疏 ◉

依願起行하야 如誓修故라

於中에 初는 依前願하야 以起自行이오 後'亦勸'下는 依於自行하야 正攝衆生이라

서원에 따라 행을 일으켜 서원대로 닦기 때문이다.

이의 경문은 2부분으로 나뉜다.

앞은 예전의 서원에 따라서 자신의 행을 일으킴이며,

뒤의 '亦勸他人' 이하는 자신의 행에 의하여 중생을 바르게 받아들이는 것이다.

第四明集

(4) 모음을 밝히다

佛子여 **此菩薩摩訶薩**이 **復於一切衆生**에 **生利益心**과 **安樂心**과 **慈心**과 **悲心**과 **憐愍心**과 **攝受心**과 **守護心**과 **自**

己心과 師心과 大師心하니라

불자여! 이 보살마하살이 또한 일체중생에게 이익이 되려는 마음, 안락케 하려는 마음, 인자한 마음, 가엾이 여기는 마음, 딱하게 여기는 마음, 거두어 주려는 마음, 수호하려는 마음, 자기와 같다는 마음, 스승이라는 마음, 대사라는 마음을 내는 것이다.

◉ 疏 ◉

明集者는 依增上悲하야 念衆生故로 生十種心이라
此十은 亦可俱通一切어늘 論就別相하야 爲八種衆生하니
一은 於惡行衆生에 令住善行이니 故名利益이오
二는 爲苦衆生하야 令得安樂이오
三은 於冤憎衆生에 慈不加報오
四는 於貧苦者에 悲欲拔之오
五는 於樂衆生에 愍其放逸이오
六은 於外道에 攝令正信이오
七은 於同行者에 護令不退오
八은 於攝一切菩提願衆生에 取如自己니 以願同故라【鈔_ 八者는 後三이 通爲菩提에 有下中上하니 下劣於己者를 攝如己心이오 等於己者를 推如師心이오 勝於己者를 同於佛也니라】

모음을 밝힌다는 것은 뛰어난 자비에 의하여 중생을 생각한 까닭에 10가지 마음을 내는 것이다.

이 10가지 마음은 또한 일체에 모두 통하는데, 논에서는 별상에 입각하여 8가지 부류의 중생으로 나누었다.

　① 악을 행하는 중생을 선행에 머물도록 하기에 이를 '이익이 되는 마음'이라 말하였다.

　② 고통받는 중생을 위하여 안락을 얻도록 하였다.

　③ 원망과 증오하는 중생에게 자비로 보복을 더하지 않도록 하였다.

　④ 빈곤으로 고통받는 중생을 가엾이 여기는 마음으로 구제하고자 하였다.

　⑤ 즐거워하는 중생이 방일할까 딱하게 여겼다.

　⑥ 외도는 받아들여 바르게 믿도록 하였다.

　⑦ 함께 수행하는 이들을 수호하는 마음으로 물러서지 않도록 하였다.

　⑧ 모든 보리를 포괄하여 발원한 중생을 자신의 일처럼 여겼다. 이는 서원이 같기 때문이다.【초_ 8가지 부류는 뒤의 3가지를 통틀어 보리에 하품, 중품, 상품이 있다. 자기보다 못한 이를 나와 같다는 마음[自己心]으로 받아들이고, 나와 평등한 이를 스승처럼 추대하는 마음[師心]을 가지고, 자기보다 뛰어난 이를 부처님처럼 생각[大師心]하였다.】

後之二心도 亦約此類나 但後勝於前이라 九는 觀彼衆生이 乘大乘道하야 進趣之者하야 敬之如師오 十은 觀集具足功德者하야 敬如大師니라

　뒤의 2가지 마음[師心, 大師心] 또한 이와 같은 유로 말한 것이지

만, 다만 뒤의 것은 앞의 것보다 뛰어나다.

⑨ 師心은 저 중생 가운데 대승의 도를 의지하여 정진해 나아가는 이를 보고서 스승처럼 공경함이며,

⑩ 大師心은 공덕을 구족하게 모은 이를 보고서 부처님처럼 공경함이다.

▬

第五 集果
依前悲心하야 起勝上欲하야 欲拔濟故니라
文中에 救攝十類衆生을 皆言'又作'이라
文各有二하니 先은 觀所化오 後我當下는 興濟拔心이라
前은 卽所治오 後는 卽能治라
前集之中에 欲顯差別하야 以其十心으로 對八衆生이어늘 今十類中에 一一生所에 容有如前十心救拔이라
十中에 初一은 解邪니 故論云 '依增上顚倒爲首'라하니라
餘九는 行邪니 論에 開爲三하니
初五는 化欲求衆生이니 求外五欲故오
次二는 化有求衆生이니 求三有中의 正報之果故오
後二는 化梵行求衆生이니 求出道故라 通上爲四니라
然此所化는 但攝集中의 前六하고 而闕後二者는 以集者는 益物之心이어늘 起心義寬하고 乃至緣於具德하야 生師仰故니라 今此는 正論救拔일새 故後二는 竝非所救라 縱其同行이 退轉須化라도 亦無

大乘之外에 別有安處니 可云拔出가
今은 第一 化顚倒衆生이라

(5) 모음의 결과를 밝히다

앞의 자비심을 의지하여 뛰어난 욕구를 일으켜 구제하고자 한 때문이다.

경문 중에 10부류의 중생을 구제하여 받아들이는 데에 모두 "또한 이런 생각을 하였다[又作是念]."고 말하였다.

경문마다 각기 2부분이다.

앞은 교화의 대상을 살펴봄이며,

뒤의 '我當' 이하는 그들의 잘못이나 고통을 구제할 마음을 일으킴이다.

앞은 다스릴 대상이고, 뒤는 다스릴 주체이다.

앞의 모음 중에 차이점을 밝히기 위해서 그 10가지 마음으로 8부류의 중생에 상대로 말하였다. 그러나 여기에서는 10부류 가운데 하나하나 태어나는 곳에 앞서 말한 바와 같이 10가지 마음으로 구제함을 가지고 있다.

10가지 부류 가운데, 첫 1부류는 이해가 삿됨이다. 이 때문에 논에서 "더없는 전도의 견해에 의하여 으뜸으로 삼는다."고 하였다.

나머지 9부류는 행하는 바가 삿됨이다. 논에서는 이를 3가지로 나누었다.

첫째, 5부류는 五欲 추구의 중생을 교화함이다. 밖의 5가지 욕망[色, 聲, 香, 味, 觸]을 구하기 때문이다.

둘째, 2부류는 三有 추구의 중생을 교화함이다. 삼유[欲有, 色有, 無色有, 즉三界]의 正報 결과를 구하기 때문이다.

셋째, 2부류는 梵行 추구의 중생을 교화함이다. 삼계에서 벗어난 도를 구하기 때문이다. 위의 둘째 2가지와 통하면 4가지가 된다.

그러나 교화 대상은 모음 가운데 앞의 6부류만을 포괄하고 뒤의 2부류[七於同行者, 八於攝一切菩提願衆生]를 뺀 것은, 모음이란 중생에게 이익을 베풀려는 마음인데, 그들에게 마음을 일으킴이 느슨하고, 내지 구족한 공덕을 인연하여 스승으로 추앙하는 마음을 내기 때문이다. 지금 여기서는 고통받거나 잘못한 중생을 구제함에 대해 논한 것이다. 뒤의 2부류는 모두 구제의 대상이 아니다. 비록 함께 수행하는 도반이 뒤로 물러서 교화를 필요로 할지라도 또한 대승법 외에는 별도로 안주할 곳이 없다. 어떻게 그런 그들을 '뽑아 없애준다.'고 말할 수 있겠는가.

이는 '첫째, 1부류는 전도 중생을 교화함'이다.

經

作是念言호되 衆生이 可愍이라 墮於邪見과 惡慧惡欲과 惡道稠林하나니 我應令彼로 住於正見하야 行眞實道하며

이런 생각을 하였다.

'중생이 가엾다. 삿된 소견, 나쁜 지혜, 나쁜 욕망, 나쁜 도, 깊은 숲속에 떨어졌다.

나는 당연히 그들을 바른 소견에 머물면서 진실한 도를 행하게 하리라.'

◉ 疏 ◉

'先所化'中에 邪見爲總이니 謂四顚倒라 理外에 推求일새 故名邪見이라

次'惡慧·惡欲'은 此二是別이라 常樂二倒를 名爲惡慧니 專心分別이라야 方得行故니라 我淨二倒를 名爲惡欲이니 不假專念하고 卽能行故니 以性成故라 由計我淨하야 便欲名等이니 如涅槃說이라

後'惡道稠林'者는 結其邪見이 爲諸過因이라 惡道者는 非正道故니 顯前顚倒 爲現行煩惱行處라 稠林者는 亦爲隨眠之因이니라

【鈔_ 次惡慧者는 論云 '惡意와 惡心'이라하니라 梵云末那는 此翻爲意오 梵云末底는 此云慧也니 聲勢相近일새 譯者之誤라 今經이 爲正이니라

我淨等者는 然其四倒 因計五陰하야 依法計我를 謂想行蘊이오 依身計淨을 謂於色蘊이라 取像思慮하야 任運計我하고 薄皮所覆을 任運計淨일새 故不假專念이라 若計心爲常은 多由思度이오 計受爲樂은 要對境妄念이라 則我淨은 如俱生이오 常樂은 如分別이니 故有難易라 由計等者는 計我多欲名이오 計淨多欲色이라 如涅槃者는 發心品에 已引하니라 】

'앞의 교화 대상'에서 말한 삿된 소견은 총상의 구절이다. 4가지 전도된 견해[常樂我淨의 顚倒]를 말한다. 도리 밖에서 추구하므로

161

삿된 소견이라 말한다.

다음 '나쁜 지혜[惡慧], 나쁜 욕망[惡欲]' 2가지는 별상이다.

涅槃四德 가운데 常顚倒와 樂顚倒 2가지를 '나쁜 지혜'라 말한다. 오롯한 마음으로 분별해야 비로소 행할 수 있기 때문이다.

我顚倒와 淨顚倒 2가지를 '나쁜 욕망'이라 말한다. 오롯한 생각을 빌리지 않고서도 곧바로 행할 수 있기 때문이다. 이는 근본 체성으로 성취한 때문이다. '나'라는 생각과 청정하다는 생각으로 인하여 그 명칭과 똑같이 하려는 것이다. 이는 열반경에서 말한 바와 같다.

맨 끝의 '나쁜 도와 깊은 숲속'이란 삿된 소견이 모든 잘못의 원인임을 결론지은 것이다.

'나쁜 도[惡道]'란 바른 도가 아니기 때문이다. 앞의 4가지 전도가 現行煩惱로 움직이는 곳임을 밝혔다.

'깊은 숲속[稠林]'이란 또한 隨眠煩惱의 원인이다.【초_ '다음 惡慧'는 논에서 '惡意', '惡心'이라 하였다. 범어에서의 末那는 생각[意]으로 번역하고, 범어의 末底는 지혜[慧]로 번역한다. 말나와 말저의 음가가 서로 비슷한 까닭에 이를 번역한 사람이 '악의', '악심'으로 잘못 말한 것이다. 따라서 이 경문에서는 이를 '惡慧'로 바로잡았다.

'我淨' 등이란 그 4가지 전도된 견해가 오온을 헤아림으로 인하여, 법에 의해 '나'라는 생각을 가지는 것을 想蘊과 行蘊이라 말한다. 몸에 의해 청정함을 생각하는 것을 色蘊이라 말한다. 겉모습만을 취하여 생각하면서 마음대로 '나'라는 생각을 하고, 얇은 가죽에 덮인 몸을 마음대로 청정하다고 생각하기에 오롯한 생각을 빌리지 않는다.

마음을 영원하다고 생각하는 것은 대부분 생각으로 헤아린 데서 연유하고, '받아들임[受蘊]'을 즐겁다고 생각하는 것은 경계를 상대로 허튼 생각을 한 것이다. 그러므로 '我·淨'은 '선천적인 분별에 의한 아집[俱生起我執]'과 같고, '常·樂'은 '후천적인 분별에 의한 아집[分別起我執]'과 같다. 이 때문에 어렵고 쉬움의 차이가 있다.

'由計我淨' 등은 '나'라는 생각을 하면 명예를 원함이 많고, 청정함을 생각하면 물질[色]을 원함이 많다.

"열반경에서 말한 바와 같다."는 것은 初發心功德品에서 이미 인용한 바 있다.】

後는 結能治라 中에 住於正見은 通翻上邪요 行於實道는 翻惡道稠林이니라【鈔_ '行於實道'者는 論釋正念하니 正念은 即四念이니 治四倒故니라】

뒤는 다스리는 주체로 끝맺음이다. 그 가운데, "바른 소견에 머문다."는 것은 위의 삿된 소견을 전체로 뒤바꾼 것이며, "진실한 도를 행하게 한다."는 것은 '나쁜 도'와 '깊은 숲속'을 뒤바꾼 것이다.【초_ "진실한 도를 행하게 한다."는 것은 논에서 '바른 생각'으로 해석하였다. 바른 생각이란 四念處이다. 4가지 전도를 다스리기 때문이다.】

◉ 論 ◉

如是身邊二見과 見取戒取 總依邪見起故로 標在其首오 六道
三界無明이 總依名色邪見과 惡慧惡欲하야 生生死稠林故로 標
之爲首니 若明此諸見無體면 諸見이 卽是法界緣生일세 起唯法
起오 見唯法見이라 隨智而轉이니라 所緣三界六道의 諸不善道 總
由此五種生이니 若了면 卽是入佛知見이라 已後諸煩惱가 總無有
生이니라

이와 같은 身邊二見과 見取·戒取가 모두 삿된 견해에 의해
일어나는 까닭에 첫머리에서 이를 밝혔고, 육도의 삼계무명이 모
두 名色邪見과 惡慧·惡欲에 의해 생사의 깊은 숲속에 태어나는
까닭에 첫머리에서 이를 밝혔다.

만약 모든 견해의 자체가 없음을 밝히면 모든 견해는 곧 법계
를 반연하여 생겨난 것이기에, 일어나는 것은 오직 법이 일어나는
것이며, 견해는 오직 법의 견해이다. 지혜를 따라 전변하는 것이다.

반연의 대상인 삼계육도의 착하지 못한 모든 도가 모두 이 5가
지[邪見·惡慧·惡欲·惡道·稠林]에 의해 생겨나는 것이다. 만약 이를
알면 부처님의 지견에 들어가게 된다. 그 이후에는 모든 번뇌가 전
혀 발생함이 없다.

▬

餘九 行邪三中에 初五는 化欲求라
五段分二니

初三는 化現得五欲受用生過오

後二는 化未得五欲追求時過라

今은 初라

 '나머지 9부류 단락은 행하는 바가 삿된' 3가지 가운데,

 첫째, 5부류는 오욕 추구의 중생을 교화함이다.

 이는 2부분으로 나뉜다.

 앞의 3부류는 현재 오욕을 얻어 수용한 데서 생겨난 허물을 교화함이며,

 뒤의 2부류는 아직 오욕을 얻지 못해 추구할 때 생겨나는 허물을 교화함이다.

 이는 앞의 3부류이다.

經

又作是念호되 一切衆生이 分別彼我하야 互相破壞하며 鬪諍瞋恨하야 熾然不息하나니 我當令彼로 住於無上大慈之中하며

又作是念호되 一切衆生이 貪取無厭이라 唯求財利하야 邪命自活하나니 我當令彼로 住於淸淨身語意業正命法中하며

又作是念호되 一切衆生이 常隨三毒하야 種種煩惱 因之熾然호되 不解志求出要方便하나니 我當令彼로 除滅一切煩惱大火하야 安置淸凉涅槃之處하며

또 이런 생각을 하였다.

'일체중생이 나와 남을 분별하여 서로 파괴하고, 다투고 성내고 원한으로 불길처럼 멈추지 않는다.

나는 당연히 그들을 위없이 큰 사랑 속에 머물게 하리라.'

또 이런 생각을 하였다.

'일체중생이 탐욕으로 만족한 줄 모르고, 오직 재물만을 추구하여 삿된 생각[邪命: 邪業 身也, 邪命 意也]으로 살아가고 있다.

나는 당연히 그들을 몸과 말과 뜻으로 짓는 일이 청정하여 바르게 사는 법에 머물게 하리라.'

또 이런 생각을 하였다.

'일체중생이 항상 탐진치 삼독을 따라 가지가지 번뇌가 이로 인해 불길처럼 성하지만 이를 벗어날 방편을 구할 줄 모른다.

나는 당연히 그들의 일체 번뇌의 큰 불길을 없애주고, 청량한 열반의 자리에 편히 머물게 하리라.'

● 疏 ●

前中에 卽分爲三이니 一은 受不共財오 二는 受無厭足財오 三은 受貯積財라

앞의 3부류는 곧 3부분으로 나뉜다.

(ㄱ) 함께 쓰지 않는 재물을 수용함이며,

(ㄴ) 만족함이 없이 재물을 수용함이며,

(ㄷ) 모아둔 재물을 수용함이다.

今初에 已得之物을 不與他共에 於費用時에 生瞋過也라
先은 明所治라 '互相破壞' 以爲總句라 破壞 有二하니 一은 鬪諍於
言中이오 二는 對冤於心中이니 卽分別彼我라 '瞋恨'已下는 結其增
長이니 由瞋恨故로 思念作報하야 身心惡行이 熾然不息이라
能治之中에 慈能治瞋이니 如來之慈라 乃名無上이니라

'(ㄱ) 함께 쓰지 않는 재물을 수용함'이란 이미 얻은 물건을 남들과 함께하지 않기에, 이를 사용할 적에 성내는 허물이 생기는 것이다.

앞에서는 다스릴 대상을 밝혔다.

'서로의 파괴'가 총상 구절이다.

'서로의 파괴'는 2가지가 있다.

① 말로 싸우는 것이며,

② 마음속에 원한으로 상대하는 것이다. 이는 나와 남을 분별하는 것이다.

'瞋恨' 이하는 서로의 파괴가 더욱 커나감을 끝맺었다. 성냄과 원한으로 인해서 보복할 것을 생각한 나머지, 몸과 마음의 악행이 불길처럼 멈추지 않는다.

뒤의 다스림의 주체 부분에서는 사랑의 마음으로 성내는 마음을 다스리는 것이다. 부처님의 큰 사랑만이 '위없는 큰 사랑'이라 말할 수 있다.

二 '又作'下는 化受無厭財衆生이니 求時에 無厭일세 以生貪過니라
初는 所治中에 有二하니 一 '貪取無厭'은 明內心難滿이오 二 '唯求財

利'者는 形於身口요 '邪命自活'은 結上三業이라【鈔_ 結上三業者는 邪語와 邪業이 皆屬邪命故라】
後는 三業正命으로 以爲能治라

(ㄴ) '又作是念' 이하는 만족함이 없이 재물을 수용하는 중생을 교화함이다. 재물을 구할 적에 만족하는 마음이 없기에 탐욕의 허물이 생겨나는 것이다.

앞의 다스릴 대상은 2가지가 있다.

① "탐욕으로 만족한 줄 모름"은 마음에 만족하기 어려움을 밝혔고,

② "오직 재물만을 추구함"은 몸과 입에 나타남이다.

"삿된 운명으로 살아가고 있다."는 것은 위의 삼업을 끝맺음이다.【초_ "위의 삼업을 끝맺었다."는 것은 삿된 말과 삿된 업이 모두 삿된 운명[邪命]에 속하기 때문이다.】

뒷부분은 삼업의 바른 운명으로 다스림의 주체를 삼는다.

三 '又作'下는 化受貯積財니 積而不散하야 順生三毒하고 增煩惱過니라

初는 所治中에 染著生貪이오 散用生瞋이라 若積而能散이면 何有貪瞋과 癡迷上二리오 言'種種煩惱因之熾然'者는 直觀經意컨대 因上三毒하야 更生煩惱어니와 若準論意면 因貯積財니 積財는 卽是煩惱因體니라 云何熾然고 謂寶翫受用에 數爲煩惱之所燒故니라 然癡有二過하니 一은 迷前二하야 亦復不知 何者是火며 云何爲失이라 二는 無求出意니 故云 不解出要라하니 謂旣迷火宅之爲

樂이어니 寧有出心가

後는 能治中에 涅槃淸涼煩惱火滅故니라

上三은 卽起煩惱衆生이라

  (ㄷ) '又作是念' 이하는 모아둔 재물을 수용하는 중생을 교화함이다. 재물을 쌓아두고 흩어 나눠주지 않기에 따라서 삼독이 생겨나고 번뇌의 허물을 더하게 된다.

  앞의 다스릴 대상 부분에 잡염에 집착하면 탐욕이 생기고, 흩어 나눠주려면 성내는 마음이 생겨난다. 만일 재물을 쌓아두고서 흩어 나눠줄 줄 알면 그 어디에 탐욕과 성냄, 어리석음과 미혹이라는 위의 2가지가 있겠는가.

  "가지가지 번뇌가 이로 인해 불길처럼 성하다."고 말한 것은 바로 경문의 뜻을 살펴보면, 위의 삼독으로 인하여 다시 번뇌가 생겨난다고 말했지만, 논의 의의에 준하여 보면 쌓아둔 재물 때문이다. 쌓아둔 재물은 곧 번뇌의 원인 그 자체이다.

  어떻게 불길처럼 성하는가? 귀중한 보배를 좋아하여 수용하면 자주 번뇌에 불타는 대상이 되기 때문이다.

  그러나 어리석음에는 2가지 허물이 있다.

  ① 앞의 2가지에 미혹하여 또한 그 어떤 것이 불이며, 어떤 것이 허물인지 알지 못한다.

  ② 벗어나기를 구할 생각이 없다. 그러므로 "벗어날 길[出要]을 알지 못한다."고 말하였다. 이처럼 불난 집을 안락한 곳으로 잘못 알고 있는데, 어찌 이를 벗어나려는 마음을 가지겠는가.

뒤의 다스림의 주체 부분에서는 시원한 열반으로 번뇌의 불길이 사라졌기 때문이다.

위의 3부류는 곧 번뇌를 일으키는 중생이다.

第二 有二願은 化未得五欲追求時過니 卽造業衆生이라

5부류 가운데, 뒤의 2가지 서원은 아직 오욕을 얻지 못해 추구할 때 생겨나는 허물을 교화함이다. 이는 업을 짓는 중생이다.

經
又作是念호되 一切衆生이 爲愚癡重闇과 妄見厚膜之所覆故로 入陰翳稠林하야 失智慧光明하고 行曠野險道하야 起諸惡見하나니 我當令彼로 得無障礙淸淨智眼하야 知一切法如實相하야 不隨他敎하며

또 이런 생각을 하였다.

'일체중생이 어리석어 깜깜함과 허망한 소견의 두꺼운 꺼풀에 덮여 있기에 그늘지고 가려진 깊은 숲속에 들어가 지혜 광명을 잃고, 거친 들녘 험난한 길을 다니면서 온갖 나쁜 소견을 일으키고 있다.

나는 당연히 그들을 장애 없는 청정한 지혜의 눈을 얻어 일체법의 실상을 알고서 이단의 가르침을 따르지 않게 하리라.'

● 疏 ●

分二니

初一은 明追求現報하야 造諸惡行이오

後一은 明追求後報하야 造有漏善業이라

　이는 2단락으로 나뉜다.

　㈎ 현재의 보답을 추구하여 악행을 짓는 중생을 교화함이며,

　㈏ 다음 생의 보답을 추구하여 유루선업을 짓는 중생을 교화함이다.

今初 先所治中에 有四種過하니

一은 愚癡覆心過라 於中에 愚癡는 是癡體오 重暗은 是癡相이니 亦是癡過라 餘는 皆癡過니라

一'重暗'者는 迷現在苦하야 不知是苦오

二'妄見'者는 於現下苦에 妄見樂故니 如見空華라

三'厚膜'者는 不見未來當受苦報니 如厚眼膜으로 都無所見也니라

　앞부분의 다스릴 대상 가운데는 4가지 허물이 있다.

　① '어리석음이 마음을 덮는 허물'이다. 경문에서 말한 '어리석음[愚癡]'이란 어리석음의 본체이고, '깜깜함[重暗]'은 어리석음의 양상이니, 또한 어리석음의 허물이기도 하다. 나머지는 모두 어리석음의 허물이다.

　㈎ '깜깜함[重暗]'이란 현재의 고통에 정신이 없어 그것이 고통인 줄조차 모름이며,

ⓒ '허망한 소견[妄見]'이란 현재의 대수롭지 않은 고통[4]을 즐거운 일로 잘못 생각하기 때문에 마치 허공 꽃을 보는 것과 같다.

ⓒ '두꺼운 꺼풀[厚膜]'이란 미래에 받게 될 고통의 과보를 보지 못함이다. 이는 마치 두꺼운 눈꺼풀로 아무것도 볼 수 없는 것과 같다.

二 '入陰翳'下는 增惡遠善過라 初句는 增惡이니 由迷異熟愚하야 順不善行하야 增長結使일새 名入陰翳稠林이라 後는 失智慧光明者는 此明遠善也니 癡爲善行障故니라

② '入陰翳' 이하는 악을 더하고 선을 멀리하는 허물이다.

첫 구절[入陰翳稠林]은 악을 더함이다. 異熟의 결과를 알지 못하는 어리석음으로 인하여 불선한 행을 따라 번뇌의 속박을 더하기에 "그늘지고 가려진 깊은 숲속에 들어간다."고 하였다.

뒤 구절의 "지혜 광명을 잃는다."는 것은 선을 멀리함을 밝혔다. 어리석음은 선행의 장애가 되기 때문이다.

三 '行曠野險道'는 明受苦報過니 生死長廣하야 逈無所依를 喻之曠野오 多難障礙를 復名險道오 流轉을 稱行이라

③ "거친 들녘 험난한 길을 다닌다."는 것은 고통의 과보를 받는 허물을 밝혔다. 삶과 죽음의 길은 길고도 드넓어서 아득히 의지할 바 없기에 이를 '거친 들녘'에 비유하였고, 어려움이 많은 장애를 또한 '험난한 길'이라 말하였다. 끊임없이 이어지는 생사를 '行'

---

4   유망기, "崗字卷 60上04, 現下苦者는 現在下苦니 下苦는 非是重故로 妄以爲樂也라"

이라 말하였다.

四'起諸惡見'者는 卽無正對治過니 論云 '謂多作罪因하야 於臨終時에 見惡報相하고 心生悔見'者는 或悔先所修하며 或起惡見일세 故名悔見이오 而不能集正對治일세 所以名過니라【鈔_ 或悔先所修'者는 謂解追悔로대 不能修習觀行對治일세 但生追悔하야 以擾於心이라 故淨名에 令慰喩有疾菩薩云호되 '說悔先罪언정 而不說入於過去'라하니라

二'或起惡見'者는 謂或平生에 曾修少善하고 造罪至多하야 臨終에 惡報로 撥善無益이 名爲惡見이니라】

④ "나쁜 소견을 일으킨다."는 것은 바르게 다스리지 못한 허물이다. 논에서 "죄의 원인을 많이 지어 목숨이 다했을 적에 악한 과보의 양상을 보고서 마음에 후회하는 소견을 낸다."고 말한 것은, 혹은 앞서 닦은 바를 후회하기도 하고, 혹은 악한 소견을 일으키므로 '후회하는 소견[悔見]'이라 하였고, 이를 모아 바르게 다스리지 못했기 때문에 이를 '허물'이라 말한다.【초_ 첫째, "혹은 앞서 닦은 바를 후회한다."는 것은 늦게나마 후회할 줄은 알았지만, 觀行을 닦아서 다스리지 못했기에, 다만 후회하는 마음만 내어 마음을 어지럽혔다. 이 때문에 유마경에서 병든 보살을 위로하도록 하면서 말하기를, "앞에 지은 죄를 후회한다고 말할 뿐, 과거로 들어감으로 말해서는 안 된다."고 하였다.

둘째, "혹은 악한 소견을 일으킨다."는 것은 일평생 일찍이 선행을 닦음은 적고 지은 죄가 너무 커서 목숨이 다하는 날, 악한 과

보로 선을 저버리고 이익이 없는 것을 '악한 소견'이라 말한다.】

後能治中에 先得淨慧眼이 是體라 此眼이 有二能하니 一은 見如實相이오 二는 由見實相하야 卽不隨他라 具斯二義를 名眞慧眼이니 以此二句로 總翻前過하야 見前皆實故니라【鈔_ '一見如實相'者는 通於事理니 事實은 明信因果오 理實은 不取諸相이라】

뒤의 다스림의 주체 부분에서 먼저 청정한 지혜의 눈을 얻음이 본체이다.

이 눈에는 2가지 능력이 있다.

① 진여실상을 보는 능력,

② 진여실상을 봄으로 인하여 이단의 가르침을 따르지 않는 능력이다.

이와 같은 2가지 능력을 갖추어야 '진정한 지혜의 눈'이라 말한다. 이런 2구절로 앞의 허물을 총체로 뒤집어 눈앞에 모든 것이 진실하기 때문이다.【초_ "① 진여실상을 보는 능력"이란 사법계와 이법계에 모두 통하는 말이다. 사법계의 실상은 인과를 분명하게 믿음이며, 이법계의 실상은 여러 모양에 집착하지 않기 때문이다.】

經
又作是念호되 一切衆生이 在於生死險道之中하야 將墮地獄畜生餓鬼하며 入惡見網中하야 爲愚癡稠林의 所迷하며 隨逐邪道하야 行顚倒行호미 譬如盲人이 無有導師

하야 非出要道를 謂爲出要라하야 入魔境界하야 惡賊所
攝으로 隨順魔心하고 遠離佛意하나니 我當拔出如是險
難하야 令住無畏一切智城하며

또 이런 생각을 하였다.

'일체중생이 나고 죽는 험한 길에서 장차 지옥·축생·아귀에 떨어지고, 나쁜 소견의 그물 속에 들어가 어리석은 숲속에서 길을 잃으며, 삿된 길을 따라 전도된 행을 행함이 마치 눈먼 사람에게 인도하는 사람이 없어, 갈 길이 아닌데 갈 길인 줄 알고서 마군의 경계에 들어가 악한 도적에게 붙들려, 마군의 마음을 따르고 부처님의 뜻과는 멀리 벗어났다.

나는 당연히 그들을 험난한 곳에서 구제하여 두려움이 없는 일체 지혜의 성에 머물게 하리라.'

◉ 疏 ◉

'二 住追求後報習善行'者는 隨順險道過니 謂以迷出世勝義愚
로 造福不動業하야 求未來報니 則常在險道니라
前所治中에 十句를 分三이니
初句는 自體니 謂卽生死故오
二'將墜'下는 障礙니 在之難出故오
三'隨順'下는 明失이니 謂住之에 失於出離善故니라

'(ㄴ) 다음 생의 보답을 추구하여 유루선업을 짓는 중생을 교화함'이란 험난한 지옥의 길을 따르는 허물이다. 출세간의 뛰어난 이치를 알지 못하는 어리석음으로, 복락의 과보를 받은 욕계의 福業과 색계·무색계의 不動業을 지으면서 미래의 과보를 구하니, 그는 항상 험난한 길에 있다.

앞의 다스릴 부분의 10구는 3부분으로 나뉜다.

① 첫 구절[在於生死險道之中]은 자신의 몸이다. 나고 죽음이 있기 때문이다.

② '將墮地獄' 이하는 장애이다. 장애 속에서 벗어나기 어렵기 때문이다.

③ '隨順魔心' 이하는 과실에 대해 밝혔다. 잘못 속에 머물면서 벗어날 수 있는 선행을 잃어버림을 말한다.

今初 自體는 謂由世間少善하야 爲根本故라 則人天報危일세 故名險道니라

'① 첫 구절의 자신의 몸'이란 세간의 작은 선행으로 근본을 삼은 까닭이다. 인천의 과보가 위험한 연고로 '험한 길'이라 말하였다.

二 '障礙'者는 皆險道中事라

文有八句호되 迷於苦集道滅이 如次各二니

一은 明有苦니 謂心雖求出이나 而行順三塗 如臨深淵일세 故云將墜니라

二는 入惡見網中은 此明迷苦니 於苦果中에 妄生樂想하야 爲惡見網縈이 如世險道에 葛藟交加니라

三 '爲愚'下는 迷於集因이니 謂爲愚癡所覆하야 不知煩惱하고 不覺業空이 若加深林하야 不見危險이라

四‘隨逐’下는 明其造集이니 世寡正道일새 學卽隨邪하고 復起邪業하야 爲行顚倒行이 如險路多歧하야 動入豺狼之徑이니 雖疲行不已나 欲進反廻니라

五‘譬如盲人’은 顯無道體니 無正慧眼하야 但得果貪著하고 愛欲所盲이라 故法華云 ‘著樂癡所盲이라’하니 卽斯義也라 如無目涉險에 茫無所之라

六‘無有導師’者는 明闕道緣이니 導師者는 謂佛菩薩이니 旣離明導일새 有二種失하니 一은 當生惡道오 二는 今世後世에 雖處人天이나 放逸障見故로 佛雖出世나 有不見聞이 如盲無導師면 若不陷深坑하면 則坐而不進이라

七‘非出要道 謂爲出要’者는 正迷於滅이니 希求涅槃호되 而趣異處라 謂於梵天과 乃至自在依正之所를 以爲涅槃하고 推斯邪解하야 以爲正見이 如在險道하야 以塞爲通이라

八‘入魔’等者는 顯有滅障이니 五種妙欲이 是魔境界오 貪著爲入이라 六塵劫善을 謂之惡賊이오 被牽爲攝이라

‘② 장애’란 모두 험한 길의 현상이다.

경문에 8구가 있는데, 고성제·집성제·도성제·멸성제에 혼미함이 차례대로 각기 2가지이다.

제1구[將墮地獄畜生餓鬼]는 고통이 있음을 밝혔다. 마음은 구출하려 하지만 행위가 세 갈래를 따르는 것이 마치 깊은 못에 다다른 것과 같으므로 ‘장차 떨어지려 한다.’고 하였다.

제2구, "나쁜 소견의 그물 속에 들어간다."는 말은 고통을 알지

못함을 밝혔다. 고통의 과보 속에서 즐겁다는 허망한 생각을 내어 악한 소견의 그물에 얽힘이, 마치 세간의 험난한 길에 칡넝쿨, 등 넝쿨이 서로 얽혀 있는 것과 같다.

제3구, '爲愚癡' 이하는 모음의 원인에 미혹함이다. 어리석음에 뒤덮여 번뇌를 알지 못하고 업이 공함을 깨닫지 못함이, 마치 숲이 깊어질수록 위험한 줄 보지 못하는 것과 같다.

제4구, '隨逐邪道' 이하는 업을 지어 모음에 대해 밝혔다. 세간에 바른 도가 적으므로 학문은 삿됨을 따르고, 다시 삿된 업을 일으켜 전도된 행을 행함이, 마치 험한 길이 갈림길이 많아서 움직이면 으레 여우나 이리가 다니는 길로 들어섬과 같다. 비록 피곤한 걸음을 그만두지 않지만 앞으로 나아가려는 것이 도리어 되돌아서게 된다.

제5구, '譬如盲人'은 도의 체성이 없음을 밝힌 부분이다. 바른 지혜의 눈이 없어 다만 업을 결과만을 탐착하고 애욕에 눈이 먼 것이다. 이 때문에 법화경의 "즐거움에 집착한 어리석음으로 눈이 멀었다."는 구절은 이런 의미를 말하고 있다. 이는 마치 눈먼 이가 험한 길을 갈 적에 아득하여 갈 수 없음과 같다.

제6구, '無有導師'는 도의 인연이 없음을 밝혔다. 導師는 부처님과 보살을 말한다. 밝은 인도자를 여의면 2가지 과실이 있다.

㉠ 내생에 지옥의 악도에 떨어지고,

㉡ 현재와 후세에 비록 인간과 천상에 살지라도 방일한 삶으로 부처님을 친견하는 데에 장애가 있는 까닭에 부처님이 출세했

을지라도 보고 듣지 못한다.[5] 이는 마치 맹인이 이끌어주는 이가 없으면 깊은 구덩이에 빠지지 않으면 주저앉아 앞으로 나아갈 수 없는 것과 같다.

제7구, "갈 길이 아닌데 갈 길인 줄 안다."는 것은 바로 멸성제를 알지 못함이다. 열반을 바라고 구하지만 다른 곳으로 향하는 것이다. 범천 내지 자재천의 의보와 정보가 있는 곳을 열반으로 삼고, 이러한 삿된 이해를 추구하는 것으로 바른 소견을 삼는다. 이는 마치 험한 길에서 막힌 곳을 통한 길로 생각하는 것과 같다.

제8구, '入魔境界' 등이란 열반의 장애가 있음을 밝힌 부분이다.

5가지 미묘한 욕망을 '마군의 경계'라 하고, 이를 탐착함이 그 경계에 '들어감[入]'이며,

육진 경계가 선을 두려워함을 '악한 도적'이라 하고, 그에게 끌려감을 붙들렸다[攝]고 말한다.

三'隨順' 下의 二句는 明失이니

初句는 依止冤故로 失離惡法이오

後句는 遠善友故로 失進善法이니 人法을 俱失이라

'③ 隨順魔心' 이하 2구는 과실에 대해 밝혔다.

첫 구절은 원수를 의지한 까닭에 악을 여의는 법을 잃고,

뒤 구절은 착한 벗을 멀리한 까닭에 선으로 나가는 법을 잃게 된다. 사람과 법을 모두 잃은 것이다.

....

5 유망기, "崗字卷63下10, 放逸障見者는 放逸故로 障於見佛也라"

後는 能治中에 '拔出險道'는 總離前惡이오 '住無畏城'은 是離之處라 若曠野에 遇城하면 衆難何畏아 近對上文인댄 若無知動念이면 則順魔心而遠佛意오 寂照雙運이면 卽出險難而入智城이니라

뒤의 다스리는 주체 부분에 '험난한 길에서 구제한다.'는 것은 앞의 악을 총체로 여김이며, '두려움 없는 성에 머문다.'는 것은 험난한 길에서 벗어난 곳이다. 만일 광야에서 성을 만나면 숱한 어려움인들 어찌 두려워하겠는가.

가까이 위의 문장에 배대하여 살펴보면, 만약 無知로 생각을 일으키면 마군의 마음을 따라 부처님의 뜻에서는 멀어지며, 寂照[定慧 또는 止觀]를 모두 운용하면[寂照雙運][6] 험난한 길에서 벗어나 지혜의 성에 들어가게 된다.

上來化欲求竟하다

위 '오욕 추구의 중생 교화'를 끝마치다.

第二 有兩段은 化有求衆生이라

文二니

初一은 道差別이니 謂五趣流轉이오

後一은 界差別이니 三界繫閉라

....

[6] 寂照雙運: 이는 위에서 말한 無知와 動念을 뒤집은 것이다. 무지를 뒤집으면 관조의 밝은 지혜가 되고, 동요하는 마음을 뒤집으면 寂靜의 선정에 들게 된다. 유망기, "崗字卷 65 上01, 寂照雙運者는 飜上無知動念이니 飜無知則照也요 飜動念則寂也라"

今은 初라

둘째, 2부류는 三有 추구의 중생을 교화함이다.

이의 경문은 2단락이다.

㈀ 길의 차별이다. 이는 5갈래의 길(범 pañca gatayaḥ. 지옥, 아귀, 축생, 인간, 천상)에 끊임없이 순환함을 말한다.

㈁ 세계의 차별이다. 3가지 세계(범 trayo dhātavaḥ. 욕계, 색계, 무색계)에 꽁꽁 묶이고 갇힘이다.

이는 '㈀ 길의 차별'이다.

經

又作是念호되

一切衆生이 爲大瀑水波浪의 所沒하야

入欲流·有流·無明流·見流하야 生死洄澓하며 愛河漂轉하며 湍馳奔激하야 不暇觀察하며 爲欲覺·恚覺·害覺을 隨逐不捨하며

身見羅刹이 於中執取하며 將其永入愛欲稠林하며 於所貪愛에 深生染着하며 住我慢原阜하며

安六處聚落하며 無善救者하며 無能度者하나니

我當於彼에 起大悲心하야 以諸善根으로 而爲救濟하야 令無災患하고 離染寂靜하야 住於一切智慧寶洲하며

또 이런 생각을 하였다.

"일체중생이 거대한 폭포수의 물결에 휩쓸려서,

탐욕의 물줄기, 3유(三有: 三界)와 25유(有: 욕계 14유, 색계 7유, 무색계 4유)의 물줄기, 무명의 물줄기, 삿된 소견의 물줄기 속에 들어가, 생사의 윤회가 소용돌이치고, 애욕의 강에 표류하면서, 세찬 물결이 빠르게 솟구치고 거세게 부딪히느라 다른 것을 살펴볼 겨를이 없으며, 탐욕의 생각, 성내는 생각, 해치려는 생각을 따라서 버리지 못하며,

'나의 몸'이라 생각하는 소견의 나찰[身見羅刹]에게 붙들려서, 애욕의 깊은 숲속으로 끌려 들어가, 탐욕과 애정에 깊이 집착을 내고, 아만의 드높은 언덕에 머물며,

육근육진[六處]의 마을에 안주하여, 구원해줄 이도 없고 제도해줄 이도 없다.

나는 당연히 그들에게 대비의 마음을 일으켜 여러 선근으로 그들을 구제하여, 재난과 우환이 없게 하고, 모든 물든 것을 떠나서 고요함을 되찾아 일체 지혜의 보물섬에 머물게 하리라."

● 疏 ●

先은 過요 後는 治라
過中에 初句는 爲總이오 '入欲'下는 別이라
總은 卽沒在大河過니 六道漂溺이 如彼大河니 求有沒中일새 所以是過라 然總中에 含下別義하니 亦是賴耶瀑流와 七識波浪이라
【鈔】 '初一道差別'者는 然道約輪轉일새 故喩河流오 界約難出이라 故比牢獄이니 皆增苦過니라】

앞은 허물이고, 뒤는 다스림이다.

허물 부분의 첫 구절[爲大瀑水波浪所沒]은 총상이고, '入欲' 이하는 별상의 구절이다.

총상의 구절은 큰 강물에 빠진 허물이다. 여섯 갈래의 세계에 표류하거나 빠짐이 마치 큰 강물에 빠진 것과 같다. 三有의 과보를 추구하여 三有 속에 빠진[求有沒中][7] 까닭에 허물이 되는 것이다. 그러나 총상의 구절에는 아래 별상 구절의 의미를 포함하고 있다. 이 또한 제8 아뢰야식의 瀑流와 7식의 물결을 가리킨다.【초_'(ㄱ) 길의 차별'이라는 '길[道]'은 윤회와 유전으로 말한 까닭에 강물의 흐름에 비유하였고, '세계[界]'는 구출하기 어려움으로 말한 까닭에 감옥에 비유하였다. 이는 모두 고통을 더하는 허물이다.】

別中에 彼大瀑水波浪이 有三種相하니

一은 自體漂流니 謂五趣因果요

二는 爲因起難이니 謂處之多害요

三은 便成大失이니 失出離道라

별상의 구절 가운데 저 큰 폭포수 흐름의 물결에는 3가지 양상이 있다.

① 자기 몸의 표류이다. 지옥, 아귀, 축생, 인간, 천상 5가지의 길에 태어나는 원인과 결과를 말한다.

....

7 求有沒中: 유망기, "嵩字卷 65上07, 求有沒中者는 求三有之果가 卽是沒三有之中也라"

② 어려움을 일으키는 원인이다. 사는 곳에 피해가 많음을 말한다.

③ 큰 잘못을 이루는 것이다. 삼계에서 벗어나는 도를 잃어버림이다.

今初自體에 有五種相하니 一은 深이며 二는 流오 三은 名이오 四는 漂오 五는 廣이라 但有其一이라도 已爲難度은 況具斯五하니 漂沒何疑아

一'深'者는 卽具足四流인 無量水故로 爲煩惱河라

二'生死洄澓'者는 流也니 上總四流煩惱因深일새 故此苦果 常流無竭이라 上二는 卽漂溺處니 於此에 生死而漂溺故니라

三'愛河漂轉'者는 名也니 前明四流 雖無惑不攝이나 愛潤生死하나니 由此漂溺일새 偏受河名이 如愚墮河니 愛卽難出이라

四'湍馳'等者는 漂也니 此有二義하니 一은 顯河急일새 故云湍馳奔激이니 謂雖寶愛身하야 欲令長久나 而念念不住 是漂溺時라 二는 由急故로 不能如實知其過失하며 亦復不見涅槃彼岸일새 故云 不暇觀察이니 是爲如此漂溺이라

五'爲欲覺等隨逐'者는 廣也니 謂隨欲等覺하야 徧覺五塵일새 故名爲廣이니 依此漂溺이라 涅槃에 則以欲等으로 以爲毒蟲이라【鈔_隨欲等者는 五塵之境에 皆有順違일새 故生三覺이오 亦兼八覺이니 如發心品이라 此卽約因일새 故云'依此漂溺'이니 若無惡覺하면 卽無漂故니 卽瑜伽論五中의 第二니라

'涅槃則以欲等'者는 卽第二經이니 純陀 反教文殊하야 令顯佛無爲하야 喻云호되 '譬如貧女 止他客舍하야 寄生一子러니 是客舍主

유로 말하였다.

"비유하면 어느 빈한한 여인이 어느 객점에서 아기를 해산하였는데, 객주가 그 여인을 쫓아내어 떠나도록 하였다. 여인은 아이를 안고서 다른 나라로 가다가 도중에 폭풍우를 만나 추위와 고통이 한꺼번에 찾아오고, 모기·등에·벌 따위에게 뜯겼다."

僧宗 법사는 이 비유에 대해 말하였다.

"그 삿된 공부로 대항하다 꺾임을 폭풍우에 비유하였고, 번뇌로 선근을 삼키는 것을 모면하지 못함을 독사와 독충에 비유하였다."

그러나 이 청량소에서 말한 뜻은, "경문에서 육도를 강물 등에 비유하였다. 이는 과덕의 강이다. 따라서 당연히 탐욕 등으로 독충에 비유하였다. 이는 승종 법사의 해석과 같다." 논에서는 별도의 해석이 없기에 다른 해석을 인용했을 뿐이다.】

第二'身見'下는 起難이라 有四하니
一者는 執이니 執著我我所窟宅하야 不能動發일새 故云身見羅刹과 於中執取라 言於中者는 於陰窟之中이오 執取之言은 亦含戒取라
【鈔 '第二 起難有四'者는 初一은 見이오 次二는 愛오 後一은 慢이라 由身見執者는 亦卽俱舍니 '由二不超欲하고 由三復還下'라하니라 釋曰 此卽五順下分結이라 '由二不超欲'者는 卽欲貪과 及瞋이오 '由三復還下'者는 卽身見과 戒禁取와 疑라 經唯身見이니 故前行疏云 '執取之言은 亦含戒取'라하니라 是同還欲界之惑이니 畧無疑耳라 故貪瞋二는 如守獄卒이오 身見等三은 如防邏人이라】

② '身見' 이하는 어려움을 일으키는 원인이다. 여기에는 4가

지가 있다.

㉠ 집착이다. '나'라는 생각과 '나의 것'이라는 생각의 소굴을 집착하여 움직이지 못하기에 '나의 몸이라고 집착하는 나찰'과 '그 속에 집착[於中執取]'을 말한다.

'그 속[於中]'이라 말한 것은 오음의 소굴을 말하고, '執取'라는 말은 또한 戒禁取見을 포함하고 있다.【초_ '② 어려움을 일으키는 원인에는 4가지가 있다.'는 말은 처음 하나는 소견, 다음 2가지는 애착, 뒤의 하나는 거만함이다.

'身見의 집착으로 말미암는다.'는 것 또한 구사론의 내용이다. "2가지에 의해 욕심을 뛰어넘지 못하고, 3가지에 의해 다시 아래로 되돌아온다."고 하였다.

이에 대한 해석은 다음과 같다.

"이는 '五의 順下分'의 결론이다. '2가지에 의해 욕심을 뛰어넘지 못한다.'는 것은 탐욕과 성냄이며, '3가지에 의해 다시 아래로 되돌아온다.'는 것은 身見과 戒禁取見과 의심이다. 경문에서는 오직 身見만을 말하였다. 앞줄의 청량소에서 '執取라는 말은 또한 계금취견을 포함한다.'고 하였다. 이는 욕계의 미혹으로 돌아옴이니, 의심 부분을 생략하여 언급한 바 없다. 이 때문에 탐욕과 성냄 2가지는 옥을 지키는 병졸과 같고, 身見 등 3가지는 옥에서 도망친 죄인을 붙잡아 다시 옥으로 집어넣는 나졸[防邏人][8]과 같다."】

⋯⋯⋯⋯⋯⋯

8   防邏人: 유망기 "崗字卷 68上03, 防邏人者는 邏卒이 提越獄之人하야 還入獄中也라"

二는 轉還이니 謂先捨欲已에 得生上界라가 由身見執하야 還生下界
欲念之中이라 若準涅槃인댄 愛見이 皆爲羅刹이라
三 '於所貪'下는 中著이니 謂於受用時에 求欲等樂著故니라
四 '住我慢原阜'者는 增慢이니 謂於受用事時中에 我慢·大慢·憍慢
이라 自高輕彼故慢이오 令心高故로 喻原阜라 上不停法雨하고 下不
見性水하야 廣平曰原이라 原自是高어늘 原上에 加阜하니 則慢上에 過
慢이라 對涅槃岸하야 以水爲患이오 對佛性水하얀 則原阜爲非라 賢
首云 '四中初一은 見이오 次二는 愛오 後一은 慢이라 愛中에 一은 種子
不滅故로 還來오 二는 現行深著故로 泥溺이라 如人이 在河에 四事難
出이니 一은 被執住오 二는 被廻流오 三은 爲泥溺이오 四는 滯枯洲하야
不到彼岸이라'하니 合喻思之니라【鈔_ 四滯枯洲者는 論經云 '我慢
陸地之所焦枯'라하야늘 論云 '一은 執이오 二는 轉還이오 三은 中著이오
四者는 洲'라하니라】

㉡ 流轉과 환생이다. 먼저 탐욕을 버린 뒤에 천상세계에 태어났다가 身見의 집착으로 인해 下界의 욕망 속에 환생함을 말한다. 열반경을 준하여 살펴보면, 愛見이 있으면 모두 나찰이 된다.

㉢ '於所貪' 이하는 중간의 집착이다. 수용할 때에 탐욕을 구하는 등의 쾌락에 집착한 때문이다.

㉣ "아만의 드높은 언덕에 머문다."는 것은 增上慢이다. 어떤 일을 수용할 때에 아만, 큰 거만, 으스댐을 말한다.

자신을 드높이면서 남을 업신여긴 까닭에 '거만[慢]'이라 말하고, 마음을 드높이는 까닭에 '언덕[原阜]'에 비유하였다. 위로는 법의

189

비가 멈추지 않고, 아래로는 본성의 물을 발견하지 못함이다.

드넓고 평평한 것을 '언덕[原]'이라 말한다. 언덕이란 본래 그 자체가 높은 곳인데, 언덕 위에 다시 언덕[阜]을 더하였다. 이는 거만함 위에 지나친 거만함을 뜻한다.

열반의 언덕을 상대로 말하면 물이 걱정거리이고, 불성의 물을 상대로 말하면 언덕이 잘못된 것이다.

현수 대사가 말하였다.

"4가지 가운데, 첫째 하나는 소견, 다음 2가지는 애착, 뒤의 하나는 거만함이다.

'다음 2가지의 애착' 가운데, 하나는 종자가 사라지지 않은 까닭에 다시 태어남이며, 다른 하나는 현행에 깊이 집착하기에 진흙 수렁에 빠지게 된다.

마치 사람이 강에 빠졌을 적에 4가지 현상으로 벗어나기 어려움과 같다.

첫째, 집착하여 머문 데 사로잡혔고,

둘째, 소용돌이에 사로잡혔으며,

셋째, 진흙 수렁에 빠졌기 때문이고,

넷째, 메마른 섬에 체류하여 피안에 이르지 못함이다."

이를 비유와 법과의 종합으로 생각해야 한다.【초_ "넷째, 메마른 섬에 체류하였다."는 것은 논경에서 "아만의 고원에서 타들어 말라간다."고 하였는데, 논의 해석에서는 "첫째는 집착, 둘째는 유전과 환생, 셋째는 중간의 집착, 넷째는 섬이다."고 하였다.】

三'安六處'下는 明失中에 有三하니

一은 善道無出意失이니 安六處聚落故라 此無善因이니라

二는 惡道無救失이니 此는 無救緣이니라

三'無能度'者는 異處去失이니 謂離自善行하야 生諸難處하야 不值佛故니라 此는 雙闕因緣이니 通善惡道니라

　　③ '安六處' 이하는 잘못을 밝힌 부분에 3가지가 있다.

　　㉠ 선업의 도로 삼계의 생사를 벗어남이 없는 잘못이다. 육취세계의 마을에 안착한 때문이다. 이는 선업의 원인이 없다.

　　㉡ 삼악도에서 구원받지 못하는 잘못이다. 이는 구제받을 인연이 없다.

　　㉢ "제도해줄 이도 없다."는 것은 다른 곳으로 가버린 잘못이다. 자신의 선행을 여의고 수많은 고난을 받는 곳에 태어나 부처님을 만나지 못한 때문임을 말한다. 이처럼 스스로 선근을 여읜 직접원인과 부처님을 친견하지 못한 반연, 2가지를 모두 잃은 때문이다.[9] 이는 선도와 악도에 모두 통한다.

後'我當'下는 能治中에 初는 起化心이오 後'以諸'下는 成化行이라 化行有六하니

一은 與善因이니 謂六度萬行으로 以爲船筏이라

二는 作救緣이오

三은 令無苦患이오

----

[9] 유망기, "崗字卷 69 下 02, 雙闕因緣者는 離自善根故하며 不值佛故라"

四는 令離集染이오

五는 證涅槃寂靜이오

六은 令得菩提大智라

皆翻上三段이니 思之니라

云何能得此益고 論云 以如實法이라하니라

云何如實고 了生死實性本如는 卽苦患而證涅槃이며 見煩惱本原性離는 卽集染而成大智라 如斯敎者라야 眞與善因이며 眞能救也니라【鈔_ 皆翻上三段者는 謂一은 自體오 二는 起難이오 三은 明失이라 六中에 如一與善因은 卽離自體니 旣無自體에 卽無難及失이라 餘五도 亦然일세 故云皆翻也니라】

뒤의 '我當' 이하는 다스리는 주체 가운데, 첫 구절[起大悲心]은 중생 교화의 마음을 일으킴이며, 뒤의 '以諸善根' 이하는 교화의 행을 성취함이다.

교화의 행은 6구이다.

① [以諸善根], 착한 원인을 줌이다. 육도만행으로 배를 삼았다.

② [而爲救濟], 구제할 인연을 짓고,

③ [令無災患], 고통과 근심을 없게 하며,

④ [離染], 쌓아 모은 잡염을 여의고,

⑤ [寂靜], 열반의 고요함을 증득하며,

⑥ [住於一切智慧寶洲], 보리의 큰 지혜를 얻도록 함이다.

이는 모두 위의 3단락을 뒤집은 것으로, 이 점을 생각해야 한다.
어떻게 이런 이익을 얻을 수 있을까?

논에서 '실상과 똑같은 법 때문'이라 하였다.

어떤 것이 실상과 똑같은 법인가?

나고 죽는 여실한 본성이 본래 진여임을 깨달음은 고통과 근심 속에서 열반을 증득함이며, 번뇌의 본원이 자성의 여읜 자리임을 보는 것은 雜染이 모인 데에서 큰 지혜를 성취함이다.

이와 같이 가르쳐야만 진실로 착한 원인을 줌이며, 진실로 구제함이다.【초_ "모두 위의 3단락을 뒤집은 것"이란 '① 자기 몸의 표류', '② 어려움을 일으키는 원인', '③ 잘못을 밝힘'이다. 다스리는 주체의 6구 가운데, '① 착한 원인을 줌'이란 '① 자기 몸의 표류'를 여읜 것이다. 이미 '① 자기 몸의 표류'가 없을 때에 '② 어려움을 일으키는 원인'과 '③ 잘못'이 없게 된다. 나머지 5구 또한 이와 마찬가지이기에 '모두 뒤집은 것'이라고 말하였다.】

第二 明界差別

(ㄴ) 세계의 차별을 밝히다

經

又作是念호되 一切衆生이 處世牢獄하야 多諸苦惱하며 常懷愛憎하며 自生憂怖하며 貪欲重械之所繫縛이며 無明稠林으로 以爲覆障하야 於三界內에 莫能自出하나니 我當令彼로 永離三有하야 住無障礙大涅槃中하며

또 이런 생각을 하였다.

'일체중생이 세간의 옥중에 있으면서 수많은 고통과 번뇌를 겪으며,

언제나 사랑하고 미워하는 생각을 품으며,

스스로 걱정과 두려워하는 마음을 내며,

탐욕이란 큰 형틀에 옭매여 있으며,

무명의 깊은 숲으로 덮개와 가름막을 삼아서,

삼계 속에서 벗어나지 못하고 있다.

나는 당연히 그들을 삼유의 세계를 길이 여의고, 장애가 없는 대열반에 머물게 하리라.'

◉ 疏 ◉

先은 過오 後는 治라

過中에 初句는 爲總이니 三界繫縛이 猶如牢獄이어늘 求有處之하니 所以爲過라

次는 '多諸'下는 別이니 別明世獄에 有五過隨逐하니 一은 苦事오 二는 財盡이오 三은 愛離오 四는 有縛이오 五는 障礙라 三界之獄도 亦然이라 此五는 示五種難差別이니

一은 無病難이니 無病은 是樂이오 病則有苦니 與彼爲難이라 下難義準之니라 苦는 謂身諸病苦오 惱는 謂心病愁惱니라

二 '常懷愛憎'은 是資生難이니 愛彼資生하야 求而不得하고 憎彼貧窮하야 遠之強會니라

194

三은 親難이니 親愛를 別離일세 故生憂怖라

四는 戒難이니 雖生上界하야 暫離犯戒나 不免戒行相違며 還爲貪械所縛이라 謂報盡에 起於欲惡하나니 明上二界는 非欲永滅이라 故此貪欲이 通繫三界니라

五는 見難이니 雖得世間 八禪定智나 亦爲無明所覆하야 與正見相違니라【鈔_ '一苦事'等者는 一은 鞭杖楚撻故오 二는 費用資財오 三은 親屬分張이며 四는 枷鎖著體이며 五는 垣牆防邏라

法說五中에 前三苦者는 一은 病苦오 二는 求不得苦오 三은 愛別離苦오

'四戒難'者는 謂後二 是業이니 一은 犯戒業이니 上二界 離無慚愧故로 不起犯戒라

'五見難'은 當邪見業이니 癡爲本故니라】

앞은 허물이고, 뒤는 다스림이다.

앞의 허물 부분에서 첫 구절[處世牢獄]은 총상이다. 삼계에 속박당함이 옥에 갇힌 것과 같은데, 삼계를 찾아 거처한 까닭에 허물이라고 한다.

다음 '多諸苦惱' 이하는 별상의 구절이다. 별상으로 세간의 감옥에 5가지 허물이 따름을 밝혔다.

① 감옥에서의 고통스러운 일,

② 재물이 소진되는 일,

③ 사랑하는 이와 이별하는 일,

④ 꽁꽁 묶이는 일,

⑤ 모든 일에 장애이다.

삼계의 감옥 또한 마찬가지이다.

별상의 구절에서 말한 5구는 5가지 어려움의 다른 점을 보여 주었다.

① [多諸苦惱], 질병이 없기 어려움이다. 질병이 없으면 삶이 즐겁지만, 병을 앓으면 괴로운 일이다. 이것이 그에게 어려움을 주는 일이다.

아래에서 말한 '어려움'의 의의는 이에 준해 생각하면 된다.

苦는 몸으로 앓는 여러 가지 질병의 고통을 말하고, 惱는 정신적으로 시달리는 마음의 병으로 근심과 고뇌를 말한다.

② [常懷愛憎], "언제나 사랑하고 미워하는 생각을 품는다."는 것은 생활을 돕기 어려움이다. 생활에 도움 되는 것을 사랑하여 구하지만 얻지 못하고, 가난을 미워하여 멀리하려 하지만 어쩔 수 없이 만나게 된다.

③ [自生憂怖], 가까이하기 어려움이다. 가깝고 사랑하는 사람과 헤어진 까닭에 근심과 두려운 마음이 생겨난다.

④ [貪欲重械之所繫縛], 계행의 어려움이다. 비록 천상계에 태어나 잠시 계율을 범하지는 않았지만, 계행이 서로 어긋남을 면하지 못하고, 도리어 탐욕의 형틀에 옭매임을 당하게 된다. 다시 말하면 과보가 다하면 욕망과 악함을 일으키기 때문이다.

위의 색계와 무색계는 욕망이 영원히 없어진 게 아님을 밝히고 있다. 따라서 이와 같은 탐욕은 삼계에 모두 속박당하는 것들이다.

⑤ [無明稠林以爲覆障], 소견의 어려움이다. 비록 세간의 8가지 선정지혜를 얻었을지라도 또한 무명에 뒤덮여 바른 소견과 서로 어긋나게 된다.【초_ "① 감옥에서의 고통스러운 일" 등이란 다음과 같다.

㉠ 채찍이나 몽둥이에 녹초가 되고,

㉡ 돈이 들어가며,

㉢ 친족과 헤어지게 되고,

㉣ 형틀과 사슬에 몸이 묶이며,

㉤ 높은 담장에 갇힘이다.

법으로 말한 5가지 가운데, 앞의 3가지 고통은 ① 질병의 고통, ② 구하려 해도 얻지 못하는 고통, ③ 사랑하는 이들과 이별하는 고통이다.

"④ 계행의 어려움"이란 뒤의 2가지 업이다. 하나는 계율을 범하는 업이다. 위의 색계와 무색계는 부끄러워할 줄 모르는 마음을 여읜 까닭에 계율을 범하는 일이 없다.

"⑤ 소견의 어려움"이란 삿된 소견의 업에 해당된다. 어리석음으로 근본을 삼기 때문이다.】

後는 能治中에 若如實了知三界之相이 無有生死하며 非實非虛면 則自無障礙하야 果證圓寂이니라

뒤의 다스림의 주체 부분에서 만일 여실하게 삼계의 모양이 생사가 없고 진실함도 아니요 헛됨도 아님을 잘 알면, 절로 장애가 사라져 원만한 열반을 증득하는 결과를 얻게 된다.

後二化梵行求衆生

分二니

初段은 化邪梵行求하야 令捨邪歸正이오

後段은 化同法小乘하야 令捨權歸實이라

今은 初라

셋째, 2부류는 범행 추구의 중생을 교화함이다.

이의 경문은 2단락으로 나뉜다.

㈀ 삿된 범행을 구하려는 중생을 교화하여, 삿됨을 버리고 바른 도로 돌아오게 함이며,

㈁ 같은 불법의 소승을 구하는 중생을 교화하여, 權敎를 버리고 實敎로 돌아오게 함이다.

이는 첫 단락이다.

經

又作是念호되 一切衆生이 執著於我하야 於諸蘊窟宅에 不求出離하며 依六處空聚하며 起四顚倒行하며 爲四大毒蛇之所侵惱와 五蘊寃賊之所殺害하야 受無量苦하나니 我當令彼로 住於最勝無所着處호리니 所謂滅一切障礙하고 證無上涅槃이며

또 이런 생각을 하였다.

"일체중생이 '나'라는 생각에 집착하여,

오온의 깊은 동굴 속에서 벗어나고자 하지 않으며,

육근육진의 공허한 마을에 의지하며,

4가지 전도된 행을 일으키며,

4대[地水火風]의 독사에게 시달리고,

오온의 원수에게 살해를 당하면서 한량없는 고통을 받고 있다.

나는 당연히 그들을 가장 훌륭하고 집착이 없는 곳에 머물게 하리라. 이른바 일체 장애가 없는, 위없는 열반을 증득함이다."

⊙ 疏 ⊙

先明過中에 初句는 爲總이니 謂執著於我過라 然諸外道 執見雖多나 以我爲本하니 斷常等見이 皆因此生이라

次於諸蘊下는 別이라

別有六句하니 前三은 失道故로 遠第一義樂이오 後三은 失滅故로 具足諸苦니라

今初一은 於諸蘊窟宅不求出離者는 無始發方便이니 謂彼外道 衆生이 欲趣涅槃이나 以有我故로 於五陰舍에 不能動發이라

二는 所趣不眞이니 內入이 無我일새 故名空聚오 我想妄計 偏於六根일새 故名爲依라

三은 造行不正이니 旣求涅槃인댄 應行八正이어늘 翻行邪道 四顚倒行하니 以彼計蘊하야 身·受·心·法 爲淨等故니라

後三中에 一은 四大乖違苦니 謂老病死苦라 人皆欲遠이나 由計我故로 四毒常侵이라

199

二는 五陰隨逐苦니 五蘊이 具諸結過하야 常能害人善法일새 故云 怨賊이라

三 '受無量苦'者는 上不說者는 皆在其中이며 亦總結前五也니라
【鈔_ 無始發方便者는 則顯二는 是中間이니 所趣不眞이며 三은 是 終造니 卽行不眞이라 此三은 失道니 翻有妄集이오 後三은 失滅이니 翻有妄苦라 前二는 內苦니 一은 四大니 卽老病苦오 後는 五盛陰苦 오 三은 總餘五苦니라 人皆厭苦나 由著我故로 不能得出이니라 】

앞의 허물을 밝힌 부분에서 첫 구절[執著於我]은 총상이다. '나' 라는 생각에 집착하는 허물을 말한다. 그러나 모든 외도의 집착하 는 소견이 많지만, '나'라는 생각에 집착하는 것이 가장 병폐의 근 본이다. 斷見과 常見 등이 모두 '나'라는 생각으로 인해 생겨난다.

다음 '於諸蘊' 이하는 별상의 구절이다.

별상은 6구이다.

앞의 3구는 도를 잃은 까닭에 第一義諦의 즐거움과 멀어졌고,

뒤의 3구는 열반을 잃은 까닭에 수많은 고통이 두루 갖춰진 것 이다.

앞의 3구는 다음과 같다.

제1구의 "오온의 깊은 동굴 속에서 벗어나고자 하지 않는다[於 諸蘊窟宅不求出離]."는 것은 시작도 없는 그 오래전에 일으킨 방편이 다. 저 외도와 중생이 열반에 나아가고자 하지만, '나'라는 생각에 집착한 나머지, 오음의 집에서 꼼짝도 하지 않는다.

제2구[依六處空聚]는 앞으로 나아가는 대상이 진실하지 못하다.

내면의 六入[六根, 또는 六處라 함]은 자아의 실체가 없기에 '사람이 살지 않는 공허한 마을[空聚]'이라고 말하고, '나'라는 헛된 생각이 육근에 두루 있기에 이를 '의지'한다고 말한다.

제3구[起四顚倒行]는 하는 일이 바르지 않음이다. 열반을 구하려 한다면 당연히 팔정도를 행해야 함에도, 거꾸로 삿된 도인 4가지 전도된 행을 행하였다. 그들이 오온을 잘못 생각하여 身·受·心·法 四念處의 청정으로 여기는 등이다.

뒤의 3구는 다음과 같다.

제4구[爲四大毒蛇之所侵惱]는 四大가 무너지고 어긋나는 괴로움이다. 늙고 병들고 죽는 고통을 말한다. 사람들이 모두 이를 멀리하려고 하지만, '나'라는 잘못된 생각으로 인하여 四大의 독사에게 항상 시달리는 것이다.

제5구[五蘊寃賊之所殺害]는 오음이 따라다니는 괴로움이다. 오온이 여러 번뇌와 허물을 두루 갖춰, 항상 사람의 선법을 해치기에 원수와 도적이라 말한다.

제6구의 "한량없는 고통을 받는다[受無量苦]."는 것은 위에서 말하지 않은 부분이 모두 여기에 있으며, 또한 앞의 5가지를 총괄하여 끝맺은 것이다. 【초_ "시작도 없는 그 오래전에 일으킨 방편"이란 '제2구[依六處空聚]'는 중간 단계이기에 앞으로 나아가는 대상이 진실하지 않음을 밝혔고, '제3구[起四顚倒行]'는 마지막 단계이기에 곧 행하는 바가 진실하지 않다는 뜻을 밝혔다.

앞의 3구는 도를 잃음이니, '잘못 모은 것[妄集]'을 뒤집은 것이고, 뒤의 3구는 열반을 잃음이니, '잘못된 고통[妄苦]'을 뒤집은 것이다.

앞의 2구는 내면의 고통이다. '제4구[爲四大毒蛇之所侵惱]'는 四大를 말하니 곧 늙고 병드는 고통이며, '제5구[五蘊寃賊之所殺害]'는 5음이 치성한 고통이다. '제6구[受無量苦]'는 나머지 5가지 고통을 총괄하였다. 사람은 모두가 고통을 싫어하지만 '나'라는 생각에 집착한 까닭에 고통에서 벗어나지 못하는 것이다.】

後 能治中에 上由計我하야 處處生著하니 唯大涅槃이야 是無著處니라 云何能得고 謂如實法이라

如實法者는 畧有三義하니

一은 上怨賊等을 外道不知하고 計我處之어니와 今菩薩은 教之觀過하야 了無有人이라

二는 假以世喻하야도 喻所不及이니 則五陰等이 過於寃等이라

三은 知其實性이 人法俱空이니 皆是最勝無所著處라 餘如涅槃二十一說하다【鈔_ 唯大涅槃者는 翻前失滅하야 得如實法하고 翻前失道하야 三種如實이라 前二는 事實이오 後一은 理實이라

'餘如涅槃'者는 卽南經也니 此經은 當二十三이니 皆高貴德王品이라 經中에 廣說三惡覺過하고 令起六念善覺하야 後有此喻하니

經云 '善男子여 譬如有王이 以四毒蛇로 盛之一篋하야 令人으로 瞻養餧飼하고 起臥에 摩洗其身호되 若令一蛇 生瞋恚者면 我當準法하야 戮之都市하리라 爾時에 其人이 聞王切令하고 心生惶怖하야 捨篋逃走어늘 王이 時에 復遣五旃陀羅하야 拔刀隨後한대 其人이 廻顧하

야 見後五人하고 遂疾捨去하니라

是時에 五人이 以惡方便으로 藏所持刀하고 密遣一人하야 詐爲親善하야 而語之言호되 汝可還來하라 其人이 不住하고 投一聚落하야 欲自隱匿일새 旣至聚中하야 觀看諸舍하니 都不見人이오 執捉坏器하니 悉空無物이라 旣不見人이오 求物不得하야 而便坐地러니 聞空中聲호되 咄哉라 男子여 此聚는 空曠하야 無有居人하니 今夜에 當有六大賊來하리라 汝設遇者인댄 命將不全하리니 汝當云何而得免之오

爾時에 其人이 恐怖遂增하야 復捨而去라가 路値一河하니 其河漂急이라 無有船筏이어늘 以怖畏故로 卽取種種草木爲筏하고 復更思惟호되 我設住此면 當爲四大毒蛇·五旃陀羅·一詐親者와 及六大賊之所危害오 若渡此河에댄 筏不可依인댄 當投水死니라 寧投水死언정 終不爲彼蛇賊所害하리라 卽推草筏하야 置之水中하고 身倚其上하야 手把脚蹋하야 截流而去러니 卽達彼岸하야는 安穩無患하고 心意泰然하야 恐怖消除라하니라

釋曰 上具引經하니 在文可知라 下合文이 廣하니 今當撮畧호리라

云菩薩受大涅槃經호되 觀身如篋하고 四大如蛇라 蛇有四毒하니 見毒·觸毒·氣毒·齧毒이라 常思人便하고 性各別異오 敬養無益이라 四大도 亦爾니라 又蛇를 以呪藥可治오 四大도 亦爾하니 應遠離之하야 趣八聖道니라

'五旃陀羅'는 卽是五陰이니 彼旃陀羅 令人으로 恩愛別離하고 怨憎集會하고 又嚴器仗하야 則能害人하고 常有害意하야 徧害一切하니 人無手足·刀仗·侍從하면 則爲其害니라 五陰亦爾하야 令人으로 遠

善近惡하며 煩惱로 自嚴器仗하야 常害一切하니 若無戒足·慧刀·善知識侍면 則爲其害니라 陰又過彼니 彼害는 不能令墮地獄이오 但害有罪며 亦不自害라 財貨可脫이며 不必常害라 唯在一處며 殺已不墮어니와 五陰은 反此니라 有智之人은 應當遠離하고 依八正道와 六度萬行하야 令心如虛空하고 身如金剛이니라

'一詐親善'은 以喩於愛니 常伺人便하야 令人輪轉이니 但見身口코 不見其心이라 愛但虛妄하야 無有眞實이오 愛又過彼니 無始終故며 難知故며 難遠故니라 若有智慧면 不爲其害니라

'空聚落'者는 卽是六入이오 '無人'은 人空이오 器等空者는 以明法空이라 凡夫는 遠望에 生不空想이어니와 菩薩은 知空이니라

'六大賊者'는 卽是六塵이니 劫人善法호되 不擇好惡하야 令貧孤露하야 作一闡提하니 無善防衛면 同爲其劫이니라 又遇大賊에 賊劫見在하고 唯劫欲界어니와 塵劫三世며 亦劫三界라 唯菩薩이 勇健하고 有善僕從하야 不爲其劫하야 直去不廻니라

河喩煩惱니 猶如駛流 深難得底오 墮未至底에 卽便命終이라 衆生도 亦爾하야 未至空底코 卽便輪廻二十五有니라 河唯沒身이오 不沒善法이어니와 煩惱는 反此니 故應勤修하야 六度萬行하야 以爲船筏하야 至涅槃岸이니라

餘如彼經이니라 】

    뒤의 다스림의 주체 부분은 위에서 '나'라는 잘못된 생각으로 인해 곳곳에서 집착을 낸다고 말한 바 있다. 오직 대열반만이 집착이 없는 곳이다.

어떻게 이를 얻을 수 있는가? 여실한 법을 말한다.

여실한 법이란 대략 3가지 뜻이 있다.

① 위에서 말한 오온의 원수와 도적 따위를 외도는 알지 못하고서 '나'라는 잘못된 생각으로 살지만, 여기에서 보살은 외도를 가르쳐 그들의 허물을 관찰하여 마침내 '남'이 없음을 알도록 하는 것이다.

② 세간의 그 어떤 비유로서도 말할 수 없는 바이다. 五陰 등이 원수 따위보다 더하다.

③ 그 진실한 체성이란 사람과 법이 모두 공한 줄 아는 것이다. 이는 모두 가장 뛰어난 집착 없는 곳이다.

나머지는 열반경 21권에서 말한 바와 같다.【초_ "오직 대열반만이"란 앞서 말한 '열반을 잃음'을 뒤집어 여실한 법을 얻고, 앞서 말한 '도를 잃음'을 뒤집어 3가지 여실한 법을 얻은 것이다. 그 가운데 앞의 2가지는 사법계의 여실한 법이고, 뒤의 하나는 이법계의 여실한 법이다.

"나머지는 열반경 21권에서 말한 바와 같다."는 것은 南本 열반경의 권수이다. 北本 열반경은 권23에 해당한다. 남본과 북본 모두 '고귀덕왕보살품'이다.

열반경에서는 3가지 나쁜 생각의 허물에 대해 자세히 설명하여 6가지 착한 생각을 일으키게 한 뒤에 이런 비유를 들어 말하였다.

해당 경문은 아래와 같다.

선남자여, 어떤 임금이 4마리의 독사를 한 상자에 담아두고서,

사람을 시켜 독사를 돌보고 먹이를 주어 기르도록 명하였다.

"누울 적에나 일어날 적에 그 독사의 몸을 쓰다듬어 씻어주되, 만일 한 마리 독사라도 성내게 만들면, 나는 법에 따라서 저잣거리에서 죽일 것이다."

그때, 그 사람은 임금의 준엄한 명을 듣고서 두려운 마음에 독사의 상자를 버리고 도망쳐 버렸다.

임금은 당시 다시 5명의 전다라를 보내어 칼을 뽑아들고 뒤쫓도록 하였다. 그 사람은 전다라들이 뒤따라오는 것을 보고서 더욱 빨리 달아났다.

그때, 5명의 전다라는 흉악한 꾀를 냈다. 들고 있던 칼을 숨기고 가만히 다른 사람을 보내어 거짓 친한 척하면서 돌아가야 한다고 달랬지만, 그 사람은 그 발길을 멈추지 않고 어느 마을로 들어가서 숨으려 하였다.

그 마을에 들어가서 여러 집을 살펴보았으나 하나같이 사람은 보이지 않았고, 여러 장독이나 뒤주들을 열어 보아도 모두 텅텅 비어 아무것도 담겨 있지 않았다. 이처럼 사람들도 만날 수 없고, 그 어떤 물건도 얻을 수 없어 그냥 땅바닥에 털썩 주저앉았더니, 공중에서 이런 소리가 들려왔다.

"가엾다! 그대여, 이 마을은 텅텅 비어 사는 사람이 없다. 오늘 밤에 여섯 도둑이 찾아올 것이다. 만일 그대가 도둑 떼를 만나면 목숨을 보전할 수 없을 것이다. 그대는 이를 어떻게 모면하려는가?"

그때, 그 사람은 무서운 마음이 점점 더하여 그 마을을 뒤로하고 떠나가다가 큰 강을 만났는데, 강물은 세차게 흐르고 배도 뗏목도 없었다. 두려운 마음에 여러 가지 풀과 나무를 꺾어다가 뗏목을 만들면서 다시 이런 생각을 하였다.

'내가 여기 있다가는 4마리 독사, 5명의 전다라, 하나의 거짓 친한 척하는 사람, 6명의 도둑에게 해를 당할 것이다. 이처럼 험난한 강을 건널 적에 뗏목조차 믿기 어렵다면 강물에 몸을 던져 죽을 수밖에 없다. 차라리 강물에 빠져 죽을지언정, 저 독사나 도둑에게 피해를 당하지 않을 것이다.'

풀로 만든 뗏목을 밀쳐 강물 위에 띄워놓고 그 위에 몸을 싣고서 손과 발을 허우적거리면서 강물을 가로질러 건너갔다. 저 건너편 언덕에 이르자, 아무런 걱정이 없이 평온하였고 마음이 태연하여 공포가 절로 사라졌다고 한다."

이에 대한 해석은 다음과 같다.

위에서 말한 바는 구체적으로 경문을 인용하였기에 문장을 살펴보면 설명하지 않아도 알 수 있다. 아래의 법으로 종합한 문장은 너무 광범위하기에 여기에서는 간추려 말하고자 한다.

보살마하살이 이 대반열반경을 듣고 받아 지닐 적에 몸은 상자와 같고, 지수화풍 사대는 4마리의 독사와 같이 보았다. 독사에는 4가지의 독이 있다. 쏘아보는 독, 접촉의 독, 내뿜는 독, 물리는 독이다. 항상 사람을 공격할 짬을 엿보고, 그 4가지 독의 성질은 각기 다르며, 아무리 조심조심 키워도 아무런 이익이 없다. 사대육신 또한 그와 같다. 하지만 또한 독사는 주술이나 약으로 치료할 수 있다. 사대 또한 그와 같다. 당연히 사대육신을 멀리 여의고 팔정도로 향해 나가야 한다.

'5명의 전다라'는 곧 五陰이다. 전다라들은 사람으로 하여금 사랑하는 이들과 이별을 하게 하고, 미워하는 이들과 만나게 한다. 또한 무기나 몽둥이를 들고서 사람을 해치며, 항상 해칠 생각을 품고서 두루 모든 것에 해를 입힌다. 사람에게 손과 발, 칼이나 몽둥이, 시종이 없으면 그 피해를 입게 된다. 오음 또한 그와 같다. 사람으로 하여금 선법을 멀리하고 악법을 가까이하게 하며, 번뇌로 하여금 무기를 갖추게 하여 항상 모든 것에 해를 입힌다.

만일 계행의 발, 지혜의 칼, 선지식의 도움이 없으면 번뇌의 피해를 입게 된다. 오음은 번뇌보다 더하면 더했지, 못하지 않다.

번뇌의 피해는 지옥에 떨어지게 하지는 못한다. 다만 죄 있는 자를 해칠 뿐이다.

또한 그 스스로가 해치지는 않는다. 재물로 벗어날 수 있다.

꼭 언제나 해치는 것도 아니다. 오직 한곳에만 있다.

번뇌는 사람을 죽인 후, 지옥에 떨어뜨리지는 못하지만, 오음은 이와 반대이다.

지혜 있는 사람은 당연히 번뇌를 멀리 여의고 팔정도와 육도만행을 따라서, 마음은 허공처럼, 몸은 금강석처럼 지녀야 한다.

'하나의 거짓 친한 척하는 사람[一詐親善]'이란 애착을 비유하였다. 거짓 친한 척하는 사람은 언제나 사람의 짬을 엿보면서 그를 되돌려 세우려 하기에, 몸과 입만 볼 뿐, 그 마음은 보지 않는다. 애착은 그저 허망할 뿐, 진실이 없다. 애착은 또한 거짓 친한 척하는 사람보다 더하다. 시작과 끝이 없기 때문이며, 알기 어렵기 때문이며, 멀리하기 어렵기 때문이다. 만일 지혜가 있으면 그 피해를 입지 않는다.

'텅텅 비어 있는 마을[空聚落]'이란 바로 六入이며, '한 사람도 없다.'는 것은 人空을, '살림살이가 텅텅 비어 있다.'는 것은 法空을 밝힌 것이다. 범부는 멀찌감치 바라보면서 '공'이라는 생각을 가지지 않지만, 보살은 공한 줄을 안다.

'六大賊'이란 곧 육진경계이다. 사람의 선법을 겁박하되 좋고 나쁜 것을 가리지 않고서 가난하고 외롭고 헐벗게 하여, 도저히 부처가 될 수 없는 사람을 만든다. 선법으로 이를 막아내지 않으면 똑같이 육진의 겁박을 당하게 된다.

또한 큰 도적을 만날 적에 도적이란 현재의 시간 속에서 겁박하고, 오직 욕계 한 곳만을 겁박하지만, 육진이란 과거·현재·미래의 모든 시간을 겁박하고, 또한 욕계·색계·무색계까지 그 모든 공간을 겁박하는 것이다. 오직 보살만이 용맹스럽고, 좋은 시종들이 있기에 육진의 겁박을 당하지 않고서 곧바로 갈 길을 걸어갈 뿐, 뒤돌아서지 않는다.

강은 번뇌에 비유하였다. 마치 빠른 물결에 깊은 밑바닥을 알 수 없고, 떨어지면 강바닥에 닿기 전에 바로 목숨이 다하는 것과 같다. 중생 또한 그와 같다. '공'까지 이르지 못한 채, 바로 3계 25유의 세계 속에서 끝없는 생사의 윤회를 가지게 된다. 강은 몸을 빠뜨릴 수 있을 뿐, 선법을 없애지는 못하지만, 번뇌는 이와 반대이다. 그러므로 당연히 부지런히 닦으면서 육도만행으로 배와 뗏목을 삼아 열반의 언덕에 이르러야 한다.

나머지는 열반경에서 말한 바와 같다.】

第二 化同法小乘

㈑ 같은 불법의 소승을 구하는 중생을 교화하다

經

又作是念호되 **一切衆生**이 **其心狹劣**하야 **不行最上一切智道**하며 **雖欲出離**나 **但樂聲聞辟支佛乘**하나니 **我當令住廣大佛法**과 **廣大智慧**케호리라

또 이런 생각을 하였다.

'일체중생이 마음이 비좁고 용렬하여 가장 좋은 일체 지혜의 도를 행하지 않으며, 비록 삼계고해를 벗어나려고 하면서도 성문승과 벽지불승만 좋아하고 있다.

나는 당연히 그들을 광대한 불법과 광대한 지혜에 머물게 하리라.'

● 疏 ●

初는 起過中에 有三하니

初는 不求大因過니 利生懈怠가 爲狹이오 佛法無量을 退沒不證이 爲劣이라
二'不行'下는 不願大果過오
三'雖欲'下는 明修行過라 不定聚衆生은 實有大乘出離之法이나 而修行小乘이라【鈔_ 不定聚者는 然三聚皆有나 且約長時인댄 入正定聚면 動經多劫일새 故唯不定이라야 則可廻也니라】

앞의 허물을 일으키는 부분에 3가지 허물이 있다.

① [其心狹劣], 큰 因行을 구하지 않는 허물이다. 중생에게 이익이 되는 일을 게을리함을 비좁다고 말하고, 한량없는 불법에서 물러나 증득하지 못함을 용렬하다고 말한다.

② '不行' 이하는 큰 과덕을 원치 않는 허물이며,

③ '雖欲' 이하는 소승법을 닦으려는 허물을 밝혔다. '일정한 마음의 바탕이 마련되어 있지 않은 무리[不定聚]'의 중생은 참으로 삼계고해에서 벗어날 수 있는 대승의 법이 있음에도 소승법만을 수행하고 있다.【초_ 不定聚란 그처럼 三聚[邪定聚, 正定聚, 不定聚]가 모두 있지만, 오랜 시간으로 말하면 正定聚에 들어가면 으레 많은 세월을 지내야 하기에 오직 부정취만이 돌아설 수 있다.】

後는 能治中에 廣大佛法은 卽諸度萬行이며 登地已上을 名爲廣大니 皆佛因法이라 廣大智慧는 通於因果라 翻前狹劣을 總名廣大라【鈔_ 廣大佛法者는 亦是敎道오 智慧는 卽是證道니라】

뒤의 다스림의 주체 부분에서 말한 '광대한 불법'이란 육도만행이며, 십지 이상에 오른 것을 '광대'하다고 말한다. 이는 모두 성

불의 원인이 되는 법이다.

'광대한 지혜'는 인행과 과덕에 모두 통한다. 앞서 말한 '비좁고 용렬함'을 뒤집은 것을 총괄하여 광대하다고 말한다.【초_ '광대한 불법'이란 또한 教道이고, 지혜는 바로 證道이다.】

上來 廣明攝衆生 竟하다

위의 중생의 섭수를 자세히 밝힌 부분을 끝마치다.

第二 結成攝生之戒

제2단락, 중생을 섭수하는 계법을 끝맺다

經

佛子여 菩薩이 如是護持於戒하야 善能增長慈悲之心이니라

불자여! 보살이 이처럼 계율을 보호하여 지니며 자비의 마음을 더욱 잘 키워나가는 것이다.

● 疏 ●

'護持於戒'는 即前律儀와 及攝善法이오 '善能增長慈悲之心'은 即 益生戒니라

"계율을 보호하여 지닌다."는 것은 앞의 攝律儀戒와 攝善法戒이다.

"자비의 마음을 더욱 잘 키워나간다."는 것은 중생에게 이익이 되는 계율이다.

第二位果

唯無發趣하고 三果는 同前이라 故論云 '有同者·無者를 亦名果校量勝'者는 三果 皆勝初地故일세니라

初에 調柔中三이니

一은 調柔相이오

二'佛子此菩薩'下는 別地行相이오

三'佛子是名'下는 總結地名이라

今初에 文三이니 謂法과 喻와 合이라

初는 法이라

[2] 제2 이구지의 과덕을 밝히다

發趣果만 없고, 나머지 3가지 과덕[調柔, 攝報, 願智果]은 앞과 같다. 이 때문에 논에서 '똑같이 있는 것이나 없는 것 또한 과덕을 비교하여 뛰어나다고 말한' 것은 3가지 과덕이 모두 초지보다 뛰어나기 때문이다.

1. 조련과 부드러움의 결과 부분은 3가지 양상이다.

(1) 조련과 부드러움의 양상이며,

(2) '佛子此菩薩' 이하는 제2 이구지의 행상을 개별로 말하였고,

(3) '佛子是名' 이하는 제2 이구지의 명칭을 총괄하여 끝맺었다.

'(1) 조련과 부드러움의 양상'은 3가지이다.
① 법, ② 비유, ③ 종합이다.
이는 첫 부분의 법이다.

經

佛子여 菩薩이 住此離垢地에 以願力故로 得見多佛호되 所謂見多百佛과 多千佛과 多百千佛과 多億佛과 多百億佛과 多千億佛과 多百千億佛하며 如是乃至見多百千億那由他佛하야

於諸佛所에 以廣大心深心으로 恭敬尊重하고 承事供養하야 衣服飮食과 臥具醫藥과 一切資生을 悉以奉施하며 亦以供養一切衆僧하야 以此善根으로 廻向阿耨多羅三藐三菩提하며 於諸佛所에 以尊重心으로 復更受行十善道法하며 隨其所受하야 乃至菩提를 終不忘失이니라

是菩薩이 於無量百千億那由他劫에 遠離慳嫉破戒垢故로 布施持戒 淸淨滿足이니라

불자여! 보살이 이구지에 머물 적에 수승한 원력으로 많은 부처님을 친견하나니,

이른바 1백 부처님, 1천 부처님, 백천 부처님, 1억 부처님, 백 억 부처님, 천 억 부처님, 백천 억 부처님, 내지 백천 억 나유타 부처님을 친견하는 것이다.

많은 부처님 계신 곳에서 광대한 마음과 깊은 마음으로 공경하

고 존중하며, 받들어 섬기고 공양하며, 의복과 음식, 침구와 의약, 모든 생활 도구를 받들어 보시하며,

또한 모든 스님에게도 공양하여 이러한 선근으로 아뇩다라삼먁삼보리에 회향하며,

또한 여러 부처님 계신 곳에서 존중한 마음으로 다시 열 가지 선한 도의 법을 받아 행하며, 그 받은 바를 따르고, 내지 보리를 끝까지 잊지 않았다.

이 보살이 한량없는 백천 억 나유타 겁에 인색하고 질투하고 파계한 허물을 멀리 여의었기에 보시와 계행이 청정하고 만족스러웠다.

● 疏 ●

法中三이니
初'見諸佛'은 爲練行緣이라
二'於諸佛'下는 明能練行이라 於中에 先은 供養이라 後'於諸佛'下는 受法이니 更受十善이 卽學佛善也니 是戒地故니라
三'是菩薩'下는 所練淨中에 對前勝者는 以離慳嫉破戒 二種垢故라

법의 부분은 3단락이다.

㉠ 여러 부처님을 친견함은 행을 단련하는 반연을 밝혔다.

㉡ '於諸佛所' 이하는 행을 단련하는 주체를 밝혔다.

그 가운데 앞은 부처님께 공양을 올림이며,

뒤의 '於諸佛所' 이하는 법을 받아 지님이다. 다시 열 가지 선한 법을 받아 지님이 곧 부처님의 열 가지 선한 법을 배움이다. 제2 이구지는 持戒의 지위이기 때문이다.

ⓒ '是菩薩' 이하는 연마 대상이 청정한 가운데 '앞과 상대하여 뛰어나다.'는 것은 慳貪과 破戒 2가지 허물을 여의었기 때문이다.

二喩 三合

② 비유와 ③ 종합

經

譬如眞金을 置礬石中하야 如法鍊已에 離一切垢하고 轉復明淨인달하니라

菩薩이 住此離垢地도 亦復如是하야 於無量百千億那由他劫에 遠離慳嫉破戒垢故로 布施持戒 淸淨滿足이니라

마치 진짜 황금을 명반석 속에 넣고서 법대로 연금하면 모든 쇠똥이 사라지고 차츰차츰 맑고 깨끗해지는 것과 같다.

보살이 이구지에 머무는 것 또한 그와 같다. 한량없는 백천 억 나유타 겁에 인색하고 질투하고 파계한 허물을 멀리 여의었기에 보시와 계행이 청정하고 만족스러웠다.

● 疏 ●

喻中에 初地菩薩은 戒未淨故로 施亦未淨이니 前就初地하야 說檀度滿일세 令更轉淨하야 以離二垢하니 說名離垢故라 故喩初地金에 但火鍊하야 以除外垢어니와 今此에 置礬石中이라 兼內淨體明일세 云一切淨이라

三菩薩住此下는 法合이니 可知로다

② 비유의 부분에서 초지의 보살은 계율이 아직 청정하지 않은 까닭에 보시 또한 청정하지 않다.

앞은 초지에 입각하여 '보시바라밀이 원만하다.'고 말한 까닭에 다시 더욱 청정하게 하여 인색과 파계 2가지 허물을 여의도록 하였다. 이를 '離垢地'라 말한 까닭이다. 따라서 초지에서는 황금을 다만 불로 단련하여 바깥의 때를 제거하는 것으로 비유했지만, 여기에서는 명반석 속에 넣은 것으로 비유하였다. 이는 내면의 청정한 본체의 광명을 겸하였기에, 이를 '일체가 청정하다.'고 말하였다.

③ '菩薩住此' 이하는 법과 종합 부분이다. 이는 설명하지 않아도 알 수 있다.

二別地行과 三 總結地名이라

(2) 제2 이구지의 행상을 개별로 밝혔고,

(3) 제2 이구지의 명칭을 총괄하여 끝맺었다.

217

經

佛子여 **此菩薩**이 **四攝法中**엔 **愛語偏多**오 **十波羅蜜中**엔
持戒偏多니 **餘非不行**이로대 **但隨力隨分**이니라
佛子여 **是名略說菩薩摩訶薩**의 **第二離垢地**니라

　불자여! 이 보살이 4가지로 거두어 주는 법[四攝法] 가운데, 사랑스러운 말이 유독 많고, 십바라밀다 가운데 지계바라밀다가 유독 많다. 나머지 다른 행을 행하지 않는 것은 아니지만, 힘을 따르고 분수를 따를 뿐이다.

　불자여! 이를 이름 지어 '보살마하살의 제2 이구지'를 간략히 말하였다고 한다.

● **疏** ●

地行中에 **以離語四過**일세 **說愛語偏多**니라
結名은 **可知**니라

　제2 이구지의 행상 가운데, 입으로 짓는 4가지 허물[妄語, 兩舌, 惡口, 綺語]을 여의었기에 "사랑스러운 말이 유독 많다."고 말하였다.

　제2 이구지의 명칭을 끝맺은 부분은 말하지 않아도 알 수 있다.

二 攝報果

　2. 보답으로 거둔 결과

菩薩이 住此地에 多作轉輪聖王하야 爲大法主하야 具足七寶하고 有自在力하야 能除一切衆生의 慳貪破戒垢하고 以善方便으로 令其安住十善道中하며 爲大施主하야 周給無盡하며 布施愛語利行同事의 如是一切諸所作業이 皆不離念佛하고 不離念法하고 不離念僧하며 乃至不離念具足一切種과 一切智智니라

又作是念호되 我當於一切衆生中에 爲首며 爲勝이며 爲殊勝이며 爲妙며 爲微妙며 爲上이며 爲無上이며 乃至爲一切智智依止者라하나니라

是菩薩이 若欲捨家하고 於佛法中에 勤行精進인댄 便能捨家妻子五欲하고 旣出家已에 勤行精進하야 於一念頃에 得千三昧하며 得見千佛하며 知千佛神力하야 能動千世界하며 乃至能示現千身하고 於一一身에 能示現千菩薩로 以爲眷屬이니라

　　보살이 이 이구지에 머물 적에 많은 이들이 전륜성왕이 되고 큰 법주가 되어 칠보가 구족하고 자재한 힘이 있어, 일체중생의 인색하고 탐하고 파계한 허물을 없애주고, 좋은 방편으로써 그들을 열 가지 선한 도에 머물게 하며, 큰 시주가 되어 도와주는 일이 그지없으며, 보시하고 좋은 말을 하고 이익되는 일을 하고 일을 같이 하는, 이와 같이 일체 모든 일이 모두 부처님을 생각하고 법을 생각하고 스님네를 생각하는 공덕을 여의지 않았으며, 내지 일체 선

근과 일체 지혜의 지혜를 두루 원만하려는 생각을 여의지 않았다.

또 이런 생각을 하였다.

'나는 당연히 일체중생 가운데 으뜸이 되고 뛰어난 이가 되고 아주 뛰어난 이가 되고, 묘하고 미묘한 이가 되며, 위가 되고 위가 없는 이가 되고, 일체 지혜의 지혜에 의지한 자가 될 것이다.'

이 보살이 출가하여 불법 가운데서 부지런히 정진하려고 생각한다면, 바로 집과 처자와 5가지 욕락[財·色·名·食·睡]을 버려야 하고, 출가한 후에는 부지런히 정진하여 한 생각의 찰나에 1천 삼매를 얻고, 1천 부처님을 뵙고, 1천 부처님의 신통력을 알고, 1천 세계가 진동하며, 내지 1천 가지 몸을 나타내고 몸마다 1천 보살을 나타내어 권속을 삼는다.

● 疏 ●

先은 明在家中二니 先은 上勝身이니 卽金輪王이오 後能除下는 明上勝果니라

二若欲下는 出家니 顯攝報果라

앞의 재가를 밝힌 부분은 2단락으로 나뉜다.

(1) 가장 뛰어난 몸이다. 이는 금륜왕이다.

(2) '能除一切衆生' 이하는 가장 뛰어난 결과를 밝혔다.

뒤의 '若欲捨家' 이하는 출가이다. 보답으로 거둔 결과의 이익을 밝혔다.

三 願智果

3. 서원과 지혜의 결과

經

若以菩薩殊勝願力으로 自在示現인댄 過於是數하야 百劫千劫과 乃至百千億那由他劫에도 不能數知니라

만약 보살의 훌륭한 원력으로 자재하게 나타내면, 이보다 훨씬 뛰어나 백 겁 천 겁 내지 백천 억 나유타 겁에도 헤아려 알 수 없을 것이다."

● 疏 ●

並如初地라

이는 모두 초지에서 말한 바와 같다.

第三 重頌

제3. 금강장보살의 게송

經

爾時에 金剛藏菩薩이 欲重宣其義하사 而說頌曰

그때, 금강장보살이 그 뜻을 다시 말하고자 게송으로 말하였다.

221

質直柔軟及堪能과　　調伏寂靜與純善과
速出生死廣大意여　　以此十心入二地로다

  질직하고 부드럽고 참을성 있고
  조련된 마음, 고요한 마음, 순일한 마음
  생사를 벗어난 광대한 마음
  열 가지 마음으로 제2지에 들어가노라

● 疏 ●

有十五頌은 分三하니 初十頌은 位行이라
於中에 有四하니 初一頌은 頌十種直心이오

  15수 게송은 3부분으로 나뉜다.
  (1) 첫 10수 게송은 제2지의 행상을 읊었다.
  이는 다시 4부분으로 나뉜다.
  첫 10수 게송 가운데, 첫째 1수 게송은 10가지 곧은 마음을 읊었다.

經

住此成就戒功德하야　　遠離殺生不惱害하며
亦離偸盜及邪婬과　　　妄惡乖離無義語로다

  이 지위에 머물면서 계행공덕 성취하여
  살생을 멀리 여의어 괴롭히는 일 없고
  도둑 그리고 삿된 음행

망언, 악담, 이간질, 뜻 없는 말 또한 여의었다

不貪財物常慈愍하며　　　**正道直心無諂僞**하며
離險捨慢極調柔하야　　　**依敎而行不放逸**이로다

 재물 탐하지 않고 언제나 사랑하며
 바른 도와 곧은 마음 아첨 없고
 험피(險詖)와 교만 버리고 조련과 부드러움으로
 가르침 따라 행하여 방일하지 않노라

◉ 疏 ◉

二 有二頌은 頌律儀戒라
 첫 10수 게송 가운데, 둘째 2수 게송은 섭율의계를 읊었다.

經

地獄畜生受衆苦와　　　**餓鬼燒然出猛焰**이
一切皆由罪所致니　　　**我當離彼住實法**이로다

 수많은 고통 겪는 지옥과 축생의 길
 사나운 불길의 아귀 고통
 그 모두가 자신이 지은 죄업으로 생겨난 것
 나는 이를 모두 여의고 여실한 법에 머무르리라

人中隨意得受生과　　　**乃至頂天禪定樂**과

獨覺聲聞佛乘道　　　　　皆因十善而成就니

인간에 마음대로 태어나거나

최상의 정천(頂天)에 태어나는 선정의 낙

독각, 성문 그리고 부처 되는 길

그 모두가 십선으로 이뤄지는 것

如是思惟不放逸하야　　　自持淨戒教他護하며

이처럼 생각하여 방일하지 않고서

자신이 지닌 계행으로 남을 권하며

◉ 疏 ◉

三 二頌半은 頌攝善戒오

첫 10수 게송 가운데, 셋째 2수 반의 게송은 섭선법계를 읊었다.

經

復見群生受衆苦하고　　　轉更增益大悲心이로다

중생이 받는 고통 보고서

자비의 마음 더욱 키웠어라

凡愚邪智不正解하야　　　常懷忿恨多諍訟하며

貪求境界無足期하니　　　我應令彼除三毒이로다

범부의 삿된 지혜 바른 이해 없어

항상 분노 품고 싸우는 일 많고
육진 경계 탐하느라 만족 모르니
나는 그 삼독 없애리라

愚癡大暗所纏覆로　　**入大險道邪見網**하며
生死籠檻怨所拘니　　**我應令彼摧魔賊**이로다

얽힘과 어둠으로 뒤덮인 어리석음
험한 길, 삿된 소견 그물에 들어가고
생사의 덫과 원수에게 구속당하니
나는 그 원수와 마군 꺾으리라

四流漂蕩心沒溺하며　　**三界焚如苦無量**하며
計蘊爲宅我在中하니　　**爲欲度彼勤行道**로다

4가지 전도상에 표류하면서 마음 잠기고
삼계가 불타는 듯 고통이 무량하며
오온을 집이라 생각하여 그 속에 머무니
그들을 제도코자 부지런히 도 행하노라

設求出離心下劣하야　　**捨於最上佛智慧**일세
我欲令彼住大乘하야　　**發勤精進無厭足**이로다

삼계생사 벗어나길 구해도 마음 용렬하여
최상의 부처 지혜 버리기에

나는 그들을 대승법에 머물도록

부지런히 정진하고 만족 모르노라

◉ 疏 ◉

四 有四頌半은 頌攝衆生戒라

첫 10수 게송 가운데, 넷째 4수 반의 게송은 섭중생계를 읊었다.

經

菩薩住此集功德하야　　見無量佛咸供養하고
億劫修治善更明하니　　如以好藥鍊眞金이로다

　보살이 이 지위 머물면서 공덕 쌓아

　한량없는 부처님 뵙고 공양하며

　억겁 동안 선을 닦아 더욱 밝으니

　좋은 약으로 진금 단련 같아라

佛子住此作輪王하야　　普化衆生行十善하고
所有善法皆修習하니　　爲成十力救於世로다

　불자가 여기에 전륜왕 되어

　중생 교화하여 십선 행하고

　지닌 선법 모두 닦음은

　십력 성취하여 세간 구제하기 위함이다

欲捨王位及財寶하야　　卽棄居家依佛敎라
勇猛精勤一念中에　　　獲千三昧見千佛이로다

　왕위든 재물이든 모두 버리고서
　집을 떠나 불교에 귀의하여
　용맹정진으로 한 찰나에
　1천 삼매 얻고 1천 부처 친견했네

所有種種神通力을　　　此地菩薩皆能現이나
願力所作復過此하야　　無量自在度群生이로다

　가지가지 신통의 힘을
　이 지위 보살 모두 나타내지만
　원력으로 짓는 일 이보다 더하여
　한량없는 자재한 힘, 중생 제도하였어라

◉ 疏 ◉

二 有四頌은 頌位果라

　15수 게송 가운데, ⑵ 4수 게송은 제2지의 결과를 읊었다.

經

一切世間利益者의　　　所修菩薩最勝行인
如是第二地功德을　　　爲諸佛子已開演이로다

　일체 세간 이익되는

보살이 수행해야 할 가장 좋은 법
이와 같은 제2지 모든 공덕을
불자 위해 연설하였노라

◉ 疏 ◉

三. 有一頌은 結歎所說이라

　15수 게송 가운데, ⑶ 1수 게송은 말한 내용을 끝맺으면서 찬탄하였다.

二.地 竟하다

　제2 이구지를 끝마치다.

십지품 제26-5 十地品 第二十六之五
화엄경소론찬요 제64권 華嚴經疏論纂要 卷第六十四

화엄경소론찬요 제65권
華嚴經疏論纂要 卷第六十五

◉

십지품 제26-6
十地品 第二十六之六

시, 제2지는 계율, 제3지는 수행에 해당한다. 이 3가지를 '세간[寄同世間]'이라 말한 것은 세간 중생들이 많이 행하기 때문이다.

따라서 구사론에서 말하였다.

"계경에서 말하기를, 3가지 복업의 일이 있다.

첫째, 보시류 복업의 일,

둘째, 계행류 복업의 일,

셋째, 수행류 복업의 일이다."

여기에서 말한 '복업의 일'이란 명칭이 어떻게 세워졌는가?

게송에서 말하였다.

"보시, 계행, 수행 3가지가 각기 그 감응한 바를 따라서 복업의 일이란 명칭이 붙여진 것이다. 그 차별이 업의 도와 같다."

이의 해석은 다음과 같다.

類는 체성의 종류를 말한다. 이 3가지가 각기 별개로 하나의 체성을 지녔기 때문이다.

선정을 수행으로 이름 붙인 것은 게송에서 이르기를, "等引[samāhita, 三摩呬多. 禪定]이 착함을 수행이라고 말한다. 지극히 마음을 잘 훈습하였기 때문이다."고 하였다. 이는 昏沉과 掉擧 여읨을 '等'이라 하고, 공덕을 이끌어 내는 것을 '引'이라 말한 때문이다. 제3 발광지는 선정 지위의 선이 마음을 잘 훈습하여 공덕의 유를 성취한 때문에 이를 유독 '수행'이라고 말한다.

'此則具前' 이하는 (3) 회통하여 해석한 부분이다. 첫째는 앞의 지위에서 "계행을 지녔지만 等持를 얻지 못했다."는 것은 곧 三

學으로 말한 뜻이며, 둘째는 "이미 세간의 등지를 얻지 못했다."고 말한 것은 곧 지위에 의탁하여 말한 뜻이다. 이는 문장을 살펴보면 알 수 있다.】

言發光者는 智論四十九에 名爲光地하고 本論及金光明·十住婆沙等에 皆名明地하나니 光之與明은 眼目을 殊稱이라 皆畧無發字니라 仁王에는 名明慧라하니 慧亦是明이라 義旨皆同이니라

今統收下經과 及諸經論컨대 總有三義하야 立發光名이라

一은 以初住地十種淨心으로 爲能發勝定하고 聞持로 爲所發光하니 以安住地竟에 方始聞法하야 修得定故니라

二는 以聞持로 爲能發하고 勝定으로 爲所發이니라 以聞法竟에 靜處修行이라야 方發定故니라

三은 以勝定總持로 竝爲能發이오 彼四地證光明相으로 以爲所發이라 故下論云 '彼無生慧를 此名光明이니 依此光明일새 故名明地'라하니 此約地滿心釋이라

唯識亦云 '成就勝定大法總持하야 能發無邊妙慧光故'라하니 謂由得勝定하야 發修慧光하고 由得總持敎法하야 發聞思光이니 彼無邊慧는 卽是三慧니라 故上本分에 論云 '隨聞思修하야 照法顯現'이라하니 謂就此慧中하야 四地證法이 爲所照오 三慧光明이 爲能照니 三慧는 是彼證智光明之相이니라

餘諸經論에 言雖少異나 竝不出此라 故十淨心이 唯是能發이오 證光明相이 唯是所發이로되 勝定一種은 通能所發이라 是以로 此地를 偏得增上心名이니라

'지혜 광명이 발현한다.'는 말은 대지도론 권49에서는 '光地', 본경의 논 및 금광명경, 십주대비바사론 등에서는 모두 '明地'라 말하였다. '光'과 '明'의 차이는 마치 '眼'과 '目'으로 달리 말하는 것과 같다. 이는 모두 '發' 자를 생략하여 말하지 않았다.

인왕반야경에서는 '明慧'라 명명하였는데, 慧 또한 밝다[明]의 것으로 그 뜻이 모두 똑같다.

여기에서 아래의 경문과 기타 경문과 논을 총괄하여 정리하면 모두 3가지 뜻으로 '발광지'라는 명칭을 세웠다.

(1) 처음 '십지에 안주하는 10가지 청정한 마음'으로 발생의 주체인 뛰어난 선정을 삼고, 聞持다라니로 발생의 대상인 광명을 삼았다. 제3지에 안주한 뒤에야 비로소 처음 법문을 듣고서 수행하여 선정을 얻기 때문이다.

(2) 문지다라니로 발생의 주체를 삼고, 뛰어난 선정으로 발생의 대상을 삼는다. 법을 듣고 난 뒤에 고요한 곳에서 수행해야 비로소 선정이 발생하기 때문이다.

(3) 뛰어난 선정과 다라니[總持]로 아울러 발생의 주체를 삼고, 제4지의 證智 광명의 양상으로 발생의 대상을 삼았다. 이 때문에 아래의 논에서 "그 無生의 지혜를 광명이라 말한다. 이런 광명을 의지한 까닭에 '광명의 지위[明地]'라 말한다."고 하였다. 이는 '십지가 모두 원만한 마음'으로 해석한 것이다.

성유식론에서 또 말하였다.

"뛰어난 선정과 큰 교법의 총지를 성취하여 그지없이 미묘한 지혜 광명[三慧]을 내기 때문이다."

이는 뛰어난 선정을 얻음으로 인하여 修慧의 광명이 발현되고, 총지의 교법을 얻음으로 인하여 聞慧와 思慧의 광명을 발현함을 말한다. 그 '그지없이 미묘한 지혜 광명'이란 바로 聞·思·修 三慧를 말한다.

이 때문에 위의 본론 부분에서 "聞·思·修를 따라 법을 비춰봄에 밝게 나타난다."고 하였다. 이는 이런 지혜에 입각하여, 제4지에서 증득한 법이 관조의 대상이 되고, 3가지 지혜 광명이 관조의 주체가 됨을 말한다. 삼혜는 그 증득한 지혜 광명의 양상이다.

나머지 여러 경문과 논에서 언급한 말들이 조금 다르긴 하지만, 모두 위의 3가지에서 벗어나지 않는다. 이 때문에 10가지 청정한 마음이 오직 발생의 주체이고, 증득의 광명 양상이 오직 발생의 대상일 뿐이지만, '뛰어난 선정[勝定]' 한 가지는 발생의 주체와 대상에 모두 통한다. 이 때문에 제3 발광지에서만 유독 '增上心'이란 이름을 얻은 것이다.

若所離障인댄 通約三慧니 故本分論云 '闇相이니 於聞思修에 諸法忘障이라'하니 唯識에 名暗鈍障이니 謂所知障中에 俱生一分이라 令聞思修法으로 忘失이니 彼障三地의 勝定總持와 及彼所發殊勝三慧니 入三地時에 便能永斷이라

由斯하야 三地에 說斷二愚와 及彼麤重하니

一은 欲貪愚니 此障勝定과 及彼修慧오

二는 圓滿陀羅尼愚니 此障聞思慧하고 及障彼圓滿陀羅尼故니라

【鈔_ '由斯'已下는 釋斷二愚라 一은 欲貪愚니 但畧擧愚라 應有問云호되 '上標所知어늘 今何得擧欲貪煩惱오' 答이라 '彼次論 云 彼昔多與欲貪俱故로 名欲貪愚라 今得勝定과 及修所成에 彼 旣永斷하고 欲貪隨伏하니 此無始來依彼轉故'라하니라
釋曰 以欲貪故로 多住散亂일새 故障定修慧니 以此欲貪이 依障 而轉일새 障盡欲亡이니라
二'圓滿'下는 此持는 通四니 一은 法持오 二는 義持오 三은 呪持오 四 는 能得忍持니 以聞思 與彼聞持로 極相近故로 所以偏說이언정 非 不障修니라】

만일 여의어야 할 장애로 말하면, 통틀어 삼혜로 말할 수 있다. 이 때문에 본분의 논에서 이르기를, "어둠의 양상[闇相]이다. 듣고 생각하고 수행함에 있어서 모든 법을 잊게 하는 장애이다."고 하였다.

성유식론에서는 이를 '어둡고 우둔한 장애[暗鈍障]'라 하였다. 이는 所知障 가운데 俱生 번뇌의 일부분이다. 듣고 사유하고 수행 하는 법을 잊도록 만든다. 그 장애는 제3지의 뛰어난 선정과 총지 및 발생한 뛰어난 삼혜를 가로막는 것이다. 이러한 장애는 제3 발 광지에 들어갈 때, 곧바로 영원히 끊을 수 있다.

이러한 이유로 제3지에서 2가지 어리석음과 그 麤重煩惱를 단절해야 함을 말한 것이다. 2가지 어리석음이란 (1) 탐욕의 어리 석음[欲貪愚]이다. 이는 뛰어난 선정과 그 修慧의 장애이다. (2) 원 만히 듣고 지니는 다라니 장애의 어리석음이다. 이는 聞慧와 思慧

의 장애이고, 총지다라니의 장애이기 때문이다. 【초_ '由斯' 이하는 2가지 어리석음을 단절함에 대한 해석이다.

(1) 욕심과 탐심의 어리석음이다. 여기서는 간추려 어리석음만을 말하였다.

당연히 이렇게 물었어야 한다.

"위에는 所知障을 내세워 밝혔는데, 여기에서는 무엇 때문에 탐욕의 번뇌를 들어 말했는가?"

이에 대한 답은 다음과 같다.

"그 소지장의 다음 논에서 말하였다.

그 소지장이란 예로부터 탐욕과 함께한 바가 많기에 '탐욕의 어리석음[欲貪愚]'이라 말하였다. 여기에서는 뛰어난 선정과 수행으로 성취한 지혜를 얻었을 적에 그 소지장은 이미 영원히 단절되었고, 탐욕은 따라서 조복되었다. 이 '탐욕의 어리석음'은 시작도 없는 그 옛날부터 소지장에 의하여 전전하여 왔기 때문이다."

이에 대한 해석은 다음과 같다.

"탐욕 때문에 산란한 마음에 안주한 바가 많다. 이 때문에 선정의 修慧에 장애가 되는 것이다. 이러한 탐욕이 소지장에 의하여 전전하는 것이기에, 소지장이 다하면 탐욕이 사라지게 된다."

(2) '圓滿陀羅尼愚' 이하의 總持는 아래 4가지에 통한다.

① 법의 다라니[法持],

② 이치의 다라니[義持],

③ 주문의 다라니[呪持],

④ 증득 주체인 법인의 다라니[忍持]이다.

聞慧와 思慧는 聞持다라니와 지극히 근사하기 때문에 유독 이를 말한 것일 뿐, 修慧에 장애되지 않는 것은 아니다.】

若約所證인댄 唯就總持하야 名證勝流眞如니 唯識云 '謂此眞如의 所流敎法이 於餘敎法에 極爲勝故라하니라

梁攝論云 '從眞如하야 流出正體智하고 正體智에 流出後得智하고 後得智에 流出大悲하고 大悲에 流出十二部經하니 名爲勝流法界라하니라 故下經中에 能捨身命하고 求此善說이라하니라

만약 증득할 대상으로 말하면 오직 총지다라니에 입각하여 '뛰어나게 유출되는 진여[勝流眞如]를 증득한다.'고 말해야 할 것이다.

성유식론에서 말하였다.

"이 진여에서 흘러나온 교법은 다른 교법에 비해 매우 뛰어나기 때문이다."

양섭론에서 말하였다.

"진여에서 正體의 지혜가 흘러나오고,

정체의 지혜에서 後得智가 흘러나오고,

후득지에서 大悲의 마음이 흘러나오고,

대비의 마음에서 12부 대승경전이 흘러나온다.

이를 이름 붙여 '뛰어나게 유출되는 법계[勝流法戒]'라 한다."

이 때문에 아래의 경문에서 "목숨마저 버리고서 이처럼 좋은 설법을 구하는 것이다."고 말하였다.

其所成行이 亦唯禪及求法이오 其所得果도 亦法及禪이라

梁攝論云 '通達勝流法界하야 得無邊法音果'라하고 金光明云 '三地發心이 得難動三昧果'라하나니 下文의 四無量과 五神通等이 皆定所攝이니라

그 성취할 행 또한 선정과 법을 구할 뿐이고, 그 얻어야 할 果德 또한 법과 선정이다.

양섭론에서 말하였다.

"뛰어나게 유출되는 법계를 통달하여 그지없는 법음의 과덕을 얻는다."

금광명경에서 말하였다.

"제3지의 발심으로 흔들리지 않는 삼매의 과덕을 얻는다."

아래의 경문에서 말한 4가지 한량없는 마음[四無量心: 慈·悲·喜·捨]과 5가지 신통[天眼通, 天耳通, 他心通, 宿命通, 身如意通] 등이 모두 선정에 속한다.

◉ 論 ◉

何故로 名爲發光地오 明此地 修色無色界八禪定일세 善達色無色界世間禪體하야 識相對治니 明達三界障惑分明하야 益令智慧明淨故일세 故名發光地니 爲從初地二地로 以善達欲界中隨纏法하고 於三地에 善達色無色界四禪八定法門하야 得出三界智慧光明現前故라 故名發光地니 若但修治欲界煩惱오 不修八定하야 達色無色界면 猶有上二界障在일세 不名發光이어니와 爲此地는 修三界業障盡故라 故名發光地니 以定能發慧光故니라

무슨 까닭에 그 이름을 '발광지'라 하였는가? 이 지위는 색계·무색계의 八禪定을 닦았기에, 색계·무색계 세간의 선정의 자체를 잘 통달하여 識相의 다스림을 밝혔다. 삼계의 障惑을 분명히 통달하여, 더욱 지혜를 밝고 청정하게 하였기에, 이에 그 이름을 '발광지'라 하였다.

초지와 제2지로부터 욕계의 '속박을 따르는 법[隨纏法]'을 통달하였고, 제3지에서 색계·무색계의 四禪과 八定을 잘 통달하여 삼계를 벗어난 지혜 광명이 앞에 드러났기에 그 이름을 '발광지'라 하였다.

만약 욕계의 번뇌만을 닦고 八定을 닦지 않아서 색계와 무색계를 통달하지 못하면, 오히려 색계와 무색계의 장애가 남아 있기에 이를 '발광지'라 명명할 수 없다. 그러나 이 지위는 삼계의 업장을 닦아 모조리 없앴기에 그 이름을 '발광지'라 하였다. 이는 선정으로 지혜 광명을 발현한 때문이다.

次正釋文
總分三分이니 初는 讚請分이오 二는 正說分이오 三은 重頌分이라
今은 初라

다음은 경문의 해석이다.

이는 모두 3부분으로 나뉜다.

제1. 찬탄하며 법을 청한 부분,

241

제2. 바로 설법하는 부분,

제3. 게송 부분이다.

이는 첫 부분이다.

經

佛子得聞此地行하니　　**菩薩境界難思議**라
靡不恭敬心歡喜하야　　**散華空中爲供養**이로다

　불자가 제2 이구지 행을 들었지만

　불가사의의 보살 경계

　공경하고 기쁜 마음으로

　공중에 꽃을 흩뿌려 공양하노라

⊙ 疏 ⊙

六偈分二니 **前三**은 **慶前**이오 **後三**은 **請後**라 **前中**에 **初偈**는 **集經者序**오

　6수 게송은 2부분으로 나뉜다.

　앞의 3수 게송은 앞의 제2지 법문을 잘 들었음을 경하하고,

　뒤의 3수 게송은 뒤의 제3지 법문을 청함이다.

　앞의 3수 게송 가운데, 첫 게송은 경을 편집한 이의 서술이다.

經

讚言善哉大山王이여　　**慈心愍念諸衆生**하사

善說智者律儀法인　　**第二地中之行相**이로다
　　찬탄하였다. 수미산처럼 훌륭하신 보살이여
　　자비의 마음으로 일체중생 가엾이 여겨
　　지혜로운 성자의 섭율의계 법
　　제2지 행상을 잘 말씀해주셨어라

是諸菩薩微妙行이　　**眞實無異無差別**하니
爲欲利益諸群生하야　　**如是演說最淸淨**이로다
　　이 모든 보살의 미묘한 행이
　　진실하여 차이도 차별도 없다
　　일체중생 이익 위하고자
　　이처럼 가장 청정한 법 연설하셨어라

● 疏 ●

後二偈는 發言讚能所說이라 於中에 善哉는 是總이오 第八句는 是結이라
別明能說이 有二하니 前偈는 有慈오 後偈는 有悲라 故云利益이라
所說亦二니 前偈는 敎相이니 故云律儀오 後偈는 證相이니 故云微妙니라
眞實者는 契理故오 無異者는 千聖同轍故오 無差別者는 理貫事故니라

　　앞의 3수 게송 가운데, 뒤의 2수 게송은 설법의 주체와 대상을

찬탄하여 말하였다.

'善哉'라는 찬탄은 총상이고, 제8구[如是演說最淸淨]는 끝맺음의 말이다.

개별로 설법의 주체를 밝힌 부분은 2가지이다.

앞의 게송에서는 大慈를, 뒤의 게송에서는 大悲를 말하였다. 이러한 자비의 마음 때문에 중생에게 '이익'되는 일이라 하였다.

설법의 대상 또한 2가지이다.

앞의 게송에서는 敎道의 양상을, 뒤의 게송에서는 證道의 양상을 말한 까닭에 이를 '미묘'하다고 말한다.

'진실하다.'는 것은 이치와 하나이기 때문이고, '차이가 없다.'는 것은 모든 성인이 똑같기 때문이며, '차별이 없다.'는 것은 이법계가 현상의 사법계에 貫流하기 때문이다.

經

一切人天供養者여　　　　願爲演說第三地하소서
與法相應諸智業을　　　　如其境界希具闡하노이다

　천상과 인간의 일체 공양 받으실 분이여
　제3지 법문을 말해주소서
　법에 상응하는 모든 지혜의 업을
　그 경계와 꼭 같이 밝혀주소서

大仙所有施戒法과　　　　忍辱精進禪智慧와

及以方便慈悲道와　　**佛清淨行願皆說**하소서

부처님이 지니신 보시와 계율

인욕과 정진, 선정과 지혜

방편과 자비하신 도력 그리고

부처님의 청정한 행 모두 연설하소서

● 疏 ●

後三은 請後라

中에 二이니 初二偈는 大衆請이라

前偈는 總請三地之法이니 謂如彼敎法相應三智之業이라

後偈는 別請十度行法이니 以地地에 通有故니라

慈悲는 是願이오 道는 謂道力이오 佛淸淨行은 卽無漏智라

　　뒤의 3수 게송은 뒤의 제3지 법문을 청함이다.

　　이는 2부분으로 나뉜다.

　　뒤의 3수 게송 가운데, 앞의 2수 게송은 대중의 청법이다.

　　앞의 게송은 총체로 제3지의 법문을 청하였다. 이는 그처럼 교법에 상응한 3가지 지혜의 업을 말한다.

　　뒤의 게송은 개별로 십바라밀행의 법을 청하였다. 이는 지위와 지위마다 모두 통하기 때문이다.

　　자비는 원바라밀을, 道는 道力을, '부처님의 청정한 행'은 '무루의 지혜'를 말한다.

時解脫月復請言호되　　無畏大士金剛藏하
願說趣入第三地하는　　柔和心者諸功德하소서

　　그때, 해탈월보살이 다시 청했다

　　두려움 없으신 금강장보살이여

　　제3 발광지에 들어가는

　　유순 화평의 마음, 여러 공덕을 말해주소서

◉ 疏 ◉

末後一偈는 上首請이니라

　　마지막 1수 게송은 상수 해탈월보살의 청법이다.

第二 正說分

中에 先은 明地行이오 後는 辨地果라

前中에 四分이니 一은 起厭行分이오 二는 厭行分이오 三은 厭分이오 四는 厭果分이라

此地에 修禪하야 厭伏煩惱하며 亦厭於禪일세 故名厭地라 設欣大法이라도 亦爲厭故니라

正住地心이 住於八禪일세 故但名厭이오

初入地心이 觀修彼行일세 名厭行分이오

趣地方便이 起彼厭行이오

地滿心中에 得無量等이 是厭之果니라

亦可初一은 是入心이오 餘三은 是住心이라

今初分中에 有三하니 初는 結前起後오 二는 徵列十心이오 三은 結行入位라

今은 初라

제2. 바로 설법하는 부분

이 부분은 크게 2단락으로 나뉜다.

[1] 제3 발광지의 행상을 밝혔고,

[2] 제3 발광지의 과덕을 밝혔다.

'[1] 제3 발광지의 행상'은 다시 4부분으로 나뉜다.

1. 厭行을 일으키는 부분,

2. 厭離를 수행하는 부분,

3. 厭離의 부분,

4. 厭行의 결과 부분이다.

제3지에서 선정을 닦아 厭行으로 번뇌를 조복하며, 또한 선정도 싫어하게 된다. 이 때문에 '싫어하는 지위[厭地]'라 명명하였다. 설령 대승법을 좋아할지라도 또한 싫어하기 때문이다.

바로 제3지에 머무는 마음이 八禪에 안주하므로 싫어한다고 말했을 뿐이며,

처음 제3지에 들어가는 마음이 그 '싫어하는' 행을 관찰하여 수행하므로 '厭行分'이라 하였고,

제3지에 나아가는 방편이 그 厭行을 일으켰으며,

제3지의 원만한 마음속에서 한량없는 등을 얻음이 厭行의 과덕이다.

또한 '1. 염행을 일으키는 부분'은 제3지에 들어가는 마음이며, 나머지 厭行分, 厭分, 厭果分은 제3지에 안주하는 마음이다.

'1. 염행을 일으키는 부분'은 다시 3부분으로 나뉜다.

(1) 앞의 제2 이구지를 끝맺으면서 뒤의 제3 발광지를 일으켰고,

(2) 물음에 따라 10가지 마음을 나열하였으며,

(3) 염행을 끝맺으면서 제3 발광지의 지위에 들어감이다.

이는 첫 부분이다.

經

爾時에 金剛藏菩薩이 告解脫月菩薩言하사대
佛子여 菩薩摩訶薩이 已淨第二地하고 欲入第三地인댄
當起十種深心이니

그때, 금강장보살이 해탈월보살에게 말하였다.

"불자여! 보살마하살이 이미 제2 이구지를 청정한 후에 제3 발광지에 들어가려면, 열 가지 깊은 마음을 일으켜야 하는데,

● 疏 ●

初中標起云 十種深心을 論經云 深念心이라하니 則異前二地 單云深心이니 謂更以十心으로 念前十深心故라 瑜伽云 '若菩薩이 先於增上戒住에 已得十種淸淨意樂하야는 復由餘十淨心意樂

하야 作意思惟하야 成上品故로 入增上心住라하니라【鈔_ 三地는 卽是增上心住니라】

'(1) 앞을 끝맺으면서 뒤를 일으킨 부분'의 첫 표장에서 말한 10가지 '깊은 마음[深心]'을 논경에서는 '깊이 생각하는 마음[深念心]'이라 하였다. 이는 앞의 제2지에서 단순히 '깊은 마음'이라 말한 것과는 다르다. 제3 발광지에서 다시 10가지 마음으로 앞의 10가지 깊은 마음을 생각했기 때문이다.

유가사지론에서 말하였다.

"만일 보살이 먼저 增上戒에 머물 적에 이미 10가지 청정한 意樂를 얻고 나면, 다시 나머지 10가지 청정한 意樂로 인하여 생각하고 사유하여 최상의 품을 성취한 까닭에 '더욱 훌륭한 마음[增上心]'에 들어가 안주하게 된다."【초_ 제3지는 곧 '더욱 훌륭한 마음[增上心]'에 머무는 지위이다.】

二 徵列十心

(2) 물음에 따라 10가지 마음을 나열하다

經

何等이 爲十고
所謂淸淨心과 安住心과 厭捨心과 離貪心과 不退心과 堅固心과 明盛心과 勇猛心과 廣心과 大心이니

무엇을 열 가지 마음이라 하는가?

이른바 청정한 마음, 편안히 머무는 마음,

싫어서 버리는 마음, 탐욕을 여의는 마음, 물러서지 않는 마음,

견고한 마음, 밝고 성대한 마음, 용맹한 마음,

드넓은 마음, 큰마음이다.

● 疏 ●

十心은 義分四對니 初二 一對는 根本建立이오 次三 一對는 方便發修오 次三 一對는 修已成就오 後二 一對는 德用自在라
此四對中에 皆前은 離過오 後는 明成善이라

10가지 마음은 의의에 따라 나누면 4對句이다.

처음 2가지 마음[淸淨心, 安住心]의 제1 대구는 근본을 세움이며,

다음 3가지 마음[厭捨心, 離貪心, 不退心]의 제2 대구는 방편으로 수행을 일으킴이며,

다음 3가지 마음[堅固心, 明盛心, 勇猛心]의 제3 대구는 수행을 마치고 성취함이며,

뒤의 2가지 마음[廣心, 大心]의 제4 대구는 공덕과 작용이 자재함이다.

4가지 대구 가운데 모두 앞 구절[淸淨心, 厭捨心, 離貪心, 堅固心, 廣心]은 허물을 여의는 것이며, 뒤 구절[安住心, 不退心, 明盛心, 勇猛心, 大心]은 선의 성취를 밝힌 것이다.

初言淨心者는 離過也니 論云 依彼淨深念心이라하니 謂依二地

淨心하야 起此趣地淨心故니라 瑜伽云 '一者는 作意思惟호되 我於
十種淨心意樂에 已得淸淨故라하니라
二'安住心'者는 依不捨自乘과 及前十故라 此二는 依前일새 故云
根本建立이오 後八은 依前起後니라【鈔_ 初言淸淨心者는 然十
皆淸淨이니 初句는 兼總일새 偏得淨名이라 依不捨自乘者는 謂所
住大乘之法에 堅心不動이라 此句 是論總이라 下의 '及前十'者는 卽
前地十이니 不捨淨戒일새 方得定故니라】

제1 대구의 앞 구절에서 말한 '청정한 마음'이란 허물을 여의
는 것이다. 논경에서는 "저 청정하고 깊이 생각하는 마음에 의한
다."고 하였다. 이는 제2 이구지의 청정한 마음에 의하여 제3지로
향하는 청정한 마음을 일으킴을 말한다. 이 때문에 유가사지론에
서는, "첫째, 마음으로 일으켜 사유하되 '나는 10가지 청정한 마음
의 意樂에 이미 청정함을 얻었다.'고 하는 것이다."고 하였다.

제1 대구의 뒤 구절, '안주하는 마음'이란 자기 교법[自乘]과 앞
제2지의 10가지를 버리지 않음에 의한 것이다. 이 2가지 마음은 앞
의 제2지에 의지한 까닭에 '근본을 세워줬다.'고 말하며, 뒤의 8가
지는 앞의 지위에 의지하여 뒤를 일으킨 것이다.【초_ "앞 구절에
서 말한 청정한 마음"이란 10가지 마음이 모두 청정함이다. 첫 구
절은 총상으로 나머지를 모두 겸하고 있기에 유독 '청정한 마음'이
란 이름을 붙인 것이다.

"자기 교법과 앞 제2지의 10가지를 버리지 않는다."는 것은 머
물 대상인 대승의 교법에 견고한 마음으로 동요하지 않음을 말한

다. 이 구절은 총상이다. 아래의 '及前十'이란 곧 앞 제2지의 10가지 마음이다. 청정한 계행을 버리지 않았기에 바야흐로 선정을 얻게 된 것이다.】

次'第二對方便發修'者는 論云 '志求勝法하야 起善方便'이라하니 三地의 勝定總持를 名爲勝法이라
於中에 前二句는 離過니 一은 懸厭當欲이오 二는 離於現貪이오 後一은 造行進善이라 若不勝進하면 則名爲退니 故異第二라 若準瑜伽하면 所修對治에 不復退失이라하니 故下頌云 不害니 若失對治하면 則有害故니라

다음 '제2 대구는 방편으로 수행을 일으킴'이라는 것은 논에서 이르기를, "뛰어난 법을 구하려는 의지로 훌륭한 방편을 일으킨다."고 하였다. 제3지의 뛰어난 선정과 총지를 '뛰어난 법'이라고 말한다.

그 가운데 앞의 2구절은 허물을 여읨이다. 이의 첫 구절[厭捨心]은 미래의 욕구를 미리 싫어함이며, 둘째 구절[離貪心]은 현재의 탐착을 여읨이다.

뒤의 한 구절[不退心]은 수행하여 선법으로 나아감이다. 만약 앞으로 잘 나아가지 않으면 '물러남'이라고 말한다. 이는 安住心과 다르다.

유가사지론에 준하면 "닦아 다스릴 대상에 대하여 다시는 물러나지 않는다."고 하였다. 이 때문에 아래의 게송에서 '해롭지 않다[不害].'고 말하였다. 만일 다스릴 대상을 잃으면 해로움이 있기

때문이다.

第三對中에 初一은 離過니 謂自地煩惱 不能壞일세 故名堅固心이
라 自地는 卽第二니 以初十心이 未增하야 未入三地故라
後二는 成善이라 初句는 體成이니 依等至八禪하야 出入自在일세 故
云明盛이라 後句는 用成이니 卽依前句禪定自在力이면 雖生下地나
而不退失일세 故云勇猛이라 故下經云 '於禪에 能出能入者'라하니
卽明盛也니라 又云 '不隨禪解脫力生'者는 是勇猛也라 地滿方成
이라 今此作是思惟하야 卽得入地니 故瑜伽十心에 皆有作意思惟
之言하니라

　제3 대구 가운데 첫 구절[堅固心]은 '자기 지위[自地]'에 있는 번뇌가 그 자신을 무너뜨릴 수 없기에 '견고한 마음'이라 말하였다. 여기에서 말한 '자기 지위[自地]'란 곧 제2지이다. 처음 10가지 마음이 더 이상 나가지 못하여 제3지에 들어가지 못하기 때문이다.

　뒤의 2구[明盛心, 勇猛心]는 선법의 성취이다. 이의 첫 구절[明盛心]은 체성의 성취이다. 等至와 八禪에 의하여 출입이 자재한 까닭에 이를 '밝고 성대하다.'고 말하였다.

　뒤 구절[勇猛心]은 작용의 성취이다. 앞 구절의 선정에 자재한 힘을 따르면 비록 천상이 아닌 인간 세계에 태어날지라도 물러서거나 잃지 않기에 '용맹한 마음'이라고 말하였다. 이 때문에 아래의 경문에서 "선정에서 나오기도 하고 들기도 한다."고 하니 이는 '밝고 성대한 마음'이다.

　또한 "선정과 해탈의 힘에 따르지 않고 생겨난다."고 말한 것은

용맹한 마음이다. 지위가 원만해야 비로소 성취할 수 있다. 여기에서 이런 생각으로 바로 제3지에 들어가기에 유가사지론의 10가지 마음에 모두 '作意思惟'라는 말을 쓴 것이다.

第四對中에 初句는 自行離過니 依欲界生煩惱 不能染이라 故論名快心이라하고 晉經에 名勝心이라하니 皆以有智故로 不染煩惱라 今言廣者는 兼不樂狹小故니라 後句는 利他自在니 依利衆生하야 不斷諸有일세 故云大心이라 此廣大二心은 與前後有異니라【鈔_ 皆以有智故者는 以有智故로 慶快殊勝하야 處染不染이니라 此廣大者는 諸處에 有智上求를 爲大오 有悲兼物을 爲廣이며 前地에 亦以不染으로 爲大하고 利他로 名勝이어니와 今以利他 非小乘故로 亦得名大며 智不求狹일세 亦得稱廣이니라】

　　제4 대구 가운데 첫 구절[廣心]은 자리행으로 허물을 여읨이다. 욕계에서 일어난 번뇌가 그를 오염시킬 수 없기에 논에서는 이를 '유쾌한 마음[快心]'이라 말하였고, 60권 화엄경에서는 '뛰어난 마음[勝心]'이라 하였다. 이는 모두 지혜가 있기 때문에 번뇌로 더럽힘을 당하지 않는다. 본 경문에서 '드넓은 마음[廣心]'을 말한 것은 협소한 마음을 좋아하지 않는다는 뜻을 겸하고 있기 때문이다.

　　뒤 구절[大心]은 이타행의 자재함이다. 중생에게 이익이 되어 모든 현상의 존재를 단절하지 않았기에 '큰마음'이라 하였다.

　　여기에서 말한 '드넓은 마음'과 '큰마음'은 앞뒤에서 말한 마음과는 차이점이 있다.【초_ "모두 지혜가 있기 때문"이란 지혜가 있는 까닭에 경사스럽고 유쾌함이 뛰어나 세속에 머무르면서도 더럽혀지지 않는다.

"여기에서 말한 드넓은 마음과 큰마음"이란 모든 곳에서 지혜가 있어 위로 추구하는 것을 '큰마음'이라 하고, 자비의 마음으로 중생과 함께하는 것을 '드넓은 마음'이라고 말한다. 앞의 제2지에서는 더럽혀지지 않는 것을 '큰마음'이라 말하고, 남에게 이익이 되는 것을 '뛰어난 마음[勝心]'이라고 말했지만, 여기에서는 利他行이 소승이 아니기에 또한 '큰마음'이라 말하고, 지혜로우면서도 협소한 것을 구하지 않기에 '드넓은 마음'이라고 말하였다.}

三 結行入地

(3) 염행을 끝맺으면서 제3 발광지의 지위에 들어가다

經

菩薩이 以是十心으로 得入第三地니라

보살이 이런 열 가지 마음으로 제3지에 들어가는 것이다.

◉ 疏 ◉

謂於前十心에 作意思惟하야 便入增上心住니라

앞의 10가지 마음에 생각하고 사유하여 바로 增上心住에 들어감을 말한다.

一 起厭分 竟하다

1. 厭行을 일으키는 부분을 끝마치다.

一

第二厭行分

中有三하니

一은 修行護煩惱行이니 以觀有爲可厭患故라

二는 見如是下는 修行護小乘行이니 求一切智하야 深念衆生하야 捨狹劣心故라

三 菩薩如是厭離下는 修行方便攝行이니 欲攝衆生하야 不離無障礙智인 究竟方便等故니라

又此三段이 攝前三位니

初及第二一半은 攝修行住오

次護小乘狹心下는 攝無恚恨行이니 以慈悲故오

後段은 攝等一切佛廻向이니 思惟佛智하야 度衆生故니라【鈔_ 又此下는 攝位라 前二는 自分이오 後一은 勝進이니 自分은 護小乘之過오 勝進은 依前進修니라】

2. 厭離를 수행하는 부분

이의 경문은 3단락으로 나뉜다.

1) 번뇌를 막는 행을 닦음이다. 有爲法[世間法]을 싫어하고 여의어야[厭離] 할 병통으로 관찰한 때문이다.

2) '見如是' 이하는 소승을 막는 행을 닦음이다. 일체 지혜를 구하여 깊이 중생을 생각하여 '좁고 용렬한 마음[狹劣心]'을 버렸기

때문이다.

3) '菩薩如是厭離' 이하는 방편으로 받아들이는 행을 닦음이다. 중생을 섭수하기 위하여 걸림 없는 지혜와 궁극의 방편 등을 여의지 않았기 때문이다.

또 이 3단계는 앞의 3지위를 포괄하고 있다.

'1) 번뇌를 막는 행'과 '2) 소승을 막는 행'의 절반은 제3 修行住를 포괄하고, 다음 '護小乘狹心' 이하는 제3 無恚恨行을 포괄하고 있다. 자비의 마음 때문이다.

뒤의 단락은 제3 '모든 부처님과 평등한 회향[等一切佛廻向]'을 포괄하고 있다. 부처님의 지혜로 사유하여 중생을 제도하기 때문이다. 【초_ '又此' 이하는 지위를 포괄하고 있다. 앞의 2가지는 자신의 부분이고, 뒤의 하나는 잘 닦아나가는 경계이다. '자신의 부분'은 소승의 허물을 막아내는 법이며, '잘 닦아나가는 경계'는 앞을 의지하여 닦아나감이다.】

今初二十句는 分二니

初十은 觀無常하야 卽知有爲體性이오

後十은 觀無救者는 卽就人彰過라

今은 初라

1) 번뇌를 막는 행의 20구는 2부분으로 나뉜다.

⑴ 앞의 10구는 無常을 관찰하여, 유위법의 체성을 앎이며,

⑵ 뒤의 10구는 구제할 이가 없음을 관찰하여, 사람에 입각하여 허물을 밝혔다.

이는 (1) 앞의 10구이다.

經
佛子여 **菩薩摩訶薩**이 **住第三地已**에 **觀一切有爲法**의 **如實相**하나니
所謂無常과 **苦**와 **不淨**과 **不安穩**과 **敗壞**와 **不久住**와 **刹那生滅**과 **非從前際生**과 **非向後際去**와 **非於現在住**며

불자여! 보살마하살이 제3지에 머문 뒤에는 일체 유위법[世間法]의 실상을 관찰하였다.

이른바 덧없고, 괴롭고, 청정하지 못하고, 평안하지 못하고, 패하고 무너지고, 오래 머물지 못하고, 찰나에 생겨났다가 사라지고, 과거에서 생겨난 것도 아니고, 미래로 향하여 떠나가는 것도 아니고, 현재에 머문 것도 아니다.

◉ **疏** ◉

分三이니
初는 **顯觀時**니 **謂住地已**는 **揀前趣入**이라
次觀一切下는 **總辨所觀**이라 **言如實相者**는 **此有二義**하니 **一**은 **事實**이니 **謂無常等**이오 **二**는 **理實**이니 **謂卽不生等**이라 **今文**에 **具二**하니라
後所謂下는 **別示其相**이라
文有十句하니 **初**는 **總**이오 **餘**는 **別**이라 **總云無常者**는 **論云** '**是中**에 **命行不住故**'라하니 **謂命行二字**는 **是所無常法**이오 **不住二字**는 **是**

無常義라 相續을 名命이오 遷流를 名行이니 命擧於內오 行通內外라 故下別中에 分出依正하니라【鈔_ 謂命行者는 卽經의 有爲字니 此同涅槃의 '我觀諸行이 悉皆無常'이라】

이는 3부분으로 나뉜다.

첫째, 관찰의 시점을 밝혔다. "제3지에 머문 뒤에는[住第三地已]"이라고 말한 것은 앞서 말한 '제3지에 들어가고자 한다[欲入第三地].'는 시점과 다른 것임을 말해주었다.

둘째, '觀一切' 이하는 관찰의 대상을 총괄하여 밝혔다. '실상[如實相]'이라 말한 데는 2가지 뜻이 있다.

① 현상의 사법계에 관한 실상이다. 덧없다[無常] 등을 말한다.

② 진리의 이법계에 관한 실상이다. '생겨나지도 사라지지도 않는다.'는 등을 말한다.

이의 경문에는 이 2가지를 모두 갖추고 있다.

셋째, '所謂' 이하는 세간법의 양상을 개별로 보여주었다.

경문은 10구이다. 첫 구절[無常]은 총상이고, 나머지 9구는 별상이다.

총상의 구절에서 '무상'이라 말한 것은 논에 이르기를, "이 가운데 命行에 머물지 않기 때문이다."고 하였다. '命行' 2자는 무상의 대상이 되는 법이고, 머물지 않는다는 '不住' 2자는 무상하다는 뜻이다. 서로 이어지는 것을 '命'이라 하고, 옮겨가면서 흐르는 것을 '行'이라 한다. 命이란 내면으로 들어 말했고, 行은 안팎에 모두 통하는 개념이다. 이 때문에 아래의 별상 구절에서 依報와 正報로 나누어 말한 것이다. 【초_ '謂命行二字'란 경문에서 말한 '有爲'라는 글자이다. 이는 열반경에서 말한 "나는 흘러가는 모든 것들이 모두 무상함을 보았다."는 구절과 같다.】

別中에 九句니
初五句는 云何此無常고 卽前命行이오
後四句는 何者是無常고 卽前不住니라
初中에 有二義하니
一은 隨事니 前三은 內報로 以顯無常이오 後二는 外報로 以顯無常이라
二는 據義니 五句는 以苦等四觀으로 共顯無常이니
初句는 卽苦라 論云 依身轉時力하야 生三種苦故라하니 謂三苦 依三受하고 三受 依觸生일새 故依身轉하야 方能生苦니 卽是無常이라
二는 卽不淨이니 依飮食力하야 形色增損故라
三 '不安穩'者는 依不護諸惡力하야 橫夭壽等이라
四 '敗壞'者는 依世界成力하야 成必滅故니라
五 '不久住'者는 此句는 依無我니 謂資生依主 無有定力하야 屬於五家오 非一處住며 不定我所니 反顯我無니라【鈔_ 故論云 '依身'者는 內報遷移를 名身轉時오 從觸生受하고 從受生苦 已是無常이온 況三苦更起아 故是無常이니 由轉生苦일새 故轉爲力이니라
'形色增損'者는 食爲便利하야 資內汚穢오 垢汚不淨이 顯現於外일새 故云不淨이니 以增損故로 卽是無常이니라
第五句는 正無我所니 故彼疏云 '不定我所 反顯我無'라하니라 】

별상 부분은 9구이다.

앞의 5구는 어째서 무상한 것일까? 이는 앞서 말한 '命行' 때문이다.

뒤의 4구는 어떤 것이 무상한 것일까? 이는 앞서 말한 '不住' 때문이다.

앞의 5구에는 2가지 뜻이 있다.

① 현상의 사법계를 따라 말하였다. 앞의 3구[苦, 不淨, 不安穩]는 내면 심리의 보답으로 무상함을 밝혔고, 뒤의 2구[敗壞, 不久住]는 외적인 신체상의 보답으로 무상함을 밝혔다.

② 진리의 이법계에 근거하여 말하였다. 5구는 괴로움 등 4가지를 관찰한 것으로 모두 무상함을 밝혔다.

제1구는 곧 괴로움이다. 논에서는 "몸이 바뀔 때의 힘에 의하여, 3가지 괴로움이 생겨난다."고 하였다. 이는 세상을 살아가는 데에 따르는 3가지 고통[苦苦, 壞苦, 行苦]은 과보에 대해 느끼는 3가지 느낌[三受: 苦受, 樂受, 不苦不樂受]에 의하고, 과보에 대해 느끼는 3가지 느낌은 몸의 촉감에 의해 생겨난 것이다. 이 때문에 몸이 바뀜에 따라서 바야흐로 고통이 생겨나는 것이다. 이것이 바로 무상함이다.

제2구는 청정하지 못함이다. 음식의 힘에 의해 몸과 얼굴색이 더하거나 줄어들기 때문이다.

제3구의 "평안하지 못하다."는 것은 막을 수 없는 모든 악한 힘에 의해 뜻하지 않은 요절 등이다.

제4구의 "패하고 무너진다."는 것은 세계가 이뤄지는 힘에 의해 이뤄지면 반드시 사라지기 때문이다.

제5구의 "오래 머물지 못한다."는 것은 자아의 실체가 없음에 의한 것이다. 이는 생활과 의지하는 데에 일정한 힘이 없어 이곳저곳을 떠도는 五家[五家者 官賊水火及無賴子孫也]에 속한 것이지, 어느 한곳에 머물지 못하고, '나의 것'이라는 것도 정해져 있지 않다. 이는 반대로 '나'라는 것이 없음을 밝혀주는 것이다.【초_ "논에서는 몸이 바뀔 때의 힘에 의하여[論云依身]"란 내면 심리의 보답이 옮겨가는 것을 '몸이 바뀔 때'라 말하고, 몸의 촉감에 의해 '과보에 대해 느끼는 3가지 느낌'이 생겨나고, '3가지 느낌'에 의해 고통이 생겨나니 바로 무상하다. 하물며 3가지 고통이 번갈아 일어남이야 오죽하겠는가. 이것이 무상함이다. 몸이 바뀜에 따라 고통이 생겨남으로 바뀜이 힘이 된다.

"몸과 얼굴색이 더하거나 줄어든다."는 것은 음식이 대소변으로 변하여 신체 내면에 더러움이 쌓이고, 찌든 때와 더러움이 바깥 몸으로 나타나기에 청청하지 못하다고 말하였다. 이처럼 몸과 얼굴색이 더하거나 줄어들기 때문에 무상한 것이다.

제5구는 바로 '나의 것'이라는 게 없기 때문에 청량소에서, "'나의 것'이라는 것도 정해져 있지 않다. 이는 반대로 '나'라는 것이 없음을 밝혀주는 것이다."고 하였다.】

後四는 何者오 是無常고 然無常 有二種하니
一者는 少時無常이니 卽刹那生滅이라

二는 自性不成實無常이니 謂三世緣生이 俱無自性일새 故不成實體라 卽下三句니
一非從前際生者는 過去已滅故오
二非向後際去者는 現在卽滅이니 無容從現하야 轉至未來故오
三非於現在住者는 念念遷謝일새 求其住相하야도 不可得故라 約三世遷滅하야 永生等相에 皆不可得이오 卽入不生不滅이 是無常義라
此中三世는 約相續門이니 如因前身하야 有今身等이라 若依生滅門인댄 則應從未來藏하야 流入現在하야 遷至過去니 二門不同也니라

뒤의 4구[刹那生滅, 非從前際生, 非向後際去, 非於現在住]는 어떤 것이 무상한 것일까? 무상함은 2가지가 있다.

① 잠시의 무상함이다. 찰나에 생겨났다가 사라짐[刹那生滅]을 말한다.

② 자성이 실체를 이루지 못한 무상함이다. 이는 삼세의 인연으로 생겨남이 모두 그 자체가 없기에 실체를 이루지 못한다. 이는 곧 아래의 3구[非從前際生, 非向後際去, 非於現在住]이다.

3구 가운데 제1구에서 "과거에서 생겨난 것도 아니다."고 말한 것은 과거는 이미 사라졌기 때문이다.

제2구에서 "미래로 향하여 떠나가는 것도 아니다."고 말한 것은 현재는 바로 사라진다. 현재로부터 차츰차츰 미래로 옮겨감을 용납하지 않기 때문이다.

제3구에서 "현재에 머문 것도 아니다."고 말한 것은 한 생각 한

생각의 찰나에 바뀌면서 사라지기에, 일정하게 머물러 있는 양상을 찾으려 해도 찾을 수 없기 때문이다. 삼세에 바뀌고 사라짐을 들어서 영원한 삶 등의 양상을 모두 찾아볼 수 없고, 곧 생겨나지도 않고 사라지지도 않는 자리에 들어감이 무상의 뜻이다.

여기에서 말한 삼세는 '서로 이어지는 부분[相續門]'으로 말하였다. 예컨대 전생의 몸으로 인하여 금생의 몸이 있는 등과 같다. 만일 '생겨나고 사라지는 부분[生滅門]'으로 말하면 당연히 "미래의 자리로부터 현재로 흘러 들어왔다가 과거로 옮겨간다."고 말해야 한다. 이처럼 2가지 부분은 똑같지 않다.

第二明其無救
(2) 뒤의 10구, 구제할 이가 없음을 밝히다

經
又觀此法이 無救無依하며 與憂與悲하며 苦惱同住하며 愛憎所繫며 愁感轉多하며 無有停積하며 貪恚癡火 熾然不息하며 衆患所纏으로 日夜增長하며 如幻不實하니라

또한 이처럼 무상한 법을 살펴보면,
구제해줄 이도 없고, 의지할 데도 없으며,
근심과 함께하고, 슬픔과 함께하며, 고뇌와 함께 살며,
사랑하고 미워하는 데 얽매이며, 걱정은 갈수록 많아지고, 멈

춘 적이 없으며,

    탐욕·성냄·어리석음의 불길이 거세어 꺼지지 않고,

    수많은 우환에 얽매어 밤낮으로 더욱 커나가며,

    요술과 같아서 진실하지 않다.

● 疏 ●

初句는 總顯이라 言此法者는 卽前無常이라 今又觀之면 不出生老病死라 如四方山來에 無逃避處며 無能救者라

別有九句를 約生老病死니 初四는 約死以顯無救니 此相顯故로 所以先明이라

一 '無依'者는 於無常이 未至中에 無所依告일세 救令不至오

二 '與憂'者는 無常旣至에 無能救者일세 意地懼死하니 所以懷憂라

三 '與悲'者는 生陰轉壞하고 死相現前이라 於此中間에 彌增涕泗니라

四 '苦惱同住'者는 正捨壽時에 四大分散에 在於五根苦惱事中하야 其力虛弱하고 更以憂悲隨逐하니 則憂苦轉增하고 心生熱惱라

【鈔】 未至者는 自少及長이 皆歸死門이라 一息尚還을 假言未至니 臨風微燭이 何所依憑가 故文殊云 '生死有畏니 菩薩이 當何所依오' 淨名 答云 '菩薩이 於生死畏中에 當依如來功德之力이라'하니라 凡夫無此일세 故無所依니라

二는 死時將臨을 名爲旣至니 無常經云 '云何保形命고 不覺死來侵'이라하니라

三 '死相現前'者는 諸識昏昧하고 六腑空虛하며 餘息奄奄하고 心魂

悄悄라 或隨業報하야 中陰現前하고 內識外身에 皆有死相이라 陰轉死相을 卽曰中間이니 難向死門일새 故多涕泗니라
四는 正捨命時니 風刀解體일새 故曰分散이오 氣絶神逝일새 名捨命時라 無常經云 '命根氣欲盡하고 支節悉分離하며 衆苦與死俱하니 此時徒歎恨이라 兩目俱翻上이오 死刀隨業下라 意想竝惶惶호되 無能相救濟라'하니라 五根已苦하야 不能安排어늘 將前憂悲하야 隨逐於苦하니 增心熱惱니라
言同住'者는 卽是相應義也니 明此死人이 但與憂悲苦惱同住라 故六地云 '死時別離에 愚迷貪戀하야 心胃煩悶爲愁오 涕泗咨嗟爲歎이라 在五根爲苦오 在意地爲憂니 憂苦轉多爲惱라'하니라 若準涅槃인댄 直觀於死에 自有十義하니 云夫死者는 於險難處에 無有資糧하며 去處懸遠호되 無有伴侶하며 晝夜常行호되 不知邊際며 深邃幽暗하야 無有燈明하며 入無門戶나 而有處所며 雖無痛處나 不可療治며 往無遮止하고 到不得脫이며 無所破壞나 見者愁毒이며 雖非惡色이나 而令人怖며 致在身邊이나 不可覺知라'하니라 】

첫 구절[無救]은 총상으로 밝혔다. '이 법[此法]'이라 말한 것은 앞에서 말한 無常이다. 여기에서 또다시 이를 살펴보면 생로병사에서 벗어나지 않는다. 이는 마치 사방으로 높은 산들이 둘러싸여 피할 곳이 없고 이를 구제해줄 사람이 없는 것과 같다.

나머지 별상의 9구는 생로병사에 의해 설명하고 있다.

앞의 4구는 죽음을 들어서 이를 구제해줄 사람이 없음을 밝혔다. 이러한 현상을 밝힌 까닭에 이를 먼저 밝혔다.

제1구의 "의지할 데가 없다."는 것은 무상한 죽음이 이르기 전에는 의지하여 하소연할 곳이 없기에, 구제해줄 수 있는 사람이 다가오지 못한다.

제2구의 "근심과 함께한다."는 것은 무상한 죽음이 이미 이르렀을 적에 구제해줄 사람이 없기에, 마음속으로 죽음을 두려워한 까닭에 근심을 안게 되는 것이다.

제3구의 "슬픔과 함께한다."는 것은 태어난 五陰의 몸은 갈수록 무너지고 죽음의 모습이 나의 앞에 나타나게 된다. 이처럼 생의 중간에 더욱 눈물을 흘리게 만든다.

제4구의 "고뇌와 함께 산다."는 것은 바로 목숨을 버릴 적에 나의 몸은 흩어지면서 5가지 감관으로 고통스러운 현상 속에서 그 힘은 허약해지고, 다시 근심과 슬픔이 뒤따르게 된다. 이에 근심과 고통은 더욱 더하고, 마음속에는 뜨거운 번뇌가 일어나게 된다.

【초_ 제1구에서 "무상한 죽음이 이르기 전[未至]"이라 말한 것은 어린 시절로부터 장성함에 이르는 것이 모두 죽음의 문으로 향하여 가는 것이다. 하나의 호흡이 다시 되돌아오면 임시 이를 '죽음이 이르기 전'이라고 말하지만, 바람 앞에 등불처럼 그 무엇을 의지할 수 있겠는가.

이 때문에 문수보살이 말하였다.

"삶과 죽음의 두려움을 보살은 그 어느 것으로 의지처를 삼아야 하는가?"

유마거사가 답하였다.

"보살은 삶과 죽음의 두려움 속에서 여래 공덕의 힘에 의지해야 한다."

범부는 이런 힘이 없기에 의지 대상이 없는 것이다.

제2구에서 죽음을 맞이할 때를 "무상한 죽음이 이르렀다[旣至]."고 말한다. 무상경에서 "어떻게 나의 목숨을 보전할까? 느닷없이 죽음이 찾아온다."고 말하였다.

제3구에서 "죽음의 모습이 나의 앞에 나타난다."고 말한 것은 모든 의식이 가물거리고, 배 속의 여섯 기관[六腑]은 공허하며, 가냘픈 호흡은 헐떡거리고 마음과 넋은 온통 서글픔뿐이다. 혹은 업보를 따라 中陰身으로 나타나기도 하고, 내면의 의식과 외부의 몸이 모두 죽음의 양상이다. 오음의 몸이 죽음으로 전변해가는 모습을 '중간'이라 말한다. 죽음의 문으로 향하여 나가기 어려운 까닭에 많은 눈물을 흘리는 것이다.

제4구에서 말한 바는 바로 목숨이 사라질 때이다. 바람의 칼이 나의 몸을 분해하기에 이를 '분산'이라 말하고, 숨이 끊어지고 정신이 떠나가기에 이를 '목숨을 버리는 때'라고 말한다. 이 때문에 무상경의 게송에서 다음과 같이 읊었다.

"명줄의 숨소리 다하려 하고 사지의 뼈마디 모두 분리되면서
수많은 고통 죽음과 함께하니 이 순간이 그저 한탄뿐이다.
두 눈 모두 위로 뒤집히고 죽음의 칼이 업을 따라 내리친다.
의식과 생각 모두 황망하지만 그 누구도 구제해줄 수 없다."

다섯 감각기관이 이미 괴로워서 더 이상 안배할 수 없는데, 앞

의 근심과 슬픔을 가지고서 괴로움을 따르니 마음속의 뜨거운 번뇌만 더하게 된다.

'함께 머문다.'고 말한 것은 마음과 서로 응한다는 뜻이다. 이처럼 죽어가는 사람은 근심과 슬픔, 괴로움과 번뇌와 함께 머무르기만 할 뿐이다. 이 때문에 6지에서 "죽음으로 이별할 적에 어리석음과 연연한 마음으로 가슴이 답답한 것을 근심이라 하고, 눈물 흘리며 슬퍼함을 탄식이라 하고, 5근에 있어서는 괴로움이라 하고, 뜻에 있어서는 근심이라 하고, 근심과 괴로움이 더욱 많아지면 시달림이라 한다."고 하였다.

열반경에 준하여 보면, 바로 죽음에는 그 나름 10가지 뜻이 있음을 알 수 있다.

"죽음이란 험난한 길에 노자가 없으며,
갈 곳은 먼데 함께할 벗이 없으며,
밤낮으로 줄곧 걸어가지만 끝을 알 수 없으며,
깊고 어두운데 등불 하나 없으며,
들어갈 문은 없는데 머물 곳은 있으며,
비록 아픈 곳은 없으나 치료할 수 없으며,[10]
가도 끝이 없고 이르러도 벗어날 수 없으며,
파괴되지 않지만 보는 사람마다 근심하며,

10　비록 아픈… 수 없으며: 유망기, "劍字卷 16上08, 無痛處者는 死者 有何痛處리오 然此死를 不可療治也라"

험악한 얼굴은 아니지만 사람을 두렵게 하며,

나의 몸 가까이에 있지만 이를 알 수 없다."】

次二[11]는 約資生事니 不知是苦하고 妄生樂想하야 對治不入일새 故無救也라

謂五는 追求資生에 境有順違일새 故愛憎所繫라

六은 於受用時에 苦多樂少일새 云愁感轉多니 謂受而不散하야 衆禍皆集하며 用而毀損이 如損身命일새 故曰苦多라

七은 於身老時에 盛年壯色을 不可救令停集이라

後二는 約病이라

初一은 病因이니 謂八은 於少壯時에 具樂等三受일새 故貪等이 常燒하야 不容法水하야 熾然難救라

九는 於年衰時에 衆患所纏이 如樹將朽하야 日夜增長하야 無能令免이라 然病은 通始終이나 老時에 多故로 論에 偏說老하나니 老卽病緣이라【鈔_ 後二. 約病者는 初一은 少時病이오 後一은 老時病이라

言病因者는 樂受生貪하야 則房色으로 竭其骨髓하고 滋味로 煎其腸藏이어니 安得不病가

苦受生瞋하야 則憤恚가 塡於心胸하야 不思危難하니 安不病哉아

癡則愚暗하야 不識是非라 動皆顚墜하니 安不病哉아

九中에 然老亦病因이어늘 而不云因者는 老亦卽病이니 謂年耆根熟에 形變色衰하고 飮食不能하고 氣力虛乏하며 坐起苦極하고 餘命

---

11 '次三'의 오자로 생각된다. 이는 5~7구에 해당되는 부분이기 때문이다.

無幾하니 豈非病哉아 況加客病하면 難復再康이라 枯柳遭霜에 生茂無日이오 隨風墜葉이라 歸樹를 何期아】

다음 3구는 살림살이로 말한다. 이것이 고통인 줄 모르고 부질없이 즐겁다는 생각을 일으켜 다스려도 들어가지 못하기에, 구제해줄 수 없다.

제5구는 살림살이의 생활을 추구함에 있어 順境과 逆境이 있기 마련이기에 "사랑하고 미워하는 데 얽매이게" 된다.

제6구는 생활을 수용하는 데에 괴로움은 많고 즐거움은 적기에 "걱정은 갈수록 많아진다."고 말하였다. 이는 받아들일 뿐, 흩어 나눠주지 않아서 수많은 재앙이 모두 모여들고, 수용하면서 훼손함이 목숨을 줄이는 것과 같기에 괴로움이 많다고 말하였다.

제7구는 몸이 늙어갈 적에 젊은 시절의 아름다운 얼굴을 그대로 멈출 수 없다.

뒤의 2구는 질병으로 말하였다.

이의 첫 구절은 병의 원인이다. 제8구는 젊은 시절, 즐거움 등 3가지 느낌[三受]을 갖추고 있기에, 탐욕의 불길 등이 항상 거세게 불타올라 법의 물을 받아들이지 않기에 구제하기 어렵다.

제9구는 노년에 접어들면서 온갖 우환에 얽혀 있기 마련이다. 이는 마치 썩어가는 나무둥치가 밤낮으로 더욱 부식되면서 쓰러짐을 면치 못함과 같다. 그러나 질병이란 젊은 시절이든 노년이든 모두 통하지만, 노년이 될수록 더욱 많아지기 때문에 논에서 유독 노년을 들어 말한 것이다. 늙음이란 바로 질병의 간접 원인이다.

【초_ "뒤의 2구는 질병으로 말하였다."에서 첫 구절은 젊은 시절의 질병이고, 뒤 구절은 노년의 질병이다.

'병의 원인'이라 말한 것은 즐거움의 느낌[樂受]은 탐욕의 마음을 일으킨다. 여색에 있어서는 그 골수를 고갈시키고, 음식의 맛으로는 배 속의 오장을 불태우니, 어찌 병들지 않을 수 있겠는가.

괴로움의 느낌[苦受]은 성나는 마음이 가슴을 가득 메워 뒤따르는 위험과 어려움을 생각지 않으니, 어찌 병들지 않을 수 있겠는가.

어리석음은 우둔하고 혼미하여 옳고 그름을 알지 못하여 하는 일마다 모두 거꾸로 떨어지니, 어찌 병들지 않을 수 있겠는가.

제9구에서 노년 또한 질병의 원인임에도 원인이라 말하지 않은 것은, 늙음 그 자체 또한 질병이다. 이는 나이가 많고 근기가 익어지면 형체가 변하고 얼굴빛은 쇠퇴하며, 음식을 소화하지 못하고 기력도 허약하며, 앉았다가 일어서는 것이 몹시 괴롭고 남은 목숨이 얼마 되지 않는다. 어찌 병들지 않을 수 있겠는가. 더욱이 客病까지 더해지면 회복하여 건강을 되찾기 어렵다. 마른 버드나무에 서리 내리면 다시 푸른 잎을 기약할 수 없고, 바람 따라 잎사귀가 휘날린다. 한 번 떨어진 낙엽은 그 언제 본래의 나뭇가지로 되돌아갈 수 있겠는가.】

故로 論云 後三句는 皆明身患事也라 何故로 不在初說고 示身數數患事 可卒加故라하니라

如幻不實은 總結前九니라【鈔_ 故論云者는 問意가 云何오 謂前四와 後三이 是老病死라 同身患事어늘 何不一處에 併而說之하고

而於中間에 間以追求오 答云 示身數數患事者는 爲欲彰身患
事非一이라 偏於老少일세 故分兩處니라
言'可卒加'者는 病之與死 皆可卒至故니라 復應問言호되 旣云患
事非一인댄 何不前明老病相耶아 則應答云호되 死過가 重故일세니
라 故前疏云 '此相顯故'라하니라 】

이 때문에 논에서 다음과 같이 말하였다.

"뒤의 3구는 모두 몸에 따르는 우환을 밝힌 것이다.

무슨 까닭에 첫 부분에서 말하지 않았는가. 몸에 자주 일어나는 우환이 갑자기 더해지는 것을 보여주기 위함이다."

"요술과 같아서 진실하지 않다."고 말한 것은 앞의 9구를 총괄하여 끝맺음이다. 【초_ "이 때문에 논에서" 부분에서 질문한 뜻은 무엇인가? 이는 앞의 4구와 뒤의 3구는 늙고 병들고 죽음을 말하였다. 몸에 따르는 우환과 같음에도 어찌하여 한곳에서 함께 말하지 않고, 중간에 사이사이로 추구하였는가.

이에 관한 대답에서 "몸에 자주 일어나는 우환을 보여주기 위함이다."는 것은 몸에 따르는 근심이란 하나가 아님을 밝히기 위한 것이다. 질병이란 노인이나 젊은이에게 모두 있기에 두 곳으로 나누어 말하였다.

"갑자기 더해진다."고 말한 것은 질병과 죽음은 모두 갑자기 찾아오기 때문이다.

그렇다면 당연히 이런 질문을 해야 한다.

"앞서 우환의 일이 하나가 아니라고 말했다면 어찌하여 앞에

서 늙고 병든 모양을 말하지 않았는가?"

이에 대한 대답은 이렇게 말해야 한다.

"죽음의 허물이 무겁기 때문이다."

이 때문에 앞의 청량소에서 "이 모양이 뚜렷하기 때문이다."고 하였다.】

第二 護小乘行

有三十句하니 前十句는 護小心이오 後二十句는 護狹心이라 今은 初라

2) 소승을 막는 행

30구이다.

⑴ 앞의 10구는 소승의 작은 마음을 막음이며,

⑵ 뒤의 20구는 소승의 좁은 마음을 막음이다.

이는 ⑴ 앞의 10구이다.

經

見如是已하야는 於一切有爲에 倍增厭離하야 趣佛智慧하며 見佛智慧 不可思議며 無等無量이며 難得無雜이며 無惱無憂며 至無畏城하야 不復退還이며 能救無量苦難衆生이니라

이런 것을 보고서 일체 유위의 세간법을 곱절이나 싫어하여

부처님 지혜로 나아가며, 부처님 지혜는 헤아릴 수 없고, 그와 똑같을 이도 없고, 한량이 없으며, 얻기 어렵고, 섞임이 없으며, 고뇌가 없고, 근심이 없으며, 두려움 없는 성에 이르러 다시는 물러서지 않고, 한량없이 고통받는 중생을 구제함을 보았다.

◉ 疏 ◉

先은 總이오 後'見佛'下는 別이라
總中에 初는 結前이니 謂先觀無常하야 已厭有爲오 次觀無救라 故倍增厭하고 趣佛智慧는 明其生後니 正護小心하야 求佛大智故니라 別中에 十句를 分二니 前五는 攝功德大니 卽求佛菩提오 後五는 淸淨大니 卽求涅槃果라 菩提是德이니 修成을 名攝이오 涅槃本有니 離障을 稱淨이라 此二 無礙니 菩提와 菩提斷을 俱名菩提오 智相과 智性을 皆名佛智니라【鈔_ '菩提·菩提斷'者는 如前已引이오 智相·智性은 卽法華意니라】

앞의 첫 구절[見如是已 於一切有爲 倍增厭離 趣佛智慧]은 총상이며, 뒤의 '見佛' 이하는 별상이다.

총상 구절의 첫 부분[見如是已]은 앞의 경문을 끝맺음이다. 먼저 덧없는 일을 보고서 유위의 세간법을 싫어함이며,

다음은 구제해줄 수 없음을 살펴보았다. 이 때문에 "곱절이나 싫어함"이다.

"부처님 지혜로 나아간다."는 것은 뒤의 경문을 일으킴이다. 바로 소승의 작은 마음을 막고서 부처님의 큰 지혜를 구한 때문이다.

275

별상 부분의 10구는 2단락으로 나뉜다.

앞의 5구는 공덕을 받아들임이 광대하다. 부처님의 깨달음을 구함이다.

뒤의 5구는 청정함이 광대하다. 열반의 과덕을 구함이다.

보리의 깨달음은 과덕이니, 닦아서 성취함은 '받아들임[攝]'이라 말하고,

열반은 본래 소유한 것이니, 장애를 여의면 '청정'이라고 말한다.

이 2가지에 걸림이 없으니 보리와 보리로 단절되는 것[菩提斷]을 모두 '보리'라 말하고, 지혜의 양상과 지혜의 본체를 모두 부처님의 지혜라 말한다.【초_ "보리와 보리로 단절되는 것[菩提菩提斷]"이란 앞에서 이미 인용한 바와 같고, 지혜의 양상과 지혜의 본체는 法華論에서 말한 뜻이다.】

今初에 一은 神力攝功德大니 智用不測故오

二는 無比德이니 學地無等故오

上二는 妙用自在라

三은 大義德이니 利他無量故오

四는 無譏嫌德이니 自行難得故오

五는 不同德이니 外道無雜故라 顯上二利 不同外道의 無利勤苦라

上三은 德行圓滿이니라【鈔_ 此五句에 皆有攝功德大니 疏文從畧이라 下淸淨도 亦然이라】

별상의 제1구[見佛智慧不可思議]는 신통력으로 닦은 공덕이 광대함이다. 지혜의 작용을 헤아릴 수 없기 때문이다.

제2구[無等]는 비교할 수 없는 공덕이다. 십지를 배움을 짝할 수 없기 때문이다.

위의 2구는 미묘한 작용이 자재함이다.

제3구[無量]는 큰 의리의 공덕이다. 이타행이 한량없기 때문이다.

제4구[難得]는 거리낌이나 싫어함이 없는 공덕이다. 자리행은 얻기 어려운 때문이다.

제5구[無雜]는 함께하지 않는 공덕이다. 외도가 뒤섞여 있지 않기 때문이다. 위의 자리이타행이 외도의 이익 없는 고행과는 똑같지 않음을 밝혔다.

위의 3구는 덕행이 원만함이다.【초_ 이 5구에 모두 닦은 공덕이 광대함이 있다. 청량소의 문장에서는 이를 생략하였다. 아래의 청정함 또한 그와 같다.】

後五中에 義攝有三하니 謂離惑苦하야 得涅槃故라
一無惱者는 卽離惑習이니 無明不雜故오
二無憂者는 離苦니 苦依根本이 亡故로 憂悲隨盡이라
三은 得涅槃에 有二義하니 一은 得體니 謂無憂畏城이오 亦是無餘涅槃이라 二는 得用이니 謂能建大事며 亦無住涅槃이니라
卽後二句는 不住生死니 故云不復退還이라 不住涅槃일세 故能救無量苦難이라 由俱不住하야사 方是世出世間涅槃勝事니 以斯爲業이면 則翻有爲之業矣니라【鈔_ 一無惱者는 四住之結을 名之爲惑이오 四住種子를 名之爲習이라 及無明住地인 三類 皆惑일세 故竝不雜이니 雜卽惱故니라

'苦依根本'者는 身受를 名苦오 心受日憂라 先由身苦하야 後起心憂하니 是故로 說苦以爲根本이라 憂爲涅槃巨害일새 故偏言之라 若據根本인댄 應言無苦니라

一'得體'者는 無憂니 卽無上苦오 無畏於惑이니 惑苦雙亡을 名爲無餘니라

二'得用'者는 對上體言이라 無住涅槃은 卽體用雙具니 卽具大智故로 不住生死오 具大悲故로 不住涅槃이라

'由俱不住'下는 疏釋論也니 論云 '菩薩至涅槃城하야 不復退還하고 而能利益衆生하야 得世間出世間勝事'라하니 疏釋意云 由不住涅槃하야 能入世間하고 不住生死하야 能入出世間이라 此二無礙가 卽是勝事오 勝事卽無住涅槃故니라 無住涅槃은 唯佛方得일새 名爲勝事니라

'以斯爲業'者는 以前의 菩提涅槃을 但無惑苦라하고 不言無業者는 以爲利樂之業하야 不與惑苦로 共俱故로 翻有爲之業耳라 上來는 亦卽淨樂我常이니라 】

뒤 5구절의 의의는 3가지를 포괄하고 있다. 미혹의 고통을 여의고서 열반을 얻기 때문이다.

첫째, 제6구의 "고뇌가 없다[無惱]."는 것은 미혹의 습기를 여읨이다. 무명이 섞이지 않았기 때문이다.

둘째, 제7구의 "근심이 없다[無憂]."는 것은 괴로움을 여읨이다. 고통의 의지처인 근본 바탕이 사라졌기에 근심과 슬픔이 따라서 다한 것이다.

셋째, 제8구[至無畏城]는 열반을 얻음에 2가지 의의가 있다.

① 본체를 얻음이다. 근심과 두려움이 없는 城을 말하며, 또한 '남김 없는 열반[無餘涅槃]'이다.

② 작용을 얻음이다. 큰일을 잘 성취함이며, 또한 '머묾이 없는 열반[無住涅槃]'이다.

뒤의 2구절[不復退還, 能救無量苦難衆生]은 생사에 머물지 않음이다. 이 때문에 "다시는 물러서지 않는다."고 말하였다. 열반의 자리에도 머물지 않기 때문에 고통받는 한량없는 중생을 구제할 수 있다. 이처럼 2가지에 모두 머물지 않아야만 비로소 세간과 출세간 열반의 뛰어난 법이다. 이처럼 일을 삼으면 유위의 세간 업을 뒤집을 수 있다. 【초_"첫째, 고뇌가 없다."는 것은 4가지 머무름[四住: 見一切住地, 欲愛住地, 色愛住地, 有愛住地]의 번뇌를 '惑'이라 말하고, 4가지 머무름의 종자를 '習'이라 말한다. 그리고 무명이 머무르는 번뇌인 3종류가 모두 미혹이므로 함께 뒤섞이지 않는다. 뒤섞이면 바로 고뇌이기 때문이다.

"고통의 의지처인 근본"이란 몸으로 느끼는 것을 '고통'이라 말하고, 마음으로 느끼는 것을 '근심'이라 한다. 먼저 몸의 고통으로 인해 뒤이어 마음의 근심이 일어나게 된다. 이 때문에 "고통을 근본이라 한다."고 말하였다. 근심은 열반의 큰 해이기 때문에 유독 이를 말한 것이다. 만일 근본에 근거하여 말한다면 당연히 '고통이 없다.'고 말해야 한다.

"① 본체를 얻음"이란 '근심이 없음'이니, 곧 위에서 말한 고통이 없고, 미혹에 두려움이 없음이다. 미혹과 고통이 모두 사라진 것을 '남김 없는 열반'이라고 말한다.

"② 작용을 얻음"이란 위의 본체를 상대로 말한 것이다. '머묾이 없는 열반'이란 본체와 작용을 모두 갖춘 것이다. 이는 큰 지혜를 갖췄기에 생사에 머물지 않고, 큰 자비를 갖췄기에 열반에도 머물지 않는다.

'由俱不住' 이하는 청량소에서 해석한 논지이다. 논에 이르기를, "보살이 열반의 성에 이르러 다시는 물리서지 않고, 중생에게 이익이 되어 세간과 출세간의 뛰어난 일을 얻는다."고 하였다. 청량소에서 해석한 의의는 다음과 같다.

"열반에 머물지 않음으로 인하여 세간에 들어가고, 생사에 머물지 않음으로 인하여 세간을 벗어날 수 있다. 이 2가지에 모두 걸림이 없는 것이 바로 뛰어난 일이다. 뛰어난 일은 곧 '머묾이 없는 열반'이기 때문이다. '머묾이 없는 열반'은 오직 부처님만이 얻을 수 있기에 '뛰어난 일'이라 말한다."

"이처럼 일을 삼는다."는 것은 앞의 보리와 열반을 '미혹과 고통이 없다.'고 말했을 뿐, '업이 없다.'고 말하지 않은 것은 이익과 즐거움의 업을 삼아 미혹과 고통과 함께하지 않는 까닭에 유위의 세간 업을 뒤집을 수 있다. 위는 또한 涅槃四德인 '常樂我淨'이다.】

第二 護狹心

有二十句하니 前十은 悲其淪溺이오 後十은 決志慈濟라
今은 初라

(2) 소승의 좁은 마음을 막다

20구이다.

(ㄱ) 앞의 10구는 죄악에 빠진 중생을 가엾이 여김이며,

(ㄴ) 뒤의 10구는 자비로 구제할 것을 결단함이다.

이는 (ㄱ) 앞의 10구이다.

經

菩薩이 如是見如來智慧의 無量利益하며 見一切有爲의 無量過患하고 則於一切衆生에 生十種哀愍心하나니
何等이 爲十고
所謂見諸衆生의 孤獨無依하고 生哀愍心하며
見諸衆生의 貧窮困乏하고 生哀愍心하며
見諸衆生의 三毒火然하고 生哀愍心하며
見諸衆生이 諸有牢獄之所禁閉하고 生哀愍心하며
見諸衆生이 煩惱稠林의 恒所覆障하고 生哀愍心하며
見諸衆生의 不善觀察하고 生哀愍心하며
見諸衆生의 無善法欲하고 生哀愍心하며
見諸衆生의 失諸佛法하고 生哀愍心하며
見諸衆生의 隨生死流하고 生哀愍心하며
見諸衆生의 失解脫方便하고 生哀愍心이니 是爲十이니라

보살은 이와 같이 여래 지혜의 한량없는 이익을 보았으며,
일체 유위의 세간법이 한량없는 허물임을 보고서,
일체중생에게 열 가지 불쌍히 여기는 마음을 내었다.
무엇이 열 가지 불쌍히 여기는 마음인가?
이른바 모든 중생이 고독하여 의지할 데 없음을 보고서 불쌍히 여기는 마음을 내었으며,
모든 중생이 빈궁으로 겪는 어려움을 보고서 불쌍히 여기는 마음을 내었으며,
모든 중생이 삼독의 불에 타는 것을 보고서 불쌍히 여기는 마음을 내었으며,
모든 중생이 삼계의 단단한 옥에 갇혀 있음을 보고서 불쌍히 여기는 마음을 내었으며,
모든 중생이 언제나 번뇌의 깊은 숲에 가려져 있음을 보고서 불쌍히 여기는 마음을 내었으며,
모든 중생이 잘 살펴보지 못함을 보고서 불쌍히 여기는 마음을 내었으며,
모든 중생이 선한 법에 욕망이 없음을 보고서 불쌍히 여기는 마음을 내었으며,
모든 중생이 불법을 잃어버림을 보고서 불쌍히 여기는 마음을 내었으며,
모든 중생이 생사의 물결에 따름을 보고서 불쌍히 여기는 마음을 내었으며,

모든 중생이 해탈 방편 잃음을 보고서 불쌍히 여기는 마음을 내었다.

이를 열 가지 불쌍히 여기는 마음이라 한다.

● 疏 ●

前中에 二니

先은 牒前標後니 謂見佛智勝利하고 傷物不得하며 有爲過患에 愍物處之니 此是牒前이오 則起悲心은 是爲生後니라

二何等下는 正顯悲行이라

文有十句하니 初는 總이오 餘는 別이라

總은 由孤獨無依일새 故生哀愍이라 少而無父曰孤오 老而無子曰獨이라 今衆生의 上遠慈尊하고 下不利物하며 又無方便하고 又闕善心일새 故云孤獨이라 旣孤且獨하니 何所依救아【鈔_ 今衆生下는 此有兩重父子하니 一은 約人이니 上遠慈尊 是孤오 不化衆生 是獨이라 二는 約法이니 又無方便 爲孤니 方便이 以爲父故니라 又闕善心 爲獨이니 善心이 誠實男故니라】

앞부분은 2단락이다.

첫째, 앞의 경문을 이어서 뒤의 문장을 내세웠다. 이는 부처님 지혜의 뛰어난 이익을 보면서 중생이 이를 얻지 못함을 슬퍼하였고, 유위 세간법의 허물과 우환에 중생이 처해 있음을 가엾이 여긴 것이다. 이는 앞의 경문을 이어서 말한 것이며, 大悲의 마음을 일으킴은 뒤의 경문을 일으킨 것이다.

둘째, '何等' 이하는 바로 대비의 행을 밝혔다.

경문은 10구이다.

첫 구절은 총상이고, 나머지 9구는 별상이다.

총상은 모든 중생이 고독하여 의지할 데 없는 까닭에 불쌍히 여기는 마음을 낸 것이다. 어린 나이에 부모가 없는 것을 '孤'라 하고, 노년에 자식이 없는 것을 '獨'이라 한다.

여기에서 말한 중생들이 위로는 부처님을 멀리하고, 아래로는 중생에게 이익을 주지 못하며, 또한 방편이 없고 또한 착한 마음도 없기에 '고독'이라고 말한다. 이미 부모 잃은 고아와 같고, 노년에 홀로 된 이와 같으니, 그 어디에 의지하고 그 누구를 구제할 수 있겠는가. 【초_ '今衆生' 이하는 여기에 2중의 부모와 자식이 있다.

① 사람으로 말한다. 위로 부처님을 멀리함이 孤이고, 아래로 중생을 교화하지 못함이 獨이다.

② 법으로 말한다. '또한 방편이 없음'은 孤라 한다. 방편으로 부모를 삼기 때문이다. '또한 착한 마음이 없음'은 獨이라 한다. 착한 마음이 바로 진실한 아들이기 때문이다.】

別에 有九種孤獨無依하니

初二는 依欲求衆生이니

一은 已得이로되 心無厭足일세 故貧窮無依니 經云 '知足之人은 雖貧而富오 不知足者는 雖富而貧이라하니 未必無財라야 方曰貧也니라

二는 未得他財하야 求無休息일세 故三毒火然이라 此卽多欲이니 多欲之人은 多求利故로 煩惱亦多하니 初求生貪하고 不遂에 生瞋하고

非理 爲癡니라

次三은 依有求衆生이니 一은 閉苦果獄이오 二는 集因覆障이오 三은 無觀察道니 由生八難하야 不聞法故라 由上三故로 安能得滅가

【鈔_ 次三 依有求는 由迷四諦故니 前二는 有障이오 後一은 無治니 故不證滅이니라】

별상의 9구는 고독하여 의지할 데 없는 9부류의 중생이다.

처음 2구는 '욕구를 따른 중생'이다.

① 제2구[衆生貧窮困乏]는 이미 얻었음에도 만족하는 마음이 없기에 빈궁하여 의지할 데가 없다. 경문에서 말하였다.

"만족할 줄 아는 이는 아무리 가난해도 부자이며, 만족할 줄 모르는 이는 아무리 부자라 할지라도 가난한 사람이다."

이는 꼭 재산이 없어야 가난하다고 말하지 않는다.

② 제3구[衆生三毒火然]는 다른 이의 재물을 얻지 못하여 쉼 없이 추구한 까닭에 삼독의 불길이 거센 것이다. 이는 욕심이 많은 것이다. 욕심이 많은 사람은 이익을 추구하려는 마음이 많은 까닭에 번뇌 또한 따라서 많다. 처음 구하는 데 탐심이 생겨나고, 뜻을 이루지 못하면 성나는 마음이 일어나고, 이치에 맞지 않는 행위가 어리석음이다.

다음 3구는 '추구함을 따른 중생'이다.

① 제4구[諸有牢獄之所禁閉]는 괴로움의 과보에 갇힌 지옥이며,

② 제5구[煩惱稠林恒所覆障]는 쌓아 모으는 원인으로 덮인 장애이며,

③ 제6구[不善觀察]는 관찰하는 도가 없다. 이는 도저히 부처를 만날 수 없고 바른 법을 들을 수 없는, 8가지 어려운 곳[在地獄難, 在餓鬼難, 在畜生難, 在長壽天難, 在邊地之鬱單越難, 盲聾瘖瘂難, 世智辯聰難, 生在佛前佛後難]에 태어남으로 인하여 불법을 듣지 못한 까닭이다.

위의 3가지 때문에 어떻게 열반을 얻을 수 있겠는가.【초_"다음 3구는 추구함을 따른 중생"이라는 것은 사성제를 알지 못하기 때문이다. 앞의 2구는 장애가 있고, 뒤의 1구는 다스리는 방법이 없기 때문에 열반을 증득하지 못한 것이다.】

後四는 依梵行求衆生이니

前三은 小乘이라

一은 行小因이니 不求大因勝善之法이오

二는 保執小果니 不求菩提 爲失佛法이라 當知此輩는 皆是增上慢人이니라

三은 不得大般涅槃하야 長隨變易生死니라

後一은 外道니 雖求解脫이나 以行邪故로 失於方便이니라

又上總別十句 亦可通爲五對니 一은 無親·無財오 二有惑·有苦오 三은 有障·無治오 四는 闕因·失緣이오 五는 順流·背滅이라【鈔_上依論文이오 此直就經耳니라】

뒤의 4구는 '범행을 따라 추구하는 중생'이다.

이 가운데 앞의 3구는 소승이다.

① 제7구[衆生無善法欲]는 소승의 원인을 행함이다. 대승의 원인이 되는 뛰어난 선법을 구하지 않은 것이다.

② 제8구[衆生失諸佛法]는 소승의 결과를 고집하고 보증함이다. 보리를 구하지 않음이 바로 부처님의 법을 잃은 것이다. 이런 무리들은 모두가 '깨달음을 아직 얻지 못했으면서 이미 얻은 것처럼 교만하게 잘난 체하는[增上慢]' 사람임을 알아야 한다.

③ 제9구[衆生隨生死流]는 大涅槃을 얻지 못하여 영원히 '삼계에서 나고 죽는 몸[變易生死]'을 따른 것이다.

뒤의 제10구[失解脫方便]는 외도이다. 해탈의 법을 구하지만 삿된 법을 행하기 때문에 방편을 잃은 것이다.

또한 위의 총상과 별상 10구는 또한 총 5對句이다.

제1 대구, 친한 이가 없음과 재물이 없음,

제2 대구, 미혹이 있음과 괴로움이 있음,

제3 대구, 장애가 있음과 다스림이 없음,

제4 대구, 원인이 없음과 반연을 잃음,

제5 대구, 생사윤회를 따름과 열반을 저버림이다.【초_ 위에서는 논을 따라 해석하였고, 이는 직접 경문으로 해석하였다.】

第二. 決志救度

㈐ 뒤의 10구, 자비로 구제할 것을 결단하다

經
菩薩이 如是見衆生界의 無量苦惱하고 發大精進하야 作

是念言호되
此等衆生을 我應救며 我應脫이며 我應淨이며 我應度며 應着善處며 應令安住며 應令歡喜며 應令知見이며 應令調伏이며 應令涅槃이라하나니

보살이 이처럼 중생세계의 한량없는 고뇌가 있음을 보고서 크게 정진할 마음을 내어, 이런 생각을 하였다.

'이런 중생들을 내가 구제할 것이며,

내가 해탈시켜 줄 것이며,

내가 청정하게 할 것이며,

내가 제도할 것이며,

그들을 좋은 곳에 둘 것이며,

그들을 편안히 머물게 할 것이며,

그들을 즐겁게 할 것이며,

그들을 바른 지견을 얻도록 할 것이며,

그들의 몸과 마음을 조복할 것이며,

그들이 열반을 얻도록 할 것이다.'

● 疏 ●

救度中에 初는 結前生後오 '作是念'下는 正顯救心이라
文有十句하니 初는 總이오 餘는 別이라

자비로 구제한 부분에 첫 구절은 앞의 경문을 끝맺으면서 뒤의 문장을 일으킴이며, '作是念' 이하는 바로 구제하려는 마음을

밝혔다.

경문은 10구이다.

첫 구절[我應救]은 총상이고, 나머지 9구는 별상이다.

別分爲三이니

初三은 何處救度오 謂三道中이라 一은 脫業結이오 二는 淨惑染이오 三은 度苦果라

별상의 9구는 3부분으로 나뉜다.

처음 3구는 어떤 곳에서 구제하고 제도할 것인가? 삼악도를 말한다.

① 제2구[我應脫]는 업의 결박을 벗겨줌이며,

② 제3구[我應淨]는 미혹의 더러움을 청정케 함이며,

③ 제4구[我應度]는 고통의 과보를 제도함이다.

次五는 以何行度오 謂授三學이니

初二는 正授니 一은 著戒善處오 二는 勸住定慧니 三昧地故로 定慧合說이니 謂四地已去라야 方是慧地라 此地定增일새 故慧是定中之慧耳니라

後三은 明授法利益이라

初二는 戒益이니 一은 將受戒者로 令除疑生信이니 衆生이 受佛戒면 便同大覺일새 固應歡喜니라 二는 已受者로 令知持犯이니 見其勝益하야 安固不動이라

後一은 定慧益이니 滅除沉掉일새 故云調伏이라

다음 5구는 어떤 방법으로 제도할 것인가? 戒定慧 三學의 전

289

수를 말한다.

앞의 2구는 바로 삼학의 전수이다.

① 제5구[應着善處]는 계행이 훌륭한 곳에 머물도록 함이다.

② 제6구[應令安住]는 선정과 지혜에 머물 것을 권함이다. 삼매의 경지인 까닭에 선정과 지혜를 합하여 말하였다. 이는 4지 이후에 이르러서야 비로소 지혜의 지위임을 말한다. 제3 발광지는 선정이 더욱 향상하는 자리이기에, 여기에서 말한 지혜는 선정의 지혜이다.

뒤의 3구는 삼학을 전수한 이익을 밝혔다.

이 가운데 앞의 2구는 계행의 이익이다.

① 제7구[應令歡喜]는 계 받으려는 이로 하여금 의심을 없애고 신심을 내도록 하는 것이다. 중생이 부처님의 계율을 받으면 바로 부처님의 大覺과 같아지기에 참으로 즐거워하는 것이다.

② 제8구[應令知見]는 이미 수계한 이로 하여금 계를 지키고 범하는 것을 알도록 하는 것이다. 계를 지닌 뛰어난 이익을 보고서 견고하게 흔들리지 않음을 볼 수 있다.

뒤의 제9구[應令調伏]는 선정과 지혜의 이익이다. 가라앉은 마음과 들뜬 마음을 없애주기에 이를 '조복'이라고 말한다.

後一은 度果라 云何救度成고 令得餘無餘涅槃故니라

맨 끝의 제10구[應令涅槃]는 제도의 결과이다. 무엇을 제도의 성취라 하는가? 일체중생으로 하여금 유여열반과 무여열반을 모두 얻도록 하고자 함이다.

上皆論意오 若直就經文인댄 對前十類하야 生此十心이니 一은 救孤獨故오 二는 脫貧窮故오 三은 淨三毒故오 四는 度有獄故오 五는 著無覆障處 露地坐故오 六은 住善觀察故오 七은 得善法欲하야 生歡喜故오 八은 知見性相이 同佛法故오 九는 調伏諸根하야 不隨流故오 十 應令涅槃은 得解脫方便故라 論非無理나 未若此順經文이니라

위는 모두 논의 뜻을 따른 것이다. 만약 직접 경문으로 말하면 앞의 10부류의 중생을 상대로 여기서는 이를 구제할 10가지 마음을 낸 것이다.

제1구[我應救]는 고독한 중생을 구제하기 위함이며,

제2구[我應脫]는 빈궁에서 벗어나게 함이며,

제3구[我應淨]는 삼독을 말끔히 없애주기 위함이며,

제4구[我應度]는 지옥의 중생을 제도함이며,

제5구[應着善處]는 장애에 덮이지 않은, 훤히 드러난 자리에 앉히려는 것이며,

제6구[應令安住]는 잘 관찰하는 데에 머물게 하고자 함이며,

제7구[應令歡喜]는 선법의 욕구를 성취하여 기쁜 마음이 생겨남이며,

제8구[應令知見]는 知見의 체성과 양상이 부처님 법과 같기 때문이며,

제9구[應令調伏]는 여러 감각기관을 조복하여 삼계의 생사윤회를 따르지 않도록 함이며,

제10구의 "그들이 열반을 얻도록 한다."는 것은 해탈의 방편을 얻었기 때문이다.

논에서 말한 바는 이치가 없지는 않지만, 이처럼 경문에 따라 이해하는 것만 못하다.

第三 修行方便攝行
謂修攝生方便之行이라 故下經云 '以何方便으로 而能拔濟아'하나니 卽知不離佛智等이라 故佛智等이 卽是攝生之方便也니라
文分爲四니
一은 發起攝行之因이오
二 '作是思惟'下는 思求方便攝行이오
三 '便作是念'下는 思得攝生方便이오
四 '菩薩如是'下는 依思修行이니라
今은 初라

3) 방편으로 받아들이는 행

이는 중생을 받아들이는 방편 수행을 닦는 것이다. 이 때문에 아래의 경문에 이르기를, "무슨 방편으로 그들을 구제할까?"라고 하니, 이는 부처님 지혜를 여의지 않음을 아는 등이다. 따라서 부처님 지혜 등이 바로 중생을 섭수하는 방편이다.

경문은 4단락으로 나뉜다.

(1) 중생 섭수의 행을 일으키는 원인이며,

(2) '作是思惟' 이하는 방편으로 중생을 받아들이는 행을 구하고자 생각함이며,

(3) '便作是念' 이하는 중생을 받아들이는 방편을 얻고자 생각함이며,

(4) '菩薩如是' 이하는 생각에 따라 수행함이다.

이는 '(1) 중생 섭수의 행을 일으키는 원인'이다.

經

菩薩이 如是厭離一切有爲하며 如是愍念一切衆生하며 知一切智智 有勝利益하고 欲依如來智慧하야 救度衆生이니라

보살이 이처럼 일체 유위의 세간법을 싫어하고,

이처럼 일체중생을 가엾이 생각하고,

일체 지혜의 지혜가 훌륭한 이익임을 알고서

여래의 지혜에 의지하여 중생을 제도하는 것이다.

◉ 疏 ◉

分二니

先은 牒前二行하야 以爲三因이오

後는 依前三因하야 以明發起라

今은 初니

一 '如是厭離一切有爲'는 是牒護煩惱行하야 爲離妄想因이오

二‘如是愍念一切衆生’은 是牒護狹心하야 爲不捨一切世間因이오
三‘知一切智智 有勝利益’은 是牒護小心하야 爲發精進因이라 謂旣知佛智勝益하니 則修行彼道하야 以趣入故니라 然三因之中에 初와 後는 是智오 中一은 是悲니 悲智爲因하야 能求方便이라
後‘欲依’下는 發起者는 旣思三因하야 欲將有益之智하야 救可愍之衆生일새 故說經者가 爲此發起라 故論云 此言은 示現發起方便攝行故라하니라

경문은 2부분으로 나뉜다.

앞부분은 앞의 경문에서 말한 2가지 행[護煩惱行, 護小乘行]을 이어서 3가지 원인[離妄想因, 不捨一切世間因, 發精進因]으로 삼음이며,

뒷부분은 앞의 3가지 원인에 따라서 수행의 시작을 밝혔다.

이는 앞부분이다.

제1구의 "이처럼 일체 유위의 세간법을 싫어한다."는 것은 '번뇌를 막는 행'을 이어서 망상을 여의는 원인을 삼고,

제2구의 "이처럼 일체중생을 가엾이 생각한다."는 것은 '소승의 좁은 마음을 막는 행'을 이어서 일체 세간 중생을 버리지 않는 원인을 삼고,

제3구의 "일체 지혜의 지혜가 훌륭한 이익임을 안다."는 것은 '소승의 작은 마음을 막는 행'을 이어서 정진을 분발하는 원인을 삼는다. 이는 이미 부처님 지혜의 뛰어난 이익을 아는 것이다. 그런 도를 수행하여 향하여 들어가기 때문이다.

그러나 3가지 원인 가운데, 제1구의 '망상을 여의는 원인'과 제

3구의 '정진을 분발하는 원인'은 大智이고, 제2구의 '일체 세간 중생을 버리지 않는 원인'은 大悲이다. 大悲와 大智로 원인을 삼아 중생 섭수의 방편을 구하는 것이다.

뒷부분의 '欲依' 이하는 '수행의 시작'이란 이미 3가지 원인을 생각하여 이런 이익이 있는 지혜를 가지고서 가엾은 중생을 구제하기에, 경전을 강설한 금강장보살이 이를 '수행의 시작'으로 삼았다. 이 때문에 논에서 "이 말은 중생 섭수의 방편행을 일으킴을 밝힌 것이다."고 하였다.

第二.思求方便

(2) 방편으로 중생을 받아들이고자 생각하다

經

作是思惟호되 **此諸衆生**이 **墮在煩惱大苦之中**하니 **以何方便**으로 **而能拔濟**하야 **令住究竟涅槃之樂**고

이런 생각을 하였다.

'이 모든 중생이 번뇌의 큰 고통 속에 빠졌으니 어떤 방편으로 그들을 구제하여 가장 높은 경지의 열반의 즐거움에 머물게 할 수 있을까?'

● 疏 ●

'思求方便'者는 亦只思前衆生이 墮有爲惑業苦中하야 欲令永滅하야 得大涅槃이나 未知方便일새 故思求之라
今經에 闕一業字하나 論經에는 具有니라
問이라 '前決志救中에 知授三學하야 滅業惑苦어늘 今何故로 言以何方便고'
答이라 '今但思其能授智慧耳니라'
'若爾인댄 前護小中에 已知如來智慧 有大勢力이며 及上因中에 云 知一切智 有勝利益이어늘 今何更思오'
答이라 '前知智勝은 欲令物得이오 今亦思其令得方便하야 下乃知之니 要自得佛智하야사 方令他得이니라'

"방편으로 중생을 받아들이고자 생각한다."는 것은 또한 앞서 말한 중생들이 유위 세간법의 惑業 고통 속에 떨어져 있는 것을 생각하여, 그들의 고통을 영원히 없애주고 대열반을 얻으려고 하지만, 그 방편을 알지 못하여 이를 추구하려고 생각하는 것이다.

본경에서는 '業'이라는 한 글자가 빠져 있지만, 논경에는 이를 '惑業苦'라 하여 구체적으로 말해주고 있다.

물음: "앞의 '중생 구제의 확고한 의지' 부분에서 계정혜 삼학을 전수하여 업과 번뇌와 괴로움을 없애줄 줄 이미 알았는데, 여기에서 무슨 까닭에 '어떤 방편으로'라고 말했는가?"

대답: "여기에서는 중생에게 전수할 주체가 되는 지혜만을 생각했을 뿐이다."

물음: "만일 그렇다면 앞의 '소승의 작은 마음을 막는' 부분에서 이미 부처님의 지혜가 큰 힘임을 알았으며, 위의 '중생 섭수의 시작' 부분에서 '일체 지혜의 지혜가 훌륭한 이익임을 알았다.'고 말했는데, 여기에서 어찌하여 다시 이를 생각하는가?"

대답: "앞에서 '일체 지혜의 지혜가 훌륭한 이익임을 알았다.'는 것은 중생으로 하여금 이러한 일체 지혜를 얻도록 하기 위함이며, 여기에서도 또한 그 중생으로 하여금 이를 얻도록 할 수 있는 방편을 생각한 뒤에, 아래의 구절에 이르러서야 이런 방편을 알게 된 것이다. 요컨대 자신이 먼저 부처님의 지혜를 얻어야만 비로소 남들에게도 이를 얻게 할 수 있기 때문이다."

第三思得方便
(3) 중생을 받아들이는 방편을 얻고자 생각하다

經
便作是念호되 欲度衆生하야 令住涅槃인댄 不離無障礙解脫智니
無障礙解脫智는 不離一切法如實覺이며
一切法如實覺은 不離無行無生行慧光이며
無行無生行慧光은 不離禪善巧決定觀察智며
禪善巧決定觀察智는 不離善巧多聞이니라

그리고 이런 생각을 하였다.

'중생을 제도하여 열반에 머물게 하려면 장애 없는 해탈의 지혜를 여의지 않아야 한다.

장애 없는 해탈의 지혜는 일체 법을 실상과 같이 깨달음을 여의지 않고,

일체 법을 실상과 같이 깨달음은 만들어짐도 없고 생멸도 없는 행의 지혜를 여의지 않으며,

만들어짐도 없고 생멸도 없는 행의 지혜 광명은 선정으로 잘 결정하고 관찰하는 지혜를 여의지 않고,

선정으로 잘 결정하고 관찰하는 지혜는 훌륭히 많이 들음[善巧多聞]을 여의지 않는다.'

● 疏 ●

方便有五하니 自古로 皆將配位라 論雖無文이나 於理無失이니라 言有五者는 一은 佛無礙智오 二는 八地如實覺이오 三은 四地無行慧오 四는 三地禪定이오 五는 亦三地多聞이라 然此五中에 從微至著하면 則後後가 起於前前하니라 故今觀求하야 逆尋其本에 展轉相因일세 竝云不離라

방편으로는 5가지가 있다. 예로부터 모두 지위에 배대하였다. 논에는 이에 관한 문장은 없지만 이치는 빠지지 않았다.

'방편으로는 5가지가 있다.'고 말한 것은 다음과 같다.

① 부처님의 걸림 없는 지혜,

② 8지의 실상과 같은 지혜,

③ 4지의 無生法忍의 지혜

④ 3지의 선정,

⑤ 또한 3지의 多聞이다.

이 5가지 방편은 부처님의 미세한 도리로부터 또렷이 나타난 多聞에 이르고 있다. 이는 뒤의 뒤로 갈수록 앞의 앞을 일으킨 것이다. 이 때문에 여기에서 관찰하고 추구하여 거꾸로 그 근본을 찾아가면 차례로 서로 원인이 되기에 아울러 모두 '여의지 않는다.'고 말하였다.

此五之中에 多聞은 唯能起요 佛智는 唯所起요 中間三種은 通能所起라

論依此義하야 攝五爲三하니

一은 佛智窮盡果海니 名證畢竟盡이오

二는 以中三에 皆有下從他起하고 上能起他하야 漸增至佛일새 故攝爲一하야 名起上上證畢竟盡이오

三은 以聞慧 爲彼中間起行所依일새 名彼起依止行이라 以其聞慧 未是證行이며 不得名起나 而忘軀求聞에 亦得稱行이니라 已知大旨하니 次畧釋文호리라

이런 5가지 방편 가운데, 끝의 多聞은 '방편을 얻으려는 생각'을 일으키는 주체이고, 앞의 '부처님 지혜'는 일으켜야 할 대상이고, 중간의 3가지[八地如實覺, 四地無行慧, 三地禪定]는 주체와 대상에 모두 통한다.

논에서는 이런 의의에 따라서 5가지의 방편을 3가지로 묶었다.

① 부처님의 지혜가 끝까지 다한 과덕의 바다이다. 이는 '끝까지 모두 증득함[證畢竟盡]'이다.

② 중간의 3가지는 모두 아래로는 남에 의해 일어나고, 위로는 남을 일으켜서 점차로 증가하면서 부처님 지위에 이른다. 이 때문에 이를 하나로 묶어서 '최상의 최상 끝까지 증득함을 일으킨다.'고 말한다.

③ 聞慧는 그 중간의 행을 일으키는 의지처가 되므로 '그것이 의지하여 일으키는 행법[彼起依止行]'이라고 말한다. 문혜는 아직 증득한 행이 아니며, 일으킨다고 말할 수는 없지만 몸을 잊고서 문혜를 구하면 이 또한 행이라 말할 수 있다.

이미 큰 의미는 알았으니, 다음으로 간단히 경문을 해석하고자 한다.

一은 佛智를 名無障礙解脫者는 無二障故니 是離障解脫이라 具十智力하야 權實無礙故니 是作用解脫이며 此是究竟攝生方便이니라

① 부처님 지혜를 '장애 없는 해탈'이라 이름 붙인 것은 소지장과 번뇌장 2가지 장애가 없기 때문이다. 이는 '장애를 여읜 해탈'이다. 10가지 지혜의 힘을 갖추고서 權敎와 實敎에 걸림이 없기에 이는 '작용의 해탈'이며, 이는 바로 끝까지 중생을 섭수하는 방편이다.

二는 此智 要依如實覺者는 八地에 得無生忍하야 覺一切法如實性故라 若覺實性하면 方能盡惑하야 於事理에 無礙故로 佛智 由起라 論釋一切法云호되 如來所說一切法者는 因音聲忍하야 方得無

生이며 尋於能詮하야 悟所詮故라 釋如實覺云호되 隨順如實覺者는 因於順忍하야 得無生故라

② 이 지혜로 '실상과 같은 깨달음에 의지하려 한다.'는 것은 8지에서 無生法忍을 얻어 일체 법의 실상과 같은 본성을 깨달았기 때문이다. 실상과 같은 본성을 깨달으면 바야흐로 미혹을 다하여 현상의 사법계와 진리의 이법계에 걸림이 없는 까닭에 부처님의 지혜가 이로 인해 일어나는 것이다.

논에서 일체 법을 해석하면서 "여래께서 말씀하신 일체 법"이라 말한 것은 '음성의 法忍[音響忍: 범 ghoṣānugama-dharma-kṣānti]'으로 인하여 비로소 무생법인[anutpattika-dharma-kṣānti]을 얻었으며, 표현의 주체[能詮]를 찾아서 표현의 대상[所詮]을 깨달았기 때문이다.

'실상과 같은 깨달음'을 '수순하는 실상과 같은 깨달음'으로 해석한 것은 '수순하는 법인[柔順忍: 범 anulomikī-dharma-kṣānti]'으로 인하여 '무생법인'을 얻기 때문이다.

三은 此覺이 不離無生慧者는 欲覺一切法이니 一切法은 不出二種이라 一者는 自相이니 謂色心等殊라 是有爲法體일세 故名爲行이라 二者는 同相이니 色心雖殊나 同皆生住異滅所遷이니 擧初攝後일세 故但名生이라
今四地菩薩이 了自及同이 皆緣生無性하야 成無分別慧일세 故云 '無行無生'이니라 下一'行'字는 是慧行相이니 以無行無生으로 爲慧行相이라 若如是行하면 則得八地覺法自性也니라

③ 이런 깨달음이 무생법인을 여의지 않는 지혜라 말한 것은

일체 법을 깨닫고자 함이다. 일체 법이란 2가지에서 벗어나지 않는다.

㉠ 각자의 다른 양상[自相]이다. '유형의 물질[色]'과 '무형의 정신[心]' 등이 각기 다름을 말한다. 이는 유위 세간법의 본체이기에 '行[無行의 行]'이라 말한다.

㉡ 똑같은 양상[同相]이다. '유형의 물질'과 '무형의 정신' 등이 각기 다르지만, 모두가 똑같이 '생겨나고 머무르고 달라지고 사라져가는[生住異滅]' 변화의 대상이다. 앞의 自相을 들어서 同相을 포괄하였기에 단 '生[無生의 生]'이라 말했을 뿐이다.

여기에서 4지 보살이 '각자의 다른 양상'과 '똑같은 양상'이 모두 인연 따라 생겨나 자성이 없음을 깨달아 분별이 없는 지혜를 성취하였다. 이 때문에 '無行無生'이라 말한다. 無行無生 '行'의 아래 '行' 자는 지혜의 行相이다. '無行無生'으로 지혜의 행상을 삼은 것이다. 만일 이와 같이 행하면 8지의 '법의 자성'을 깨달을 수 있다.

四는 此慧不離禪等者는 謂此無生慧는 非定이면 不發이라
言'禪善巧'者는 得三地滿勝進分禪이니 故出入自在라 亦不染禪일세 故名善巧라
'決定'者는 於他四地에 決能發也니라
'觀察智'者는 論云 '自智慧觀故'라하니 謂卽三地禪中之智오 非前所發四地無生之慧라 彼四地之慧를 此中에 名光明이니 依此光明일세 故名明地라 故四地證慧由三地禪中 修慧而發이니라

④ 이런 지혜가 '선정 등을 여의지 않는다.'는 것은 無生의 지

혜는 선정이 아니면 일어나지 않음을 말한다.

'선정이 훌륭하다[善巧].'고 말한 것은 3지가 원만하여 뛰어나게 닦아나가는 부분적인 선정이다. 이 때문에 출입이 자재하다. 또한 선정에 집착하지 않는 까닭에 훌륭하다[善巧]고 말하였다.

'결정'이란 저 4지에서 흔들림이 없는 '결정'을 일으키는 것이다.

'관찰하는 지혜'란 논에서 "자신의 지혜로 관찰하기 때문이다."고 하였다. 이는 3지의 선정에서의 지혜를 말한 것이지, 앞서 말한 '발생 대상인 4지 무생의 지혜'를 말한 게 아니다. 4지의 지혜를 여기서는 '광명'이라고 말하였다. 이런 광명에 의한 까닭에 '밝은 자리[明地]'라 명명하였다. 따라서 4지에서 증득한 지혜는 3지의 선정 가운데, 修慧로 인해 발생하는 것이다.

五는 此禪이 不離善巧多聞者는 此中修慧 由後聞慧故라 三節이 皆慧로대 而慧不同이니라

言'善巧多聞'者는 不取聞相故라 然佛智之因이 乃通十地어늘 而偏擧三者는 此地聞修 近所行故오 四地는 是慧增之首故오 八地는 無功用之初故니라

⑤ 이 선정이 '훌륭한 多聞을 여의지 않는다.'는 것은 이 가운데 修慧는 뒤의 聞慧에 의한 것이기 때문이다. 3구절이 모두 같은 지혜이지만 그 지혜의 성질이 똑같지 않다.

'훌륭한 다문'이라 말한 것은 들었다는 생각에 집착하지 않기 때문이다. 그러나 부처님 지혜의 원인이 십지에 모두 통하는데 유독 3곳에서만 들어 말한 것은 제3 발광지의 聞慧와 修慧가 행의

대상에 가깝기 때문이며, 제4 염혜지는 지혜가 더욱 증가하는 첫 부분이기 때문이며, 제8 부동지는 '더 이상의 노력이나 수행이 필요치 않은, 無功用行法'의 첫 부분이기 때문이다.

第四 依思修行
上旣逆推 本由多聞하니 今則順行하야 先求聞慧而起聞行이라
文中에 二니 初는 結前標後라

(4) 중생 섭수의 방편을 얻으려는 생각에 따라 수행하다

위에서 이미 거꾸로 찾아간 것은 본래 多聞에 의한 때문이다. 여기에서는 차례대로 행하여 먼저 聞慧를 추구하고 문혜의 행을 일으킨 것이다.

해당 경문은 2부분이다.

첫째, 앞의 경문을 끝맺으면서 뒤의 문장을 내세웠다.

經

菩薩이 如是觀察了知已하고 倍於正法에 勤求修習하야

보살이 이처럼 관찰하여 알고서 바른 법을 곱절이나 부지런히 닦으면서,

後 正起求行

304

於中分二니 先은 明求法行이오 後는 明求行因이라 今은 初라

둘째, 바로 聞慧의 행을 일으키다

이는 2부분으로 나뉜다.

(ㄱ) 앞은 법을 구하는 행을 밝혔고,

(ㄴ) 뒤는 법을 구하는 행의 원인을 밝혔다.

이는 첫 부분이다.

經

日夜에 唯願聞法하며 喜法하며 樂法하며 依法하며 隨法하며 解法하며 順法하며 到法하며 住法하며 行法이니라

밤낮으로 오직 원하였다.

'법을 듣고, 법을 좋아하고, 법을 즐기고, 법을 의지하고, 법을 따르고, 법을 해설하고, 법을 순종하고, 법에 이르고, 법에 머물고, 법을 행하나이다.'

● 疏 ●

文有十句하니 '聞法'者는 無慢心故오 二 '喜法'者는 無妬心故오 三 '樂法'者는 無折伏他心問義故니 此三은 約聽聞時니라【鈔_ '無慢心'者는 有慢則不求라 二는 不妬他解일새 故生喜悅이오 樂法故問이오 無折伏他心이라 好心好法을 名之爲喜오 終時愛味를 說以爲樂이니라】

경문은 10구이다.

제1구, "법을 듣는다."는 것은 아만심이 없기 때문이다.

제2구, "법을 좋아한다."는 것은 질투심이 없기 때문이다.

제3구, "법을 즐긴다."는 것은 남을 꺾으려는 마음 없이 이치를 묻기 때문이다.

이 3구는 법문 들을 때를 들어 말한 것이다. 【초_ '제1구, 無慢心'은 아만심이 있으면 법을 구하지 않는다.

제2구, 남이 아는 것을 질투하지 않기에 기쁜 마음이 생겨난다.

제3구, 법을 좋아하기 때문에 남에게 물음이며, 남을 꺾으려는 마음이 없다.

좋아하는 마음으로 법을 좋아하는 것을 '기쁨[喜]'이라 말하고, 끝날 때 법의 맛을 사랑하는 것을 '즐거움[樂]'이라고 말한다.】

四는 依大乘教하야 自見正取하야 不忘失故니 此揀求小를 不名善故라 自見正取者는 不由他悟故니라

五는 隨自讀誦故라

六은 爲他解說故오

七은 順所聞法하야 靜處思義故니 此三은 約已得法으로 自他利時니라

八은 到法者는 依定修行하야 到究竟故라

九는 住出世間智故라

十은 順佛解脫行故라 上之後三은 皆約修行이라 然後二는 揀不同世間之行이니라 若望後厭分正修인맨 此十이 皆是聞慧오 若望依

思而行인댄 此十을 皆名爲行이라

於中에 初는 日夜常聞하야 以顯勤行이오 喜法等九는 顯正修行이라 又此十句를 若約所受인댄 唯敎與義라 聞은 約敎成이오 修는 依於義오 思는 通敎義니라

제4구[依法]는 대승의 가르침을 따라서 자신의 견해로 바르게 취하여 잃어버리지 않았기 때문이다. 이는 소승법의 추구를 '잘한다.'고 말할 수 없다는 점을 밝힌 것이다. '자신의 견해로 바르게 취한다.'는 것은 타인의 힘으로 깨달음을 얻지 않았기 때문이다.

제5구[隨法]는 자신의 마음을 따라서 독송하기 때문이다.

제6구[解法]는 남을 위해 해설하기 때문이다.

제7구[順法]는 들었던 법을 따라 조용한 곳에서 그 이치를 사유하기 때문이다.

위의 3가지는 이미 얻은 법으로 나와 남을 이롭게 하는 시점으로 말하였다.

제8구, "법에 이른다[到法]."는 것은 선정에 의하여 수행하면서 가장 높은 자리에 이르렀기 때문이다.

제9구[住法]는 출세간의 지혜에 머물렀기 때문이다.

제10구[行法]는 부처님의 해탈행을 따랐기 때문이다.

위의 마지막 3구는 모두 수행을 들어 말하였다. 그러나 뒤의 住法, 行法은 세간의 행과 다르다는 점을 구분한 것이다.

만약 뒤의 厭分에서 말한 본격적인 수행과 대조하여 보면 이의 10구는 聞慧이고, "(4) 중생 섭수의 방편을 얻으려는 생각에 따

라 수행한다."는 부분과 대조하여 보면 이의 10구는 모두 行慧라 말해야 할 것이다.

10구 가운데 제1구의 聞法은 밤낮으로 언제나 법을 듣고서 부지런히 수행함을 밝혔고, 喜法 등 9구는 바로 수행을 밝혔다.

또한 10구를 받아들일 대상으로 말하면 오직 '가르침'과 '이치'일 뿐이다. 聞慧는 가르침에 의해 이뤄지고, 修慧는 이치에 따르고, 思慧는 가르침과 이치에 모두 통하는 개념이다.

▬

第二求行因
中에 二니 初는 常勤求因이오 二는 正修行因이니 以前十句에 有此二故니라
今은 初라

(ㄴ) 법을 구하는 행의 원인을 밝히다

이는 2부분으로 나뉜다.

① 부지런히 구하는 원인이고,

② 바로 법을 구하는 행의 원인을 닦음이다.

앞의 10구에 이 2가지의 의의가 있기 때문이다.

이는 첫 부분이다.

經
菩薩이 如是勤求佛法호되 所有珍財를 皆無吝惜하야 不

見有物이 難得可重이오 但於能說佛法之人에 生難遭想하나니

是故로 菩薩이 於內外財에 爲求佛法하야 悉能捨施호되 無有恭敬을 而不能行하며 無有憍慢을 而不能捨하며 無有承事를 而不能作하며 無有勤苦를 而不能受니라

若聞一句未曾聞法하면 生大歡喜를 勝得三千大千世界滿中珍寶하며

若聞一偈未聞正法하면 生大歡喜를 勝得轉輪聖王位하며

若得一偈未曾聞法이 能淨菩薩行하면 勝得帝釋梵王位하야 住無量百千劫하며

若有人言호되 我有一句佛所說法이 能淨菩薩行이니 汝今若能入大火坑하야 受極大苦인댄 當以相與라하면 菩薩이 爾時에 作如是念호되 我以一句佛所說法이 淨菩薩行故로 假使三千大千世界에 大火滿中이라도 尙欲從於梵天之上하야 投身而下하야 親自受取어든 況小火坑에 而不能入가 然我今者에 爲求佛法하야 應受一切地獄衆苦어든 何況人中에 諸小苦惱아하야

보살이 이처럼 부지런히 불법을 구하면서, 가진 재물을 모두 아끼지 않고, 어떤 물건도 얻기 어려운 소중한 것으로 보지 않으며, 오직 불법을 잘 말해주는 사람을 만나기 어렵다는 생각만을 가지고 있다.

그러므로 안팎의 재물들을 불법을 구하기 위하여 모두 시주하되, 그 어떤 공경도 행하지 못할 게 없고, 그 어떤 교만도 버리지 못할 게 없고, 그 어떤 섬기는 일도 행하지 못할 게 없고, 그 어떤 고생도 받아들이지 못할 게 없다.

만약 일찍이 듣지 못했던 법을 한 구절만 들어도 아주 기쁜 마음을 내어 삼천대천세계에 가득한 보물을 얻은 것보다 좋아하고,

일찍이 듣지 못했던 바른 법을 한 게송만 들어도 아주 기쁜 마음을 내어 전륜왕의 지위를 얻은 것보다 좋아하며,

일찍이 듣지 못했던 법을 한 게송 얻어서 보살의 행을 청정히 할 수 있으면 제석천왕이나 범천왕의 지위를 얻어 한량없는 백천 겁을 사는 것보다 좋아하며,

만약 어느 사람이 '내게 부처님이 말씀하신 한 구절 법으로 보살의 행을 청정히 할 수 있는 게 있다. 그대가 큰 불길의 굴속에 들어가서 엄청난 고통을 겪는다면 그 법을 전해줄 것이다.'라고 말하면, 그때에 보살은 이런 생각을 하였다.

'나는 부처님이 말씀하신 한 구절 법으로 보살의 행을 청정히 할 수 있다면, 삼천대천세계에 가득한 거센 불길 속일지라도 오히려 대범천의 꼭대기에서 몸을 던져 부처님이 말씀하신 법을 몸소 받을 것이다. 하물며 작은 불 구렁에 들어가지 못할 턱이 있겠는가. 내가 지금 불법을 구하기 위해서는 당연히 일체 지옥의 고통이라도 기꺼이 받을 터인데, 하물며 인간의 삶 속에서 겪는 하찮은 고통쯤이야!'

● 疏 ●

論云 彼常勤行은 以何爲因고 示現恭敬重法하야 畢竟盡故라하니라
於中에 分六이니
一은 總明輕財重法이오
二 '是故菩薩'下는 雙捨內外오
三 '無有恭敬'下는 內財敬事니 謂心則恭敬捨慢이오 身則承事忘苦라
四 '若聞一句'下는 況捨外財라
五 '若聞一偈'下는 輕位重法이니 人天王位는 終是無常이오 句偈敎義는 法王爲果니라 一句一偈는 約聞敎法이오 淨菩薩行은 約聞義法이라
六 '若有人言'下는 甘苦重法이니 以一句之法이 能盡苦源일새 地獄多劫을 誠可甘也니라

논에서 말하였다.

"그가 항상 부지런히 행하는 것은 무슨 까닭인가? 공경하고 법을 소중히 여겨 끝까지 다함을 보여주고자 함이다."

이는 6부분으로 나뉜다.

㉠ 재물을 가벼이 여기고 법을 소중히 여김을 총괄하여 밝혔다.

㉡ '是故菩薩' 이하는 안팎의 재물을 모두 보시함이다.

㉢ '無有恭敬' 이하는 내적인 재물로 공경히 섬김이다. 마음으로는 공경하여 아만을 버리고, 몸으로는 받들어 섬기면서 고통을 잊음이다.

㉣ '若聞一句' 이하는 외적인 재물의 보시에 비유하였다.

㉤ '若聞一偈' 이하는 왕위를 가벼이 여기고 법을 소중히 여김이다. 인간과 천상의 왕위는 결국 덧없는 것이며, 한 구절이나 게송의 가르침과 이치는 법왕이 되는 결과이다. 한 구절과 한 게송은 가르침을 듣는 것으로 말하였고, 청정한 보살행은 이치를 듣는 것으로 말하였다.

㉥ '若有人言' 이하는 고통을 달게 받으면서도 법을 소중히 여김이다. 한 구설의 법이 고통의 근원을 모두 없애주기에, 참으로 오랜 세월의 지옥 고통이라도 달게 받음을 말한다.

二 正修行因

② 바로 법을 구하는 행의 원인을 닦다

經

菩薩이 **如是發勤精進**하야 **求於佛法**호되 **如其所聞**하야 **觀察修行**이니라

보살이 이와 같이 부지런히 정진하여 불법을 구하되, 들은 대로 살펴보고 수행하였다.

● 疏 ●

初는 結前이오 後 如其下는 正顯因相이니 謂靜處에 思惟正觀이 爲

修行之因也라 然論經에 但云正觀하고 無修行字하니 故是思慧가 爲修行因이라 若順今經인댄 此一段文은 乃是後文標擧耳니라

앞 구절은 앞의 경문을 끝맺음이며, 뒤의 '如其所聞' 이하는 바로 원인의 양상을 밝혔다. 이는 고요한 곳에서 사유하고 바른 안목으로 살펴보는 것이 수행의 원인이 됨을 말한다. 그러나 논경에서는 '바른 관찰[正觀]'이라고만 말했을 뿐, '수행'이라는 글자는 없다. 이 때문에 思慧가 수행의 원인이다.

만약 본 경문을 따르면, 이 단락의 경문은 곧 뒤의 문장을 표장하여 드러낸 것이다.

二 厭行分 竟하다

2. 厭離 수행 부분을 끝마치다.

● 論 ●

欲度衆生하야 令住涅槃樂인댄 不離無障解脫智니 此是根本智며 乃至如實覺과 無行無生慧光과 禪善巧決定觀察智와 善巧多聞이니 如此五法이 總是一根本智之隨用이니 修行者 修方便定하야 顯之면 可見이라

如倍於正法에 勤求修習하야 日夜 唯願聞法者는

喜法者는 明智現無憂故오

樂法者는 無生死故오

依法者는 依如來智故오

隨法者는 隨順正解脫故오

313

解法者는 解第一義故요

順法者는 順正智故요

到法者는 自到涅槃에 能到生死度衆生故며 亦令到涅槃故요

住法者는 住如來智慧中住故니라

如得一偈法에 勝得大千世界寶와 及輪王位者는 明世法은 不免生死故니라 已下準知니라

    중생을 제도하여 열반의 즐거움에 머물게 하고자 한다면 장애 없는 해탈의 지혜를 여의지 않아야 한다. 이는 근본지이며, 내지 실상대로 깨달음[如實覺], 행과 생멸이 없는 지혜 광명[無行無生慧光], 선정으로 잘 결정하고 관찰하는 지혜[禪善巧決定觀察智], 훌륭히 많이 들음[善巧多聞]이다. 이와 같은 5가지의 법이 모두 하나의 근본지 작용을 따르고 있다. 수행자가 방편 선정을 닦아 이를 밝히면 볼 수 있다.

    바른 법에 곱절이나 부지런히 구하고 닦아서 밤낮으로 오직 법을 듣기를 원한다는 것은 아래의 이유 때문이다.

    喜法이란 지혜가 드러나 근심이 없음을 밝힌 때문이며,

    樂法이란 생사가 없기 때문이며,

    依法이란 여래의 지혜를 의지하기 때문이며,

    隨法이란 바른 해탈을 따르기 때문이며,

    解法이란 第一義諦를 이해하기 때문이며,

    順法이란 바른 지혜를 따르기 때문이며,

    到法이란 스스로 열반에 이르러 생사에 들어가 중생을 제도하

기 때문이며, 또한 중생으로 하여금 열반에 이르게 하기 때문이며, 住法이란 여래의 지혜에 머물기 때문이다.

하나의 게송에 담긴 법을 얻음이 "대천세계에 가득한 보물과 전륜왕의 왕위를 얻는 것보다 훌륭하다."는 것은, 세간의 법이란 생사윤회를 면하지 못함을 밝힌 때문이다.

아래는 이에 준하여 살펴보면 알 수 있다.

大文第三 明厭分者는 前明聞思하고 今顯修慧니 卽五種方便中에 第四禪善巧決定觀察智也니라

論云 '云何厭分고 是菩薩이 聞諸法已에 知如說行하야 乃得佛法하고 入禪無色無量神通이나 彼非樂處라 於中不染일세 必定應作故'라하니 謂不樂不染이 卽是厭義니라

其無量神通은 是厭之果라 皆修行力일세 乘便擧來니라

經文은 七相이니 一은 依何修오 二는 云何修오 三은 何處修오 四는 何故修오 五는 何時修오 六은 何所修오 七은 何爲修니라

束此七相하야 大爲三段이니 初四는 修行이오 次二는 證入이오 後一은 入意니라

今은 初라

3. 厭離의 부분을 밝히다

앞에서는 聞慧와 思慧를 밝혔고, 여기에서는 修慧를 밝혔다.

이는 5가지 방편 가운데, '④ 선정으로 잘 결정하고 관찰하는

315

지혜'이다.

논에서 말하였다.

"어떤 것이 '싫어하는 부분[厭分]'인가? 이는 보살이 많은 법문을 듣고서 설법한 대로 수행하여 마침내 불법을 얻고, 선정으로 무색계의 한량없는 신통 경계에 들어갔지만, 무색계란 즐거운 곳이 아니다. 그 세계 속에서 물들지 않고 반드시 결코 厭行을 행해야 하기 때문이다."

이는 좋아하지도 않고 물들지도 않음이 바로 싫어한다는 뜻임을 말한다.

그 "무색계의 한량없는 신통경계"란 厭分의 결과이다. 모두 수행한 힘으로 편의에 따라 들춰내는 것이다.

경문에는 7가지 양상이 있다.

(1) 무엇에 의지하여 수행하는가?

(2) 어떻게 수행하는가?

(3) 어떤 곳에서 수행하는가?

(4) 무엇 때문에 수행하는가?

(5) 어느 때에 수행하는가?

(6) 어떤 것을 대상으로 수행하는가?

(7) 무엇을 위해 수행하는가?

이와 같은 7가지 양상을 크게 3단락으로 묶었다.

1) 앞의 4가지는 수행이며,

2) 다음 2가지는 증득하여 들어감이며,

3) 뒤의 하나는 증득하여 들어간 의미이다.

이는 첫 부분이다.

經

此菩薩이 **得聞法已**하고 **攝心安住**하야 **於空閑處**에 **作是思惟**하야 **如說修行**하야 **乃得佛法**이니 **非但口言**으로 **而可淸淨**이니라

이 보살이 법을 들은 후에 마음을 거두어 안주하면서 사람이 없는 한적한 곳에서 이런 생각을 하였다.

'말씀하신 대로 행을 닦아 불법을 얻을 것이다. 단순히 언어와 음성으로 청정히 하는 데 그치지 않을 것이다.'

● 疏 ●

'此菩薩 得聞法已'는 卽依何修니 以依正法故니 卽了相作意라 【鈔_ 以依正法故者는 卽釋成上義요 '卽了相作意'者는 以論義收라 下瑜伽中에 爲順世禪하야 了欣厭相하니 卽厭下苦粗障하고 欣上淨妙離라 今云正法은 其義通深하니 若約寄位인댄 全同瑜伽요 若約勤求淨菩薩行인댄 則所聞法이 必當深妙니 如下夜神 所得四禪이라】

"이 보살이 법을 들은 후"란 '(1) 무엇에 의지하여 수행하는가?'를 말한다. 정법에 의지한 때문이다. 이는 '양상을 아는 作意'이다. 【초_ "정법에 의지한 때문이다."는 것은 위에서 말한 이치를 해석

한 것이며,

"양상을 아는 作意"란 논에서 말한 이치를 받아들인 것이다. 아래의 유가사지론에서 세간의 선정을 따라 좋아하고 싫어하는 양상을 알고 있다. 이는 아래의 '고통스럽고 거친 장애[苦麤障]'를 싫어하고, 위의 '청정하고 미묘하게 여읨[淨妙離]'을 좋아하는 것이다.

여기에서 말한 '正法'이란 그 이치가 깊이 통하고 있다. 만약 의탁한 지위로 말하면 모두 유가론에서 말한 바와 같고, 부지런히 청정한 보살행을 구함으로 말하면 들은 법이 만드시 깊고 미묘해야 한다. 아래의 夜神이 얻은 四禪의 경지와 같다.】

次는 攝心安住는 卽云何修니 攝散住法이라 是修相故니 卽攝樂作意라【鈔_ 言卽攝樂作意者는 下瑜伽釋에 少分觸證이니 是加行益相이니라 】

제2구의 "마음을 거두어 안주한다."는 것은 '(2) 어떻게 수행하는가?'를 말한다. 산란한 마음을 거두어 법에 안주하는 것이다. 이는 수행의 양상이기 때문이다. 이는 '좋아함을 받아들이는 作意'이다.【초_ "좋아함을 받아들이는 作意"라고 말한 것은 아래 유가론의 해석에서 "조금 부딪쳐 증득함"이라 하니, 이는 加行의 이익 양상이다.】

次는 於空閑處는 卽何處修라 空閑은 通於事理니 則無處非修니 卽遠離作意라【鈔_ 言卽遠離作意者는 下釋遠離云 與斷道俱라 今空閑處를 何名斷道오 故疏에 云空閑通事理라하니 理之空閑이 卽是道斷이니라 】

제3구의 "사람이 없는 한적한 곳"이란 '(3) 어떤 곳에서 수행하는가?'를 말한다. 사람이 없는 한적한 곳은 현상의 사법계와 진리의 이법계에 모두 통한다. 어느 곳에서든 닦지 못할 곳이 없다. 이는 '멀리 여의는 作意'이다. 【초_ "멀리 여의는 作意"는 아래에서 '遠離'를 해석하면서 "斷道[범 prahāṇa-mārga. 惑障을 여의거나 없애는 道力]와 함께한다."고 하였다. 여기에서 말한 "사람이 없는 한적한 곳"을 어찌하여 斷道라는 이름을 붙인 것일까? 이 때문에 청량소에서 "사람이 없는 한적한 곳이란 현상의 사법계와 진리의 이법계에 모두 통한다."고 하였다. 진리의 이법계에서 바라보는 '사람이 없는 한적한 곳'이란 바로 斷道이다.】

次'作是思'下는 卽何故修니 要必修行하야사 方證行故니 卽勝解作意라 然口言者는 通於說聽이니 故瑜伽云 非但聽聞文字音聲 而得淸淨也라하니라【鈔_ 言'勝解作意'者는 下釋正是修行이니 謂勝解 於境印持爲性이오 不可引轉爲業이라 是故로 修行이 非此면 不成이니라 瑜伽云 從此後超過聞思하고 惟用修行하야 於所起緣相에 發起勝解하야 修奢摩他·毘鉢舍那하며 修習已에 如所尋伺 粗相靜相하야 數起勝解하나니 如是를 名爲勝解作意라하니라】

제4구 '作是思' 이하는 '(4) 무엇 때문에 수행하는가?'를 말한다. 반드시 수행해야 비로소 행을 증득할 수 있기 때문이다. 이는 '뛰어난 견해의 作意'이다. 하지만 '언어와 음성[口言]'이란 법을 연설하는 이나 듣는 이에게 모두 통하는 개념이다. 따라서 유가사지론에서 다음과 같이 말하였다.

"단지 문자와 음성으로 법을 듣고서 청정함을 얻는 게 아니다."
【초_ "뛰어난 견해의 作意"는 아래에서 '수행'으로 해석하였다. 이는 뛰어난 견해[勝解]가 경계에 대해 완전히 알고 受持하는 것으로 체성을 삼고, 이끌어 전변하지 않는 것으로 업을 삼는다. 이런 까닭에 수행함에 있어 이처럼 뛰어난 견해가 아니면 성취하지 못함을 말한다.

유가사지론에서 말하였다.

"이후로부터 聞慧와 思慧를 뛰어넘고, 오로지 수행에 힘쓰면서 일어나는 인연 양상에 대해 뛰어난 견해를 일으켜 사마타와 위빠사나를 닦으며, 이처럼 닦은 후에는 예컨대 거친 양상과 고요한 양상을 살피고 살피면서 자주 뛰어난 견해를 일으키는 것이다. 이와 같은 것을 '뛰어난 견해의 作意'라고 말한다."】

瑜伽三十三에 明修行八定에 皆有七種作意하니
一은 了相作意니 謂了欣厭相故오
二는 勝解作意니 正是修行이오
三은 遠離作意니 謂與斷道로 俱오
四는 攝樂作意니 謂少分觸證喜樂이오
五는 觀察作意니 謂重觀試練이오
六은 加行究竟作意니 謂心得離繫오
七은 加行究竟果作意니 謂無間證入이니라
上修行中에 已攝其四하니 前修行因中에 有觀察作意하고 後二作意는 在證入中하고 七中前五는 通貫八定이오 下八定中에 各有後

二일세 故此總修며 下亦總發이니라【鈔_ 下八定者는 謂卽離欲惡不善法等이 是加行究竟作意오 住初禪等이 卽加行究竟果作意也니라

故此總修者는 然有四句하니

一은 總修總發이니 謂總相修行은 不偏修一이오 八定俱起를 名爲總發이라

二는 別修別發이니 謂偏修初禪하고 發於初禪하며 修二發二하며 修空發空等이라

三은 總修別發이니 總相修行에 唯發一定等이라

四는 別修總發이니 謂唯修一定에 發得多定이라

前二는 如修오 後二는 不如이니 其故何耶오 宿世에 偏修라가 今雖總修나 唯發一定이 如地有一種에 雨雖普潤이나 唯一芽生이라 四則昔修多門이라가 今雖修一이나 諸定齊發이 如多種子 共在一處어든 少分沃潤에 諸芽齊生이라 望定現前을 名之爲發이오 望人修得하야 稱之爲入이라 然此卽是天台之意어니와 今菩薩總修하고 下皆總發이라 若別修相인댄 具如瑜伽와 智論等說이니라】

유가사지론 권33에서 8가지 선정을 수행할 적에 모두 7가지 일으키는 생각[作意: 범 manaskāra, manasi-kāraa 또는 manaḥ-kāra. 心所]이 있음을 밝혔다.

(1) 모양을 아는 것으로 일으키는 생각이다. 좋아하고 싫어하는 양상을 알기 때문이다.

(2) 뛰어난 견해로 일으키는 생각이다. 바로 수행을 뜻한다.

⑶ 욕심 등을 멀리 여의려는 것으로 일으키는 생각이다. 斷道와 함께함을 말한다.

⑷ 좋아함을 받아들이는 것으로 일으키는 생각이다. 조금 부딪쳐 증득하는 기쁨과 즐거움을 말한다.

⑸ 관찰하는 것으로 일으키는 생각이다. 거듭 관찰하여 시험하고 단련함을 말한다.

⑹ 加行道의 가장 높은 경지로 일으키는 생각이다. 속박을 여읜 마음을 얻은 것이다.

⑺ 가행도의 가장 높은 경지의 결과로 일으키는 생각이다. 끊임없이 증득하여 들어감을 말한다.

위의 수행 가운데 이미 그 4가지를 포괄하고 있다.

앞의 수행하는 원인 가운데 '⑸ 관찰하는 것으로 일으키는 생각'이 있고,

뒤의 '⑹ 加行道의 가장 높은 경지로 일으키는 생각'과 '⑺ 가행도의 가장 높은 경지의 결과로 일으키는 생각' 2가지는 '증득하여 들어가는' 가운데 있고,

7가지 作意 가운데 앞의 5가지는 8가지 선정에 모두 통하고,

아래의 8가지 선정 가운데 각기 뒤의 2가지 작의[加行究竟, 加行究竟果]가 있다. 그러므로 여기서는 이를 총상으로 수행함을 말하였고, 아래의 경문 또한 총상으로 일으킴을 말하였다. 【초_ "아래의 8가지 선정"이란 욕심, 악함, 불선법 등을 여읨을 말하니, 이는 '가행도의 가장 높은 경지로 일으키는 생각'이며, 初禪에 머문다

등은 '가행도의 가장 높은 경지의 결과로 일으키는 생각'이다.

"그러므로 여기서는 이를 총상으로 수행함을 말하였다[故此總修]."는 것에는 4구절이 있다.

제1구, 총상으로 닦고 총상으로 일으킴이다. 총상의 수행은 한 가지를 닦는 데 치우치지 않고, 8가지 선정을 모두 일으킴을 총상으로 일으킴이라 말한다.

제2구, 별상으로 닦고 별상으로 일으킴이다. 유독 初禪만을 닦고 초선만을 일으키며, 2선만을 닦고 2선만을 일으키며, 공무변처의 선정만을 닦고 공무변처의 선정만을 일으키는 등을 말한다.

제3구, 총상으로 닦고 별상으로 일으킴이다. 총상의 수행에 오직 한 가지 선정만 일으키는 등이다.

제4구, 별상으로 닦고 총상으로 일으킴이다. 오직 하나의 선정만 닦을 적에 많은 선정을 일으킴을 말한다.

앞의 2가지는 닦았던 것과 같고, 뒤의 2가지는 닦았던 것과 같지 않다.

그 까닭은 무엇인가? 전생에 어느 하나만을 닦았기에 금생에 아무리 총상으로 수행할지라도 오직 하나의 선정만 일으키는 것이다. 이는 마치 대지에 하나의 씨앗을 뿌리면 아무리 많은 비가 내릴지라도 오직 하나의 싹만이 돋아나는 것과 같다.

제4구는 예전에 여러 부문을 수행하였기에 지금은 한 가지만 닦을지라도 모든 선정이 동시에 일어나는 것이다. 이는 마치 많은 종자를 한 곳에 뿌려놓으면 조금만 물기가 있어도 모든 싹이 일시에 돋아남과 같다.

　선정이 앞에 나타난 것을 상대로 말하면 '일으킴[發]'이라 하고, 사람이 닦아 얻은 것을 상대로 말하면 '들어감[入]'이라 말한다. 그러나 이는 천태 대사의 주장이지만, 여기에서는 보살이 총상으로 닦음을 말하였고, 아래에서는 모두 총상으로 일으킴을 말하였다. 별상으로 수행하는 양상은 유가사지론과 대지도론 등에서 구체적으로 말한 바와 같다.】

然皆卽妄卽眞하야 圓融自在하고 又任運而發하야 不同欣厭이라 故下論云 '三昧地故로 得不退禪이라하니 不退 卽無漏定也니라 又釋內淨云호되 '修無漏不斷三昧故라하니 故知一一이 皆同鳥迹이로다 【鈔_ 以經意로 總相圓融이라 所以融者는 以文歷別하고 更引瑜伽欣厭等言하니 恐謂全是일세 故此揀云 以寄位故로 引法相宗하야 證成經文하야 據鳥迹意니 理須會融이어다】

　그러나 모두 허망과 하나가 되고 진여와 하나가 되어 원융하고 자재하며, 또한 마음대로 일으켜 좋아하거나 싫어함과는 같지 않다. 그러므로 아래의 유가론에서 "삼매의 경지인 까닭에 물러서지 않는 선정을 얻었다."고 말하였다. 물러서지 않는 선정이 바로 무루의 선정이다.

　또한 '내면의 청정[內淨]'을 "무루이며 단절되지 않는 삼매를 닦았기 때문이다."고 해석하였다. 이 때문에 하나하나의 삼매가 모두 새의 발자국과 같음을 알 수 있다. 【초_ 경문에서 말한 뜻은 총상의 원융이다. 원융한 이유는 경문으로 하나하나 별상을 말하고, 다시 유가론의 좋아하고 싫어하는 등의 말을 인용했기 때문이다. 모두 똑같다고 생각할까 두려운 마음에 이를 구별하여 말하였다.

"지위에 의탁하여 말한 까닭에 법상종의 종지를 인용하여 경문을 증명하고자 새의 발자국에 근거한 뜻이니 이치로 융합하여 회통해야 한다."】

第二證入
中에 分二니 初는 結前이라

2) 증득하여 들어가다
이는 2부분으로 나뉜다.
첫째, 앞의 경문을 끝맺었다.

經
佛子여 是菩薩이 住此發光地時에
불자여! 이 보살이 발광지에 머물렀을 때,

● 疏 ●
卽何時修證이니 謂在三昧時는 是修行時며 正修行竟은 是證入時라 論經云 '住此明地하야 因如說行故'라하야늘 今經에 闕如說行言이라 若但云住地인맨 豈初安住에 卽得此禪이리오 但前已有修行之言일새 故今畧耳니라

이는 '(5) 어느 때에 수행하는가?'를 말한다. 삼매의 경지에 있을 때는 수행하는 시기이고, 바로 수행이 끝난 것은 증득하여 들어가는 시기이다.

논경에서 이르기를, "이런 광명의 지위에 머물면서 설법대로 행하였기 때문이다."고 하였는데, 이의 경문에는 '설법대로 행한다[如說行].'는 말이 빠졌다. 만일 다만 '지위에 머문다.'고 말할 경우, 어떻게 처음 지위에 안주하면서 바로 선정을 얻을 수 있겠는가. 단 앞의 경문에 이미 '수행'이라는 말이 있었기에, 여기에서는 이를 생략했을 뿐이다.

―

後'卽離'下는 卽何所修며 修何所證가 謂證八定이라
八定之義는 廣如別章이어니와 畧以四門分別이니 一은 入意오 二는 釋名이오 三은 體性이오 四는 釋文이니 卽當辨相이라
今初니 下經云 '但隨順法故行이로되 而無所染著이라하니라 論云 '以何義故로 入禪·無色·無量·神通고 爲五種衆生故니
一은 爲禪樂憍慢衆生으로 故入諸禪이니 謂得世禪하야 恃以生慢이오
二는 爲無色解脫憍慢衆生故로 入無色定이니 謂外道證此하야 以爲涅槃하야 恃以生慢일새 菩薩이 示入八禪호되 一一過彼라 故攝伏之니라
三은 爲苦惱衆生하야 入慈悲無量이니 令安善處하야 永與樂故로 入慈無量하고 應解彼苦하야 令不受故로 入悲無量이오

四는 爲得解脫衆生故로 入喜捨無量이니 謂喜其所得에 自離動亂故오

五는 爲邪歸依衆生故로 入勝神通力이니 令正信故라하니라

又示入禪定하고 示定寂靜은 超欲等過하야 令物倣故며 善自調練하야 知純熟故며 寄位次第 法應爾故니 尙不同二乘自爲어늘 豈與凡外同年가 然無量·神通은 卽是厭果어늘 論主 倂擧者는 欲顯皆順法故니라 云何順法고 爲順菩薩이 大悲化生法故일세니라

【鈔_ '五爲邪歸'者는 邪歸之人은 智慧微薄하야 取信耳目일세 故爲現通하야사 方可信受일세니라 】

둘째, '卽離' 이하는 '(6) 어떤 것을 대상으로 수행하는가? 어떤 것을 대상으로 증득하는가?'를 말한다. 이는 8가지 선정을 증득함을 말한다.

8가지 선정의 의의는 별도의 문장에서 자세히 말한 바와 같지만, 이를 간단하게 4부분으로 분별하고자 한다.

(1) 증득하여 들어간 의미,

(2) 명제의 해석,

(3) 증득의 체성,

(4) 경문의 해석이다.

위는 해당 부분에서 그 양상을 논변할 것이다.

이는 '(1) 증득하여 들어간 의미'이다. 아래 경문에 이르기를, "다만 법을 따라서 행할지언정 물들어 집착하는 일은 없다."고 하였다.

논경에 이르기를, "무슨 의의 때문에 선정과 무색과 한량없음과 신통에 들어가는가? 5부류의 중생을 위한 까닭이다.

① 선정의 즐거움으로 교만한 중생을 위하여 여러 선정에 들어간다. 세간의 선정을 얻고서 우쭐하여 아만심이 일어남을 말한다.

② 무색계의 해탈로 교만한 중생을 위하여 무색의 선정에 들어간다. 외도가 이를 증득하여 이로써 열반을 삼아서 아만심을 일으킨 까닭에 보살이 8가지 선정에 들어가 하나하나가 외도보다 훌륭함을 보여주는 것이다. 이 때문에 외도를 받아들이고 굴복시킴을 말한다.

③ 고뇌하는 중생을 위하여 한량없는 자비에 들어간다. 좋은 곳에 편안히 머물면서 길이 즐거움을 누리게 하는 까닭에 한량없는 사랑에 들어가고, 그 고통을 알고서 이런 고통을 받지 않도록 하려는 까닭에 한량없는 大悲에 들어감을 말한다.

④ 해탈을 얻은 중생을 위하여 한량없는 희사에 들어간다. 그 얻은 바를 기뻐하면 저절로 흔들리거나 어지러움을 여의기 때문이다.

⑤ 삿된 도에 귀의한 중생을 위하여 뛰어난 신통력에 들어간다. 바르게 믿도록 하기 위함이다."고 하였다.

또 선정에 들어감을 보이고, 선정의 고요함을 보여준 것은 탐욕 등의 허물에서 벗어나 중생들이 이를 본받도록 하려는 것이고, 스스로 잘 조련하여 순숙함을 알려주기 위한 것이며, 지위에 의탁한 차례의 법이 당연히 그와 같기 때문이다. 오히려 이승이 행하는 일과도 똑같지 않은데, 어찌 범부·외도와 같겠는가.

그러나 한량없음과 신통력은 厭行의 결과인데, 논주가 이를 함께 들어 말한 것은 모두 법을 따르기 위함임을 밝히고자 한 때문이다.

어떻게 법을 따르는가? 보살이 대비의 마음으로 중생 교화의 법을 따르기 위함이다.【초_"⑤ 삿된 도에 귀의한 중생을 위하여"라고 말한 것은 삿된 도에 귀의한 사람은 지혜가 작고 얇아서 눈으로 직접 본 것과 귀로 직접 들은 것만을 믿는다. 이 때문에 신통을 보여주어야만 비로소 믿고 받아들이기 때문이다.】

二 釋名者는 先은 通이오 後는 別이라

通中에 先釋四禪이라 禪那는 西音이니 此云靜慮니 靜은 謂寂靜이오 慮는 謂審慮라 故瑜伽三十三云 '於一所緣에 繫念寂靜하야 而審思慮일새 故名靜慮'라하니라 是以로 靜能斷結하고 慮能正觀이라 諸無色定은 有靜無慮하니 雖能斷結이나 不能正觀이오 欲界의 等持는 有慮無靜하니 雖能正觀이나 不能斷結이라 故唯色界가 獨受斯稱이니라 '次 無色定'者는 婆沙百四十一云 '此四地中에 超過一切有色法故로 違害一切有色法故로 色法이 於彼에 無容生故'라하며 俱舍云 '無色은 謂無色'이라하니라 若大衆部와 及化地部인댄 亦許有色이로대 細故로 名無라하니 俱舍論中에 廣破有色이라

'次 別名'者인댄 初四禪者는 一은 有尋有伺靜慮오 二는 無尋無伺靜慮오 三은 離喜靜慮요 四는 離樂靜慮라 俱舍定品云 '初具伺喜樂이라가 後漸離前支'라하니 卽斯義也니라

無色別名은 至文當釋호리라【鈔_ 次其超過·違害와 及無容生 三相云何오 超過者는 地法增勝故오 言違害者는 害有色故오 言無容生者는 如火中花故니라】

'(2) 명제의 해석'은 앞부분은 전체의 해석이고, 뒷부분은 개별의 해석이다.

'앞의 전체 해석'에서는 먼저 4가지 선정을 해석하였다.

禪那는 인도의 말이다. 중국에서는 이를 '고요히 생각함[靜慮]'이라 말한다. 靜은 고요함을 말하고, 慮는 살피고 생각함을 말한다. 이 때문에 유가사지론 권33에서 다음과 같이 말하였다.

"한 가지 인연의 대상에 생각함이 고요하며 바르게 잘 살펴 생각하기에 이를 靜慮라 이름 붙인 것이다."

이 때문에 고요함은 속박을 끊어주고, 생각함은 바르게 관찰하게 하며,

무색계의 선정은 고요함은 있으나 생각이 없다. 비록 속박은 잘 끊었지만, 바른 관찰을 할 수 없고,

욕계의 선정[等持]은 생각함은 있으나 고요함이 없다. 비록 바르게 관찰은 하지만 속박을 끊지는 못한다. 이 때문에 오직 색계의 선정만이 홀로 이런 명칭을 받은 것이다.

다음 무색계의 선정이란 大毗婆沙論 권141에서 다음과 같이 말하였다.

"이 4지 가운데, 일체 有色의 법을 초월한 까닭에, 일체 유색의 법을 어긴 까닭에 색법이 4지에서 생겨남을 허용하지 않는다."

구사론에서 말하였다.

"무색은 색법이 없음을 말한다."

만약 大衆部와 化地部라면 또한 색법이 있음을 허용하지만, 미세한 까닭에 이를 없다고 말하였다. 구사론에서 색법이 있음을 자세히 설파하였다.

'다음 개별의 명칭 해석'에서 앞의 4가지 선정[四禪]은 다음과 같다.

① 찾음도 있고 살핌도 있는 靜慮,

② 찾음도 없고 살핌도 없는 정려,

③ 기쁨을 여읜 정려,

④ 즐거움을 여읜 정려이다.

구사론 禪定品에 이르기를, "처음에는 살핌과 기쁨과 즐거움을 갖췄다가 뒤로 갈수록 차츰차츰 앞의 3支를 여읜다."고 하였다. 바로 이런 의의를 말한다.

무색계의 개별 명제에 대해서는 해당 경문에서 해석하겠다.

【초_ '다음 무색계의 선정이란 초월하고 어긋남과 생겨남을 허용하지 않는다.'는 3가지 양상은 무엇인가? 초월한다는 것은 십지 법문이 더욱 뛰어나기 때문이며, 어긋난다는 것은 有色과 위배되기 때문이며, 생겨남을 허용하지 않는다는 것은 불 속에 피는 꽃과 같기 때문이다.】

三 體性者는 婆沙云 '四靜慮 有二種하니 一은 修得이라'하니 俱舍論 云 '是善性攝인 心一境性이니 以善等持로 爲自性故니라 若兼助

伴인댄 五蘊爲性이라 하니라

'二는 生得이라 隨地所繫인 五蘊爲性이니 皆有色者는 定共戒故니라 無色體性은 但除於色이라 餘義는 同前이라 故俱舍云 '無色亦如是하니 四蘊이며 離下地'라 하니라

大乘宗中에 亦無異轍이니 若會相歸性이면 則八定支林하야 一切皆空이오 若事盡理現이면 皆如來藏이오 泯絶無寄면 則定亂兩亡이오 若事理圓融이면 一卽一切니라【鈔_ '大乘宗'下는 二는 就諸教料揀라 '無異轍'者는 卽通諸教라 '若會相'下는 正明始教오 '若事盡理現'下는 辨終教오 '從泯絶'已下는 卽是頓教오 '若事理圓融'下는 辨圓教니라】

'(3) 증득의 체성'이란 대비바사론에서 "4가지 정려에는 각기 2종류가 있다. 첫째, 후천적으로 닦아서 얻은 것[修得]이다."고 하였다. 구사론에서는, "착한 성품에 속하는 '마음을 하나의 경계로 만드는 성품[心一境性]'이다. 잘 等持하는 것으로 자성을 삼기 때문이다. 만일 도와주는 반려를 겸하면 오온으로 자성을 삼는다."고 하였다.

"둘째, 선천적으로 태어나면서 얻은 것[生得]이다." 지위에 따라 얽힌 오온으로 자성을 삼는다. 모두 有色이란 '선정과 함께하는 계율[定共戒]'이기 때문이다.

無色의 체성은 오직 색법만을 제외했을 뿐이다. 나머지 뜻은 앞서 말한 바와 같다. 이 때문에 구사론에서 "無色 또한 그와 같다. 4蘊이며 아래의 지위에서 벗어났다."고 하였다.

대승의 종지 가운데 또한 다른 법이 없다. 만일 모양을 알고 본

성으로 귀결 지으면 8가지 선정이 모두 공하고, 현상의 사법계가 다하여 진리의 이법계가 나타나면 모두 여래장이며, 모든 것이 끊어져 발붙일 자리가 없으면 선정과 산란심이 모두 사라지고, 사법계와 이법계가 원융하면 하나가 바로 일체이다.【초_ '大乘宗'이하는 여러 교법의 차이를 밝힘이며,

"다른 법이 없다."는 것은 여러 교법에 모두 통함이며,

'若會相' 이하는 바로 大乘始教에 대한 설명이며,

'若事盡理現' 이하는 大乘終教에 대한 설명이며,

'泯絶' 이하는 頓教에 대한 설명이며,

'若事理圓融' 이하는 圓教에 대한 설명이다.】

第四 釋文은 初明四禪하고 後說四空이라

四禪之中에 雖支有多少나 論主가 竝勒爲四하니 一은 離障이오 二는 對治오 三은 利益이오 四는 彼二依止三昧니라

四中에 後三은 是支오 初一은 非支라 雖後後所離 是前前支나 望於當地에 竝皆非支니라 然四禪을 通說에 有十八支하니 謂初·三은 各五오 二·四는 皆四니 爲初禪欲惡難除며 第三禪喜深難拔일세 故初·三各五오 二·四不然이라 故二·四는 唯四니라

此等은 皆爲順益於禪일세 故立支名이라 故瑜伽十一云 '諸靜慮中에 雖有餘法이나 然此勝故오 於修定者에 爲恩重故로 偏立爲支라하니라 【鈔_ 俱舍頌云 '初禪에 具五支하니 尋·伺·喜·樂·定이오 二禪에 具四支하니 內淨·喜·樂·定이오 三禪에 具五支하니 捨·念·慧·樂·定이오 四禪에 具四支하니 捨·念·中受·定이라하니 故今疏云 '初

333

三各五오 二四皆四라하니라

'爲欲惡'下는 二出彼立支多少所以니 病深藥多오 賊微兵少니라】

'(4) 경문의 해석'은 (ㄱ) 4가지 선정을 밝혔고, (ㄴ) 4가지 공을 말하였다.

(ㄱ) 4가지 선정

여기에 많고 적은 갈래가 있지만, 논주는 이를 4가지로 묶었다.

① 수행의 장애를 여읨,

② 수행으로 다스림,

③ 수행의 이익,

④ 그 2가지(위의 다스림과 그 이익) 의지처의 삼매이다.

4가지 가운데, 뒤의 3가지는 禪支[선정의 공덕]이고, 첫째 하나[離障]는 禪支가 아니다. 비록 뒤의 뒤로 갈수록 여읠 대상이 바로 앞의 앞 선지이지만 해당 지위에서 바라보면 모두 선지가 아니다.

그러나 4가지 선정을 통틀어 말하면 18가지 갈래[色界四禪定의 18종 功德法]이다.

初禪과 제3선은 각기 5가지 선지이고, 제2선과 제4선은 각기 4가지 선지이다.

이는 초선의 욕구와 악은 제거하기 어렵고, 제3선의 깊은 기쁨은 뽑아내기 어렵기에 초선과 3선은 각기 다섯이다. 2선과 4선은 그렇지 않기에 2선과 4선은 오직 넷이 있을 뿐이다.

이런 등등은 모두 선정에 따르는 이익이므로 禪支[선정의 공덕]의 명칭을 세운 것이다. 이 때문에 유가사지론 권11에서 말하였다.

"모든 정려 가운데는 비록 다른 법이 있기는 하지만, 이것이 보다 뛰어나기 때문이며, 선정을 닦는 이에게 큰 은혜가 되기 때문에 유독 선지라는 이름을 세운 것이다."【초_ 구사론의 게송은 다음과 같다.

"초선에는 5가지 선지가 있다. 거친 생각[尋]·세밀한 생각[伺]·기쁨[喜]·즐거움[樂]·선정[定]이다.

제2선에는 4가지 선지가 있다. 내면 등지의 청정[內等淨]·기쁨·즐거움·선정이다.

제3선에는 5가지 선지가 있다. 行捨·正念·正慧·受樂·선정이다.

제4선에는 4가지 선지가 있다. 行捨淸淨·念淸淨·中受·선정이다."

그러므로 청량소에서 말하였다.

"초선과 3선은 각기 5가지이고, 2선과 4선은 모두 4가지이다."

'爲初禪欲惡難除' 이하는 둘째, 선지를 세움에 있어 많고 적은 이유를 말한 것이다. 병이 깊으면 많은 약을 쓰고, 적병의 세력이 약하면 병사를 줄이는 것이다.】

今初는 初禪이라

이는 제1 선정이다.

經
卽離欲惡不善法하고 有覺有觀하야 離生喜樂하야 住初

禪하며

　곧 욕심과 악한 일과 선하지 못한 법을 여의고, 깨달음도 있고 관찰함도 있어, 욕심 등을 멀리 여읜 데에서 기쁨과 즐거움을 내어 첫 선정에 머무는 것이다.

● 疏 ●

一 '卽離欲惡不善法'者는 此明離障이니 以 '一卽離'로 貫於下三하다 然諸論說이 大同小異하니 若毘曇은 '離五欲故로 名爲離欲이오 斷十惡故로 名爲離惡이오 除五蓋故로 名離不善法'이어니와 若智論八十八云 '離欲者는 謂離五欲이오 惡不善法은 謂離五蓋니 五蓋將人入惡道일새 故名惡이오 障善法일새 故名不善法이라'하니라 辨蓋欲之相인댄 廣如智論十九와 及瑜伽十一하니라

瑜伽三十三에 亦合惡不善法하니 彼論云 '離欲者는 欲有二種하니 一은 煩惱欲이오 二는 事欲이며 離亦有二하니 一은 相應離오 二는 境界離라 言離惡不善法者는 煩惱欲因所生인 種種惡不善法이니 卽身口惡行이라'하니 此意는 則總辨欲界諸惡不善이니 已明離障하다【鈔_ '一煩惱'下는 煩惱는 約內오 事欲은 爲外니 內心이 不與欲貪相應을 名相應離오 不染外境을 名境界離니라】

　제1구의 "곧 욕심과 악한 일과 선하지 못한 법을 여읜다."는 것은 '① 장애의 여읨'을 밝힌 것이다.

　제1구의 '卽離…'는 아래 3구를 관통하고 있다. 그러나 여러 논의 설명들이 크게 보면 모두 같지만 작게 보면 각각 다르다.

만일 소승의 아비담론에 의하면, 다음과 같다.

"오욕을 여읜 까닭에 '욕심을 여의었다.' 말하고, 十惡의 일을 끊은 까닭에 '악을 여의었다.' 말하고, 5가지 덮개[五蓋]를 없앤 까닭에 '선하지 않은 법을 여의었다.' 말한다."

대승의 대지도론 권88에 의하면, 다음과 같다.

"'욕심을 여의었다.' 함은 5욕을 여읜 것이며, '악과 선하지 않은 법을 여의었다.' 함은 5가지 덮개를 여읜 것이다. 5가지 덮개는 사람을 끌고 나쁜 길[惡道]로 들어가기에 이를 '악'이라 말하고, 착한 법을 막기에 '선하지 않은 법'이라고 말한다."

덮개와 욕구의 양상을 밝히고자 하면 대지도론 권19와 유가사지론 권11에서 말한 바와 같다.

유가사지론 권33에서도 '악'과 '선하지 않은 법'을 종합하여 말하였는데, 다음과 같다.

"욕심을 여읜다는, 욕심이란 2가지이다.

첫째는 번뇌의 욕심이고, 둘째는 사물상의 욕심이다.

여읨 또한 2가지이다.

첫째는 상응함을 여읨이고, 둘째는 경계를 여읨이다.

'악과 선하지 않은 법을 여읜다.'고 말한 것은 번뇌 욕심의 원인으로 생겨난 가지가지 '악과 선하지 않은 법'을 대상으로 한다. 이는 몸과 입의 악행이다."

여기에서 말한 뜻은 욕계의 모든 '악과 선하지 않은 법'을 총괄하여 논변한 것이다.

이상에서 장애의 여읨을 밝혔다. 【초_ "첫째는 번뇌의 욕심" 이하는 '번뇌의 욕심'이란 내면의 마음으로 말하였고, '사물상의 욕심'이란 외적인 현상으로 말하였다. 내면의 마음이 욕심과 탐심과 서로 응하지 않는 것을 '상응함을 여읨'이라 말하고, 바깥 경계에 물들지 않음을 '경계를 여읨'이라 말한다.】

二'有覺有觀'者는 此有二支하니 是修行對治라 新譯에 名尋伺라 하니 皆初는 麤오 後는 細라 俱舍云 '尋伺心麤細'라하고 智論云 '譬如 振鈴에 麤聲은 喩覺이오 細聲은 喩觀이라'하니라

瑜伽十一에 '以尋求伺察不淨慈悲로 治欲界欲恚害障이라'하며

又 '五蓋中에 有欲恚害와 不死와 親里와 國土等覺이라 今對惡覺하 야 起善覺察이니라 又智論四十四云 '小乘은 以欲恚惱覺으로 爲麤 라하고 親里·國土覺으로 爲細라하며'

又 '唯善覺은 爲細나 於摩訶衍에는 皆麤라하니 則覺空이 爲細니라

제2구의 "깨달음도 있고 관찰함도 있다."는 것은 여기에 2가지 갈래가 있다. 이는 '② 수행으로 다스림'이다.

新譯에서는 이를 '尋伺'라 말하였다. 모두가 처음[尋]에는 거친 생각을 하고, 뒤[伺]에는 세밀하게 생각하는 것이다.

구사론에서는 "尋과 伺는 마음의 거친 생각과 세밀한 생각"이 라 말하였고, 대지도론에서는 "비유하면, 요령을 흔들 적에 큰 소 리는 覺에, 미세한 소리는 觀에 비유한다."고 하였다.

유가사지론 권11에서 말하였다.

"청정하지 않은 자비를 거친 생각으로 구하고[尋求], 세밀한 생

각으로 관찰[伺察]하는 것으로, 욕계의 탐욕과 성냄과 해침의 장애를 다스린다."

또 말하였다.

"5가지 덮개 중에는 탐욕·성냄·해침·親里覺·國土覺 등이 있다. 여기에서는 나쁜 생각[惡覺]을 상대하여 선한 생각으로 관찰을 일으킨 것이다."

또 대지도론 권44에서 말하였다.

"소승은 욕심의 감각·성냄의 감각·고뇌의 감각을 '거친 생각'이라 하였고, 親里覺과 國土覺 등을 '세밀한 생각'이라 하였다."

또 말하였다.

"오직 선한 생각은 미세한 생각이라 말하지만, 대승법에서는 모두 거친 생각이라고 한다. 공한 깨달음이 미세한 생각이다."

三'離生喜樂'者는 是修行利益이니 慶離欲惡等일새 是故로 生喜라 身心이 猗息하며 及得解脫之樂일새 故名爲樂이니 由此하야 名利益支니라

瑜伽三十三云 '離者는 已得加行究竟作意故라 所言生者는 由此爲因爲緣하야 無間生故로 已獲加行究竟果作意故라 喜樂者는 謂已獲得所希義故로 得大輕安하야 身心調暢하야 有堪能故라 하니라【鈔_ 言'身心猗息'者는 猗者는 美也라 此輕安樂은 異解脫樂이라 '得大輕安'下는 釋輕安義니 唯識第六云 '輕安者는 謂遠離粗重하야 調暢身心하야 堪任爲性이오 對治昏沉하야 轉依爲業이라 하니라 釋曰 謂離煩惱粗重이 爲輕이오 身心調暢이 爲安이라 令所依

身으로 輕安適悅을 名有堪能이니라】

제3구의 "욕심 등을 멀리 여읜 데에서 기쁨과 즐거움을 낸다."는 것은 '③ 수행의 이익'이다.

욕심과 악 등의 여읨을 경사로 여긴 까닭에 '기쁜 마음[喜]'이 생겨나고,

몸과 마음이 아름답고 편안하며, 해탈의 즐거움을 얻은 까닭에 '즐거움[樂]'이라 말한다.

이로 인해 '수행 이익의 갈래'라 이름 붙인 것이다.

유가사지론 권33에서 말하였다.

"'離生喜樂'의 여읨[離]이란 이미 가행도를 다한 생각[加行究竟作意]을 얻었기 때문이다.

'…생겨난다[生]'고 말한 것은 이로 인해 원인이 되고, 이로 인해 반연이 되어 끊임없이 내기 때문에 이미 가행도를 다한 생각을 얻은 것이다.

'기쁨과 즐거움[喜樂]'이라고 말한 것은 바랐던 뜻을 이미 얻었기에 큰 편안함을 얻어 몸과 마음이 알맞게 고르고 화창하여 감당할 수 있기 때문이다."【초_ '心身猗息'의 猗는 아름다움이다. 이 가뿐한 즐거움은 해탈의 즐거움과는 다르다.

'得大輕安' 이하는 '가뿐하고 편안함[輕安]'의 의미를 해석하였다. 성유식론 권6에서는, "가뿐함이란 거칠고 무거운 번뇌를 멀리 여의어 몸과 마음을 고르고 화창하고 견뎌낼 수 있는 것으로 자성을 삼고, 혼침을 다스려 의지한 몸을 전환하는 것으로 업을 삼는

다."고 말하였다.

이에 대한 해석은 다음과 같다.

"거칠고 무거운 번뇌 여의는 것을 '가뿐함'이라 하고, 몸과 마음이 고르고 화창함을 '편안함'이라 한다. 의지하는 몸이 가뿐하고 편안하고 즐겁고 기쁜 것을 '감당함'이라 말한다."】

四'住初禪'者는 是彼二依止三昧니 謂於所緣에 審正觀察하야 心一境性하야 爲彼對治와 及利益支之所依止라 依止定力하야 尋等轉故로 其所離障이 以無行體라 非是支故로 不爲彼依니라 而言初者는 欲界上進에 此最初故라 而言住者는 卽安住義니 瑜伽云 安住者는 謂於後時에 由所修習하야 多成辦故로 得隨所樂하며 得無艱難하야 乃至七日七夜에 能正安住라하니 四禪此句도 大旨不殊니라

제4구의 "첫 선정에 머문다."는 것은 '그 2가지 의지처의 삼매'이다. 이는 반연의 대상에 대해 바르게 살펴서 마음을 하나의 경계를 삼아 '수행으로 다스림'과 '수행의 이익'이 되는 禪支의 의지처를 삼은 것이다.

선정의 힘에 의지하여 거친 번뇌를 평등하게 전변하는 것을 찾는 까닭에 그 여의어야 할 장애가 행의 자체가 없기 때문이다. 이는 禪支가 아니기에 그의 의지처가 되지 않는다. 그럼에도 '처음[住初禪의 初]'이라 말한 것은 욕계의 四禪 가운데 위로 올라갈 수 있는데, 최초이기 때문이다. 머문다[住初禪의 住]고 말한 것은 안주한다는 뜻이다.

유가사지론에서 말하였다.

"安住란 훗날 닦아 익혔던 바로 인하여 이뤄짐이 많은 까닭에 좋아하는 바를 따르게 되고, 어려움이 없게 되며, 내지 이레 밤낮에 바르게 안주할 것이다."

4선 구절의 큰 뜻도 이와 다르지 않다.

一
第二 二禪
　제2 선정

經

滅覺觀하고 內淨一心이라 無覺無觀하야 定生喜樂하야 住第二禪하며

깨달음과 관찰함을 없애고, 안으로 마음이 청정한 터라, 깨달음도 없고 관찰함도 없어, 선정으로 기쁨과 즐거움을 내어 제2 선정에 머물며,

● 疏 ●

二禪中에 一'滅覺觀'은 是所離障이라 覺觀은 麤動하야 發生三識하야 亂於二禪이 如淨水波動이니 則無所見故라 初禪能治가 爲此所治니 則病盡藥亡이니라【鈔_ '覺觀粗動 發生三識'者는 謂眼·耳·身이라 遠公云 '初禪之中에 覺觀이 有三하니 一은 定心이오 二는 出定

時라 三은 識身力이 粗動覺觀이라 此三이 竝是動亂之心이니 二禪勝靜을 皆盡遣之라하니라】

제2 선정의 제1구 "깨달음과 관찰함을 없앰"이란 여의어야 할 장애이다.

깨달음과 관찰함은 거칠게 움직이면서 3가지 의식을 발생하여 제2 선정을 어지럽힌다. 이는 마치 맑은 물에 물결이 일어나는 것과 같다. 소견이 없기 때문이다. 초선에서의 다스림 주체가 여기서는 다스림의 대상이 된 것이다. 병이 나으면 약이 필요 없는 법이다. 【초_ "깨달음과 관찰함은 거칠게 움직이면서 3가지 의식을 발생한다."는 것은 眼識, 耳識, 身識을 말한다.

혜원 법사가 말하였다.

"초선에서는 깨달음과 관찰함이 3가지가 있다.

① 선정에 들어가는 마음,

② 선정에서 나오는 시기,

③ 識身(인식 작용의 종류)의 힘이 깨달음과 관찰을 거칠게 뒤흔든다.

위의 3가지는 모두 흔들리고 산란한 마음이다. 제2 선정의 그 뛰어난 靜慮까지도 모두 떨쳐버리는 것이다."】

二'內淨一心無覺無觀'者는 是修行對治라 言內淨者는 小乘是信하야 能淨心相하야 離外散動하야 定等이 內流요 大乘卽攬三禪三支하야 以成이라 故顯揚十九와 瑜伽六十三에 皆云 '內淨은 以捨 ·念·正知로 爲體니 以此三法이 尙爲喜覆하야 力用未勝하고 但能

離外尋伺일세 故合名內淨이라하니라

言一心者는 釋於內義니 唯緣法塵하야 不同初禪에 有三識故라 故身子阿毘曇云호되 欲界地中에 心行六處오 初禪地中에 心行四處니 謂無鼻舌識이오 二禪已上은 心行一處니 唯意識身이니 緣法塵故라하니라

無覺無觀은 釋於淨義니 不同初禪에 有覺觀故니라 前滅覺觀은 顯於所治오 此復言無는 顯能治無니 故非重也니라

本論에 釋一心云호되 修無漏不斷三昧하야 行一境故라하니 欲異世間이 是如實修故라 不斷者는 相續一心이오 行一境者는 對緣一心이니 由此하야 卽名三昧無漏니라

　　제2구의 "안으로 마음이 청정한 터라, 깨달음도 없고 관찰함도 없다."는 것은 '수행으로 다스림'이다.

　　'안으로 마음이 청정하다.'고 말한 것은 소승의 믿음이다. 마음 씨를 청정히 하여, 밖으로 산란하고 흔들리는 마음을 여의어서, 선정 등이 내면에 흐르게 하고, 대승은 3선의 3가지 갈래 공덕을 가지고서 성취하는 것이다.

　　이 때문에 顯揚聖教論 권19, 유가사지론 권63에서 모두 다음과 같이 말하였다.

　　"안으로 청정함이란 버림[捨]과 자각[念]과 바른 지혜로 본체를 삼는다. 이 3가지 법이 오히려 기쁨에 덮여 있어 힘의 작용이 뛰어나지 못하고, 다만 밖의 거친 생각과 세밀한 생각만을 여의었기에 이를 종합하여 '안으로 청정함'이라고 말한다."

'一心'이라 말한 것은 '內' 자의 뜻을 해석한 것이다. 오직 法塵만을 반연하여, '초선에 3가지 인식이 있는 것'과 같지 않기 때문이다.

따라서 사리불아비담론에서 말하였다.

"욕계의 지위에서는 마음이 6곳[六處]에서 행하며, 초선의 지위에서는 마음이 4곳에서 행한다. 鼻識과 舌識이 없음을 말한다. 二禪 이상에서는 마음이 한곳에서만 행한다. 오직 '意識의 몸'뿐이다. 法塵을 반연하기 때문이다."

"깨달음도 없고 관찰함도 없다."는 것은 '淨' 자의 뜻을 해석한 것이다. 초선에 깨달음과 관찰이 있는 것과는 같지 않기 때문이다. 앞의 초선에서 "깨달음과 관찰함을 없앤다."는 것은 다스릴 대상을 밝힌 것이며, 여기에서 다시 '깨달음과 관찰이 없다.'고 말한 것은 '다스릴 주체가 없음'을 밝힌 것이기에 그다지 중요하지 않다.

본론에서 '一心'을 해석하여 말하기를, "無漏의 간단없는 삼매를 닦아서 하나의 경계만을 행하였기 때문이다."고 하였다. 이는 세간법의 여실한 수행과 구분하고자 한 때문이다. 간단없다는 것은 하나의 마음으로 계속 이어감이며, 하나의 경계만을 행하였다는 것은 하나의 마음을 상대로 반연함이다. 이로 인해 '삼매무루'라고 말하였다.

三定生喜樂은 此二支는 是修行利益이라 初禪은 慶背欲惡일세 故名離生이어니와 今慶覺觀心息일세 故名定生이니 如淨鑑止水일세 故身心이 適悅이라

제3구의 "선정으로 기쁨과 즐거움을 낸다."는 것은 이 2가지 공덕이 '수행의 이익'이다. 초선에서는 욕심과 악을 저버린 것을 경사로 생각하여 "여읜 데에서 기쁨과 즐거움이 생겨난다[離生喜樂]."고 말하지만, 여기에서는 '깨달음과 관찰의 마음[覺觀心]'이 사라진 것을 기뻐하기에 "선정으로 기쁨과 즐거움을 낸다[定生喜樂]."고 하였다. 이는 마치 맑은 거울과 고요한 물과 같으므로 몸과 마음이 기쁜 것이다.

四住第二禪은 卽彼二依止三昧니라

제4구의 "제2 선정에 머문다."는 것은 '그 2가지 의지처의 삼매'이다.

第三 三禪

제3 선정

經

離喜하야 **住捨**하며 **有念**하며 **正知**하야 **身受樂**하나니 **諸聖所說**로 **能捨有念受樂**하야 **住第三禪**하며

기뻐하는 마음까지 여의어서 버리려는 집착마저 없이 안주하며, 바른 생각이 있고 바르게 알고서 몸으로 즐거움을 느끼는데, 여러 성인이 말씀하신 바른 법으로 '바른 생각이 있는 것', '몸으로 즐거움을 받는 것'까지 버리고서 제3 선정에 머무는 것이다.

● 疏 ●

三禪中에 一 '離喜'者는 是所離障이니 謂二禪利益支에 喜心으로 分別하야 想生動亂이어늘 三禪은 轉寂일세 故須除遣이니 如貧人이 得寶生喜하고 失則深憂라 莫若雙絕喜憂하야사 方爲快樂이니라

제3 선정 가운데 제1구의 "기뻐하는 마음까지 여읜다."는 것은 여의어야 할 장애이다. 제2 선정의 '수행 이익'의 갈래에서 '기쁜 마음으로 분별하여 생각에 흔들림과 산란한 마음이 생겨'나는데, 제3 선정은 차츰차츰 고요해지는 까닭에 반드시 이를 모조리 떨쳐 없애야 한다. 마치 빈곤한 사람이 보배를 얻으면 기쁜 마음이 일어났다가 보배를 잃으면 근심이 깊어지는 것과 같다. 이는 기쁨과 근심을 모두 끊고서 비로소 쾌활하고 즐거워지는 것과는 같지 못하다.

二 '住捨·有念·正知' 三支는 是修行對治라

一 '住捨'者는 卽是捨數니 揀非捨受라 故諸經論에 皆名行捨니 行心調停하야 捨彼喜過라 故顯揚云 '住捨'者는 於已生喜에 不忍可故로 平等正直하야 無動安住'라하니라

二 '有念'者는 於喜不行中에 不忘明記故라

三 '正知'者는 或時失念喜行을 於此에 分別하야 正知而住니 謂住於捨라 瑜伽三十三에도 大同於此니라 上三은 卽前內淨이 漸修轉勝일세 至此別開라 深細寂靜일세 故能治下地의 喜踊浮動이니라

【鈔】'二 住捨者 卽是捨數'者는 謂是善十一中의 一心數法이라 善十一者는 唯識頌云 '善은 謂信과 慚愧와 無貪等三根과 勤과 安과 不放逸과 行捨와 及不害'라하니 今明行捨는 卽是其一이니라 彼論

347

釋云 '言行捨者는 卽精進과 三根이 令心으로 平等正直하야 無功用住로 爲性이오 對治掉擧不寂靜住로 爲業이라'하니라 釋曰 此卽四法이 爲體니 故云精進과 三根이니 三根은 卽無貪無瞋無癡니라 故次疏云 '揀非捨受'라하니 捨受는 唯是無記오 非是善性故오 行捨는 善性일새 故今揀之니라

'行心調停'者는 行捨는 通捨貪等 三不善根이어니와 今對二禪之喜일새 云捨喜過故니라

'顯揚'下는 引論하야 顯於捨相이니 唯識은 通說行捨하고 顯揚은 正釋三禪中捨일새 故云住捨니라

'於已生喜不忍可'者는 不忍可言은 卽是捨義라

言 '平等正直無動安住'者는 三品捨相애 一同唯識이니 平等이 爲初니 離沉掉故오 正直이 爲次니 於染애 不怯故오 無動安住 爲後니 卽寂靜住라 卽上唯識云 無功用住나라 不忘明記 爲念義故니라 遠公釋云 '念前喜過하야 守心一境'이라하니라

'三 正知'者는 正知 卽慧니 遠公云 '分別喜過'라하니라 而言正者는 論名安慧니 遠公云 '慧靜을 名安'이라하니라 安卽正義니 靜鑑雙流일새 故名爲正이오 正故로 得安이라

'上三'下는 結成勝義니라 】

　　제2구의 '버리려는 집착마저 없이 안주하는 것', '바른 생각이 있는 것', '바르게 아는 것' 3갈래는 '수행으로 다스림'이다.

　　① '버리려는 집착마저 없이 안주하는 것[住捨]'이란 놓아버리는 법수이다. 이는 三受[苦·樂·捨受]의 하나인 捨受가 아님을 구분

하는 것이다. 이 때문에 여러 경전과 논에서 모두 '行捨'라 말하였다. 마음을 씀이 고르고 반듯하여 그 기쁨의 허물을 버리는 것이다.

그러므로 현양성교론에서 다음과 같이 말하였다.

"버리려는 집착마저 없이 안주한다는 것은 이미 일어난 기쁜 마음을 인정하지 않는다. 이 때문에 평등하고 정직하여 흔들림 없이 안주하는 것이다."

② '바른 생각이 있는 것'은 기쁜 마음을 쓰지 않은 가운데 잊지 않고 분명히 기억하기 때문이다.

③ '바르게 아는 것'은 때로는 기억하지 못하고 기쁜 마음이 일어나는 것을 이에 분별하여 바르게 알고서 안주하는 것이다. 이는 '놓아버리는 데에 안주하는 것'을 말한다. 유가사지론 권33에서 말한 바도 크게는 이와 같다.

위의 3갈래[三支]는 제2 선정에서의 '안으로 마음의 청정함'이 차츰차츰 닦이면서 더욱 뛰어나기에 제3 선정에 이르러 별개로 나눠 말한 것이다. 심오하고 세밀하게 고요한 까닭에 아래 지위의 '뛸 듯이 기뻐하고 들떠 흔들리는 마음'을 다스릴 수 있다.【초_
"① 버리려는 집착마저 없이 안주하는 것이란 놓아버리는 법수이다."고 말한 것은 善心所의 11가지 가운데 하나인 心數法이다.

'선심소 11가지'는 성유식론의 게송에 이르기를, "선심소는 믿음의 마음·자신의 잘못을 부끄러워하는 마음·남의 잘못을 부끄러워하는 마음·탐욕이 없는 등 3가지 선근·부지런함·편안함·방일하지 않음·버림을 행함·남을 해치지 않음이다."

여기에서 말한 '버림을 행함[行捨]'은 그중 하나이다.
성유식론의 해석은 다음과 같다.

"버림을 행한다[行捨]고 말한 것은 정진과 3가지 선근으로 마음이 평등하고 정직하여 힘쓰지 않고서도 안주하는 것을 체성으로 삼는다. 고요하지 못하여 들뜬 마음을 다스려서 안주하는 것을 업으로 삼는다."

이에 대한 해석은 다음과 같다.

"이는 4가지 법으로 본체를 삼은 것이다. 이는 '정진과 3가지 선근'이다. 3가지 선근은 탐욕이 없고, 성냄이 없고, 어리석음이 없는 것이다. 이 때문에 다음의 청량소에서 "이는 三受의 하나인 捨受가 아님을 구분하는 것이다."고 하였다. 捨受는 오직 無記일 뿐, 선한 성품이 아니기 때문이다. '놓아버림을 행하는 것[行捨]'은 선한 성품이기에 여기에서 이를 구분하였다.

"마음을 씀이 고르고 반듯하다."는 것은 '놓아버림을 행하는 것'이라 탐냄 등 3가지 착하지 못한 근기를 모두 버리는 것이지만, 여기에서는 제2 선정의 기쁨을 상대로 말했기에 "기쁨의 허물을 버린다."고 말하였다.

'현양성교론' 이하는 그 논을 인용하여 버림의 양상을 밝힌 것이다. 유식론에서는 行捨를 전반적으로 말하였고, 현양성교론에서는 바로 제3 선정의 '버림'을 해석하였으므로 "버리려는 집착마저 없이 안주하였다."고 말한 것이다.

"이미 일어난 기쁜 마음을 인정하지 않는다."의 '인정하지 않는다.'는 말은 바로 버린다는 뜻이다.

"평등하고 정직하여 흔들림 없이 안주한다."는 것은 3가지의 '버림' 양상이 하나같이 유식론에서 말한 바와 같다.

평등은 첫 단계이다. 흐리멍덩한 마음과 들뜬 마음을 여의었기 때문이다.

정직은 다음 단계이다. 더럽힘과 물듦을 겁내지 않기 때문이다.

흔들림 없이 안주함은 끝 단계이다. 이는 고요히 머무는 것이다. 위의 유식론에서 말한 '힘쓰지 않고 자연스럽게 안주함'이다.

"잊지 않고 분명히 기억한다."는 것은 '念' 자의 뜻이기 때문이다. 혜원 법사는 이에 대해 "앞의 기쁨의 허물을 기억하여 마음을 지켜 하나의 경계가 되게 한다."고 해석하였다.

"③ 바르게 아는 것"은 바르게 앎이 바로 지혜이다. 혜원 법사는 "기쁨의 허물을 잘 분별한다."고 말하였다. 그러나 바르다고 말한 것은 논에서 '평안한 지혜[安慧]'라 칭하였다. 혜원 법사는 "지혜가 고요함을 편안함[安]이라 말한다."고 하였다. 평안함은 곧 바르다는 뜻이다. 고요함과 비춤이 함께 유행하므로 이를 바르다고 말하며, 바른 까닭에 평안함을 얻은 것이다.

'위의 3갈래' 이하는 뛰어난 이치를 끝맺음이다.】

三'身受樂'下는 是利益支라
於中에 初'身受樂'은 正顯支體라 正對二禪의 喜心浮動일세 是故로 但言身受於樂이니 設心受樂이라도 亦名身受라 故瑜伽云 '由捨念正知하야 數修習故로 令心踊躍俱行喜受를 便得除滅하고 離喜寂

351

靜하고 最極寂靜하야 與喜相違 心受 生起어든 彼於爾時에 色身과 意身이 領納受樂과 及輕安樂이니 是故로 說言有身受樂이라하니라
又初禪喜樂은 如土石山頂에 有水오 二禪喜樂은 如純土山頂而有池水라 三禪之樂은 如純土山이 在大池內라 樂徧身外하고 身在樂中일세 是故로 心樂을 亦名身受니라

次 '諸聖所說 能捨有念受樂'者는 釋成勝義니 謂下諸地에 無如是樂 及無間捨오 上地에 有捨而復無樂이라 故諸佛과 及佛弟子 說第三禪에 具有能捨와 及念·正知며 而復受樂이라 故諸樂中에 三禪樂勝이라하니라 此는 瑜伽意니 不應別解하고 文中에 畧牒하야 尙闕正知어니와 但有捨·念이라도 已殊上下니라【鈔_ 土喩於心이오 石喩於身이오 水總喩樂이라 初禪은 心樂이라 故如水不入石中이오 二禪은 已徧身心이 如水徧山하야 無石礙故라 然爲喜覆이 如土覆水하야 但是潛潤이오 三禪은 身樂이 徧增호되 如池水在外에 水徧山內하니 居然可知로다

'此瑜伽'下는 結彈異解니 謂遠公이 將'能捨'兩字하야 屬於上句하고 云'諸聖所說能捨'라하고 釋云호되 '唯聖弟子아 能說爲過하야 堪能捨離오 非凡所能이니 彰此樂深이라'하니 今將'能捨'兩字屬下하고 云'能捨와 有念과 受樂일세 故樂爲勝이니 故諸聖者가 共說此樂이 最爲勝耳니라' 遠公은 但云樂勝이라하니 不知何以得勝고 思之니라 是故結云 有文有理하니 不應別解니라】

제3구의 '身受樂' 이하는 '수행 이익'의 갈래이다.

이 부분의 첫째 '몸으로 느끼는 즐거움'이란 바로 '수행의 이익'

갈래의 본체를 밝힌 것이다. 바로 제2 선정의 기쁜 마음이 들뜨고 흔들림을 상대로 말하였다. 이 때문에 '몸으로 느끼는 즐거움'만을 말하였다. 설령 마음으로 느끼는 즐거움까지도 또한 '몸으로 느끼는 즐거움'이라고 말했다.

이 때문에 유가사지론에서 말하였다.

"버리고 생각하고 바르게 알면서, 자주 닦고 익힌 까닭에 마음이 날뛰고 함께 행해지는 기쁜 느낌[喜受]을 곧 없애버릴 수 있고, 기쁨을 여의어 고요하고 가장 지극히 고요하여 기쁨과 서로 어기는 마음의 느낌이 일어나면, 그는 그때, 형상을 지닌 몸과 생각의 자체가 느낌의 즐거움과 편안한 즐거움을 받아들이게 된다. 이 때문에 '몸으로 느끼는 즐거움[身受樂]이 있다.'고 말한다."

또한 초선의 기쁨과 즐거움은 마치 흙과 돌이 쌓인 산의 정상에 물이 있는 것과 같고, 제2 선정의 기쁨과 즐거움은 마치 순전히 흙으로 만들어진 산의 정상에 큰 연못의 물이 있는 것과 같고, 제3 선정의 즐거움은 마치 순전히 흙으로 만들어진 산이 큰 연못 속에 있는 것과 같다. 즐거움은 몸 밖까지 두루 가득하고, 몸은 즐거움 속에 있다. 이런 까닭에 마음의 즐거움을 또한 '몸으로 느끼는 즐거움'이라고 말하였다.

다음 "여러 성인이 말씀하신 바른 법으로 '바른 생각이 있는 속박', '몸으로 즐거움을 받는 속박'까지 모조리 버린다."는 것은 제3 선정의 뛰어난 의의를 해석하였다. 아래의 여러 지위에는 이런 즐거움과 '간단없는 버림[無間捨]'이 없으며, 위의 지위에는 버림은 있지만 또한 즐거움은 없다. 그러므로 여러 부처님과 부처님의 제자들이 말하기를, "제3 선정에서는 버리는 주체와 생각과 바르게 아는 것이 갖춰져 있으며, 또한 즐거움을 받는다. 이 때문에 여러 즐거움 가운데 제3 선정의 즐거움이 뛰어나다."고 하였다.

이는 유가사지론의 주장이다. 당연히 개별로 해석하지 않고, 경문에서 간단하게 뒤이어 쓰면서도 오히려 '바르게 아는' 부분을 빠뜨렸다. 다만 '버리는 것'과 '생각하는 것'을 말했지만 그것은 이미 위아래 지위에서 말한 바와는 다르다.【초_ 흙은 마음에, 돌은 몸에, 물은 즐거움에 총체로 비유하였다.

초선은 마음의 즐거움이기에 물이 돌 속에 스며들지 못함과 같고,

제2 선정은 이미 몸과 마음에 두루 즐거움이기에 물이 산에 가득하여 돌에 장애 받지 않음과 같기 때문이다. 그러나 기쁨에 덮인 바는 마치 흙이 물을 덮어 잠겨 있거나 물기가 젖어 있을 뿐이며,

제3 선정은 오직 몸의 즐거움만 더하기에, 마치 연못의 물이 바깥에 있을 적에는 물이 산속에 가득함을 말하지 않아도 알 수 있다.

'此瑜伽意' 이하는 다른 견해의 비판을 끝맺음이다. 혜원 법사는 '能捨' 2자를 위 구절에다가 구두를 붙여보면서 "여러 성인이 말씀하신 바를 잘 버린 것이다."라고 말하였다.

이를 다시 해석하면 다음과 같다.

"오직 성인의 제자만이 그 잘못된 점을 말하여 이를 버리거나 여읠 수 있다. 이는 범부로서 이처럼 심오한 즐거움을 밝힐 수 있

는 일이 아니다."

그러나 여기에서는 '能捨' 2자를 아래에다가 구두를 붙이고 다음과 같은 뜻으로 이해하였다.

"버리고 바른 생각이 있고 즐거움을 느끼기에 그 즐거움이 뛰어난 것이다. 그러므로 모든 성인이 다 함께 '이 즐거움이 가장 뛰어나다.'고 말씀하셨다."

혜원 법사의 경우, 그저 즐거움이 뛰어나다고 말했을 뿐, 무엇 때문에 뛰어난 즐거움이 되었는지, 그 원인에 대해 알 수 없다. 이런 점을 생각해야 한다. 이 때문에 결론에 말하기를, "문장에는 이치가 담겨 있으니 당연히 별도로 해석할 게 아니다."고 하였다.】

四'住第三禪'은 卽彼二의 依止三昧니라

제4구의 "제3 선정에 머문다."는 것은 '그 2가지 의지처의 삼매'이다.

第四 四禪

제4 선정

斷樂하야 先除苦喜憂滅하고 不苦不樂하야 捨念淸淨하야 住第四禪하며

즐거움을 끊으면서 먼저 괴로움을 없애고, 기쁨과 걱정이 사라

355

져 괴롭지도 않고 즐겁지도 않으며, 생각마저도 버리고 청정하게 제4 선정에 머무는 것이다.

◉ 疏 ◉

四禪中에 一'斷樂先除苦喜憂滅'者는 卽是離障이라 三禪勝樂이 於此爲害 如重病人이 觀妙音樂하야 爲障四禪일새 故須除遣이니 故云斷樂이라
得此定者는 卽於爾時의 所有苦樂을 皆得超越일새 故總集說이라 '先除苦'等 先之一字는 總貫下三이니 二禪에 先除苦受하고 三禪에 先滅喜受하고 初禪에 先滅憂受라 幷今斷樂이면 則已滅四受라 依禪次第하야는 應先明憂어니와 爲對前樂하야는 先言除苦니라

　제4 선정 가운데 제1구의 "즐거움을 끊으면서 먼저 괴로움을 없애고, 기쁨과 걱정이 사라진다."는 것은 '수행의 장애를 여읨'이다.

　제3 선정의 뛰어난 즐거움이 제4 선정에서는 오히려 해가 된다. 이는 마치 중병을 앓은 환자가 미묘한 음악을 살펴보는 것처럼 제4 선정의 장애가 되기에 반드시 이를 없애야 한다. 이 때문에 즐거움을 끊는다고 말하였다.

　이런 선정을 얻은 이는 바로 그때 가졌던 괴로움과 즐거움을 모두 초월하게 된다. 이 때문에 총체로 모아서 말한 것이다.

　"먼저 괴로움을 없앤다."고 말한 '先'이라는 한 글자는 아래의 3가지 느낌[樂受, 喜受, 憂受]을 총체로 관통하고 있다. 제2 선정에서는 먼저 '괴로운 느낌'을 없애고, 제3 선정에서는 먼저 '기쁜 느낌'

을 없애고, 초선에서는 먼저 '근심의 느낌'을 없애고, 아울러 여기에서 '즐거움의 느낌'까지 끊는다면 벌써 4가지 느낌[苦受, 樂受, 喜受, 憂受]을 없앤 것이다. 선정의 차례를 따라 말하면 당연히 먼저 '근심의 느낌'을 밝혀야 하겠지만, 앞의 '즐거움의 느낌'을 상대로 먼저 '괴로움의 느낌'을 없애는 것을 말하였다.

二 不苦不樂者는 是利益支라 餘禪은 皆先明治하고 今此에 先明益者는 乘前總無四受하야 便擧不苦不樂이니 明五受內에 唯有於捨는 是不動故니라

若爾인댄 前來에 亦滅憂喜어늘 此何不言不憂不喜오 答이라 五受明義면 無別不憂不喜오 三受明義면 苦樂이 攝於憂喜일세 故但對之니라 又此는 正斷於樂일세 故宜對之니라

제2구의 "괴롭지도 않고 즐겁지도 않음"이란 '수행 이익'의 갈래이다. 다른 선정에서는 모두 먼저 '수행으로 다스림'을 밝혔는데, 여기서 먼저 '수행의 이익'을 밝힌 것은, 총체로 4가지 느낌이 없는 앞부분을 이어서 바로 '괴롭지도 않고 즐겁지도 않음'을 들어 말하였다. 5가지 느낌 속에 오직 '捨受[不苦不樂受]'만 있는 것은 흔들림이 없기 때문이다.

"만약 그렇다면 앞에서도 근심과 기쁨의 느낌을 없앴는데, 여기서는 어째서 근심도 아니고 기쁨도 아니라고 말하지 않았는가?"

"5가지 느낌으로 뜻을 밝힌다면 별도로 근심하지도 기뻐하지도 않음이 없고, 3가지 느낌으로 뜻을 밝힌다면 괴로움과 즐거움의 느낌이 근심과 기쁨의 느낌을 포괄한다. 이 때문에 이를 상대로

말하였다.

　　또한 여기서는 바로 즐거운 느낌을 끊기 때문에 당연히 이를 상대로 말한 것이다."

三'捨念淸淨'은 此二는 是對治支니 三禪은 捨念하야 與樂受俱어니와 此斷樂受일새 故云淸淨이라 然其能治는 大同三禪이오 但所治喜樂에 故分二別이니 喜心은 浮動하니 常須正知오 樂受는 深細하니 但須捨念이라

若遠顯淸淨者인댄 瑜伽云 '從初靜慮로 一切下地의 災患已斷이니 謂尋伺喜樂과 出息入息이라 是故로 此中에 捨念하야 淸淨鮮白이니 由是로 此禪에 心住無動이라'하니 此論은 畧擧六事어니와 應兼無苦及憂라 故俱舍等에 明此禪中에 離八災患하니라

然四禪을 雖曰不動이나 而猶有捨受하니 未名無受라 瑜伽十一云 '又無相者는 經中에 說爲無相心定이니 於此定中에 捨根을 永滅이라'하니라 若非無相이면 乃至有頂이라도 皆有捨受니라 【鈔_ '俱舍'下는 論云 '第四는 名不動이니 離八災患故라'하니라 八者는 謂尋과 伺와 苦와 樂과 憂와 喜와 出息과 入息이니라】

　　제3구의 "바르다는 생각마저도 버리고 청정하다."는 2가지는 '수행으로 다스림'의 갈래이다. 제3 선정은 생각마저도 버려서 즐거운 느낌과 함께하지만, 여기에서는 즐거운 느낌을 끊은 까닭에 이를 청정하다고 말하였다.

　　그러나 다스림의 주체는 크게는 제3 선정과 같지만, 단 다스릴 대상인 기쁨과 즐거움의 느낌을 2가지로 나누어 구별하였다. 기쁨

의 마음은 들뜨고 흔들리기에 언제나 반드시 바르게 알아야 하고, 즐거운 느낌은 심오하고 미세하다. 반드시 생각마저도 버려야 할 뿐이다.

만약 청정에 대해 멀리 밝힌다면, 유가사지론 권33에 이르기를, "초선의 정려로부터 일체 아래 지위의 재앙과 우환인 '거친 생각, 세밀한 생각, 기쁨, 즐거움, 들숨, 날숨'이다. 이 때문에 여기에서 생각마저도 버려서 청정하고 산뜻하다. 이런 인연으로 인하여 제4 선정에서는 마음의 움직임이 없는 데에 안주한다."고 하였다.

이 논에서는 간단하게 6가지 일만을 들어 말했지만, 당연히 겸하여 괴로움과 근심의 느낌까지 없다. 이 때문에 구사론 등에서는 제4 선정에서 8가지 재앙과 우환을 여의게 됨을 밝혔다.

그러나 제4 선정이 비록 '움직이지 않는다.'고 말하지만, 그래도 捨受가 남아 있기에 느낌이 전혀 없다고 말하지 못한 것이다.

유가사지론 권11에 이르기를, "또한 모양이 없다[無相]는 것은, 경문에서는 '모양 없는 마음의 선정[無相心定]'이라고 말하였다. 이 선정에서 기쁘지도 즐겁지도 않은 捨受의 뿌리[捨根]까지 영원히 사라진다."고 하였다. 만일 모양 없는 선정이 아니면 有頂天까지도 모두 捨受가 있다. 【초_ '俱舍論' 이하는 논에 이르기를, "제4 선정을 움직임이 아니라고 말함은 8가지 재앙과 우환을 여의었기 때문이다."고 하였다. 8가지 재앙이란 거친 생각, 세밀한 생각, 괴로운 느낌, 즐거운 느낌, 근심의 느낌, 기쁨의 느낌, 들숨, 날숨을 말한다.】

四'住第四禪은 卽彼二依止三昧라 然入上色定은 其身相狀이 如處室中이오 入下四空은 如處虛空이니라

제4구의 "제4 선정에 머문다."는 것은 '그 2가지 의지처의 삼매'이다.

그러나 위 色界의 4가지 선정에 들어감은 그 몸의 모양이 마치 집 안에 머무는 것과 같고, 아래의 4가지 空에 들어감은 마치 허공에 머무는 것과 같다.

第二 四空

空處等名은 同心一境性이어늘 有何差別고 俱舍定品에 顯此差別호되 '由離下地染일새 故立四名하니 謂離第四禪하야 立空無邊處하고 離空無邊處하야 立識無邊處等이라'하니라

差別旣爾인댄 從何得名고 彼次頌云호되 '空無邊等三은 名從加行立이오 非想非非想은 昧劣故立名이라'하니라 謂修定前에 起加行位하야 厭壞色故로 作勝解想하야 思無邊空하니 加行成時에 名空無邊處오 厭空하야 想識하고 厭識하야 想無所有도 準此可知니라

其第四空은 由想昧劣이니 謂無下地의 明慧勝想일새 得非想名이오 有昧劣想일새 名非非想이니 故前三無色은 加行受名이오 第四無色은 當體受稱이니라 然此四空이 亦各有四하니 謂離障等이라 而經文中에는 但各三句나 義含於四니 謂初段離障에 具對治義니라

問이라 若有治等인댄 爲有支不아

答이라 準雜集等論인댄 諸無色 奢摩他는 一味相故로 無有支分建立이어니와 若依瓔珞本業인댄 四無色定에 各有五支하니 謂想·護·止·觀·一心이라 經論相違하니 云何會通고 論依相似니 不同四禪의 覺觀等異오 又慧用劣일새 名無支分이어니와 經就相似하야 同皆有五니라

如初空定에 厭下色相하야 起於空想은 卽今對治니 護彼色相하야 令不現前이라 若超色相인댄 卽名爲止니 是今離障이오 空無邊行 照了分明은 卽是觀義니 是今利益이오 一心은 卽是彼二所依니라 故五支가 顯然커니 豈得判無하야 違經依論이리오

今初는 空處라

(ㄴ) 4가지 空

空無邊處 따위의 명칭은 '마음을 하나의 경계로 만드는 성품[心一境性]'과 같은데 무슨 차별이 있는 것일까?

구사론 分別定品에서 이러한 차별을 밝히고 있다.

"아래 지위의 오염을 여읨으로 인하여 4가지 명칭을 세웠다. 이는 제4 선정을 떠나서 '허공의 끝없는 곳[空無邊處]'을 내세웠고, 허공의 끝없는 곳을 떠나서 '식이 그지없는 곳[識無邊處]' 등을 내세웠다."

차별이 이미 그와 같다면 어디에서 그 명칭을 얻은 것일까?

구사론의 다음 게송에서 말하였다.

"허공의 끝없는 곳 등 3가지는 가행위에서 붙여진 이름,

비상비비상처란 혼미하고 하열한 까닭에 그 이름 세웠어라."

이는 선정을 닦기 전에 加行位에서 시작하여 현상세계의 법을 싫어하여 무너뜨리기에 뛰어난 견해라는 생각으로 끝없는 허공을 생각하였다. 가행도가 이뤄졌을 적에 '허공의 끝없는 곳'이라는 이름을 붙였고, 허공마저 싫어한 나머지 識을 생각하게 되었고, 식을 싫어한 나머지 아무것도 없는 곳을 생각하는 부분도 이에 준하여 살펴보면 설명하지 않아도 알 수 있다.

4가지 공 가운데 제4 非想非非想處는 생각이 혼매하고 하열한 중생을 위한 때문이다. 아래의 지위는 밝은 지혜와 뛰어난 생각이 없기에 인식할 수 없는 非想이란 명칭을 붙였고, 혼매하고 하열한 생각이 있기에 인식할 수 없는 게 아니라 하여 非非想이라는 명칭을 붙였다. 그러므로 앞의 3가지 무색계는 가행위에서 붙여진 이름이고, 넷째 무색계는 그 자체에 따라 붙여진 이름이다.

그러나 이런 4가지 허공 또한 각기 4가지가 있다. '수행의 장애를 여읨', '수행으로 다스림' 등이다. 그러나 본 경문은 각기 3구만 있을 뿐이나, 그 의미로는 4가지를 모두 포함하고 있다. 첫 단락의 '수행의 장애를 여읨'에 '수행으로 다스림'의 뜻을 담고 있다.

"만약 '수행으로 다스림' 등의 뜻을 담고 있다면 어찌하여 이를 구분하여 또 다른 하나의 갈래로 만들지 않았는가?"

이에 대한 답은 다음과 같다.

잡집론 따위에 준하여 보면 모든 무색계의 사마타는 하나의 똑같은 양상이다. 이 때문에 이를 여러 갈래로 나누지 않았지만, 보살영락본업경에 의하면 4가지 무색계의 선정에는 각기 5갈래가 있다. 이른바 想, 護, 止, 觀, 一心이다.

　이는 다른 경전과 논과는 서로 어긋나는 부분이다. 이를 어떻게 회통할 것인가.

　논에서는 서로 유사함을 따랐기에, 覺과 觀 따위의 차이가 있는 四禪과는 다르고, 또한 지혜의 작용이 하열하기에 갈래가 없다고 말하지만, 경전에서는 서로 유사함을 따라 똑같이 모두 5가지이다.

　마치 제1 공무변처의 선정은 아래의 현상의 세계를 싫어하여 허공의 생각[想]을 일으킨 것은 여기에서 말한 '수행으로 다스림'이다. 그 현상의 세계를 막아서[護] 앞에 나타나지 못하게 하는 것이다.

　만약 현상의 세계를 초월하면 '止'라고 말하니, 여기에서 말한 '수행의 장애를 여읨'이고,

　공무변처의 행을 비추어 분명히 아는 것은 바로 '觀'의 뜻이니, 여기에서 말한 '수행의 이익'이며,

　一心은 바로 '그 2가지의 의지처인 삼매'이다.

　이처럼 5갈래가 뚜렷한데, 어떻게 5갈래가 없다고 판단한 나머지, 경문을 어기면서 논을 따를 수 있겠는가.

　이는 '① 허공의 끝없는 곳'이다.

經
超一切色想하며 **滅有對想**하며 **不念種種想**하고 **入無邊**

虛空하야 住虛空無邊處하며

　일체 물질이란 생각을 초월하고, 상대가 있다는 생각을 없애며, 가지가지 생각을 생각하지 않으며, 끝없는 허공에 들어가 허공의 끝없는 곳에 머문다.

⦿ 疏 ⦿

謂觀虛空하야 作無邊行相하야 能滅色想하고 心安空定을 名空無邊處니라【鈔_ 言處者는 順正理云 四空을 名處者는 謂有情의 生長處故라하니라】

　허공을 관찰하여 끝없는 행법의 양상을 지어서 색상이라는 생각을 없애고 마음을 공에 두는 선정을 '허공의 끝없는 곳'이라 말한다.【초_ 處라 말한 것은 阿非達磨 順正理論에 이르기를, "4가지 무색계 하늘[四空]을 '곳'이라 말한 것은, 일체 有情이 태어나고 자라는 곳이기 때문이다."고 하였다.】

文中三句니 初句는 含二義하니 一은 明離障이오 二는 明對治라 言離障者는 曲有三句하니 謂離三有對色이라 論云 '超一切色想者는 過眼識相이라'하니 此明超可見有對오
二 '滅有對想'者는 '耳鼻舌身識和合想이 滅故'라하니 此는 滅不可見有對라
三 '不念種種想'者는 '不念意識和合想故라 意識이 分別一切法故로 說名種種이라'하니 此는 滅不可見無對라 意識이 雖緣非色之境이나 今但取緣色하야 自有種種이니라

皆云想者는 小乘이 以在色欲하야 修起此定에 求捨色形일세 故不言滅色하고 但言滅想이니 想取色相일세 故偏滅之니라 大乘之中에 決唯滅想이니라 若超色想을 說無色者인댄 後滅空識도 應無識空이니라【鈔_ '大乘'下는 約大乘이니 謂縱生無色이라도 亦唯滅想이라 '若超色想'下는 以例反成이니 謂生識處하야 不滅於空하고 生無所有하야 不滅於識인댄 何生空處而滅色耶아 斯理善成이니라】

경문은 3구이다.

첫 구절[超一切色想]은 2가지 의미를 포함하고 있다.

㉠ '수행의 장애를 여읨'을 밝혔고,

㉡ '수행으로 다스림'을 밝혔다.

'수행의 장애를 여읨'이라 말한 것은 자세히 말하면 3구이다. 이는 3가지의 상대가 있는 물질을 여읨을 말한다.

논에 이르기를, "제1구의 '일체 물질이란 생각을 초월한다.'는 것은 眼識의 생각을 초월함이다."고 하니, 이는 '볼 수 있는 상대가 있다는 생각[可見有對想]' 자체의 초월을 밝힌 부분이다.

제2구의 "상대가 있다는 생각을 없앤다."는 것은 "이식·비식·설식·신식이 화합한 생각이 사라졌기 때문이다."고 하니, 이는 '볼 수 없는 상대가 있다는 생각[不可見有對想]'을 없앤 것이다.

제3구의 "가지가지 생각을 생각하지 않는다."는 것은 "의식이 화합한 생각이 사라졌기 때문이다. 의식이 일체의 법을 분별한 까닭에 이를 '가지가지'라고 말한다."고 하니, 이는 '볼 수 없는 상대가 없다는 생각[不可見無對想]'을 없앤 것이다. 의식이 비록 물질이 아닌 경계까지 반연하지만, 여기에서는 물질의 반연만을 취하여 자연스럽게 가지가지가 있는 것이다.

3구에 모두 '생각[想]'이라 말한 것은 소승이란 현상세계의 물질에 대한 욕구가 있어 이런 선정을 처음 닦을 적에 물질의 형상을 버리고자 추구한 까닭에 '물질이 사라졌다.' 말하지 않고, 다만 '그런 생각이 사라졌다.'고 말할 뿐이다. 생각으로 물질의 형상을 취한 까닭에 유독 생각만을 없애려는 것이다.

대승의 법에서는 결코 오직 생각만을 없애는 것이다. 만일 물질에 대한 생각을 초월했다고 하여 無色이라고 말한다면, 뒤의 문장에서 말한 空이라는 인식이 사라지는 것도 당연히 '의식이 없는 공'이라 말해야 할 것이다. 【초_ '大乘' 이하는 대승의 법으로 말하였다. 이는 비록 무색계에 태어났을지라도 또한 오직 생각을 없애야 함을 말한다.

'若超色想' 이하는 앞의 예를 들어서 반대로 끝맺은 말이다. 識無邊處에 태어나 空無邊處의 생각을 없애지 못하고, 無所有處에 태어나 식무변처의 생각을 없애지 못한다면 어떻게 공무변처에 태어나 색계의 생각을 없앨 수 있겠는가. 이 논리는 잘 성립된 말이다.】

已明離障이어늘 云何對治오 前三句中에 不念之言은 含於對治니 謂不分別色等境故니라 何以不念고 見無我故라 約菩薩實治일새 故云無我어니와 若依有漏인댄 但厭苦麤로 以爲加行이니라

順正理云 '謂若有法이 雖與色俱라도 而其自體는 不依屬色하나

니 '諸有'가 '於色'에 '求出離者'는 '必應最初'에 '思惟彼法'이니 謂'虛空
體'는 '雖與色俱'이나 '而待色無'라야 '方得顯了'하나니 '外法所攝'이 '其相
無邊'이니 '思惟彼時'에 '而能離色'이라하니 '此卽加行之相也'니라【鈔
'順正理'下는 引論하야 釋成加行之相이라 然云'有法雖與色俱'者
는 有法이 卽空이니 空偏一切色과 非色處라 今明色中之空일새 故
云'雖與色俱而其自體'者는 空是無礙오 色是變礙故니라 下經云
'譬如虛空이 偏至一切色과 非色處나 非至非不至니 何以故오 虛
空은 無身故'라하니 此約事空이라 若約理空인댄 義亦同此니라 故經
頌云 '譬如法界偏一切니 不可見取爲一切'是也니 上辨虛空之
體니라

'諸有於色'下는 辨觀行之相이라 '而待色無'者는 然顯空相에 畧有
二義하니 一은 滅色明空이니 謂先有色이라가 今此已無故오 二는 對
色明空이니 此處는 是色이오 無色處는 是空이라 今待色無 義含二
意니 故婆沙論八十云'但由加行하야 名空無邊處이니 謂初業者는
先應思惟墻上·樹上·岸上·舍上等 諸空之相이니 取此相已에 假
想勝解로 觀察照了無邊空相이니 以先思惟無邊空相으로 而修
加行하야 展轉引起初無色定일새 故說此名虛空無邊處니라 曾聞
苾芻 出此定已에 便擧兩手하야 捫摸虛空이어늘 有見問言호되 汝
何所覓하고 苾芻 答言호되 我不見自身이로다 彼言호되 汝身이 卽在
牀上이어늘 如何餘處에 更覓自身고 故知入此定已에 亦不見身이오
起定에 猶爾라하니 今疏는 但明加行之相이니라】

이미 '수행의 장애를 여읨'에 대해 밝혔는데, 무엇 때문에 다시

수행으로 다스리려는 것일까? 앞의 3구절 가운데 '생각하지 않는다[不念: 不念種種想].'는 말에는 '수행으로 다스림'을 포함하고 있다. 이는 물질 등의 경계를 분별하는 마음이 없기 때문이다.

무슨 까닭에 생각하지 않는가? 無我를 보았기 때문이다. 실상으로 다스리는 보살을 들어 말하면 무아라 말할 수 있지만, 유루법으로 말하면 고통과 거친 생각을 싫어하는 것으로 加行을 삼는다.

아비달마 순정리론에서 말하였다.

"만약 어떤 법이 비록 물질과 함께하더라도 그 자체는 물질에 의지하거나 속하지 않는다. 모든 유형무형의 존재가 물질에서 벗어나기를 구한다면 반드시 맨 처음 그 법을 사유해야 한다. 이를테면 허공의 본체는 비록 물질과 함께하지만 물질의 존재가 없어야 비로소 뚜렷이 알 수 있다. 외부의 법으로 포괄한 바의 그 양상은 끝이 없다. 그것을 사유할 때에 물질에서 벗어날 수 있다."

이는 가행의 양상이다. 【초_'順正理' 이하는 순정리론을 인용하여 가행의 양상을 해석하였다. 그러나 "어떤 법이 비록 물질과 함께하더라도"라고 말한 것은 有의 법이 바로 空이다. 공이 일체 물질과 물질이 아닌 곳에 두루 존재한다. 여기에서는 물질 속의 공을 설명한 까닭에 "비록 물질과 함께하더라도 그 자체"를 말한 것은 공이란 장애가 없고, 물질은 변화하고 장애가 되기 때문이다.

아래 경문에서 "비유하면 마치 허공이 모든 물질과 물질 아닌 곳에 두루 이르지만, 이르는 것도 아니고 이르지 않는 것도 아니다. 무엇 때문인가? 허공은 그 자체의 몸이 없기 때문이다."고 하였다. 이는 현상의 사법계인 공으로 말한 것이다. 만일 진리의 이법계인 공으로 말한다면 그 의의 또한 이와 같다. 따라서 경문의 게송에서, "법계가 일체에 두루 존재하지만 이를 보고서 일체라고 말할 수 없다."는 것이 바로 그것이다. 위에서는 허공의 본체에 대해 논변하였다.

'諸有於色' 이하는 觀行의 양상에 대해 밝혔다.

"물질의 존재가 없어야[而待色無]"라는 것은 공의 양상을 밝힐 적에 대략 2가지 의의가 있다.

① 물질을 없애고 공을 밝혔다. 먼저 물질이 있었다가 지금은 이미 없기 때문이다.

② 물질을 상대로 공을 밝혔다. 욕계는 물질이고, 무색계는 공이다.

여기에서 말한 '물질의 존재가 없다.'는 데에 2가지 의의를 포함하고 있다.

이 때문에 대비바사론 권84에서 다음과 같이 말하였다.

"다만 가행으로 인하여 공무변처라 말하였다. 처음 발심하여 닦아가는 이는 당연히 먼저 담장 위, 나무 위, 언덕 위, 지붕 위 따위의 모든 허공의 모양을 사유해야 한다. 이런 허공의 모양을 취한 뒤에 假想으로 훌륭하게 이해하면서, 끝없는 허공의 모양을 관찰하고 비춰보아야 한다. 먼저 끝없는 허공의 모양을 사유하면서 가행을 닦으며 차츰차츰 첫 무색계의 선정을 끌어 일으켜야 한다. 이 때문에 이를 '공무변처'라고 말한다.

일찍이 듣자니, 어떤 비구가 이런 선정에서 나온 뒤에 갑자기 두 손을 번쩍 들고서 허공을 휘저었다. 어떤 사람이 그런 모습을 보고서 물었다.

'그대는 무얼 찾는가?'

비구가 대답하였다.

'나는 나의 몸이 보이지 않는다.'

'그대의 몸은 禪床 위에 앉아 있는데 어찌하여 다른 곳에서 자신을 찾는가?'

이를 통하여 알 수 있는 것은 이런 선정에 들면 또한 나의 몸마저도 볼 수 없고 선정에서 일어나서도 똑같다는 점이다."

여기의 청량소에서는 가행의 양상을 밝혔을 뿐이다.】

二 '入無邊虛空' 者는 是修行利益이니 謂三色想이 絶하면 則入空理니 廓爾無邊故니라

제2구의 "끝없는 허공에 들어간다."는 것은 '수행의 이익'이다. 이는 3가지의 물질에 대한 생각이 끊어지면 空의 이치에 들어감을 말한다. 툭 트여 그지없기 때문이다.

三 '住虛空無邊處' 者는 是彼二依止三昧니라 瑜伽云 '由已超過近分加行究竟作意하여 入上根本加行究竟果作意定이니 是故로 說言空無邊處 具足安住'라 하니라 準瑜伽意컨대 四義之中에 離障은 是超下地오 對治는 是加行究竟作意오 利益은 是勝解作意오 彼二依止는 是加行究竟果作意니 前三은 爲近分이오 後一은 是根本이라

後之三定도 一同於此니라 又此四義에 初는 何所超오 次는 云何能超오 三은 超前何緣이오 四는 超何所證이니라【鈔_ 何所超者는 謂色이오 云何超는 謂無分別이오 何所緣者는 謂緣虛空無邊이니 尤顯此句 是修行相이오 何所證者는 卽是空處心一境性이라】

제3구의 "허공의 끝없는 곳에 머문다."는 것은 '그 2가지의 의지처인 삼매'이다.

유가사지론에서 말하였다.

"이미 '가까운 부분인 가행위의 가장 높은 지위에서의 생각'을 초월하여, 위의 '근본 가행위의 가장 높은 지위에서의 결과로 생각하는 선정'에 들어가는 것이다. 이 때문에 공무변처에 두루 원만하게 안주한다고 말한다."

유가론의 논지에 준하면, 4가지 의의 가운데

'수행의 장애를 여읨'은 아래 지위에서 초월함이며,

'수행으로 다스림'은 가행의 가장 높은 지위에서 일으키는 생각[加行究竟作意]이며,

'수행의 이익'은 뛰어난 이해로 일으키는 생각[勝解作意]이며,

'그 2가지의 의지처인 삼매'는 가행의 가장 높은 지위의 결과에서 일으키는 생각[加行究竟果作意]이다.

앞의 3가지는 가까운 부분[近分]의 선정이고,

뒤의 하나는 근본의 선정이다. 뒤의 3가지 선정도 모두 이와 같다.

또한 이 4가지 의의는 다음과 같다.

㉠ 무엇을 초월해야 하는가?
㉡ 어떻게 해야 초월할 수 있는가?
㉢ 앞의 지위를 초월하여 그 무엇을 반연하는가?
㉣ 초월하면 그 무엇을 증득하는가?【초_ '㉠ 무엇을 초월해야 하는가?'는 물질을 말하고,
'㉡ 어떻게 해야 초월할 수 있는가?'는 분별심이 없음을 말하고,
'㉢ 앞의 지위를 초월하여 그 무엇을 반연하는가?'는 끝없는 허공을 반연함이니, 이 구절이 수행의 양상임을 더욱 밝힌 것이다.
'㉣ 초월하면 그 무엇을 증득하는가?'는 허공의 끝없는 곳의 '마음을 하나의 경계로 만드는 성품[心一境性]'이다.】

二 識無邊處
② 식이 그지없는 곳

經
超一切虛空無邊處하야 入無邊識하야 住識無邊處하니라
일체 허공의 끝없는 곳을 초월하여, 끝없는 식에 들어가 식이 그지없는 곳에 머무는 것이다.

● 疏 ●
心緣內識하야 作無邊行相일세 故以爲名이라 初'超虛空無邊處'는

是明離障이니 彼何所障고 外念爲麤故니라

二 入無邊識은 是修行利益이니 前明捨外요 今辨緣內라 正理云 謂於純淨六識身에 能了知中에 善取相已하야 安住勝解하고 由假想力하야 思惟觀察無邊識相하니 由此加行爲先하야 得入根本이라하니라 【 鈔_ 正理論下는 引論證成加行之相이라 言'得入根本'은 卽彼二依止三昧니라 】

'식이 그지없는 곳'이란 마음이 내면의 인식을 반연하여 끝없는 행상을 짓는다는 뜻으로 붙여진 이름이다.

제1구의 "일체 허공의 끝없는 곳을 초월한다."는 것은 '수행의 장애를 여읨'을 밝혔다. 그 어떤 것이 장애의 대상일까? 바깥 상념이 거칠기 때문이다.

제2구의 "끝없는 인식에 들어간다."는 것은 '수행의 이익'이다. 앞에서는 거친 바깥의 상념을 버림에 대해 밝혔고, 여기에서는 내면의 인식에 반연함을 논변하였다.

순정리론에서 말하였다.

"순수하고 청정한 六識의 몸을 잘 분별하여 아는 가운데 모양을 잘 취한 후에 뛰어난 이해에 안주하고, 가상의 힘으로 인하여 끝없는 인식의 양상을 사유하고 관찰함을 말한다. 이러한 가행으로 급선무를 삼음으로 인하여 근본 선정에 들어가는 것이다." 【 초_ '正理云' 이하는 논을 인용하여 가행의 양상을 증명하였다. "근본 선정에 들어간다."는 것은 곧 '그 2가지 의지처의 삼매'이다. 】 後 依止는 可知로다 뒤의 '그 2가지의 의지처인 삼매'는 설명하지 않아도 알 수 있다.

三 無所有處

③ 아무것도 없는 곳

經

超一切識無邊處하야 **入無少所有**하야 **住無所有處**하며

일체 식이 끝없는 곳을 초월하여, 조그만 것도 없는 데 들어가, 아무것도 없는 곳에 머무는 것이다.

● 疏 ●

'無所有處'者는 卽內外皆無也라

初'超無邊識'은 是明離障이라 何過須超오 事念麤故라 云何對治오 見麤念事의 分別過患이니라

次'入無少所有'者는 修行利益이니 前以捨外緣內일세 故爲麤念이어니와 旣無所取하야 能取亦無일세 故內外俱無니 斯爲利益이니라 正理云 '見前無邊行相麤動하고 起此加行일세 是故로 此處를 名最勝捨니 以於此中에 不復樂作無邊行相하고 心於所緣에 捨諸所有하야 寂然而住'라하니라 瑜伽云 '從識處上進時에 離其識外에 更求餘境하야도 都無所得'이라하니 此意는 明識旣爲麤라 識外復無일세 故無所有니라

後¹住無所有處²는 是彼二依止니라

'아무것도 없는 곳[無所有處]'이란 안팎으로 모두 없는 것이다.

제1구의 '끝없는 인식을 초월한다.'는 것은 '수행의 장애를 여읨'을 밝혔다.

어떤 허물을 초월해야 하는가? 현상계의 생각이 거칠기 때문이다.

어떻게 수행으로 다스려야 하는가? 거친 생각의 일로 분별하는 허물과 병통을 보아야 한다.

제2구의 "조그만 것도 없는 데 들어간다."는 것은 '수행의 이익'이다. 앞에서는 바깥의 거친 생각을 버리고 내면으로 반연하였기에 '거친 생각'이라 하였지만, 이미 취할 대상이 없어 취하는 주체 또한 없다. 이 때문에 안팎으로 모두 없는 것이다. 이것이 바로 '수행의 이익'이다.

순정리론에서 말하였다.

"앞의 끝없는 행상이 거칠게 움직이는 것을 보고서 이러한 가행을 일으켰다. 이 때문에 이곳을 '가장 수승하게 버림[最勝捨]'이라고 말한다. 이 가운데 다시 끝없는 행상을 즐겨 짓지 않으며, 마음이 반연할 대상에 대하여 모든 있는 바를 버리고서 고요히 머물렀다."

유가론에서 말하였다.

"식의 끝이 없는 곳으로부터 위로 올라갈 적에 그 식을 여읜 이외에는 다시 나머지 경계를 구해도 모두 얻은 바 없다."

여기에서 말한 뜻은 식이란 이처럼 거친 것이기에 식의 밖에는 그 어떤 것도 다시 없음을 밝힌 것이다. 이 때문에 아무것도 없다.

뒤의 "아무것도 없는 곳에 머문다."는 것은 '그 2가지의 의지처인 삼매'이다.

四 非想

④ 생각이 있는 것도, 생각이 없는 것도 아닌 곳

經
超一切無所有處하야 **住非有想非無想處**호되

일체 아무것도 없는 곳을 초월하여, 생각이 있는 것도, 생각이 없는 것도 아닌 곳에 머무는 것이다.

● 疏 ●

非想中에 無下七地의 明了之想하고 有昧劣想일새 故以爲名이니라
'超一切無所有處'는 是所離障이라
云何對治오 無彼無所有니 以見麤念分別過患으로 故爲能治라
旣寂無所有어니 云何名麤오 猶有無所有想故니라
經闕一句나 論經則具하니 彼云 '知非有想非無想安穩이 則修行利益이라'하니라
卽 '入非有想非無想處行'은 是二依止니라
瑜伽云 '先入無所有處定하야 超過一切有所有想하야 今復超過

無所有想일새 故言非想이라하니라

又言호되 '非無想者는 非如無想과 及滅盡定에 一切諸想을 皆悉滅盡이오 唯有微細想이 緣無想境轉故로 卽於此處에 起勝解하야 則超近分而入根本이라'하니라

此中에 所以不出三界者는 由緣無想境이니 卽是細想이어늘 外道不了하야 謂爲涅槃이나 未能無緣이니 豈離心境이리오 況計此爲我하야 復生愛昧아 故法華에 喩頭上火然이라하니 若知此患이면 更求上進이니라 求上進時에 求上所緣하야도 竟無所得이라 無所得故로 滅而不轉이면 則得滅受想定也라 若未得此定인댄 厭想爲先하야 後想不行이면 卽入無想定이리라

然婆沙百四十一과 顯揚第三과 及諸論皆明이로대 而文言浩博일새 上引二論은 文畧義顯이니라 今更約第一義修하야 畧示四空호리라 謂觀色卽空하야 心安於空하면 是空處定이오 次知空色이 不出於心하면 是識處定이오 次는 心境兩亡하면 爲無所有오 次는 亦亡無所有想하고 緣無想住면 名非想非非想이오 若不緣此無想이면 則諸漏永寂이니라【鈔_ '今更約下는 約觀心釋이오 兼通禪門이라】

생각도 아닌 부분은 아래 7지의 밝게 아는 생각이 없고 혼매하고 하열한 생각이 남아 있어 이를 이름으로 삼은 것이다.

"일체 아무것도 없는 곳을 초월한다."는 여읠 대상의 장애를 말한다.

어떻게 다스려야 하는가? 그 아무것도 없는 곳마저 없어야 한다. 거친 생각의 분별하는 허물과 병통을 보아야 하는 것으로 다스

림의 주체를 삼아야 한다.

이미 아무것도 없는 곳이 고요한데 어떻게 '거칠다'는 이름을 붙였을까? 아직도 '아무것도 없다.'는 생각이 남아 있기 때문이다.

경문에는 한 구절이 빠졌지만 논경에는 잘 갖춰져 있다. 논경에서는 "생각이 있는 것도 아니요, 없는 것도 아닌 안온한 자리를 아는 것이 '수행의 이익'이다."고 하였다.

'생각이 있는 것도, 생각이 없는 것도 아닌 곳'의 행에 들어가는 것은 '그 2가지의 의지처인 삼매'이다.

유가사지론에서 말하였다.

"먼저 아무것도 없는 곳의 선정에 들어가, 일체 '있다'는 것과 '있는 것'이라는 생각을 초월하였는데, 여기에서는 다시 '아무것도 없다는 생각'마저 초월하는 것이다. 이 때문에 생각이 있는 것이 아니라고 말한다."

유가사지론에서 또 말하였다.

"생각이 없는 것도 아니라는 것은, 생각 없는 선정[無想定]과 생각이 끊어진 선정[滅盡定]에 일체 모든 생각이 모조리 다 사라진 것과는 똑같지 않다. 오직 미세한 생각이 모양 없는 경계[無相境]를 반연하면서 전변하는 것이다. 이 때문에 이런 곳에서 뛰어난 견해를 일으켜서 가까운 부분의 선정을 뛰어넘어 근본 선정에 들어가는 것이다."

이 가운데서 삼계를 벗어나지 못한 이유는 모양 없는 경계를 반연한 까닭이다. 이는 미세한 생각임에도, 외도는 이를 알지 못하고서 열반이라고 생각한다. 그러나 반연이 없지 않으니 어떻게 마음의 경계를 여읠 수 있겠는가. 하물며 이를 잘못 '나'라고 생각하여 다시 애정을 일으키는 일이야 오죽하겠는가.

이 때문에 법화경에서는 '머리 위에 붙은 불'로 이를 비유하였다. 만약 이런 우환을 안다면 다시 위로 향하여 올라감을 추구할 것이다. 위로 올라가려고 할 적에 위의 반연 대상을 구하려 해도 끝내 얻을 수 없을 것이다. 아무런 얻은 바가 없기 때문에 모조리 사라져 전변하지 않으면 바로 '느낌과 생각이 끊어진 선정[滅受想定]'을 얻을 것이다. 만약 이러한 선정을 얻지 못할 경우, 싫어하는 생각을 급선무로 삼아서 뒷생각을 행하지 않으면 생각 없는 선정[無想定]에 들어가게 될 것이다.

그러나 대비바사론 권141, 현양성교론 권3, 그리고 여러 논에서 모두 이를 밝혔지만, 문장이 워낙 광범위하고 많다. 위에서 인용한 유가론, 구사론은 문장이 간략하면서도 그 뜻이 분명하다. 여기에서는 다시 으뜸가는 이치의 수행을 들어서 4가지 하늘을 간단하게 말하고자 한다.

물질이 곧 空임을 관찰하여 마음을 공에 안주하면 바로 '허공의 끝없는 곳'의 선정이다.

다음은 공과 물질이 마음에서 벗어나지 않음을 알면 '식이 그지없는 곳'의 선정이다.

다음은 마음과 경계 2가지가 모두 사라지면 '아무것도 없는 곳'의 선정이다.

다음은 또한 아무것도 없다는 생각마저 사라지고 생각이 끊어진 선정을 반연하면 '생각도 아니고 생각이 아닌 것도 아닌 선정'이라고 말한다.

만일 이처럼 생각이 끊어진 선정조차 반연하지 않으면 모든 번뇌가 영원히 고요해질 것이다.【초_ '今更約' 이하는 마음을 살펴보는 것을 들어 해석하였고, 겸하여 禪門과도 통하는 견해이다.】

第三 入意

3) 증득하여 들어간 의미

經
但隨順法故로 行이언정 而無所樂著이니라
다만 법을 따른 까닭에 행할지언정 즐거워 집착하는 바가 없다.

◉ 疏 ◉
但順化衆生法이언정 不同凡小 有愛味等이니 如前已釋이니라
단지 중생 교화의 법만을 따를 뿐, 애정의 집착 등이 있는 범부나 소승과는 똑같지 않다. 앞에서 이미 해석한 바와 같다.

◉ 論 ◉
明此發光地에 得出三界心하야 入法界自體無作大三昧門일세

雖修四禪八定이나 恒隨法性하야 而無所依하고 但爲鍊磨三界習氣하야 令智明淨이니 應如是進修故로 如善鍊金에 不失銖兩喩하야 如是重重以戒定慧鍊磨호되 不失法界大圓明智銖兩코 以此八種禪定鍊磨하야 令智慧轉更明淨이니 以法身智體 本無增減일세 故名發光地니라

이 발광지에서 삼계를 벗어나는 마음을 얻어, 법계 자체에 작위 없는 大三昧門에 들어가기에, 비록 4가지 禪, 8가지 定을 닦지만 언제나 법성을 따라서 의지한 바 없다. 다만 삼계의 습기를 연마하여 지혜를 밝고 청정하기 위함이다. 당연히 이와 같이 닦아나가는 까닭에 황금을 잘 연마하여 한 냥 한 푼을 잃지 않는다는 비유처럼, 거듭거듭 계정혜로써 연마하되 법계의 大圓明智를 한 냥 한 푼 잃지 않고, 이와 같은 8가지 선정으로 연마하여 지혜를 더욱 더 밝고 깨끗하게 해야 한다. 법신 지혜의 본체가 본래 더하거나 줄어듦이 없기에 그 이름을 '발광지'라 말한다.

權敎菩薩은 得出八禪하야 超三界苦하야 生於淨土하고 有慈悲者는 留惑潤生하야 住於世間하며 聲聞羅漢은 出八禪定後에 入第九定하야 依空智滅하야 身智總無어니와 如一乘菩薩은 修習八禪호되 善知世法이 無有體性하야 成一切智之妙用故며 達三界體 自無生滅故며 發起大智하야 知世法故라 故名發光地니

권교보살은 8가지 선에서 벗어나 삼계의 고통에 초월하여 정토에 태어나고,

자비가 있는 자는 번뇌를 끊지 못하고 다시 생을 받아[留惑潤

生] 세간에 머무르며,

성문과 나한은 8가지 선정을 초월한 후에 제9 선정에 들어가 空을 의지하여 지혜가 사라져 몸과 지혜가 모두 없다.

그러나 一乘菩薩의 경우, 8가지 선정을 닦되 세간법이 체성이 없음을 잘 알아서 一切智의 묘용을 이루기 때문이며, 삼계의 자체가 스스로 생멸이 없음을 통달하기 때문이며, 큰 지혜를 일으켜 세간의 법을 알기 때문에 그 이름을 '발광지'라 하였다.

明初地에 修檀은 住世間이오 第二地에 修戒는 明能淨世間이오 第三地에 修八定은 明得出世間이오 四五六地는 明修出世間中世間之智오 七八九地는 明修入世間하야 成悲智圓融이오 第十地는 明修智悲圓滿하야 成佛位故니 計其理智컨대 無有地體層級이로대 爲治慣習과 及會融悲智生熟과 及修世間出世間差別智가 有淺深일세 安立諸地하야 設其軌度하야 令使倣之니라

초지에서 보시행을 닦음은 세간에 머뭄을 밝혔고,

제2지에서 계행을 닦음은 세간을 청정케 하는 주체임을 밝혔고,

제3지에서 八定을 닦음은 출세간을 밝혔고,

제4, 5, 6지는 출세간 가운데 세간 지혜 닦음을 밝혔고,

제7, 8, 9지는 세간에 들어가 닦아서 자비와 지혜의 원융 성취를 밝혔고,

제10지는 지혜와 자비를 원만하게 닦아서 부처 지위의 성취를 밝혔기 때문이다.

그 理智를 헤아려보면 지위의 자체에 계층이 없지만, 관습을

다스림과 悲智 회통융합의 生熟, 세간 출세간의 差別智에 조예의 깊고 얕음이 있다. 따라서 모든 지위를 정립하여 그에 따른 궤도를 마련, 이를 본받도록 한 것이다.

第三厭分 竟하다

3. 厭離의 부분을 끝마치다.

大文第四明其厭果
卽前八定之所等引일세 故名爲果라
文分爲三이니
初 四無量은 卽行方便果오
次 五神通은 卽行功用果오
三 此菩薩於諸禪下는 總結自在라
今初니 所以先明者는 凡夫 味定하야 三界輪廻하고 二乘은 上升하야 多皆趣滅하고 菩薩은 因定으로 發生慈悲하야 廣利有情하야 成菩薩性이라 然入之所以는 前論에 已辨이니라
爲對生死·涅槃하야 分四爲二라 準瑜伽等인댄 四種無量이 爲四有情이니 謂緣求樂衆生하야 興慈하고 有苦에 興悲하고 有喜에 隨喜하고 有惑에 不染이라 復應此四 通緣一切니 以智導之면 則無所著이니라 此四 皆緣無量境일세 故名四無量이라 若總相說인댄 皆以定慧로 而爲其體오 若別明之인댄 慈卽與樂이니 無瞋爲體오 拔苦不害하고 慶他不嫉하고 自他捨惑이 卽是善捨니라【鈔_ 此四皆緣下

는 結總名이라 疏通始終之教라 準大集第九인댄 云 '知諸衆生心性 本淨이 是名爲慈요 觀於一切 等如虛空이 是名爲悲요 斷一切喜 是名爲喜요 遠一切行이 是名爲捨라'하나니 此通終頓이니라 若圓敎 明인댄 如離世間品 各有十義와 及圓融等이니라】

4. 厭行의 결과 부분을 밝히다

앞의 8가지 선정[四禪과 四空]에서 똑같이 이끌어온 것이기에 이를 '결과[果]'라고 명명하였다.

경문은 3부분으로 나뉜다.

1) 4가지 한량없는 마음은 곧 방편을 실천한 결과이고,

2) 5가지 신통은 곧 공용을 실천한 결과이며,

3) '此菩薩於諸禪' 이하는 자재함을 총괄하여 끝맺었다.

이는 '1) 4가지 한량없는 마음'이다.

이를 먼저 밝힌 이유[來意]는 범부는 선정에 탐착하여 삼계에 윤회하고, 이승은 위로 올라가 대부분 열반으로 향하고, 보살은 선정으로 인해 자비한 마음을 일으켜 널리 중생의 이익이 되어 보살의 성품을 성취하는 것이다. 그러나 들어간 이유는 앞의 논에서 이미 말하였다.

생사와 열반을 상대로 말하면, 4가지를 나누어 2가지로 묶었다.

유가사지론에 준하면, 4가지 한량없는 마음이 4가지 중생을 위함이다.

① 쾌락을 추구하는 중생을 반연하여 사랑의 마음을 일으키고,

② 고통받는 중생을 반연하여 가엾이 여기는 마음을 일으키고,

③ 기쁨 있는 중생을 반연하여 따라서 기뻐하고,

④ 미혹 있는 중생을 반연하여 물들지 않는다.

또한 이 4가지는 일체 모든 이를 반연한다. 지혜로 이끌면 집착한 바 없다.

이 4가지는 모두 한량없는 경계를 반연하기에 '4가지 한량없는 마음'이라고 말한다.

만일 총상으로 말하면 모두 선정과 지혜로 그 체성을 삼고, 별상으로 말하면 다음과 같다.

사랑의 마음[慈]은 즐거움을 주는 것이니, 성냄이 없음으로 본체를 삼고,

대비심은 괴로움을 없애주어 해치지 않고,

기뻐하는 마음은 남들을 칭찬하여 질투함이 없으며,

자신과 남에게 미혹을 버리도록 하는 것이 잘 버림[捨]이다.

【초_ '此四皆緣' 이하는 총상의 명칭을 끝맺었다. 청량소에서는 대승의 始敎와 終敎를 회통하였다. 대집경 권9에 준하면, 다음과 같다.

"모든 중생의 심성이 본래 청정함을 아는 것을 사랑의 마음[慈] 이라 하고

일체의 평등을 허공처럼 보는 것을 가엾이 여기는 마음[悲]이라 하며,

일체 기쁨을 끊는 것을 기쁜 마음[喜心]이라 하고

일체 행을 멀리함을 버린 마음[捨心]이라 한다."

이는 終敎와 頓敎를 회통한 내용이다. 만일 圓敎로 밝힌다면 제38 이세간품에서 각기 10가지 이치와 원융함 등을 밝힌 내용과 같다.】

經

佛子여 此菩薩이 心隨於慈하야
廣大無量不二하며 無怨無對하며 無障無惱하며
徧至一切處하며
盡法界虛空界하야
徧一切世間하나니
住悲喜捨도 亦復如是하니라

　　불자여! 이 보살의 마음이 사랑을 따라서,
　　넓고 크며 한량없고 둘이 아니며, 원수가 없고 상대가 없으며, 장애가 없고 고뇌가 없으며,
　　일체 곳에 두루 이르며,
　　법계와 허공계 끝까지
　　일체 세간에 사랑의 마음이 두루 가득하다.
　　불쌍히 여기고, 기뻐하고, 버리는 데에 머무는 것 또한 그와 같다.

● 疏 ●

文中二니 初는 別顯慈行이오 後 '住悲' 下는 類顯餘三이라

初中에 有十二句하니

心隨於慈는 此句 爲總이라 隨有二義하니 一은 心不趣寂하야 動皆含慈오 二는 以此慈心으로 隨逐於物이 如犢逐母니라

次十句는 別이라 慈之種類 總有其三하니

初有七句八義는 衆生緣慈오

次一은 法緣이오 後二는 無緣이라

緣은 謂緣念이라 初緣은 假者니 欲與其樂이오 次緣은 人空이니 但有蘊等 善惡行法으로 以用敎化오 後緣은 衆生體空이니 欲令悟入이니라

初一은 通凡이오 次一은 通小오 後一은 唯大라【鈔_ 慈之種類者는 疏依常義니 經論이 大同이라 涅槃十五에 更有一義하니 云 衆生緣者는 緣於五蘊이니 願與樂故오 法緣者는 緣諸衆生所須之物이오 無緣者는 緣於如來니 是名無緣이라 慈者는 多緣於貧窮衆生이니 如來大師는 永離貧窮하시고 受第一樂하나니 若緣衆生하면 則不緣佛이라 法亦如是라 以是義故로 緣如來者를 名曰無緣이라하니라 次更有義하니 即是今疏所明이라】

경문은 2단락으로 나뉜다.

(1) 개별로 大慈의 행을 밝혔고,

(2) '住悲' 이하는 유례로 나머지 3가지 한량없는 마음[悲·喜·捨無量心]을 밝혔다.

'(1) 개별의 대자' 부분은 12구이다.

제1구의 "마음이 사랑을 따른다."는 구절은 총상이다.

따른다는 '隨' 자에는 2가시 의의가 있다.

① 마음이 고요한 데로 향하지 않고 하는 일마다 모두 사랑의 마음을 품는 것이며,

② 이런 사랑의 마음으로 중생을 따름이 마치 송아지가 어미 소를 따르는 것과 같다.

다음 10구는 개별의 해석이다.

인자함의 종류에는 모두 3가지가 있다.

㈀ 첫 7구[廣·大, 無量, 不二, 無怨, 無對, 無障, 無惱]의 8가지 이치(廣·大 구절이 2가지 뜻으로 나뉨)는 중생을 반연하는 인자함이며,

㈁ 다음 1구[徧至一切處]는 법을 반연하는 인자함이며,

㈂ 뒤의 2구[盡法界虛空界, 徧一切世間]는 반연 없는 인자함이다.

여기에서 말한 '緣'이란 '반연하고 생각함'을 말한다.

'㈀ 중생의 반연'은 잠시 빌린 것이다. 그 즐거움을 주고자 함이다.

'㈁ 법의 반연'은 人空이다. 다만 오온 등의 선법과 악법으로 중생을 교화하는 것이다.

'㈂ 반연 없는' 반연은 중생의 체성이 공하므로 이를 깨달아 돌아오도록 하려는 것이다.

'㈀ 중생의 반연'은 범부에 통하고, '㈁ 법의 반연'은 소승에 통하고, '㈂ 반연 없는' 반연은 오직 대승에만 통한다. 【초_ '인자함의 종류'란 청량소에서는 일반적인 이치를 따라 말하였다. 이는 경문과 논이 크게는 같다.

열반경 권15에서 또 다른 하나의 의의를 밝혔는데 다음과 같다.

"'중생을 반연하는 인자함'이란 오온에 반연함이다. 이는 중생에게 즐거움을 주려는 것이다.

'법을 반연하는 인자함'이란 많은 중생이 필요로 하는 물건을 보시하는 것이다.

'반연 없는 인자함'이란 여래를 반연하는 것이다. 이를 '반연 없음'이라 한다.

大慈의 마음은 가난한 중생을 반연한 바가 많다. 부처님은 가난을 영원히 여의고 으뜸가는 즐거움을 받는다. 만일 중생을 반연하면 부처님의 법을 반연하는 것이 아니다. 법 또한 이와 같다. 이런 의의 때문에 '여래를 반연함[緣如來]'을 '반연함이 없다[無緣].'고 이름 지은 것이다."

다음에 또 다른 이치가 있다. 이의 청량소에서 밝힌 내용이다.】

今初八義는 曲復有四하니 初四는 與樂이니 正顯行相이라

廣者는 與欲界樂이니 欲境이 廣多故라 大者는 與同喜樂이니 謂初·二禪은 喜受俱故로 高出名大라

'無量'者는 與不同喜樂이니 三禪已上에 離苦離喜故라 深故로 名無量이니라

'不二'者는 三樂을 平等與故라 上皆論意니라

更有一理하니 廣則無樂不與오 大는 謂菩提涅槃이오 無量은 謂窮來際오 不二者는 無一不與故니라

次二는 治障이니 不愛之寃에 亦與其樂일세 故無寃障이오

是愛之親에 亦與其樂호되 非是偏情일세 故無對礙오 中人에 無愛

不愛일세 故非障也라

次一은 淸淨이니 謂無身心不調五蓋等障이니 是行淸淨慈라【鈔_ '次一淸淨'은 卽經 無障이라 然經云 無障이라하야늘 論爲淸淨은 由前治障하야 得此無障이니 無障卽淨이니라 又前은 是慈用이니 用平等慈하야 治於怨親이니 此據慈體라 體是禪果所依니 依禪하야 治下欲惡等染일세 故名淸淨이라 身心不調하야 造十惡業하나니 調故無之니라】

(ㄱ) 첫 7구의 8가지 이치는 자세히 보면 다시 4가지가 있다.

① 앞의 4가지[廣, 大, 無量, 不二]는 즐거움을 주는 것이다. 바로 행법의 양상을 밝혔다.

넓다[廣]는 것은 욕계의 즐거움을 주는 것이다. 욕계의 경계가 넓고 많기 때문이다.

크다[大]는 것은 기쁨을 함께하는 즐거움을 주는 것이다. 초선과 제2 선정은 기쁜 느낌[喜受]을 함께하기 때문에 드높고 특출한 것을 크다고 말한다.

한량없다[無量]는 것은 각기 달리 똑같지 않은 기쁨을 주는 것이다. 제3 선정 이상에서 괴로움과 기쁨을 여의기 때문이다. 깊은 까닭에 한량없다고 말한다.

둘이 없다[不二]는 것은 위의 3가지 즐거움을 평등하게 주는 것이다.

위는 모두 논에서 말한 뜻이다.

또 다른 하나의 논지가 있다.

넓다는 것은 즐거움을 주지 않은 데가 없고,

크다는 것은 보리와 열반을 말하며,

한량없다는 것은 '미래가 다하도록'을 말하고,

둘이 없다는 것은 하나도 남김없이 주기 때문이다.

② 다음 2구[無怨, 無對]는 '수행의 장애를 다스림'이다.

사랑하지 않는 원수에게도 그 즐거움을 주는 까닭에 '원한의 장애가 없으며[無怨]',

사랑하는 친척에게 또한 그 즐거움을 주되 치우친 정이 아니기에 '상대의 장애가 없으며[無對]',

가깝지도 멀지도 않은 중간의 사람들에게도 사랑하거나 사랑하지 않음이 없기에 장애가 없다.

③ 다음 한 구절[無障]은 청정함이다. 몸과 마음이 고르지 않은, 오온의 덮개 따위의 장애가 없음을 말한다. 이는 '행이 청정한 大慈'이다. 【초_"다음 한 구절은 청정함이다[次一淸淨]."는 경문의 '장애가 없음[無障]'이다. 그러나 경문에서는 '장애가 없다.'고 말했는데, 논에서 '청정'으로 말한 것은 앞에서 장애를 다스림으로 인하여, 여기에서 장애가 없는 것이다. 장애가 없으면 곧 '청정'하다.

또한 앞은 사랑의 작용이다. 평등한 사랑으로 원수거나 친척을 다스림이다. 이는 사랑의 체성에 근거한 것이다. 사랑의 체성은 선정의 결과에 의지한 대상이다. 선정에 의하여 아래의 욕심과 악함 등의 잡염을 다스리기에 이를 '청정'이라고 말한다.

몸과 마음이 고르지 못하여 10가지 악업을 짓게 된다. 몸과 마

음이 고르기에 10가지 악업이 없다.】

後一은 攝果니 慈定으로 起於色界正果하고 慈之餘勢는 起欲界習果니 皆無苦惱之事니라【鈔_ 後一攝果는 卽經無惱이니】

④ 뒤의 한 구절[無惱]은 결과를 포괄하고 있다. 사랑의 선정으로 색계의 바른 결과를 일으키고, 사랑의 남은 세력은 욕계의 업습 결과를 일으키는 것이다. 이는 모두 고뇌가 없는 일이다.【초_ "뒤의 한 구절은 결과를 포괄하고 있다."는 것은 경문의 '고뇌가 없음[無腦]'이다.】

故로 修慈經에 說修慈 有十五利하니 謂臥安과 覺安과 天護와 人護와 眠無惡夢과 寤常歡喜와 水不能漂와 火不能燒와 刀不能傷과 毒不能害와 常生善處와 鎭受快樂과 正報梵世와 殘報人王과 遠果作佛이니 皆慈之果니라

然此中에 有多種果하니 初現報果하니 '常生' 下는 後報果오 正報梵世는 望上生報오 望下正報오 殘報人王은 卽是習果라

又初는 士用果오 水不漂等은 是增上果오 '常生' 下는 異熟果오 殘報는 等流果오 作佛은 是離繫果라 修一慈心에 三報不斷하고 五果俱圓하야 無費一毫하야도 而功報無極하니 幸諸後學은 思而修之어다

그러므로 수자경에서 "인자함을 닦으면 15가지 이익이 있다."고 말하였다. 이는 ① 편안한 잠자리, ② 깨었을 때 편안함, ③ 하늘의 가호, ④ 사람들의 보호, ⑤ 나쁜 꿈을 꾸지 않음, ⑥ 잠에서 깨어날 때 언제나 기쁨, ⑦ 물에 빠지지 않음, ⑧ 불에 타지 않음, ⑨ 칼에 상처 입지 않음, ⑩ 독충에 물리지 않음, ⑪ 항상 좋은 곳에 태

어남, ⑫ 오랜 쾌락을 받음, ⑬ 정보로 범천에 태어남, ⑭ 남은 과보로 세간의 왕이 됨, ⑮ 먼 장래의 과보로 성불함을 말한다. 이는 모두 사랑의 결과이다.

그러나 이 가운데 여러 종류의 결과가 있다.

앞은 현생에 받는 과보이며,

'⑪ 항상 좋은 곳에 태어남[常生善處]' 이하는 내생에 받을 과보이며,

'⑬ 정보로 범천에 태어남[正報梵世]'은 천상계에 태어나는 보답을 바라고, 아래로 正報를 바라는 것이며,

'⑭ 남은 과보로 세간의 왕이 됨[殘報人王]'은 업습의 결과이다.

또한 앞부분은 士用果이며,

'물에 빠지지 않음' 등은 增上果이며,

'항상 좋은 곳에 태어남' 이하는 異熟果이며,

'남은 과보로 세간의 왕이 됨'은 等流果이며,

'먼 장래의 과보로 성불함'은 離繫果이다.

하나의 인자한 마음만 닦아도 3가지 보답[順現報, 順生報, 順後報]이 끊어지지 않고, 5가지 결과[等流果, 異熟果, 士用果, 增上界, 離繫果]가 모두 원만하여, 털끝 하나 허비하지 않고서도 공용과 보답이 끝이 없다. 바라건대 여러 후배들은 이를 잘 생각하여 수행해야 한다.

次徧至一切處는 卽法緣慈니 橫徧十方하며 竪通三界하야 彼中所有一切諸法을 皆能緣念이라 然法有二種하니 一은 緣聖凡五蘊之法이오 二者는 衆生所有分別作業之法이니 此卽所化差別이라

故涅槃云 '緣利衆生法을 名爲法緣'이라하니라

㉡ 다음 "일체 곳에 두루 이른다."는 것은 '법을 반연하는 인자함'이다. 수평으로 시방에 두루 하고 수직으로 삼계에 통하여, 그 가운데 있는 일체의 모든 법을 모두 반연하고 생각함이다.

그러나 법에는 2가지가 있다.

① 성인과 범부의 오온으로 반연하는 법,

② 중생이 가진 분별로 업을 짓는 법이다.

이는 곧 교화 대상의 차이이다. 이 때문에 열반경에서는 "중생에게 이익되는 법의 반연함을 法緣이라 말한다."고 하였다.

後二句 無緣者는 無緣有二하니 一은 自體無緣이니 豎窮法空을 云盡法界오 二는 徧至無緣이니 顯空無分齊하야 橫盡虛空이라

㉢ 뒤의 2구[盡法界處空界, 徧一切世間]는 '반연 없는 인자함'에서 반연 없음은 2가지이다.

① 본래 자체에 반연이 없다. 수직으로 법공을 다함을 '법계를 다함'이라 말하고,

② 두루 지극하여 반연이 없다. 공하여 구분과 한계가 없어 '수평으로 허공계를 다함'이다.

末句云 '徧一切世間'者는 總結上慈하야 成無量義也니라【鈔_ 經 '徧至一切世間'者는 正約有情世間이니 義兼餘二니 正覺과 器界는 是所與故라】

마지막 구절에서 "일체 세간에 두루 가득하다."고 말한 것은 위의 인자함을 총괄하여 끝맺으면서 한량없는 이치를 성립하였다.

【초_ 경문의 "일체 세간에 두루 가득하다."고 말한 것은 바로 중생세간으로 말하였다. 그 의의는 나머지 2가지를 겸하였다. 智正覺世間과 器世間은 즐거움을 주어야 할 대상이기 때문이다.】

類三하면 可知로다

(2) 나머지 3가지[悲, 喜, 捨]를 유추하면, 이는 설명하지 않아도 알 수 있다.

第二는 得五神通이니 明行功用果라 前은 內懷慈濟之心이오 此는 外現救生之用이라 從多分說이나 但爲邪歸니라 妙用難測曰神이오 自在無擁曰通이니라

文中有五하니 一은 神境이오 二는 天耳오 三은 他心이오 四는 宿住오 五는 天眼이니 寄同世間일새 故但得五니라 外色과 內身이 皆神之境이니 轉變多種일새 偏受神名이라 亦名神足이니 依欲勤心觀之所成故라 亦名如意니 隨意成故라 餘名은 易了니라

若語其體인댄 通是慧數오 別則前四는 是智오 後一은 是見이라 見亦是智니 照了分明하야 順眼義故로 偏立見名이라 餘處에 天眼이 居神境次者는 顯自修者 先成自根勝用하고 次知他心하고 後知往業故라 今約利他三業일새 故天眼居末이라

初一은 身業이니 到機所오

次二는 口業이니 天耳로 聞佛說法하고 聞衆方言이오 以他心智로 隨種種言音하야 皆盡知已하고 將前所聞之法하야 隨其方言之異하야

395

復宜用何言之異하야 而授與之라
後二는 意業이니 宿住로 知其過去 是何界種이며 天眼으로 見其未來의 遠近成益하야 隨應化之라 餘如十通品辨하니라
今初는 身通이라

2) 5가지 신통

이는 공용을 실천한 결과를 밝혔다.

앞에서는 안으로 중생을 사랑으로 구제하려는 마음을 품은 것이며, 여기서는 밖으로 중생을 구제하는 작용을 밝힌 것이다.

많은 부분에서 신통을 말하고 있으나 다만 삿된 것에 귀결될 뿐이다. 헤아리기 미묘한 작용을 '神'이라 말하고, 걸림 없이 자재한 것을 '通'이라고 말한다.

경문은 5단락이다.

(1) 마음대로 갈 수 있고 변할 수 있는 神境通,
(2) 모든 소리를 마음대로 들을 수 있는 天耳通,
(3) 남의 마음속을 아는 他心通,
(4) 나와 남의 전생을 아는 宿住通,
(5) 모든 것을 막힘없이 꿰뚫어 보는 天眼通이다.

이는 모두 器世間에 의탁한 까닭에 5가지 신통만을 얻은 것이다.

神境通이란 외부의 물질과 내면의 몸이 모두 신통한 경계이다. 여러 가지로 변화할 수 있기 때문에 5신통 가운데 유독 '神'이라는 명칭을 붙인 것이다. 이는 또한 神足通이라 말하기도 한다.

욕심에 의해 부지런한 마음으로 관찰하여 이루어졌기 때문이다. 또한 如意通이라고도 말한다. 생각하는 대로 성취되기 때문이다.

신통의 다른 명칭들은 쉽게 알 수 있다.

만일 그 체성을 말하면 전체로는 지혜의 법수이고, 개별로는 앞의 4가지 신통[神境, 天耳, 他心, 宿住]은 지혜이고, 뒤의 하나[天眼]는 보는 작용이다. 보는 것 또한 지혜이다. 비추어 아는 것이 분명하여 눈의 이치를 따른 까닭에 다른 신통과는 달리 유독 '본다'는 명칭을 세웠다.

다른 곳에서 천안통을 신경통의 다음에 둔 것은 스스로 수행하는 이가 자기 감관의 뛰어난 작용을 먼저 이루고, 다음으로 남의 마음을 알고, 그 뒤에 과거의 업을 알 수 있음을 밝혔기 때문이다. 그러나 여기에서는 이타행의 삼업으로 말한 까닭에 천안통을 끝에 둔 것이다.

첫째, 신경통은 身業이다. 중생이 있는 곳을 찾아감이다.

다음 천이통과 타심통은 口業이다. 천이통으로 부처님의 설법을 듣고 각 지방 중생의 말을 알아들으며, 타심통의 지혜로 가지가지 언어와 음성을 따라 모두 다 알고, 앞에 들었던 법을 가지고서 그 지방의 각기 다른 사투리에 따라, 다시 그곳 중생에게 어떤 언어를 쓰는 것이 타당할지 그들에게 알맞게 적용하여 전해주는 것이다.

뒤의 숙주통과 천안통은 意業이다. 숙주통으로 그의 과거가 어떤 세계의 종족인지 알며, 천안통으로 그 가까운 미래에 또는 먼

미래에 성취할 이익을 미리 보고서 그에 따라 알맞게 교화하는 것이다.

나머지는 제28 십통품에서 논변한 바와 같다.

(1) 身通(神境通)

經

佛子여 此菩薩이 得無量神通力하야 能動大地하며 以一身으로 爲多身하고 多身으로 爲一身하야 或隱或顯하며 石壁山障에 所往無礙를 猶如虛空하며 於虛空中에 跏趺而去를 同於飛鳥하며 入地如水하며 履水如地하며 身出煙焰을 如大火聚하며 復雨於水를 猶如大雲하며 日月이 在空하야 有大威力이어든 而能以手로 捫摸摩觸하며 其身自在하야 乃至梵世하며

불자여! 이 보살이 한량없는 신통의 힘을 얻어서

대지를 흔들거릴 수 있으며,

하나의 몸으로 여러 몸을 만들고, 여러 몸으로 하나의 몸을 만들며,

혹은 몸을 숨기도 하고 나타나기도 하며,

석벽이나 산에 가로막혔을지라도 가는 길에 막힘이 없음을 허공과 같이 하며,

공중에서 가부좌한 채 나는 새처럼 행하며,

땅에 들어가기를 물과 같이 하고,

물을 밟고 가기를 평지를 밟듯이 하며,

몸에서 연기와 불길을 뿜어내는 것이 큰 불더미와 같고,

물을 내리기를 큰 구름과 같이 하며,

해와 달이 허공에 있으면서 큰 위력을 부리면 손으로 만지고 주무르며,

그 몸이 자재하여 범천까지도 올라간다.

◉ 疏 ◉

文二니 初는 總明이오 後 能動下는 別顯이라

總中에 云得者는 總修總得이라 若準瑜伽三十三인댄 得四靜慮竟하고 各各別修호되 皆有假想하니 則別修別得이라 旣寄位次第인댄 別亦無違니라 然通依四禪이나 多依第四니라

後 別中에 得三種自在하니 一은 世間自在니 動大地故오 二 以一身下는 身自在오 三 石壁下는 作業自在니라【鈔 作業自在 中에 有八은

一은 旁行無礙니 如經 石壁山障에 所往無礙를 猶如虛空 故니라

二者는 上行이니 如經 於虛空中에 跏趺而去 同於飛鳥 故니라

三者는 上下行이니 如經 入地如水 故니라

四者는 涉水不沒이니 如經 履水如地 故니라

五者는 其身熾然이니 如經 身出煙焰호되 如大火聚 故니라

六者는 身能注水니 如經 復雨於水가 猶如大雲 故니라

七者는 身能捫摸이니 如經 日月在空하야 有大威力하야 而能以手

捫摸摩觸故니라

八者는 自在니 乃至梵世間과 器世間을 隨意轉變하야 得自在故니 如經'其身自在 乃至梵世'故니라 】

경문은 2단락이다. 첫 부분은 총체로 밝혔고, 뒤의 '能動大地' 이하는 개별로 밝혔다.

총체로 밝힌 부분에서 말한 '얻었다[得: 得無量神通力]'는 것은 총체로 닦아 총체로 얻음이다.

유가사지론 권33에 준하면, 제4 靜慮를 모두 얻고 각각 개별로 닦되 모두 假想이 있다. 이는 개별로 닦아 개별로 얻음이다. 이미 지위에 붙어 차례를 말하면 개별로 밝히는 것 또한 어긋남이 없다. 그러나 이는 4가지 선정에 모두 의지하고 있지만, 대부분 제4 정려에 의지하고 있다.

뒤의 개별 부분은 3가지 자재함을 얻은 것이다.

① 세간의 자재함이다. 대지를 뒤흔들기 때문이다.

② '以一身' 이하는 몸의 자재함이다.

③ '石壁' 이하는 하는 일마다 자재함이다. 【초_ "하는 일마다 자재함[作業自在]" 부분의 8가지는 다음과 같다.

① 사방으로 행하는 데 걸림이 없다. 경문에서 말한 바와 같이 "석벽이나 산에 가로막혔을지라도 가는 길에 막힘이 없음을 허공과 같이 하기" 때문이다.

② 위로 올라가는 데 걸림이 없다. 경문에서 말한 바와 같이 "공중에서 가부좌한 채 나는 새처럼 행하기" 때문이다.

③ 위아래로 가는 길에 걸림이 없다. 경문에서 말한 바와 같이 "땅에 들어가기를 물과 같이 하기" 때문이다.

④ 물을 건너도 빠지지 않는다. 경문에서 말한 바와 같이 "물을 밟고 가기를 평지를 밟듯이 하기" 때문이다.

⑤ 그 몸에서 거센 불길이 타오른다. 경문에서 말한 바와 같이 "몸에서 연기와 불길을 뿜어내는 것이 큰 불더미와 같기" 때문이다.

⑥ 몸에서 물을 뿜어냄이다. 경문에서 말한 바와 같이 "물을 내리기를 큰 구름과 같이 하기" 때문이다.

⑦ 몸으로 만지고 주무르는 것이다. 경문에서 말한 바와 같이 "해와 달이 허공에 있으면서 큰 위력을 부리면 손으로 만지고 주무르기" 때문이다.

⑧ 자재함이다. 범천세간과 기세간까지 마음대로 전변함이 자재하기 때문이다. 경문에서 말한 바와 같이 "그 몸이 자재하여 범천까지도 올라가기" 때문이다.】

第二 天耳通
(2) 천이통

經
此菩薩이 天耳淸淨이 過於人耳하야 悉聞人天의 若近若遠한 所有音聲하고 乃至蚊蚋虻蠅等聲도 亦悉能聞하며

이 보살이 청정한 하늘의 귀가 인간의 귀보다 훨씬 뛰어나 인간이나 천상의 가까운 곳이든 먼 곳이든 모든 음성을 모두 들으며, 심지어는 모기·등에·파리 따위의 소리까지도 모두 듣는다.

● 疏 ●

初는 總標其體니 謂天耳淸淨이라
淸淨에 有二義하니
一은 離欲界法하고 得靜慮하야 引生淸淨大種所造故오
二는 離於障礙하야 審諦聞故니 由此故로 云過於人耳니라
'悉聞'下는 顯用이라 釋過人義니 遠細를 皆知故니라

첫 구절은 天耳의 체성을 총괄하여 밝혔다. 이는 天耳의 청정함을 말한다.

청정함에는 2가지 뜻이 있다.

① 욕계의 현상법을 여의고 선정을 얻어서 청정한 四大의 종자를 이끌어 만들어진 귀이기 때문이다.

② 장애를 여의고 자세하게 들을 수 있기 때문이다. 이 때문에 사람의 귀보다 뛰어난 것이다.

'悉聞人天' 이하는 작용을 밝혔다. 일반 사람의 귀보다 뛰어난 뜻을 해석하였다. 멀리 있는 소리거나 미세한 소리까지 모두 알기 때문이다.

一

第三 他心通

(3) 타심통

經

此菩薩이 **以他心智**로 **如實而知他衆生心**하나니
所謂有貪心에 **如實知有貪心**하고 **離貪心**에 **如實知離貪心**하며 **有瞋心·離瞋心**과 **有癡心·離癡心**과
有煩惱心無煩惱心과
小心·廣心과 **大心·無量心**과
略心·非略心과 **散心·非散心**과
定心·非定心과
解脫心·非解脫心과
有上心·無上心과
雜染心·非雜染心과
廣心·非廣心을 **皆如實知**하야
菩薩이 **如是以他心智**로 **知衆生心**하며

　이 보살이 다른 사람의 마음을 아는 지혜로 사실대로 다른 중생의 마음을 알고 있다.

　이른바 탐심이 있으면 사실대로 탐심이 있음을 알고,

　탐심이 없으면 사실대로 탐심이 없음을 알며,

　성내는 마음, 성냄을 여읜 마음,

어리석은 마음, 어리석음을 여읜 마음,

번뇌가 있는 마음, 번뇌가 없는 마음,

작은 마음, 드넓은 마음,

큰마음, 한량없는 마음,

간략한 마음, 간략하지 않은 마음,

산란한 마음, 산란하지 않은 마음,

선정의 마음, 선정이 아닌 마음,

해탈의 마음, 해탈이 아닌 마음,

위가 있는 마음, 위가 없는 마음,

물든 마음, 물들지 않은 마음,

광대한 마음, 광대하지 않은 마음을 모두 사실대로 아는 것이다.

보살이 이와 같이 남의 마음을 아는 지혜로 중생의 마음을 아는 것이다.

● 疏 ●

文三이니

初는 總이라 知他心者는 通於王所라

次'所謂'下는 別이오

後'菩薩如是'下는 結이라

　　경문은 3단락이다.

　　첫 구절은 총상이다. 남의 마음을 안다는 것은 '의식 작용의 본체[心王]'와 '객관 대상을 인식하는[心所]' 데에 모두 통한다.

다음 '所謂' 이하는 별상이며,

뒤의 '菩薩如是' 이하는 결론이다.

別中二十六心의 行相이 各異라 然除小等四心코는 餘皆障治間明이며 善惡業顯이라 總攝爲九니 一은 以初六心으로 明隨煩惱니 謂隨緣現起하야 煩惱相應일세 故名爲隨오 非約小惑名隨니라 言有貪者는 於可愛所緣에 貪纏所纏故라 離貪者는 遠離如是貪纏故라 下四는 例知니라 卽三不善根과 及三善根이 以爲能治라【鈔_ 言有貪下는 次別釋初對오 貪是心所니 心王之體 與貪相應을 名貪纏所纏이라 餘亦如是니라】

별상 부분의 26가지 마음의 행상이 각기 다르다. 그러나 '작은 마음' 등 4가지[小心·廣心·大心·無量心]를 제외하고, 나머지는 모두 장애를 다스리는 중간에 밝힌 것이며, 선업과 악업을 상대로 밝혔다.

이를 총괄하면 9부분이다.

① 첫 부분의 6가지 마음[有貪心如實知有貪心⋯ 離癡心]으로 隨煩惱를 밝혔다. 인연 따라 나타나서 번뇌와 상응하기에 '隨'라 말하였고, 작은 미혹을 가지고 '隨'라 말한 것은 아니다.

'탐냄이 있다.'고 말한 것은 사랑스러운 반연할 대상에 탐심에 얽혔기 때문이다. '탐냄을 여의었다.'는 것은 이러한 탐심의 구속을 멀리 여의었기 때문이다.

아래의 4가지도 이런 예로 미뤄보면 말하지 않아도 알 수 있다.

이는 3가지 선근이 아닌 부분과 3가지 선근이 다스림의 주체이다.【초_ '言有貪' 이하는 다음으로 첫 대구를 따로 해석하였고, 탐냄은 '객관 대상을 인식하는' 心所이다. '의식 작용의 본체인 心王의 본체가 탐내는 마음과 상응한 것을 '탐냄에 얽힘'이라 말하였다. 나머지 또한 이와 같다.】

二 '有煩惱'等 二心은 明使니 卽是隨眠이니라【鈔_ 二心明使者는 論中에 名使라하니 隨眠性成이 猶如公使 隨逐捉縛故니라】

② '번뇌가 있는 마음' 등 2가지 마음[有煩惱心·無煩惱心]은 번뇌의 속박을 밝혔다. 이는 '잠재되어 있는 번뇌[隨眠煩惱]'를 말한다.【초_ "2가지 마음은 번뇌의 속박을 밝혔다."는 것은 논에서 '속박[使]'이라 말하니, 隨眠이 성품처럼 이뤄짐이 마치 공적인 사신이 뒤따라오면서 붙잡아 속박하는 것과 같기 때문이다.】

三 '小'等四心은 名生이니 約無記報心이면 人心은 小요 欲天은 廣이며 色天은 大요 無色의 二解脫은 無量이니 以作空과 識의 無邊行相故니라 上二는 不爾니 故非無量이라 而論에 不明上二空處는 意明無所有와 及昧劣故라 或是畧非畧으로 攝之니라

③ '작은 마음' 등 4가지 마음[小心·廣心·大心·無量心]은 '생겨남[生]'이라 말한다. 無記의 보답으로 나타나는 마음을 들어 말하면, 사람의 마음은 작고, 욕계의 하늘은 넓은 마음, 색계의 하늘은 큰마음, 무색계의 2가지 해탈은 한량없는 마음이다. 空과 識의 끝없는 행상을 짓기 때문이다.

위의 2가지는 그렇지 못하다. 한량없음이 아니다. 그러나 논에서 위 2가지 空한 곳을 설명하지 않은 뜻은 아무것도 없거나 혼매하고 하열함을 밝힌 때문이다. 혹은 간략한 마음, 간략하지 않은 마

음으로 이를 포괄하였다.

四'有四心'은 學三昧行이니 畧者는 謂由止行하야 於內所緣에 繫縛其心故오 非畧者는 太沉昧故라 或不一所緣故니라 散者는 太擧니 於五妙欲境에 隨順流散故오 非散者는 於妙所緣에 明了顯現故라 前二는 約定이오 後二는 約慧라 定이 等均者는 則名等持라【鈔_ 四有四心者는 異後得定이라 以畧으로 釋止者는 故唯識에 釋睡眠云호되 '昧畧爲性이니 畧은 揀寤時오 昧는 揀定中이라하니 定中은 是畧而不昧故라 繫緣一境이 卽是畧義니라 畧非畧中에 畧心은 爲得이오 非畧은 爲失이오 散非散中에 散則爲失이오 非散은 爲得이니라 】

④ 4가지 마음[略心·非略心, 散心·非散心]은 삼매를 배우는 행이다.

'간략한 마음'이란 止의 행으로 인하여, 내면의 반연 대상에 그 마음을 묶어두었기 때문이다.

'간략하지 않은 마음'이란 지나친 昏沉과 혼매 때문이며, 혹은 반연의 대상이 하나가 아니기 때문이다.

'산란한 마음'이란 너무 들뜬 마음이다. 5가지 미묘한 욕심의 경계가 흐름에 따라 흩어지기 때문이다.

'산란하지 않은 마음'이란 미묘한 반연의 대상에 뚜렷이 나타나는 것을 분명히 알기 때문이다. 앞의 2가지 마음[略心·非略心]은 선정으로 말하였고, 뒤의 2가지 마음[散心·不散心]은 지혜로 말하였다. 선정과 지혜가 균등한 것을 等持라 말한다.【초_ "④ 4가지 마음"이란 '뒤에 얻은 선정'과는 다르다. '간략한 마음'으로 止를 해석한 것은 성유식론에서 睡眠을 해석하기를, "혼매하고 간략함으로 체성을 삼는다. 간략하다는 것은 깨어 있을 때와 다름을 구분하고, 혼매하다는 것은 선정에 들어 있는 것과 다름을 구별한 것이다."고 하였다.

　　선정 중에는 간략하면서도 혼매하지 않기 때문이다. 하나의 경계에 묶여 반연하는 것이 바로 간략하다는 뜻이다.

　　'간략한 마음'과 '간략하지 않은 마음' 가운데 '간략한 마음'은 잘한 일이라 하고, '간략하지 않은 마음'은 잘못된 일이라고 한다.

　　'산란한 마음'과 '산란하지 않은 마음' 가운데 '산란한 마음'은 잘못된 일이라 하고, '산란하지 않은 마음'은 잘한 일이라고 말한다.】

五 有二心은 明得三昧니 定者는 正入根本定故요 不定者는 未入과 及起時故니라

　　⑤ 2가지 마음[定心·非定心]은 삼매 얻음을 밝혔다. '선정의 마음'이란 바로 근본 선정에 들어갔기 때문이며, '선정이 아닌 마음'은 선정에 들어가지 않았을 때와 선정에서 일어날 때를 말한다.

六 有二心은 明得解脫이니 有縛과 無縛故니라

　　⑥ 2가지 마음[解脫心·非解脫心]은 해탈 얻음을 밝혔다. 속박이 있는 것과 속박이 없는 것이기 때문이다.

七 有二心은 餘凡夫增上慢이니 卽前類之餘라 以得四禪하야 謂爲四果라 卽麤習行을 名上이오 無此 卽細習行이니 名無上이니라【鈔_ 以得四禪者는 得初禪하야 謂得初果하고 餘三은 如次니라】

　　⑦ 2가지 마음[有上心·無上心]은 나머지 범부의 증상만이다. 곧 앞 부류의 나머지 사람들이다. 4가지 선정을 얻었으므로 4가지 결

과라 말하였다. 거칠게 익힌 행을 '위가 있는 마음'이라 하고, 이런 마음이 없는 것은 미세하게 익힌 행이니 이를 '위가 없는 마음'이라 말한다.【초_ "4가지 선정을 얻음"이란 初禪을 얻어서 '첫째 결과를 얻었다.' 말하고, 나머지 3가지는 차례와 같다.】

八 有二心은 妄行正行이니 論經에는 名求不求心이니 希求名聞은 卽是雜染이오 反此는 非染이니라

⑧ 2가지 마음[雜染心·非雜染心]은 허망한 행과 바른 행이다. 논경에서는 '구하는 마음'과 '구하지 않는 마음'이라 하였다. 명예를 바라는 것이 바로 '물든 마음'이고, 이와 반대는 '물들지 않은 마음'이다.

九 有二心은 大乘得失이니 悲智兼濟 爲廣이오 隨闕이 非廣이라

上之九類 不出三種하니 初二는 煩惱오 次一은 是苦오 餘皆是業이니 業有善惡耳니라

亦卽四諦니 開解脫하야 爲滅이오 善業은 爲道故니라

皆如實知者는 審於事實하야 見理實故라 亦非心外見法이오 亦非無境可知라 若自他相絶하면 則與衆生心으로 同一體니 故無心外也라 不壞能所일새 故能知也라

又他心은 是總이오 餘는 皆是別이라 六相圓融이 一乘之實知也니라

【鈔_ 上之九類下는 通相料揀이라 有三하니 一은 三雜染料揀이오 二亦卽下는 四諦料揀이오 三皆如實下는 總釋如實知義라 有五敎意하니 初는 通小乘과 初敎니 理實이 通人法二空故라 二亦非心外下는 通始終二敎니 唯識之義 通二敎故라

三'若自他'下는 通於終頓兩敎니 但同一體가 但是頓敎요 兼取不壞能所知義가 卽是終義니라 又總取雙絶雙存은 亦圓敎中의 同敎義故요

四'又他心'下는 六相圓融이니 唯屬圓敎 一乘之別敎義니라 】

⑨ 2가지 마음[廣心·非廣心]은 대승법을 얻음과 잃음이다. 자비와 지혜로 모두 중생을 구제함을 '광대한 마음'이라 하고, 자비와 지혜 가운데 어느 것 하나를 빠뜨린 것을 '광대하지 않은 마음'이라고 하였다.

위의 9부류가 3가지에서 벗어나지 않는다. 처음 '① 탐욕의 마음'과 '② 번뇌의 마음'은 번뇌이고, 다음 하나[小心]는 괴로움이며, 나머지는 모두 업이다. 업에는 선업과 악업이 있을 뿐이다.

또한 4성제이다. 해탈을 얻어서 滅諦라 하고, 善業은 道諦라 하기 때문이다.

"모두 사실대로 안다."는 것은 현상의 실제를 살펴서 이치의 사실을 보았기 때문이다. 이는 또한 마음 밖에서 법을 보는 것이 아니고, 또한 경계가 없는 것도 아님을 알 수 있다. 만일 나와 남을 모두 끊으면 중생의 마음과 하나가 된다. 그러므로 마음 밖에 법이 있는 게 아니다. 주체와 대상을 무너뜨리지 않았기에 사실대로 알 수 있는 것이다.

또한 타심통은 총상이고, 나머지 신통은 별상이다. 6가지 양상이 원융함이 일승법을 사실대로 아는 것이다. 【초_ '위의 9부류' 이하는 전체적인 양상으로 잘 헤아려 구분한[料揀] 것인데, 그중에 3

가지가 있다. ① 3가지 雜染으로 구분함이며, ② '亦卽四諦' 이하는 사성제로 구분함이며, ③ '皆如實知' 이하는 사실대로 아는 뜻을 총괄하여 해석하였다.

5가지 교법의 의미가 있다.

① 소승과 初敎에 모두 통한다. 이치의 실상이 人空과 法空에 모두 통하기 때문이다.

② '亦非心外' 이하는 始敎와 終敎에 모두 통한다. 유식론의 의미가 시교와 종교에 모두 통한 까닭이다.

③ '若自他相絶' 이하는 終敎와 頓敎에 모두 통한다. 다만 똑같은 체성은 돈교뿐이고, 겸하여 알려는 주체와 대상을 무너뜨리지 않는 뜻을 취한 것은 終敎의 의의이다. 또한 동시에 없애고 동시에 보존하는 이치를 총괄하여 취한 것은 또한 원교 가운데 같은 가르침의 일승법 이치이다.

④ '又他心' 이하는 6가지 양상이 원융함이다. 오직 원교의 一乘別敎의 이치에 속할 뿐이다.】

第四 宿住智通

(4) 숙주통

經

此菩薩이 念知無量宿命差別하나니

所謂念知一生하며 念知二生三生四生과 乃至十生
二十三十과 乃至百生과 無量百生과 無量千生과 無量
百千生과 成劫壞劫과 成壞劫과 無量成壞劫에 我曾在某
處한 如是名과 如是姓과 如是種族과 如是飮食과 如是壽
命과 如是久住와 如是苦樂과 我於彼死하야 生於某處하
고 從某處死하야 生於此處한 如是形狀과 如是相貌와 如
是言音하야
如是過去無量差別을 皆能憶念하며

　이 보살의 마음에는 한량없이 지나간 세상의 일을 알고 있다.

　이른바 일생의 일을 기억하고 알며, 2생·3생·4생 내지 10생·20생·30생과 백생·무량백생·무량천생·무량백천생의 일과 이뤄지는 겁, 무너지는 겁, 이뤄지고 무너지는 겁, 한량없이 이뤄지고 무너지는 겁에 내가 일찍이 어느 곳에서 어떤 이름·어떤 성씨·어떤 가문·어떤 음식을 먹었고, 얼마의 수명, 얼마나 오래 살았고, 어떤 고통과 낙을 받은 일과 내가 어디서 죽었다가 어느 곳에서 태어났고, 어느 곳에서 죽었다가 이곳에 태어났으며, 어떤 형상·어떤 모습·어떤 음성들을 기억하고 알고 있다.

　이처럼 지난날의 한량없이 각기 다른 일들을 모두 기억하고 알고 있다.

● 疏 ●

初는 總標니 誰能念고 卽宿住之智라 次所謂下는 別顯이오 後如是

過去下는 總結이라

別中에 初는 念何等事오 謂一生과 乃至多劫中事니 此顯念時分이라 次我曾下는 云何念고 卽念相差別也라 念彼因中에 名字不同이라 姓은 謂父母家姓이니 如迦葉等이오 種族은 卽刹利等貴賤이라 餘는 可知니라

첫 구절은 총괄하여 밝혔다. '누가 이를 기억하는가?' 과거의 일을 아는 지혜이다.

다음 '所謂' 이하는 개별로 밝혔고,

뒤의 '如是果去' 이하는 총괄하여 끝맺었다.

개별 부분의 첫 구절은 '어떤 일을 기억하는가?' 일생의 일과 내지 오랜 세월 속의 일을 말한다. 이는 시절의 기억을 밝힌 것이다.

다음 '我曾在某處' 이하는 '어떤 것을 기억하는가?' 각기 다른 양상을 기억함을 말한다. 그 因地에서의 다른 이름을 기억하는 것이다. 성씨는 부모 집안의 성씨를 말하니 가섭 등과 같고, '종족'은 찰제리 등의 귀천의 신분이다. 나머지는 설명하지 않아도 알 수 있다.

第五 天眼通

(5) 천안통

此菩薩이 天眼淸淨이 過於人眼하야

見諸衆生의 生時死時와 好色惡色과 善趣惡趣에 隨業而去하며 若彼衆生이 成就身惡行하고 成就語惡行하고 成就意惡行하야 誹謗賢聖하고 具足邪見과 及邪見業因緣하면 身壞命終에 必墮惡趣하야 生地獄中하며
若彼衆生이 成就身善行하고 成就語善行하고 成就意善行하야 不謗賢聖하고 具足正見과 正見業因緣하면 身壞命終에 必生善趣諸天之中을
菩薩이 天眼으로 皆如實知하나니라

이 보살이 모든 것을 볼 수 있는 청정한 하늘의 눈이 인간의 눈보다 뛰어나,

모든 중생의 나는 때·죽는 때·좋은 몸·나쁜 몸·좋은 세계·나쁜 세계에 지은 업을 따라서 가는 것을 보며,

만약 어느 중생이 몸의 악행을 저지르고, 말의 악행을 저지르고, 뜻의 악행을 저질러 성현을 비방하고 삿된 소견이 구족함과 삿된 소견으로 지은 업을 인연하여 몸과 목숨이 다할 적에 반드시 악도에 떨어져서 지옥에 태어나고,

만약 어느 중생이 몸의 선행을 이루고, 말의 선행을 이루고, 뜻의 선행을 이뤄서 성현을 비방하지 않고 바른 소견이 구족함과 바른 소견으로 지은 업을 인연하여 몸과 목숨이 다할 적에 반드시 좋은 세계의 천상에 태어나는 것을,

보살이 하늘의 눈으로 사실대로 모두 아는 것이다.

◉ 疏 ◉

論名生死智通이니 約根·約境 異故라

初는 總顯能見이니 誰能見고 天眼故니라 淸淨者는 審見故오 過人者는 遠見故라

次'見諸'下는 別顯所見이니 初는 見生死本有之果와 隨業之因이라

'若彼衆生'下는 云何見고 別見因果不同이니 如二地攝善戒中 辨이라

'菩薩'下는 結이라

　논에서는 '나고 죽음을 지혜로 아는 신통[生死智通]'이라 말하였다. 이는 육근과 경계의 차이를 가지고 말한다.

　첫 구절은 볼 수 있는 주체를 총체로 밝혔다. '누가 볼 수 있는가?' 하늘의 눈이기 때문이다. '청정함'이란 자세히 보기 때문이며, '사람보다 뛰어나다.'는 것은 멀리 보기 때문이다.

　다음 '見諸衆生' 이하는 보는 대상을 개별로 밝혔다.

　첫 구절[生時死時]은 나고 죽는 본래 가진 결과와 지은 업에 따른 원인을 본 것이다.

　'若彼衆生' 이하는 '무엇을 보는가?' 개별로 원인과 결과의 차이를 보는 것이다. 이는 2지의 攝善法戒 부분에서 논변한 바와 같다.

　'菩薩天眼' 이하는 끝맺음이다.

◉ 論 ◉

已上은 明菩薩五通自在니 爲智悲未滿本願故며 具普賢行故며

異淨土菩薩故며 異二乘故로 不證漏盡通하고 以智於生死에 隨行自在故니 如淨名經云 雖行六通이나 而不盡漏者가 是也라

이상은 보살의 5가지 신통이 자재함을 밝혔다.

지혜와 자비가 본원에 만족하지 못한 때문이며,

보현행을 두루 갖춘 때문이며,

정토보살과 다른 때문이며,

이승과 다른 까닭에 '번뇌와 망상이 완전히 끊어지고 모든 것을 다 아는, 漏盡通'을 증득하지 못하고, 지혜로 생사의 行을 따라서 자재한 때문이다.

유마경에 이르기를, "아무리 6가지 신통을 행할지라도 번뇌와 망상이 완전히 끊어지지 않았다."는 것이 바로 이를 말한다.

第三. 總結自在니 近結厭果요 遠結前厭이라 於何에 自在오 卽前禪等이라

3) 자재함을 총괄하여 끝맺다

가까이는 '厭行의 결과 부분'을 끝맺었고, 멀리는 앞의 厭分을 끝맺었다. 그 무엇에 자재한가? 이는 앞의 선정 등을 말한다.

經

此菩薩이 於諸禪三昧와 三摩鉢底에 能入能出이나 然不隨其力受生하고 但隨能滿菩提分處하야 以意願力으로

而生其中이니라

    이 보살이 선정과 삼매와 삼마파티[三摩鉢底]에 마음대로 들고 나지만, 그 힘을 따라 태어나는 것이 아니다. 보리 부분을 만족할 수 있는 곳을 따라서 마음과 원력으로 그 가운데 나는 것이다.

● 疏 ●

禪은 謂四禪이오 三昧者는 四無量慈等三昧故라 三摩鉢底者는 論云 五神通이라하니 此應譯者之誤라 合云三摩呬多니 以此云等引이니 五通이 卽所引故라 三摩鉢底는 此云等至니 非神通故라
云何自在오 智能入出이니 則散動에 不能縛하고 卽生心時에 隨心用하야 現在前故며 大悲方便으로 不隨受生하니 則定不能縛이라 若不隨禪生하면 當何所生고 不揀淨穢하고 但能滿菩提分處가 卽生其中이니라 論主는 從勝及自利說하야 謂諸佛菩薩이 共生一處라하니 是能滿處라 以願力者는 非業繫生故니라

    '禪'은 4가지 선정이며, '삼매'는 사무량심 가운데 慈無量心 등의 삼매이다. '삼마파티[三摩鉢底: samāpatti]'는 논에서는 '5가지 신통'이라 하였다. 이는 번역자의 오류이다. 당연히 '三摩呬多(samāhita)'로 말해야 한다. 중국에서는 '평등하게 끌어옴[等引]'이라는 뜻이다. 5가지 신통이 곧 끌어온 대상이기 때문이다. '삼마발저'는 중국에서는 '평등하게 이르다[等至].'의 뜻이다. 이는 신통이 아니기 때문이다.

    어떻게 자재하는가? 지혜로 들고 나옴이 자재하다. 산란한 마

417

음으로 동요하면 묶을 수 없고, 마음을 낼 적에 마음의 작용을 따라 앞에 나타나기 때문이며, 大悲의 방편으로 태어남을 따르지 않는다. 선정으로 속박하지 못하기 때문이다.

만약 四禪天에 태어남을 따르지 않으면 어느 곳에 태어나는가? 정토와 예토를 가리지 않고, 다만 보리 부분이 원만한 곳에 태어나게 된다. 논주는 뛰어난 곳과 자리행의 측면에서 말하기를, "여러 불보살이 함께 한곳에 태어난다."고 하였다. 이는 보리가 원만한 곳이다.

'원력 때문[以願力]'이란 업에 얽매어 태어난 곳이 아니기 때문이다.

第二. 位果니 三果 卽爲三別이라

初는 調柔果中三이니 初는 調柔行體오 二는 別地行相이오 三은 結說地相이라

今은 初라

[2] 제3 발광지의 과덕을 밝히다

3가지 결과가 곧 3가지의 별상이다.

1. 조련과 부드러움의 결과 부분은 3가지로 나뉜다.

(1) 조련과 부드러움 행의 본체이고,

(2) 개별 지위의 행상이며,

(3) 지위의 양상을 끝맺음이다.

이는 첫 부분이다.

經

佛子여 是菩薩이 住此發光地에 以願力故로 得見多佛하나니 所謂見多百佛하고 見多千佛하고 見多百千佛하며 乃至見多百千億那由他佛하야
悉以廣大心深心으로 恭敬尊重하고 承事供養하야 衣服飮食과 臥具湯藥과 一切資生을 悉以奉施하며 亦以供養一切衆僧하야 以此善根으로 廻向阿耨多羅三藐三菩提하며 於其佛所에 恭敬聽法하고 聞已受持하야 隨力修行하며 此菩薩이 觀一切法이 不生不滅이라 因緣而有하야 見縛이 先滅에 一切欲縛色縛有縛無明縛이 皆轉微薄하야 於無量百千億那由他劫에 不積集故로 邪貪邪瞋과 及以邪癡 悉得除斷하고 所有善根이 轉更明淨하나니라
佛子여 譬如眞金을 善巧鍊治에 秤兩不減하고 轉更明淨인달하니라
菩薩도 亦復如是하야 住此發光地에 不積集故로 邪貪邪瞋과 及以邪癡 皆得除斷하고 所有善根이 轉更明淨하나니 此菩薩이 忍辱心과 柔和心과 諧順心과 悅美心과 不瞋心과 不動心과 不濁心과 無高下心과 不望報心과 報恩心과 不諂心과 不誑心과 無險詖心이 皆轉淸淨이니라

불자여! 보살이 이런 발광지에 머물 적에 서원의 힘으로 많은

부처님을 보게 된다.

이른바 많은 부처님을 보며, 많은 백 부처님을 보며, 많은 천 부처님을 보며, 많은 백천 부처님을 보며, 내지 많은 백천 억 나유타 부처님을 뵙고서,

모두 광대한 마음, 깊은 마음으로 공경하고 존중하며 받들어 섬기고 공양하여, 의복과 음식, 좌복과 탕약, 모든 살림살이를 보시하며,

또한 일체 스님에게 공양하여 이러한 선근으로 아뇩다라삼먁삼보리에 회향하며,

그 부처님 계신 도량에서 공경한 마음으로 법을 듣고 받아 지니고서 힘에 따라 수행하며, 이 보살이 일체 법이란 생겨나지도 않고 사라지지도 않으며, 인연으로 있음을 관찰하는 것이다.

따라서 소견의 속박이 먼저 사라짐에 일체 욕계의 속박, 색계의 속박, 무색계의 속박[有縛]·무명의 속박이 모두 차츰차츰 엷어지면서 한량없는 백천 억 나유타 겁에 쌓이지 않는 까닭에 삿된 탐욕, 삿된 성냄과 삿된 어리석음이 모두 끊어지고, 지녀온 선근이 갈수록 더욱 밝고 청정하게 된다.

불자여! 진금을 잘 불리면 조금도 무게가 줄지 않고 더욱 빛나고 깨끗한 것처럼, 보살이 그와 같다. 이런 발광지에 머물 적에 쌓아 모아두지 않기에 삿된 탐욕, 삿된 성냄, 삿된 어리석음이 모두 끊어지고, 지닌 선근이 더욱 밝고 청정해지는 것이다.

이 보살의 참는 마음, 화평한 마음, 화순한 마음, 아름다운 마

음, 성내지 않는 마음, 동하지 않는 마음, 혼탁하지 않은 마음, 자신을 높이고 남들을 낮춤이 없는 마음, 갚음을 바라지 않는 마음, 은혜를 갚는 마음, 아첨하지 않는 마음, 속이지 않는 마음, 치우치지 않은 마음이 모두 더욱 청정하게 된다.

● 疏 ●

前中에 有法·喻·合이라

法中에 三이니

初는 練行緣이오

二悉以下는 明能練行이니 於中에 先은 福行이오 次는 廻向行이오 後는 修智行이라

言'觀一切法不生不滅'者는 卽法性觀이니 於淸淨法中에 不見增일세 故不生이오 煩惱妄想中에 不見減일세 故不滅이라【鈔_ '卽法性觀'者는 亦約眞諦이오 則顯'因緣而有'는 是因緣觀이니 是俗諦觀이라 不見增減者는 以法性中에 無淨穢故며 體無增減은 性無二故니라】

앞부분에는 법과 비유와 종합이 있다.

첫째, 법은 3부분으로 나뉜다.

㈀ 행법의 인연을 연마함이고,

㈁ '悉以廣大心' 이하는 행을 연마하는 주체를 밝혔다.

이 부분은 다시 3가지로 나뉜다.

① 복덕의 행,

② 회향의 행,

③ 지혜를 닦는 행이다.

"일체 법이란 생겨나지도 않고 사라지지도 않음을 관찰한다."고 말한 것은 곧 법성관이다. 청정한 법에 더함을 볼 수 없기에 생겨나지도 않으며, 번뇌와 망상에 줄어듦을 볼 수 없기에 사라지지도 않는다.【초_ '곧 법성관'이란 또한 眞諦를 들어 말한 것이다. '인연으로 생겨남'을 밝힌 것은 인연관이니 이는 俗諦觀이다. '더하거나 줄어듦을 볼 수 없다.'는 것은 법성에는 청정과 더러움이 없기 때문이며, 본체에 더하거나 줄어듦이 없음은 성품이 둘이 아니기 때문이다.】

因緣而有에 此有二義하니 一者는 成上이니 由淨法이 從緣生故일세 無可增이오 妄法이 從緣滅故일세 無可減이라 二는 約不壞相故니 雖體不生滅이나 不礙生滅이라 依對治因緣하야 離煩惱妄想일세 故滅이오 轉勝淸淨般若 現前일세 故生이라 以一切法이 不生은 般若 生故오 知一切法이 不滅은 妄想 滅故니라 以此該後니 則見縛等滅은 是不滅之滅也라 又以此三地에 世間滿故로 於禪定中에 爲此實觀하야 生起後地無生行慧니 亦卽善巧決定觀察智也니라

'인연으로 생겨남'에는 2가지 의의가 있다.

① 위를 성취함이다. 청정한 법이 인연 따라 생겨난 까닭에 더하는 것도 없고, 허망한 법이 인연 따라 사라지기에 줄어들 것도 없다.

② 무너지지 않는 양상으로 말하였다. 본체는 생겨나거나 사라

지지 않으나 생겨나고 사라짐에 걸림이 없다. 다스리는 인연에 의지하여 번뇌와 망상을 여의었기에 사라지고, 점점 뛰어난 청정 반야가 앞에 나타나기에 생겨나는 것이다.

일체 법이 생겨나지 않는 것은 반야가 생겨났기 때문이며, 일체 법이 사라지지 않는 것은 망상이 사라졌기 때문이다. 이로써 뒤를 포괄하면 '소견의 속박[見縛]' 따위가 사라짐은 '사라지지 않는 사라짐[不滅之滅]'이다.

또한 이 3지에서 세간이 원만한 까닭에 선정 속에서 이를 진실하게 관찰하기 위하여 다음 4지의 '無生行의 지혜'를 일으키는 것이다. 이 또한 잘 결정하고 관찰한 지혜[三地禪定]이기도 하다.

三'見縛'下는 所練淨이니 於中에 先明斷惑이오 後는 揀細異麤라 前中에 五縛은 卽五住煩惱니 若合'色·有'면 卽是四縛이니 縛衆生故로 亦名四流니라 '見縛先滅'者는 初地見道에 已斷分別惑故니라 '一切欲'等者는 論云 '一切修道中에 三縛과 及彼因이 同無明習氣 皆悉微薄이라'하니 謂煩惱障이 三縛現行과 及種일새 故云彼因이라 與當地所知障種으로 同滅일새 故云同無明習氣니 習氣는 卽種義니라 瑜伽四十八云 '捨欲貪故로 無欲縛이오 棄捨靜慮等持故로 斷有縛이라'하니라【鈔_ 若合色有'者는 有當無色이니 今合爲一이라 卽上二界를 總名有縛일새 故爲四縛이라 四流義는 如初二地說이니 上辨開合이라

二'見縛先滅'下는 釋經이라 則五中에 初一은 見道所斷이니 已隔二地일새 故云先也라 '論云'下는 先은 擧論이오 後'煩惱'下는 釋論이라

言'與當地所知障種同減'者는 以地地에 各別斷所知障하고 而種
現을 雙斷이라 故此地初云 '此地斷暗鈍障이라'하니 謂所知障中의
俱生一分을 開成二愚와 及彼粗重이니 粗重은 卽是種子라 所知種
現은 體卽無明일새 故云無明習氣니 習氣는 卽是粗重이니 其俱生
煩惱는 若約現行인댄 亦地地別斷이니 故與所知障種現으로 俱滅이
라 煩惱種子는 直至金剛하야사 方永斷盡이라 今約現行일새 故得云
滅이니라 若約種子인댄 但言微薄이니 以現斷故로 種隨微薄이오 又
斷現故로 亦得薄名이니라 】

㈐ '見縛' 이하는 연마 대상의 청정이다.

이는 2부분으로 나뉜다.

① 미혹을 끊음을 밝혔고,

② 미세번뇌는 추중번뇌와 다름을 구별하였다.

'① 미혹을 끊음' 부분에서 말한 5가지 속박[見縛·欲縛·色縛·有
縛·無明縛]은 곧 五住地의 번뇌[見一處住地·欲愛住地·色愛住地·有愛住
地·無明住地]이다. 만약 색계의 속박[色縛]과 무색계의 속박[有縛]을
합할 경우, 4가지 속박이다. 이는 중생을 속박하는 까닭에 4가지
폭류[四暴流: catvāra oghāḥ. 번뇌의 異名]라고 말하기도 한다.

"소견의 속박이 먼저 사라진다."는 것은 초지의 見道位에서 이
미 분별의 미혹이 끊어졌기 때문이다.

'일체의 욕심' 등이란 논에 이르기를, "일체 修道位 가운데 욕
계, 색계, 무색계의 속박[三縛]과 그 원인이 무명의 습기와 함께 모
두 미미하고 엷어진다."고 하였다. 이는 번뇌장이 3가지 속박의 현

행과 종자이므로 '그 원인'이라 말하였다. 그 지위의 소지장의 종자와 함께 사라지는 까닭에 '무명의 습기와 함께'라고 말하였다. 습기는 곧 종자라는 뜻이다. 유가사지론 권48에서는, "탐욕을 버린 까닭에 욕계의 속박이 없고, 靜慮와 等持를 버린 까닭에 무색계의 속박[有縛]을 끊는다."고 하였다. 【초_ '若合色有'의 有는 무색계에 해당한다. 여기에서 色과 有를 하나로 합하였다. 곧 위의 두 세계를 총괄하여 '有縛'이라 이름 붙인 까닭에 4가지 속박이 된다.

'4가지 폭류'의 뜻은 초지와 2지에서 말한 바와 같다. 위에서는 분리와 종합을 논변하였다.

둘째, '見縛先滅' 이하는 바로 경문을 해석하였다. 5가지 속박 가운데 첫째 하나는 見道位에서 끊은 바이다. 이미 2지와 떨어져 있기에 '먼저'라 말하였다.

'論云一切' 이하는 앞에서는 논을 들어 말했고, 뒤의 '謂煩惱障' 이하는 논을 해석하였다.

"그 지위의 소지장 종자와 함께 사라진다."고 말한 것은 지위와 지위마다 각기 별도로 소지장을 끊고 종자번뇌와 현행번뇌를 모두 끊는다. 이 때문에 3지의 첫 부분에서 "이 지위에서 어둠과 우둔한 장애를 끊는다."고 하였다. 이는 소지장 가운데 구생번뇌의 일부분을 2가지의 어리석음과 그 추중번뇌로 나눈 것이다. 추중번뇌는 바로 종자이다. 소지장의 종자와 현행의 본체는 무명이기에 무명의 습기라 말한다. 습기는 바로 추중번뇌이다. 그 구생번뇌는 현행번뇌를 들어 말하면, 또한 지위와 지위마다 개별로 끊어야 한다. 그러므로 소지장의 종자와 현행이 함께 사라지는 것이다. 번뇌의 종자는 바로 金剛喩定에 이르러야 비로소 영원히 모두 끊어지게 된다. 여기에서는 현행번뇌로 말한 까닭에 사라진다[滅]고 말하였다. 만일 종자번뇌로 말하면 다만 '미미하고 엷어진다.'고 말하니, 현행번뇌가 끊어진 까닭에 종자번뇌가 따라서 미미하고 엷어지고, 또 현행번뇌를 끊은 까닭에 이 또한 미미하고 엷어진다고 말한다.】

後'於無量'下는 揀細異麤니 謂是斷細는 以多劫에 不積三不善根故로 細種이 漸斷에 善根이 轉淨이라 言多劫者는 仁王經에 說初地가 經四阿僧祇劫하고 二地는 五오 三地는 六이라하니라 細障難斷일새 經劫轉多오 多劫不積이라 故邪貪等斷이라 然但斷細習이오 非是斷麤니 麤障見道는 初地에 已斷이오 麤障修者는 二地에 已斷이라 故善根轉淨은 卽前信等이니라【鈔_ '揀細異粗'者는 望於二地일새 故得名細오 非望後地하야 而得細名이라 '粗障見道'者는 卽分別起라 '粗障修者 二地已斷'者는 然煩惱有三하니 一 正起는 初地斷이오 二 誤心起者는 二地已斷이오 三 不善根使의 任運性成은 三地已上에 漸次斷之니라

又貪等惑이 畧有二種하니 一者는 不善이니 凡夫所起오 二者는 是善이니 愛佛을 名貪이오 憎厭世間을 說之爲瞋이오 分別有無를 說以爲癡라 上三處斷은 是不善煩惱라

善煩惱斷에 亦有三處하니 一者는 正起니 地上에 漸斷하고 八地時에 盡이오 二者는 習起니 八地已上에 漸次除斷하고 十地時盡이라 三者는 使性은 至佛乃盡이라 今此는 但斷不善之性일새 不說現斷이니 至

七地하야사 方說斷於求佛貪等이니라 】

뒤의 '於無量百千億' 이하는 미세번뇌가 추중번뇌와 다름을 구별하였다. 미세번뇌를 끊는 것은 오랜 세월 동안 3가지의 착하지 않은 뿌리를 쌓지 않은 까닭에 미세종자가 점점 끊어지면서 선근이 점차 청정함을 말한다.

多劫이라 말한 것은 인왕반야경에서 "초지는 4아승기겁을 지나고, 2지는 5아승기겁을, 3지는 6아승기겁을 지난다."고 하였다. 미세한 장애는 끊기 어려우므로 걸리는 세월이 더욱 많다. 많은 세월 동안 이를 쌓아가지 않은 까닭에 삿된 탐심 등이 끊어진 것이다.

그러나 미세한 습기만 끊어질 뿐이지, 추중번뇌가 끊어진 것은 아니다. 견도위의 거친 장애는 초지에서 이미 끊어졌고, 거친 장애를 닦는 것은 2지에서 이미 끊어졌다. 이 때문에 선근이 더욱 청정함은 곧 앞의 믿음 등 心所를 가리킨다. 【초_"미세번뇌가 추중번뇌와 다름을 구별하였다."는 것은 2지를 상대로 말한 까닭에 미세하다고 말한 것이지, 뒤의 지위를 상대로 미세하다는 이름을 붙인 것은 아니다.

"견도위의 거친 장애"라 말한 것은 분별심이 일어난 것이다.

"거친 장애를 닦는 것은 2지에서 이미 끊어졌다."고 말한 것은, 그런데 번뇌는 3가지가 있다.

① 바로 일어나는 것은 초지에서 끊었고,

② 그릇된 마음이 일어나는 것은 2지에서 이미 끊었으며,

③ 착하지 않은 뿌리의 속박이 마음대로 성품을 이룬 것은 3지

이상에서 차츰차츰 끊어가는 것이다.

또한 탐욕 등의 미혹은 대략 2가지가 있다.

① 착하지 않은 마음이다. 범부가 일으키는 바이다.

② 착한 마음이다. 부처님을 사랑하는 것을 '탐냄'이라 하고, 세간의 일을 미워하는 것을 '성냄'이라 하고, 있고 없음을 분별하는 것을 '어리석음'이라 말한다. 위의 3곳이 끊어짐은 착하지 않은 번뇌이다.

착한 번뇌를 끊음에 또한 3곳이 있다.

① 바로 일어남이다. 십지의 지위 이상에서 점차 끊어지다가 8지에서는 모두 끊어진다.

② 습기가 일어남이다. 8지 이상에서 점차로 끊어 없애다가 10지에 이르렀을 때 모두 끊어진다.

③ 성품을 속박함은 부처님 지위에 가서야 비로소 끊어진다.

여기에서는 다만 착하지 않은 성품만을 끊었기에 '현행이 끊어졌다.'고 말하지 않는다. 7지에 가서야 비로소 "부처를 구하는 탐심 등을 끊는다."고 말하기 때문이다.】

二喩中에 秤兩不減者는 厭離世間이 勝於前地오 信等이 入於厭火일세 故自在不失減也니라

둘째, 비유 부분에서 말한 "무게가 줄지 않는다."는 것은 세간을 싫어함이 앞의 지위보다 더하기 때문이며, 신심 등이 싫어하는 불길 속에 들어간 까닭에 자재하여 줄어드는 잘못이 없다.

三은 合中二이니 先은 正合前行淨이오 後 '此菩薩'下는 別顯忍淨이라 此地忍增일세 故偏明之라 有十三心이니 初二句는 爲總이니 一은 他

加惡辱이라도 能忍受故오 二는 善護他心이니 謂他人이 陵我以剛强하야도 我則騁之以柔和故라 下諸句는 別釋此二라【鈔_ 他人陵我者는 卽借老子之言이니 彼云 '柔弱이 勝剛强이라'하고 又云 '天下之至柔로 馳騁天下之至堅이라'하니 例而用之니라】

셋째, 종합 부분은 2부분으로 나뉜다.

㈀ 앞의 행이 청정함과 바로 종합하였고,

㈁ '此菩薩忍辱心' 이하는 忍辱의 청정을 개별로 밝혔다. 이 지위는 인욕의 증상이기에 이를 유독 밝힌 것이다.

13가지의 마음이 있다.

처음 2구의 마음[忍辱心, 柔和心]은 총상이다.

① 참는 마음은 남들이 궂은 욕을 퍼붓는다 해도 참고 받아들이기 때문이다.

② 화평한 마음은 남의 마음을 잘 보호함이다. 이는 남들이 나를 억세게 능멸할지라도 나는 부드럽고 따뜻함으로 답하기 때문이다.

아래의 모든 구절은 이 2가지 마음을 개별로 해석한 것이다.

【초_ "남들이 나를 억세게 능멸한다."는 것은 노자의 말을 인용한 것이다. 도덕경에서 말하였다.

"유약한 것이 강함을 이긴다."

"천하에 가장 유약한 것으로 천하의 가장 강한 것을 부린다."

이런 예를 인용한 것이다.】

初는 有二心은 分別善護他心이니 一은 諧順心者는 以他 於菩薩 作惡하야 疑菩薩瞋恨이면 菩薩이 現同伴侶하야 與之諧和오 二는 悅

美者는 愛語로 誨誘니라
次는 以三心은 分別加惡忍受니 謂身加惡而不瞋이오 口毀辱而不
動이오 心嫉害而憂惱 不能濁이라 以萬頃之波로 方其量故니라
次有三心은 出上二因이니 無高下者는 過去에 久離憍慢故며 不自
高擧며 輕下於彼일새 由此하야 能柔和護他라 後二는 卽加惡不改
之因이니 一은 不望報恩故로 益他被辱而忍受오 二는 受恩에 常念
하야 小恩을 大報니 故衆生이 於我에 有恩하니 法爾應忍이라【鈔_ 二
受恩者는 卽涅槃文이니 十行에 已引하니라 衆生이 於我有恩者는 若
無衆生하면 不能成我普賢行故니라 】

　개별의 11가지 마음 가운데, 첫 2가지 마음[諧順心, 悅美心]은 남
을 잘 보호하는 마음을 분별함이다.
　① 화순의 마음이란 남들이 보살에게 패악을 부려 보살이 성내
고 원한을 품을까 의심하면 보살이 함께 반려가 되어 그와 함께하고,
　② 아름다운 마음이란 사랑스러운 말로 가르치고 이끌어주는
것이다.
　다음 3가지 마음[不瞋心, 不動心, 不濁心]은 패악을 가해도 참으면
서 받아들이는 마음을 분별하였다.
　① 몸으로 패악을 가해도 성내지 않으며,
　② 입으로 헐뜯고 욕할지라도 흔들리지 않으며,
　③ 마음으로 질투하고 해코지할지라도 근심과 번뇌가 그의 마
음을 흐리게 하지 못한다. 만경창파의 바다로 그의 도량을 견줄 수
있기 때문이다.

그 다음 3가지 마음[無高下心, 不望報心, 報恩心]은 위의 2가지 원인을 밝혔다.

① 자신을 높이고 남들을 낮춤이 없는 마음은 과거 오래전부터 교만을 여읜 까닭이며, 스스로 자신을 드높이면서 남들을 경멸하거나 낮춰 보지 않는다. 이로 인해 능히 부드럽고 따뜻하게 남을 보호하는 것이다.

뒤의 2가지 마음은 패악을 가해도 변하지 않는 원인이다.

② 은혜의 보답을 바라지 않기 때문에 더욱 그들에게 욕을 당할지라도 참고 받아들이며,

③ 은혜를 받으면 항상 기억하고서 작은 은혜에 크게 보답한다. 이 때문에 중생이란 나에게 은혜가 되는 사람들이다. 법이 그러하여 당연히 참아야 한다.【초_ "③ 은혜를 받으면"이란 열반경의 문장이다. 제21 십행품에서 이미 인용한 바 있다.

"중생이란 나에게 은혜가 되는 사람들"은 만일 중생이 없었다면 나의 보현행을 성취하지 못했을 것이기 때문이다.】

● 疏 ●

後三心은 顯上二心離障이니 雖柔順護他而非諂이며 實爲利益이라 故不諂이며 心無隱覆諂佞이라 故無險詖니 險詖者는 諂佞也니라

뒤의 3가지 마음[不諂心, 不誑心, 無險詖心]은 위의 2가지 마음이 '수행 장애의 여읨'을 밝혔다.

① 비록 유순함으로 남을 보호할지라도 아첨이 아니며,

② 실제 이익이 되기에 속임이 아니며,

③ 마음속에 숨기고 덮고 아첨함이 없기에 치우침이 없다. 險諂란 아첨이다.

二는 別地行相이오
三'佛子是名'下는 結說地相이라

(2) 개별 지위의 행상이며,

(3) '佛子是名' 이하는 지위의 양상을 끝맺음이다.

經

此菩薩이 於四攝中엔 利行이 偏多하고 十波羅蜜中엔 忍波羅蜜이 偏多하며 餘非不修로대 但隨力隨分이니라
佛子여 是名菩薩의 第三發光地니라

이 보살이 4가지로 거둬주는 법 가운데 이익되는 행이 유독 많고, 십바라밀 가운데 인욕바라밀이 유독 훌륭하며, 나머지를 닦지 않은 것은 아니지만 자신의 힘을 따르고 자신의 연분을 따를 뿐이다.

불자여! 이를 보살의 제3 발광지라고 말한다.

● **疏** ●

可知라

이는 말하지 않아도 알 수 있다.

二는 攝報果오

三若以菩薩下는 願智果라

    2. 보답으로 거둔 결과의 이익이며,

    3. '若以菩薩' 이하는 서원과 지혜의 결과이다.

經

菩薩이 住此地에 多作三十三天王하야 能以方便으로 令諸衆生으로 捨離貪欲하고 布施愛語利行同事하나니 如是一切諸所作業이 皆不離念佛하고 不離念法하고 不離念僧하며 乃至不離念具足一切種과 一切智智니라

復作是念호되 我當於一切衆生中에 爲首며 爲勝이며 爲殊勝이며 爲妙며 爲微妙며 爲上이며 爲無上이며 乃至爲一切智智依止者라하나니 若勤行精進하면 於一念頃에 得百千三昧하야 得見百千佛하며 知百千佛神力하며 能動百千佛世界하며 乃至示現百千身에 一一身이 百千菩薩로 以爲眷屬이니라

若以菩薩殊勝願力으로 自在示現인댄 過於此數하야 百劫千劫과 乃至百千億那由他劫에도 不能數知니라

    보살이 이 발광지에 머물 적에 흔히 33천의 천왕이 되어, 방편으로써 중생으로 하여금 탐욕을 버리고 보시하고 사랑스러운 말을 하고 이익되는 행을 하고 일을 함께하도록 하였다.

이처럼 일체 모든 일들이 모두 부처님을 생각하고 법을 생각하고 스님을 생각한 데서 떠난 적이 없으며, 내지 가지가지 지혜와 일체 지혜의 지혜를 두루 원만히 하려는 생각에서 떠난 적이 없다.

또 이런 생각을 하였다.

'나는 당연히 일체중생 가운데, 머리가 되고 나은 이가 되고 아주 나은 이가 되며, 묘한 이가 되고 미묘한 이가 되며, 위가 되고 위없는 이가 되며, 내지 일체 지혜의 지혜에 의지한 자가 될 것이다.'

만약 부지런히 정진하면 한 생각의 찰나에 백천 삼매를 얻고, 백천 부처님을 친견하고, 백천 부처님의 신통력을 알고, 백천 부처님의 세계를 진동하며, 내지 백천 가지 몸을 나타내고, 하나하나의 몸마다 백천 보살로 권속을 삼을 것이다.

만약 보살의 훌륭한 원력으로 자재하게 나타내면, 이보다 훨씬 뛰어나 백 겁 천 겁 내지 백천 억 나유타 겁에도 헤아려 알 수 없을 것이다."

● 疏 ●

此下는 諸地攝報니 文皆分二니 初는 上勝身이오 後能以下는 上勝果라 果中一은 自分行이오 二 復作是念下는 勝進行이라 【鈔_ 勝進果中에 經云得百千三昧者는 初地는 百이오 二地는 千이니 此爲十倍라 三地는 百千이니 卽已百倍오 四地는 億數라 然其百千은 已用中等數法 百百變之라야 方是一萬이라 若百萬이 爲億인댄 四地를 望三에 亦是百倍니라 五地는 千億이니 已是千倍이오 六地

는 百千億이니 若云 百箇千億인댄 亦是百倍라 若總云 百千億인댄 則數難分이라 七地는 百千億那由他니 則已有那由他倍니 由有 百千億箇那由他故니라 準僧祇品云컨대 一百洛叉 爲一俱胝라하 니 此中等數라 洛叉는 爲億이오 俱胝는 爲兆라

次云 俱胝俱胝 爲一阿庾多오 阿庾多阿庾多 爲一那由他라하 니 自此已上은 皆用上等之數하야 倍倍變之라 故百千億箇那由 他는 已非心識思量之境이온 況八地云 百萬三千大千世界微 塵數라하고 九地云 百萬阿僧祇國土微塵數라하고 十地云 不可說 百千億那由他佛刹微塵數三昧等이라하니 此上三地는 皆以刹塵 으로 當前一數니 故難思中의 難思也니라 況一一地中에 皆悉結云 호되 若以殊勝願力인댄 復過於此하야 百劫千劫과 百千億那由他 劫에 不能數知라하니라

此約行布온 況圓融耶아 以登地는 難量일새 故畧寄數하야 以揀深 淺이라 空中鳥迹은 難可宣示니라 瓔珞亦云 初地의 一念無相法 身이 成就百萬阿僧祇功德하야 雙照二諦호되 心心寂滅하며 法流 水中에 不可以凡心識으로 思量二種法身이온 況二地와 三地와 乃 至等覺地아 但就應化道中하야 可以初地有百身과 千身萬身과 乃至無量身等이라하니라 釋曰 據此等文인댄 寄其數量은 非盡理 說이니라 】

이 아래는 모든 지위를 섭수한 보답이다.

이의 경문은 모두 2단락으로 나뉜다.

앞은 훌륭하고 뛰어난 몸이며,

뒤의 '菩薩住此' 이하는 보답으로 거둔 결과이다.

결과 부분의 첫째는 자신의 행이고,

뒤의 '復作是念' 이하는 잘 닦아나가는 행이다.【초_"훌륭하게 닦아가는 부분"의 경문에서 "백천 삼매를 얻었다."고 말한 것은 초지에서 백 가지 삼매를, 2지에서 천 가지 삼매를 얻은 것이다. 이는 열 곱절인데, 3지는 백천 가지이니 이는 이미 백 배이며, 4지는 억의 수효이다. 그러나 그 백천 가지는 이미 '백에서 백으로 변해가는 中等數法'을 사용해야 바야흐로 '1만'이 된다. 만일 백만이 억이라면 4지를 3지에 대조하여 보면 또한 백 배이다. 5지는 1천 억이니 이미 천 배이고, 6지는 백천 억이다. 만일 백 개의 천 억이라면 이 또한 백 배라는 뜻이다. 만일 총괄하여 백천 억이라 한다면 구분하기 어려운 수효이다.

7지는 백천 억 나유타이다. 이는 이미 나유타의 곱절이다. 백천 억 개의 나유타이기 때문이다. 아승기품에 준하여 말하면, "1백의 洛叉가 1 俱胝이다."고 한다. 이는 '백에서 백으로 변해가는 中等數法'이다. 낙차는 억이고, 구지는 조에 해당한다.

다음으로 "구지의 구지는 1아유다이고, 아유다의 아유다가 1 나유타이다."고 한다. 이로부터 이상은 모두 '곱절의 곱절로 변해가는 上等數法'을 사용하였다. 이 때문에 백천 억 나유타는 이미 마음의 인식으로 생각할 수 있는 경계가 아니다. 하물며 8지에서는 '백만 삼천대천세계의 미진수'라 하였고, 9지에서는 '백만 아승기 국토의 미진수'라 하였고, 십지에서는 '말할 수 없는 백천 억 나유타 국토의 미진수 삼매' 등이라고 말하였다.

이 위의 제4, 5, 6지는 모두 세계의 티끌로 앞의 한 수효에 해당시켰다. 이 때문에 생각하기 어려운 가운데 생각하기 어려운 숫자이다. 하물며 하나하나의 지위에서 모두 끝맺어 말하기를, "만일 뛰어난 원력으로 말하면 또한 이보다 뛰어나 백 겁과 천 겁, 백천억 나유타 겁에도 이 수효를 헤아릴 수 없다."고 하였다. 이는 항포법문으로 말한 것임에도 이와 같은데, 하물며 원융법문이야 오죽하겠는가. 십지에 오른 것은 헤아리기 어려운 것이므로 대략 수효에 의탁하여 깊고 얕음을 구분하였다. 허공의 새 발자취로는 내보이기 어려운 문장이다.

보살영락경에서 말하였다.

"초지에 일념무상의 法身이 백만 아승기 공덕을 성취하고, 理諦와 俗諦를 모두 비추되 마음과 마음이 적멸하며, 法流의 물 가운데서 범부의 마음과 의식으로는 도저히 진실한 법신과 공덕의 법신 2가지를 헤아릴 수 없는데, 하물며 어떻게 제2지, 제3지 그리고 妙覺地에 이를 수 있겠는가. 다만 중생에 따라서 여러 형태로 몸을 바꾸어 나타내는 가운데, 초지에서는 1백 가지의 몸, 1천 가지의 몸, 1만 가지의 몸 내지 한량없는 몸 등이 있다."

이에 대한 해석은 다음과 같다.

이런 등의 경문에 근거하면 그 수량에 의탁한 표현은 이치가 극진한 말이 아니다.】

第三 重頌

제3. 금강장보살의 게송

經

爾時에 **金剛藏菩薩**이 **欲重宣其義**하사 **而說頌曰**

그때, 금강장보살이 이 뜻을 다시 펴려고 게송으로 말하였다.

淸淨安住明盛心과　　　　**厭離無貪無害心**과
堅固勇猛廣大心이여　　　**智者以此入三地**로다

　　청정하고 잘 머물고 밝고 성대한 마음
　　싫어하고 탐심 없고 해침이 없는 마음
　　견고하고 용맹하고 넓고 큰마음
　　지혜로운 이는 이런 마음으로 제3 발광지에 들어가네

 疏

十八頌은 **分五**니 **初一**은 **頌起厭行分**이라

　　18수의 게송은 5단락으로 나뉜다.
　　(1) 1수 게송은 염행을 일으킨 부분을 읊었다.

經

菩薩住此發光地에　　　　**觀諸行法苦無常**과

不淨敗壞速歸滅과　　無堅無住無來往하며

　　보살이 발광지 머물 적에
　　모든 행법 살펴보니 괴롭고 덧없고
　　부정하고 파괴되고 빨리 사라지고
　　견고함, 머묾, 오가는 것도 없어라

觀諸有爲如重病하야　　憂悲苦惱惑所纏이오
三毒猛火恒熾然하야　　無始時來不休息이로다

　　모든 유위의 세간법 중병과 같아
　　슬픔, 고뇌, 번뇌의 속박으로
　　삼독의 세찬 불길 언제나 거세어
　　끝없는 옛적부터 꺼지지 않는다

◉ 疏 ◉

二有十二頌은 頌厭行分이라 於中初二는 護煩惱行이오

　　(2) 12수 게송은 염행의 부분을 읊었다.
　　이 부분의 첫 2수 게송은 번뇌를 막는 행이다.

經

厭離三有不貪着하고　　專求佛智無異念하니
難測難思無等倫이며　　無量無邊無逼惱로다

　　삼유를 여의어 탐착하지 않고

오로지 부처님 지혜 구할 뿐, 다른 생각 없다
헤아리거나 생각하기 어렵고 짝할 이 없으며
한량없고 그지없고 핍박도 없다.

見佛智已愍衆生호되　　**孤獨無依無救護**하며
三毒熾然常困乏하며　　**住諸有獄恒受苦**하며

    부처 지혜 보고 나니 중생이 가엾어서
    고독하여 의지 없고 구할 이 없으며
    삼독의 불길 거센데 항상 곤궁하고
    삼유(三有)의 옥에 갇혀 길이 고통받노라

煩惱纏覆盲無目하며　　**志樂下劣喪法寶**하며
隨順生死怖涅槃하니　　**我應救彼勤精進**이로다

    번뇌에 덮여 눈이 멀고
    마음이 용렬하여 법보 잃으며
    생사를 따라 열반을 두려워하니
    내, 그들을 구제코자 부지런히 정진하노라

● 疏 ●

次三은 **護小乘行**이라

    12수 게송 가운데, 다음 3수 게송은 소승을 막는 행이다.

將求智慧益衆生호되　　思何方便令解脫고하야
不離如來無礙智하니　　彼復無生慧所起로다

　　지혜 얻어 중생의 이익 되려면
　　어떤 방편으로 해탈시킬 수 있을까
　　여래의 걸림 없는 지혜에서 벗어나지 않으니
　　다시 무생의 지혜로 일으키노라

心念此慧從聞得하고　　如是思惟自勤勵하야
日夜聽習無間然하야　　唯以正法爲尊重이로다

　　생각하니 이 지혜 들어서 얻는 것
　　이처럼 생각하고 부지런히 힘써
　　밤낮으로 듣고 익혀 쉬지 않고서
　　오로지 바른 법 존중하여라

國城財貝諸珍寶와　　妻子眷屬及王位를
菩薩爲法起敬心하야　　如是一切皆能捨로다

　　나라와 재물이며 모든 보물
　　처자와 권속, 국왕의 자리까지
　　보살이 법을 위해 공경한 마음으로
　　이처럼 모든 것 기꺼이 버리노라

頭目耳鼻舌牙齒와　　　手足骨髓心血肉이여
此等皆捨未爲難이오　　但以聞法爲最難이로다

　　눈과 머리, 귀와 코, 혀와 치아
　　손과 발, 골수와 염통과 혈육까지
　　이 모든 것 버리는 것 어렵지 않고
　　바른 법 듣는 게 가장 어렵다

設有人來語菩薩호되　　　孰能投身大火聚오
我當與汝佛法寶라하면　　聞已投之無怯懼로다

　　어떤 사람이 보살 찾아 하는 말
　　누구든 큰 불 구렁 몸을 던지면
　　그에게 불법이 일게 하리라
　　그 말 듣고 두려움 없이 몸을 던지노라

假使火滿三千界라도　　　身從梵世而投入이니
爲求法故不爲難이어든　　況復人間諸小苦아

　　가령 불길이 삼천세계 가득할지라도
　　범천에서 몸을 던져 뛰어들리라
　　법문 듣기 위해 어렵잖게 여기는데
　　하물며 인간의 작은 고통쯤이야

從初發意至得佛히　　　其間所有阿鼻苦를

爲聞法故皆能受어든　　**何況人中諸苦事**아

　　초발심으로부터 성불까지

　　그동안 겪어왔던 아비지옥 고통을

　　법문 듣기 위해 모두 받았거늘

　　하물며 인간의 괴로움쯤이야

● 疏 ●

後七은 方便攝行이라

　　12수 게송 가운데, 뒤의 7수 게송은 방편으로 중생을 받아들이는 행이다.

經

聞已如理正思惟하야　　**獲得四禪無色定**하며
四等五通次第起나　　**不隨其力而受生**이로다

　　법문 듣고 이치대로 바른 생각으로

　　사선정과 무색계의 선정 얻어

　　사무량심, 오신통 차례로 일어나지만

　　그 힘으로 생을 받지 않으리라

● 疏 ●

三의 一은 頌厭分과 及果라

　　(3) 1수 게송은 염분과 염행의 결과를 읊었다.

菩薩住此見多佛하야 供養聽聞心決定하며
斷諸邪惑轉淸淨하니 如鍊眞金體無減이로다

　　삼지 보살 수많은 부처님 뵙고
　　공양하고 법문 들으며 마음 결정하고
　　삿된 의혹 다 끊으니 더욱 청정하여
　　진금은 불려도 무게 줄지 않듯이

住此多作忉利王하야 化導無量諸天衆호되
令捨貪心住善道하야 一向專求佛功德이로다

　　삼지 보살은 도리천왕 되는 이 많아
　　한량없는 하늘 대중 교화하고
　　탐욕 마음 버리고 선도에 머물면서
　　하나같이 부처님 공덕 구하게 하리

佛子住此勤精進하야 百千三昧皆具足하며
見百千佛相嚴身이나 若以願力復過是로다

　　불자여! 삼지에 머물면서 부지런히 정진하여
　　백천 삼매 모두 두루 원만하고
　　백천 부처님 장엄한 몸 모두 뵙지만
　　서원의 힘 이보다 더하여라

◉ 疏 ◉

四의 三頌은 頌位果라

(4) 3수 게송은 3지의 과덕을 읊었다.

經

一切衆生普利益이　　彼諸菩薩最上行이니
如是所有第三地를　　我依其義已解釋이로다

　　일체중생 널리 이익되는
　　여러 보살 가장 좋은 행
　　이와 같은 제3 발광지를
　　나는 이치 따라 해석하였노라

◉ 疏 ◉

五의 一頌은 結說이라

(5) 1수 게송은 끝맺은 말이다.

三地 竟하다

　　제3 발광지를 끝마치다.

십지품 제26-6 十地品 第二十六之六

화엄경소론찬요 제65권 華嚴經疏論纂要 卷第六十五

445

화엄경소론찬요 제66권
華嚴經疏論纂要 卷第六十六

●

십지품 제26-7
十地品 第二十六之七

第四燄慧地
初는 大意라

> 제4. 염혜지
> 첫 부분은 대의이다.

● 疏 ●

所以來者는 若依本論인댄 前三은 寄世間이오 今此는 出世니 次第故來니라
若近望前地면 因前定聞하야 發此證智일새 故次來也라 故論云 '依彼淨三昧聞持하야 如實智淨으로 顯示故'라하니라

> 여기에 제4 염혜지를 쓰게 된 유래는 본 논경에 의하면, 앞의 3지위는 세간을 의탁하여 말하였고, 제4 염혜지는 출세간의 도리이다. 세간과 출세간의 차례에 따라 쓴 때문이다.
> 만약 가까이 앞의 발광지에 대조하면 앞의 선정과 문지다라니로 인하여 증득한 지혜를 밝힌 까닭에 그다음으로 염혜지를 쓰게 된 것이다.
> 이 때문에 논에서 "그 청정한 삼매와 문지다라니를 의하여 진여실상의 청정한 지혜를 드러내 보이기 때문이다."고 하였다.

言燄慧者는 法喩를 雙擧라 亦有三義하니
一은 約初入地釋이니 初入證智하야 能燒前地 解法慢薪故니라 本分云 '不忘煩惱薪을 智火能燒故'라하니라

二는 約地中釋이니 成唯識云 '安住最勝菩提分法하야 燒煩惱薪하야 慧焰增故'라하니라 由住第四地竟하야 方修菩提分法이 明是地中이니라 若唯取此하야 而爲慧者인댄 未修道品은 應非焰地니라 以此地는 正明菩提分法이니 中該初後라 諸論은 多依此釋이니 攝論云 '由諸菩提分法이 焚燒一切障故니 障卽二障'이라하며 莊嚴論云 '以菩提分慧로 爲焰自性하고 以惑智二障으로 爲薪自性이라 此地菩薩이 能起焰慧하야 燒二障薪일세 名焰慧地'라하니라

三은 約地滿이니 從證智摩尼하야 放阿含光일세 故名爲焰이라 下論具之니라

'불꽃같은 지혜'라 말한 것은 법과 비유를 모두 들어 말한 것이다. 이 또한 3가지 의의가 있다.

(1) 처음 지위에 들어가는 것으로 해석하였다. 처음으로 증득한 지혜에 들어가 앞 지위의 '법을 알았다고 생각하는 거만한 번뇌[解法慢薪]'를 태어버리기 때문이다. 논의 본분에서, "잊지 못하는 번뇌의 섶을 지혜의 불로 잘 불태우기 때문이다."고 하였다.

(2) 지위의 중간을 들어 해석하였다. 성유식론에서는, "가장 뛰어난 보리 부분의 법에 안주하여 번뇌의 섶을 불태워 지혜의 불꽃이 더욱 성대하기 때문이다."고 하였다.

제4지에 안주함으로 인하여 바야흐로 닦아온 보리 부분의 법을 이 지위의 중간에서 밝힌 것이다. 만약 오로지 이것만을 취하여 지혜라 한다면, 보리 부분의 도를 닦지 않음은 '불꽃같은 지혜의 지위'가 아니다.

이 지위는 바로 보리 부분의 법을 밝힌 것으로, 그 중간에 처음과 끝을 포괄하고 있다.

여러 논들은 대부분 이에 의해 해석하고 있다.

섭대승론에서 말하였다.

"많은 보리 부분의 법이 일체 장애를 불태워버리기 때문이다. 장애는 바로 소지장과 번뇌장 2가지를 말한다."

대승장엄론에서 말하였다.

"보리 부분의 지혜로 불꽃의 자성을 삼고, 번뇌장과 소지장의 2가지로 번뇌의 자성을 삼는다. 이 지위의 보살이 불꽃같은 지혜를 일으켜 2가지 장애의 섶을 불태우기에 불꽃같은 지혜의 지위라 이름 붙인 것이다."

(3) 4지의 원만함을 들어 말하였다. 증득한 지혜의 마니보주에서 아함의 광명을 뿜어내기에 이를 '불꽃[燄]'이라 말하였다. 아래 논에서 구체적으로 말하고 있다.

然所燒煩惱는 卽所離微細煩惱現行障이니 謂所知障中의 俱生一分이오 亦攝定愛와 法愛로되 菩提分法이 特違於彼일세 故能燒之니라 由斯四地에 說斷二愚와 及彼麤重하니 一은 等至愛愚니 味八定故오 二는 法愛愚니 卽解法慢이라 今得無漏定과 及無漏教일세 故違於彼니라

그러나 태워야 할 대상의 번뇌는 바로 여읠 대상인 미세한 번뇌가 현행하는 장애이다. 소지장 가운데 구생번뇌의 일부분을 말한다. 또한 선정에 대한 애착[定愛]과 법에 대한 애착[法愛]도 여기

에 속한다. 그러나 보리분법이 특별히 그런 번뇌와 애착과는 다른 것이기에 이를 태워버리는 것이다. 이런 제4지로 인하여 2가지 어리석음과 그 추중번뇌를 끊는다고 말한다.

① 等至의 선정에 애착하는 어리석음이다. 8가지 선정을 탐착하기 때문이다.

② 법에 애착하는 어리석음이다. 법을 알았다는 아만이다.

여기에서는 무루의 선정과 무루의 가르침을 얻었기에 그 어리석음과 번뇌와는 서로 다른 것이다.

由此하야 證得無攝受眞如라 謂此眞如는 無所繫屬이니 非我執等의 所依取故라【鈔_ 世親釋云 '於此如中에 無計我所하며 如北洲人이 無繫屬故라'하니 應說此如는 非我執과 我慢과 我愛와 無明邊見과 我所見等의 所依取故니라】

이로 인하여 '섭수함이 없는 진여'를 증득하게 된다. 이 진여는 그 어디에 묶이거나 속한 데가 없음을 말한다. '나'라는 고집 등이 의지하여 취할 대상이 아니기 때문이다.【초_ 세친보살이 해석하였다.

"이 진여에서는 '나의 것'이라는 생각이 없다. 마치 북구로주의 사람들은 그 군신 상하 등 그 어느 관계에도 묶이거나 속한 데가 없는 것과 같기 때문이다."

이는 당연히 다음과 같이 말해야 한다.

"이 진여는 '나'라는 생각의 고집, '나'라는 생각의 거만, '나'라는 생각의 애착, 무명의 치우친 견해, '나의 것'이라는 생각의 소견

등이 의지하여 취할 대상이 아니기 때문이다."】

得此眞如언정 寧有定法之愛리오 便能成菩提分行과 及不住道行과 精進不退하야 由達無攝受眞如하야 便得攝生之果니라【鈔_不爲我攝하야사 方能攝生이니라】

이런 진여를 얻을지언정 어찌 선정과 법에 대한 애착을 가질 수 있겠는가. 이는 보리 부분의 행과 머물지 않는 도의 行을 성취하여, 정진으로 물러서지 않고서 '섭수함이 없는 진여'를 통달함으로 말미암아, 곧 중생을 받아들이는 결과를 얻는 것이다.【초_ '나'라는 것에 속하지 않아야 비로소 중생을 받아들일 수 있다.】

◉ 論 ◉

何故로 名爲燄慧地오 前地는 修上界八禪하야 得出三界智慧故로 名發光地오 此修三十七助道觀門하야 觀身受心法이 轉加明淨故로 名爲燄慧地며
前地는 因定發故로 名發光地오 此地는 以三十七助道觀門으로 觀身受心法의 自性無依하야 慧加明淨일새 故名燄慧니라

무엇 때문에 '불꽃같은 지혜의 지위'라 말하는가? 앞의 발광지는 上界의 8가지 선정을 닦아서 삼계를 벗어난 지혜를 얻었기에 그 이름을 발광지라 하고, 여기서는 37助道觀 법문을 닦아서 몸, 느낌, 마음, 법을 관찰함이 점차 더욱 밝고 청정한 까닭에 그 이름을 염혜지라 하였으며,

앞의 제3지는 선정으로 인하여 나타난 까닭에 그 이름을 발광

지라 하였고, 이 지위에서는 37조도관 법문으로 몸, 느낌, 마음, 법의 자성이 의지한 바 없음을 관찰하여 지혜가 더욱 밝고 청정하기에 그 이름을 염혜지라 하였다.

次正釋文
亦三分이라
一은 讚請이오 二는 正說이오 三은 重頌이라
今은 初라

　　다음은 경문의 해석이다.
　　이 또한 3부분으로 나뉜다.
　　제1. 찬탄하며 법을 청한 부분,
　　제2. 바로 설법하는 부분,
　　제3. 게송 부분이다.
　　이는 첫 부분이다.

經
佛子聞此廣大行의　　　可樂深妙殊勝法하고
心皆勇悅大歡喜하야　　普散衆華供養佛이로다

　　불자여! 이처럼 광대한 행의
　　즐겁고 심오하고 미묘하고 수승한 법을 듣고
　　용맹한 마음으로 크게 환희하여

많은 꽃 널리 흩뿌려 부처님 전 공양하노라

演說如是妙法時에　　　**大地海水皆震動**하니
一切天女咸歡喜하야　　**悉吐妙音同讚歎**하며

　이처럼 미묘한 법 연설할 적에
　대지와 바닷물이 모두 진동하니
　수많은 하늘 여인 모두 즐거워
　아름다운 음성으로 함께 찬탄하며

自在天王大欣慶하야　　**雨摩尼寶供養佛**하고

　자재천왕 몹시 기뻐하면서
　마니주 쏟아부어 부처님 전 공양하고

● **疏** ●

六偈를 分二니 初二偈半은 集經者序述이라 地海動者는 表無明厚地와 大愛海水를 可傾竭故니라

　6수 게송은 2단락으로 나눈다.
　앞의 2수 반의 게송은 경전 편집자의 말이다.
　'대지와 바닷물이 진동한다.'는 것은 무명의 두터운 땅과 큰 애착의 바닷물을 모두 고갈시킴을 나타낸 것이다.

> **經**

讚言佛爲我出興하사　　演說第一功德行이로다

　　찬탄의 말은 이렇다. 부처님 나를 위해 나오시어

　　으뜸가는 공덕행 연설하였어라

如是智者諸地義　　於百千劫甚難得이어늘
我今忽然而得聞　　菩薩勝行妙法音이로다

　　이와 같은 지혜 보살의 십지 진리

　　백천 겁에 듣기 어려운 법문

　　나는 생각잖게 들었노라

　　보살의 거룩한 행 미묘한 법문을…

願更演說聰慧者의　　後地決定無餘道하사
利益一切諸天人하소서　　此諸佛子皆樂聞하나이다

　　바라건대 총명한 보살의

　　뒤의 지위 결정한 뜻 남김없이 연설하여

　　일체 천상의 중생에게 이익 주소서

　　그 모든 불자들이 다시 듣길 원합니다

勇猛大心解脫月이　　請金剛藏言佛子여
從此轉入第四地하는　　所有行相願宣說하소서

　　용맹하고 거룩하신 해탈월보살이

금강장보살에게 간청하는 말, 불자여
이로부터 제4지에 들어가면
그 행상 어떠한지 말해주소서

◉ 疏 ◉

後 三偈半은 正明讚請이라 於中에 初二偈半은 天王請이오 後一은 衆首請이니라

　　뒤의 3수 반의 게송은 바로 찬탄의 청법을 밝혔다.
　　그 가운데 앞의 2수 반의 게송은 천왕의 청법이고,
　　뒤의 1수 게송은 상수보살의 청법이다.

━━━

第二 正說分
中二니 初는 明地相이오 後는 明地果라
前中에 論爲四分이니
一은 淸淨對治修行增長因分하니 謂淸淨等은 是次二分이오 今趣地方便이 爲彼之因이라
二佛子菩薩住此欲慧下는 淸淨分이니 是初入地出障行故니라
三佛子菩薩住此第四下는 對治修行增長分이니 卽正住地行과 道品等行에 能有所除일세 故云對治오 進習上上을 名修行增長이라
四佛子至所有身見下는 彼果分이니 此卽地滿이니 是中二分之果니라

又此四分하면 卽加行과 無間과 解脫과 勝進 四道니라

又四中에 初一은 入心이오 後三은 住心이오 出心은 在調柔果라

住心中에 三分은 攝前三位니 初는 淸淨分이니 卽攝生貴住오 次는 攝至一切處廻向이오 後는 攝無盡行이니 至文當知니라

今은 初라

제2. 바로 설법하는 부분

이는 2단락이다.

[1] 제4 염혜시의 행상을 밝혔고,

[2] 제4 염혜지의 과덕을 밝혔다.

'[1] 제4 염혜지의 행상' 부분의 논은 4단락으로 나뉜다.

1. 청정으로 다스려서 수행을 증장하는 원인이 되는 부분이다. 청정 등이란 다음의 2부분이며, 여기에서 십지에 나아가는 방편이 그 원인이 된다.

2. '佛子菩薩住此燄慧' 이하는 청정 부분이다. 처음 4지에 들어가 장애에서 벗어나는 행이기 때문이다.

3. '佛子菩薩住此第四' 이하는 다스려서 수행을 증장하는 부분이다.

바로 제4 염혜지에 안주하는 행과 助道品 등의 행에 제거할 대상이 있기에 '이를 다스린다.'고 말하였다. 정진하고 익혀서 위로 오르는 것을 '수행의 증장'이라 말한다.

4. '佛子至所有身見' 이하는 그 결과의 부분이다. 이는 바로 제4 염혜지의 원만이다. 여기에는 2부분의 결과가 있다.

또한 이를 4부분으로 나누면 다음과 같다.

① 다시 힘을 내어 수행하는 경지[加行道],

② 끊임이 없는 경지[無間道],

③ 바른 지혜로 진리를 깨닫는 경지[解脫道],

④ 다시 나아가 열반을 구하여 향상하는 경지[勝進道]의 4가지 도이다.

또 4가지 도 가운데 '① 加行道'는 들어가는 마음[入心]이며,

뒤의 '無間道, 解脫道, 勝進道' 3가지는 머무는 마음[住心]이며,

나가는 마음[出心]은 調柔果에 있다.

머무는 마음 가운데 3부분은 앞의 3지위를 포괄한다.

첫째, 淸淨分은 십주의 제4 生貴住를 포괄하고,

둘째, 對治修行增長分은 십회향의 제4 至一切處廻向을 포괄하며,

셋째, 彼果分은 십행의 제4 無盡行을 포괄한다.

해당 경문에서 이를 알 수 있다.

이는 '1. 청정으로 다스려서 수행을 증장하는 원인이 되는 부분'이다.

經

爾時에 **金剛藏菩薩**이 **告解脫月菩薩言**하사대
佛子여 **菩薩摩訶薩**이 **第三地 善淸淨已**에 **欲入第四焰慧地**인댄 **當修行十法明門**이니

何等이 爲十고

所謂觀察衆生界와 觀察法界와 觀察世界와 觀察虛空界와 觀察識界와 觀察欲界와 觀察色界와 觀察無色界와 觀察廣心信解界와 觀察大心信解界니

菩薩이 以此十法明門으로 得入第四焰慧地니라

그때, 금강장보살이 해탈월보살에게 말하였다.

"불자여! 보살마하살이 제3 발광지를 이미 청정하게 닦았기에 제4 염혜지에 들어가고자 하면 당연히 열 가지 불법의 밝은 문을 수행해야 할 것이다.

무엇을 열 가지 불법의 밝은 문이라 하는가?

이른바 중생계를 관찰하고,

법계를 관찰하고,

세계를 관찰하고,

허공계를 관찰하고,

식계(識界)를 관찰하고,

욕계를 관찰하고,

색계를 관찰하고,

무색계를 관찰하고,

넓은 마음으로 믿고 이해하는 세계를 관찰하고,

큰마음으로 믿고 이해하는 세계를 관찰하는 것이다.

보살이 이런 열 가지 불법의 밝은 문으로 제4 염혜지에 들어가는 것이다.

● 疏 ●

文三이니

初는 結前標後요

次'何等'下는 徵列別名이오

三'菩薩以此'下는 結行入位라

경문은 3단락이다.

(1) 앞의 문장을 끝맺고 뒤의 문장을 내세웠으며,

(2) '何等' 이하는 물음을 통해 개별의 명제를 나열하였으며,

(3) '菩薩以此' 이하는 이의 수행을 끝맺고 제4 염혜지에 들어감이다.

今初十法明門者는 門은 卽通入之義라 故論經에 名入이라하니라 明은 爲能入之門이오 法은 爲所入之處라 故論云 '得證地智光明하야 依彼智明하야 入如來所說法中'이라하니라 言證地智者는 卽四地證智也라 光明者는 卽三地慧光이니 謂三地中에 得此四地의 證智前相이라 故倂擧二處之智하야 以釋於明이니라 亦猶地前明得定也라 故前地論云 '彼慧는 此中에 名光明'이 卽其義也니라 言所說法者는 前求多聞하야 從佛聞說衆生法界等의 十種之法이라 便以智光으로 數數遊入하니 遊入은 卽是修行이니 修行은 卽下觀察이니 觀察이 增上極圓滿故로 方得證入四地니라

'(1) 結前標後' 부분에서 말한 '10가지 불법의 밝은 門'의 '門'이란 '통하여 들어간다.'는 뜻이다. 그러므로 논경에서 들어간다[入]고 말하였다.

'밝음[明]'이란 들어가는 주체의 문이고, '법'이란 들어갈 대상의 처소이다. 이 때문에 논에 이르기를, "지위의 지혜 광명을 증득하여, 그 지혜의 광명에 의하여 부처님이 말씀하신 법으로 들어간다."고 하였다.

'지위의 지혜를 증득한다.'고 말한 것은 곧 제4 염혜지에서 증득한 지혜이다.

광명이란 제3 발광지의 지혜 광명이다. 제4 염혜지에서 증득할 지혜의 전 단계 양상인 제3 발광지를 말한다. 이 때문에 제3지와 제4지의 지혜를 함께 들어서 광명을 해석한 것이다.

이 또한 십지 이전의 '밝음을 얻은 선정[明得定]'과 같다. 그러므로 앞의 십지경론에서 "그 지혜란 여기서는 광명이라 칭한다."는 것이 바로 그 뜻이다.

'부처님이 말씀하신 법'이라 말한 것은 앞에서 '많이 들음[多聞]'을 구하여, 부처님으로부터 들었던 중생계, 법계 등 10가지 법을 말한다. 곧 지혜 광명으로 자주자주 놀러 들어가니, '놀러 들어감[遊入]'이 바로 수행이며, 수행은 곧 아래에서 말한 '관찰'이다. 관찰함이 더욱 향상되어 지극히 원만한 까닭에 비로소 제4 염혜지를 증득하여 들어갈 수 있다.

二는 徵列中에 有十種差別觀察이라 此十을 畧以三重釋之니
一은 初句爲總이니 本爲衆生故라 餘九는 爲別이니 皆衆生事故라
二는 前八은 爲染이오 後二는 爲淨이라
三은 前五는 推能依하야 至所依오 後五는 依所依하야 立能依니라

前中에 一은 觀衆生假名差別이라 假有三種이니 一은 因成假오 二는 相續假오 三은 相待假라 假爲空詮일세 故先觀之니라

因成이 有二하니 一은 五蘊和合이니 假名某甲이라하면 則入衆生空이오 二는 陰亦因緣而有니 則入法空이라 二空所顯은 卽是眞如니 不壞假名이오 空有不二는 卽是中道라

言相續者는 由前陰滅하야 後陰續生이라 念念相續이 假而非實이니 亦入二空眞實이라

言相待者는 待非衆生하야 以說衆生이라 入實亦然이라

此一은 推假入實이라 餘九도 例知니라 故論에 但顯差別之相이라

二 '法界'者는 論當第三이니 是依正之因이라 卽染法界니 此從別義오 若淨法界인댄 通爲十依니 則十與法界는 究竟無別이라

三 '世界'者는 彼假名衆生의 所住依報라

四는 依正所依虛空이니 瑜伽에 名爲平等勝義라 卽是理空이니 皆無盡故라【鈔_ '因成有二'者는 謂人法二空이라

'二空所顯'下는 會其三觀이라 言卽是眞如는 自有二意하니 一者는 順法相宗의 二空非眞如故오 二는 成三諦는 假名爲有諦오 二空은 爲無諦오 眞如는 爲中道第一義諦니 已有三諦三觀矣라

又 '空有不二'는 總爲眞空이오 '不壞假名'은 卽是假觀이오 合上空假하야 以爲中道니라

下觀二假도 例此成觀이니 故相續後結云 '亦入二空眞實'이라하니 眞實은 卽是眞如異名이라 相待假後의 結例도 可知니라】

'(2) 물음을 통해 개별의 명제를 나열한 부분'은 10가지의 각

기 다른 대상을 관찰하는 것이다. 이 10가지는 대략 3중으로 해석한다.

① 첫 구절은 총상이다. 본래 중생을 위하기 때문이다.

나머지 9구는 별상이다. 모두 중생의 일이기 때문이다.

② 앞의 8구는 雜染이고, 뒤의 2구절은 청정이다.

③ 앞의 5구는 의지의 주체를 미루어 의지의 대상에 다다름이며, 뒤의 5구는 의지의 대상에 의하여 의지의 주체를 세우는 것이다.

앞부분의 제1구는 중생의 각기 다른 假名 양상을 관찰하는 것이다. 假名의 '假'에는 3가지가 있다.

① 원인으로 이뤄진 거짓,

② 서로 이어지는 거짓,

③ 서로 필요로 하는 거짓이다.

거짓은 공허한 표현이기에 이를 먼저 관찰하는 것이다.

'원인으로 이뤄진 거짓'이란 2가지가 있다.

첫째는 오온의 화합이다. 가명으로 아무개라 하니 곧 '衆生空'에 들어감이며,

둘째는 오온 역시 원인과 간접 원인으로 생긴 것이다. 이는 '法空'에 들어간 것이다.

'중생공'과 '법공'에 의해 나타나는 바는 곧 진여이니, 가명을 무너뜨리지 않는다. 空과 有가 둘이 아닌 것은 곧 중도이다.

'서로 이어지는 거짓'이라 말한 것은 앞의 쌓임[陰]이 사라지면서 뒤의 쌓임이 이어서 생겨나는 것이다. 한 생각 한 생각이 서로

이어짐이 거짓으로 진실이 아니다. 이 또한 '중생공'과 '법공'의 진실에 들어감이다.

'서로 필요로 하는 거짓'이라 말한 것은 중생이 아닌 자를 필요로 하여 중생에게 말해주는 것이다. 진실함에 들어감 또한 마찬가지이다.

이 한 구절은 거짓을 미루어 진실 속으로 들어가는 것이다. 나머지 9구도 이러한 예로 미뤄 알 수 있다. 이 때문에 논에서 각기 다른 차별 양상만을 밝혔다.

제2구의 '법계'란 논의 셋째에 해당한다. 依報와 正報의 원인이다. 곧 雜染의 법계이다. 이는 개별의 이치를 따른 부분이며, 청정한 법계로 말하면 통틀어 10가지 의보이다. 10가지 의보와 법계는 마침내 차별이 없다.

제3구의 '세계'란 그 가명의 중생이 머무는 의보이다.

제4구의 '허공'이란 의보와 정보가 의지할 대상인 '허공계'이다. 유가론에서는 '평등한 진리의 세계'라 말하였다. 이는 이법계의 허공이다. 모두 끝이 없기 때문이다.【초_ "원인으로 이뤄진 거짓이란 2가지가 있다."는 것은 人空과 法空을 말한다.

"곧 진여이다."고 말한 데는 2가지 의의가 있다.

① 법상종에서 말한 '2가지 공은 진여가 아니다.'는 점을 따른 때문이다.

② 三諦의 성립은 가명으로 有諦이고, 인공과 법공은 無諦이고, 진여는 中道의 第一義諦이다. 이처럼 三諦와 三觀이 있다.

또한 "공과 유가 둘이 아니다[空有不二]."라는 것은 총괄하면 空觀이고, 가명을 무너뜨리지 않음은 곧 假觀이며, 위의 空觀과 假觀을 합하여 中道觀이라 한다.

아래의 2가지 가명도 이런 예로 觀을 이루고 있다. 이 때문에 '서로 이어지는 거짓'이라는 뒤의 결론에서 "또한 2가지 공의 진실에 들어간다."고 하였다. '2가지 공의 진실'이란 진여의 또 다른 이름이다.

'서로 필요로 하는 거짓' 부분의 후미 결론에서 말한 예는 설명하지 않아도 알 수 있다.】

五는 染淨所依니 是本識界라
後五는 依此所依하야 立後能依라 故此識界는 前後로 兩向이니 向前에 爲依正依오 向後에 爲染淨依라【鈔_ 此識이 亦通二宗하니 若生滅識生인댄 染淨依他 亦依心有니 卽法相宗이오 若眞妄和合識인댄 亦生染淨이니 卽法性宗이니 竝如前說이니라】

제5구의 '識界'는 잡염법계와 청정법계의 의지 대상이다. 근본적인 '인식의 세계'이다.

뒤의 5구[欲界, 色界, 無色界, 廣心信解界, 大心信解界]는 이런 의지 대상에 의하여 뒤의 의지 주체가 성립되는 것이다. 이 때문에 이런 인식의 세계는 앞뒤 모두 향하고 있다. 앞으로 향하면 의보와 정보의 의지처가 되고, 뒤로 향하면 잡염세계와 청정세계의 의지처가 된다.【초_ 이런 인식의 세계는 또한 2종파에 모두 통한다.

만약 생멸하는 인식의 발생으로 말하면, 잡염과 청정의 依他起

性 또한 마음에 의하여 생겨나는 것이다. 이는 法相宗의 종지이다.

만약 眞妄이 화합한 識으로 말하면 이 또한 잡염과 청정이 생겨나는 것이다. 이는 法性宗의 종지이다. 모두 앞의 설명과 같다.】

初三句는 由煩惱使染하야 成染分依他니 有三界差別이라 著欲이며 著受며 及著想故니 三界唯心故니라

後二는 廣大信解로 成淨分依他라 論經에 前은 是勝心信解依니 煩惱不染이 與聲聞同이어니와 後는 大心信解依니 不捨衆生이니 不同聲聞이라【鈔_ 著欲等者는 由著欲故로 有於欲界하고 由著受故로 有於色界하니 謂四禪天이 不出四受라 又著正受故라 由著想故로 有無色界의 空想과 識想과 無所有想이라 非想非非想에 雖欲絶想이나 亦不出想이라 三界唯心은 總結上文이니 如下六地하다】

뒤의 5구 가운데, 앞의 3구[欲界, 色界, 無色界]는 번뇌가 물들게 함으로 인하여 染分의 依他起性[7식]을 이루니, 3계의 차별이 있다. 탐욕에 물들어 더럽혀지고, 감각[受]에 물들어 더럽혀지고, 생각에 물들어 더럽혀지기 때문이다. 3계가 오직 마음이기 때문이다.

마지막 2구[廣心信解界, 大心信解界]는 넓고 큰 믿음과 이해로 淨分의 의타기성을 이루는 것이다. 논경에서 "앞은 뛰어난 마음의 믿음과 이해의 의지처이다. 번뇌에 더럽혀지지 않음이 성문과 같지만, 뒤는 큰마음의 믿음과 이해의 의지처이다. 중생을 버리지 않음은 성문과 똑같지 않다."고 하였다.【초_ '着欲等'이란 탐욕의 染着으로 인하여 욕계에 있고, 感受의 염착으로 인하여 색계에 있다. 四禪天이 4가지 느낌[四受]에서 벗어나지 않음을 말한다. 또한 선

정[正受]을 집착하기 때문이다. 생각의 염착으로 인하여 무색계의 空想과 識想과 無所有想이 남아 있다. 非想非非想天에서 비록 생각을 끊으려 하지만, 또한 생각에서 벗어나지 못한다.

"3계가 오직 마음이다."는 것은 위의 문장을 총괄하여 끝맺은 말이다. 이는 아래의 제6 현전지에서 말한 바와 같다.】

今經에 卽前云 廣은 則明護狹이니 兼濟之心이오 後是大心은 卽是 護小니 求大菩提니 則二心이 俱異二乘이라 前은 觀衆生을 同體大 悲오 後는 觀衆生이 具佛知見하야 誓令同得이라
又皆言界者는 通事理也니 事則曲盡差別이오 理則一一入實이라 卽淨法界일세 故皆爲明門이니라

본 경문의 앞에서 말한 '넓은 마음[廣心]'이란 좁은 마음 막음을 밝힘이니, 중생을 모두 구제하려는 마음이며, 뒤에서 말한 '큰마음 [大心]'이란 곧 소승을 막음이니, 대보리를 구하려는 마음이다. 2가지 마음[廣心, 大心]이 모두 2승과 다른 부분이다.

앞의 '넓은 마음'은 중생을 '나와 하나라고 생각하는 자비[同體 大悲]'의 마음으로 관찰함이며, 뒤의 '큰마음'은 중생이 모두 부처님의 지견을 갖췄다고 관찰하여, 맹세코 함께 얻으려는 것이다.

또 모두에 '세계[界: 界有性·分 二義]'[12]라고 말한 것은 현상[分]의 사법계와 진리[性]의 이법계에 모두 통한다. 현상의 사법계로는 자

....
12 '세계': 유망기, "號字卷 10上06, 界者通事理者는 界는 有性分二義하니 分則事요 性則 理也라"

세히 각기 다른 존재에 다함이며, 진리의 이법계로는 하나하나 실상에 들어가는 것이다. 이는 청정한 법계이다. 이 때문에 모두 '밝은 문[明門]'이라 하였다.

三 結行入位는 觀察圓滿하야 與十理冥하면 則入四地라 故瑜伽四十八云 '先於增上心住에 以求多聞增上力故로 已得十法明入하고 由此十法明入하야 成上品故며 極圓滿故로 入初增上慧住라'하니라

'(3) 이의 수행을 끝맺고 제4 염혜지에 들어간다.'는 것은 관찰의 수행이 원만하여 10가지의 불법 진리와 하나가 되면 제4 염혜지에 들어감을 말한다.

이 때문에 유가사지론 권48에서 말하였다.

"먼저 '더욱 향상된 마음의 안주[增上心住]'에서 많은 법문을 듣고서[多聞] 더욱 향상된 힘을 구한 까닭에 10가지 법의 밝은 문에 들어감을 얻고, 이처럼 10가지 법의 밝은 문에 들어감을 얻음으로 인하여 최상의 등급을 성취하기 때문이며, 지극히 원만한 까닭에 처음으로 '더욱 향상된 지혜의 안주[增上慧住]'에 들어가게 된다."

大文第二 淸淨分
卽攝生貴住라 故前文云 '於諸佛聖敎中生'이라 하니라 云何淸淨고 於如來家에 轉有勢力故일세니라

2. 청정 부분

이는 십주의 제4 생귀주에 속한다. 이 때문에 앞의 경문에서 "여러 부처님의 성스러운 가르침 속에서 태어난다."고 하였다.

무엇이 청정인가? 여래의 집안에 더욱 세력이 있기 때문이다.

經

佛子여 菩薩이 住此焰慧地에 則能以十種智成熟法故로 得彼內法하야 生如來家하나니

何等이 爲十고

所謂深心不退故며

於三寶中에 生淨信하야 畢竟不壞故며

觀諸行生滅故며

觀諸法自性無生故며

觀世間成壞故며

觀因業有生故며

觀生死涅槃故며

觀衆生國土業故며

觀前際後際故며

觀無所有盡故니

是爲十이니라

불자여! 보살이 이 염혜지에 머물 적에 열 가지 지혜로써 불법을 성숙함으로 말미암아 내면의 심법을 얻어 여래의 집안에 태어나는 것이다.

무엇을 열 가지 지혜라 하는가?

이른바 깊은 마음이 물러서지 않은 때문이며,

삼보에 청정한 신심을 내어 끝까지 무너지지 않은 때문이며,

모든 행이 생겨나고 사라짐을 관찰한 때문이며,

모든 법의 자성이 생겨나지 않음을 관찰한 때문이며,

세간이 이뤄지고 무너짐을 관찰한 때문이며,

업으로 인하여 생이 있음을 관찰한 때문이며,

생사와 열반을 관찰한 때문이며,

중생의 국토에 대한 업을 관찰한 때문이며,

과거 세월과 미래 세월을 관찰한 때문이며,

어느 것도 다함이 없음을 관찰한 때문이다.

이를 열 가지 지혜라 한다.

● 疏 ●

文中三이니

初는 總明이오 次何等下는 徵釋이오 三是爲十者 總結이라

初中에 文有三句하니 末句生家는 是總相이오 初句十智는 爲能生因이오 次句內法이 爲所生家라 由以十智로 觀察下諸行等의 十法하야 得成熟故라

成熟은 則除滅三地의 解法智障하고 攝四地出世勝智하야 契於法體니 故云得彼內法이라

內法者는 顯非外相이니 此法은 即如來所說敎化之法일새 名如來

家니라 此地에 寄出世之首일새 故名爲生이니라

然如來家를 畧有三種하니

一은 菩提心家니 初住에 卽生이오

二는 大敎家니 四住卽生이오

三은 法界家니 初地에 證故로 生이라

今此는 攝四住故로 以智契敎法하야 合於法界오 具下十義일새 故名爲生이니라【鈔_ 準下林神컨대 八地도 亦生이니 生無生忍家라 故如來를 亦名究竟生家일새 故云'畧'耳니라】

경문은 3단락이다.

(1) 총괄하여 밝혔고,

(2) '何等' 이하는 묻고 해석하였으며,

(3) '是爲十' 이하는 총괄하여 끝맺었다.

'(1) 총괄하여 밝힌 부분'은 3구이다. 끝 구절의 '여래의 집안에 태어남'은 총상이며, 첫 구절의 '10가지 지혜'는 태어나게 되는 주체의 원인이고, 다음 구절의 '내면의 心法'은 태어날 대상의 집안이다. 10가지 지혜로 아래의 여러 행 등의 10가지 법을 관찰함으로 인하여 성숙하였기 때문이다.

성숙은 제3 발광지의 '법을 이해하는 지혜의 장애'를 없애고, 제4 염혜지의 뛰어난 출세간 지혜를 포괄하여 법의 본체와 하나가 된 것이다. 이 때문에 "그 내면의 심법을 얻었다."고 말한다.

內法이란 외적인 양상이 아님을 밝힌 것이다. 이 법은 바로 부처님께서 말씀하신 중생 교화의 법이기에 그 이름을 '여래의 집안'

이라 하였다.

제4지는 출세간을 의탁한 첫 부분이기에 태어난다고 말하였다. 그러나 여래의 집안에는 대략 3가지가 있다.

첫째, 보리심의 집안이다. 제1 초발심주에 태어나고,

둘째, 큰 가르침의 집안이다. 제4 생귀주에 태어나며,

셋째, 법계의 집안이다. 제1 환희지에 증득한 까닭에 태어남이라 한다.

여기에서는 제4 생귀주를 포괄한 까닭에 지혜가 가르침의 법에 하나가 되어 법계에 합하고, 아래의 10가지 이치를 갖춘 까닭에 '태어남'이라고 말한다.【초_ 아래의 '숲을 주관하는 신[主林神]'에 준하여 보면 제8 부동지 또한 태어남이다. '무생법인의 집안[無生忍家]'에 태어남이다. 그러므로 여래 또한 '마지막에 태어나는 집안'이라 말하기도 한 까닭에 여기에서 '대략[略有…]'이라 말한 것이다.】

若瑜伽인댄 但云'長如來家'라하고 論經에 亦但云'於如來家에 轉有勢力'이라하니 意明初地에 已生家오 二·三地에 起修方便일새 盞有勢力이라 今依三地之聞하야 成出世智일새 故云轉有라 此中智契는 卽無行無生行慧光이니라

유가사지론 권48에서는 "여래의 집안에서 자랐다."고만 말하였고, 논 또한 "여래의 집안에 더욱 세력이 있다."고 말했을 뿐이다. 그 뜻은 초지에 이미 여래의 집안에서 태어났고, 제2지, 제3지에서 방편 닦음을 일으킨 까닭에 일찍이 세력이 생긴 것이다. 여기에서는 제3 발광지의 多聞을 기조로 하여 출세간의 지혜를 성취하였

기에 '갈수록 점점 세력이 있다[轉有].'고 말한 것이다. 여기에서 말한 지혜의 계합은 '행함도 없고 생겨남도 없는 행의 지혜 광명'이다.

二는 徵列中에 列有十句어늘 論攝爲四라
初句는 自住處畢竟智니 謂大乘은 是菩薩自所住處오 深心相應이 爲住오 畢竟이 卽是不退라
二는 同敬三寶畢竟智니 謂證三寶同體하야 成不壞信故니라 上二는 約行德差別이니 初는 自分이오 後는 勝進故라
下有二智는 約智解差別이니 初는 證이오 後는 敎라
謂三에 有二句는 明眞如智니 謂見第一義하야 證二無我故니 一은 但有蘊等諸行하야 而生滅流轉일세 故無人我오 二는 卽此蘊等諸法이 本來不生일세 故無法我니라
四는 餘六句는 明分別說智니 謂是敎智일세 故名爲說이오 知世諦故로 名爲分別이니 分別染淨故라 謂初二句는 是染이오 後三句는 是淨이오 第三句는 具染淨이라 各有因果하니 卽是四諦故니라
謂初二句는 名隨煩惱染이니 卽是苦諦니 依正二報 隨煩惱集因所生故니라 謂初句는 依報오 次句는 正報니 故云 有生이라 同因於業하야 業與煩惱 二俱集因일세 故論與經이 影畧而說이라【鈔_ 故論與經'者는 經云'因業有生'이라하고 論云'初二句는 隨煩惱染故'라하니라】

'(2) 묻고 명제를 나열한 부분'에 10구를 열거하였는데, 논에서는 이를 4가지로 묶었다.

첫째, 제1구[深心不退]는 스스로 머물 곳인 필경의 지혜이다. 대

승법은 보살이 스스로 머물 곳이며, 깊은 마음으로 상응함을 '머묾'이라고 하며, '필경'은 '물러서지 않음[不退]'이다.

둘째, 제2구[於三寶中生淨信畢竟不壞]는 삼보를 모두 함께 공경하는 필경의 지혜이다. 이는 삼보와 동일한 체성을 증득하여 무너지지 않는 신심을 성취한 것이다. 위의 2가지 지혜는 수행 공덕이 각기 다른 차별을 들어 말하였다.

앞의 제1구는 자신의 경계이고, 뒤의 제2구는 뛰어나가 닦아가는 경계이기 때문이다.

아래의 2가지 지혜는 지혜의 견해가 각기 다른 차별로 말하였다. 앞의 지혜는 證道이고, 뒤의 지혜는 敎道이기 때문이다.

셋째, 2구절[觀諸行生滅, 觀諸法自性無生]은 진여의 지혜를 밝혔다. 第一義諦를 보고서 人無我·法無我를 증득하기 때문이다.

이의 앞 제3구[觀諸行生滅]는 오온 등 변화 현상이 있어 생겨나고 사라짐이 끊임없이 돌고 돌기에 人無我이며,

뒤의 제4구[觀諸法自性無生]는 오온 등 모든 법이 본래 생겨남이 없기에 法無我이다.

넷째, 나머지 6구절[觀世間成壞… 觀無所有盡]은 분별하여 설법하는 지혜를 밝혔다. 이는 敎道의 지혜이기에 '설법'이라 말하였고, 세간의 진리를 아는 까닭에 '분별'이라고 말하였다. 잡염과 청정을 분별하기 때문이다.

앞의 2구절 제5, 6구[觀世間成壞, 觀因業有生]는 잡염이고,

다음 3구절 제7~9구[觀生死涅槃, 觀衆生國土業, 觀前際後際]는 청

정이며,

　　마지막 제10구[觀無所有盡]는 잡염과 청정을 모두 갖추고 있다.
　　이는 각기 원인과 결과가 있다. 이는 四聖諦이기 때문이다.
　　앞의 2구절은 '수번뇌의 오염'이라 하니, 이는 苦諦이다. 의보와 정보에 수반되는 번뇌가 集諦의 원인에서 생겨난 까닭이다. 첫 제5구[觀世間成壞]는 의보이고, 다음 제6구[觀因業有生]는 정보이다. 이 때문에 '생이 있다[有生].'고 말하였다.
　　업과 동일한 원인으로 업과 번뇌 2가지가 모두 集諦의 원인이기에 논과 경문에서 한 부분을 생략하여 서로 말하였다.【초_ "논과 경문에서"라 말한 것은 경문에서는 "업으로 인하여 생이 있다." 하였고, 논에서는 "처음 2구는 수번뇌의 오염 때문이다."고 하였다.】

第三句中에 初觀生死는 論經에 名世間하니 卽煩惱染이라 上句는 以因顯果하야 云因業有生이오 此句는 以果顯因일새 故云生死니 生死는 以煩惱爲體故니 卽是集諦라 此順論意니라

次觀涅槃은 是所有淨이니 卽是滅諦라 若直就經文인댄 亦可因業有生은 是集諦오 生死涅槃은 復雙觀苦滅耳라

後三句는 隨所淨이라 卽是道諦니 隨順前滅故라 三中에 初一은 利他行이니 論云 諸佛世界中에 敎化衆生하야 自業成熟故라하니 準此論意컨대 譯此初句에 應言觀諸國土化衆生業하야들 則不濫前因業有生이라 後二句는 自利行이니 謂觀煩惱染와 及涅槃淨이니 爲順滅之道라 初句는 約事니 觀煩惱無始일새 故爲前際오 涅槃은 無終일새 故爲後際라 後句는 順理니 觀煩惱는 本空하야 無有損減일

세 故無可盡이오 涅槃은 性淨하야 非新增益이라 自性盡故로 皆名無所有盡이니 煩惱는 影取生死오 涅槃은 影取菩提라 菩提之智 亦符理故니라 然是世諦中에 觀일세 故異前如智니라【鈔_ '菩提之智' 下는 通影取菩提難이니 恐有難云 '涅槃性盡은 云無所有盡이로되 菩提는 非性이어니 何言無所有盡가'할세 故以符理로 全同涅槃이니라 '然是世諦' 下는 通約順理解하야 以約理釋일세 濫前如智라 故通云異라 異相云何오 猶相見道中에 亦觀非安立諦이라도 而是後得이라 此亦如是하니 雖觀於如나 而是敎智니라】

다음 3구절 부분의 제7구에서 "생사를 관찰한다[觀生死]."는 것은 논경에서는 '세간법'이라 말하였다. 이는 '번뇌의 오염'이다. 위의 제6구는 원인으로 결과를 밝혀, "업으로 인하여 생이 있다[因業有生]." 말하였고, 이 구절은 결과로 원인을 밝힌 까닭에 '생사'라 말하였다. 생사는 번뇌로 본체를 삼은 것이기에, 이는 集諦이다. 이는 논경의 뜻을 따른 것이다.

제7구의 '열반을 관찰함[觀涅槃]'은 본래 소유의 청정이니, 이는 滅諦이다.

만일 바로 경문으로 말하면 또한 '업으로 인하여 생이 있음'은 集諦이고, 생사와 열반은 또한 苦諦와 滅諦를 모두 관찰한 것이다.

뒤의 3구절 제8~10구[觀衆生國土業, 觀前際後際, 觀無所有盡]는 처소에 따른 청정이니, 이는 道諦이다.

3구절 가운데, 앞의 제8구[觀衆生國土業]는 이타행이다. 논에서는 "모든 부처님 세계에서 중생을 교화하여 자신의 업이 성숙한 때문이다."고 하였다.

　이런 논의 뜻에 준하여 보면, 이 첫 구절을 번역할 적에 당연히 "모든 국토에서 중생을 교화하는 업을 관찰한다."고 말했더라면 앞의 "업으로 인하여 생이 있다."는 구절과 뒤섞이지 않았을 것이다.

　뒤의 2구절[觀前際後際, 觀無所有盡]은 자리행이다. 번뇌의 오염과 열반의 청정함을 관찰하는 것이기에, 이는 멸성제를 따른 도이다.

　제9구[觀前際後際]는 현상의 사법계로 말하였다. 시작도 없는 번뇌를 관찰한 까닭에 '과거[前際]'라 하고, 열반은 끝이 없기에 '미래[後際]'라 한다.

　제10구[觀無所有盡]는 진리의 이법계를 들어 말하였다. 번뇌가 본래 공하여 덜어내거나 줄일 것이 없음을 관찰한 까닭에 '다할 게 없고', 열반은 본성이 청정하여 새로 더할 것이 없다. 자성이 극진한 까닭에 모두 그 이름을 "어느 것도 다함이 없다."고 하였다.

　번뇌는 생사를 반영하였고, 열반은 보리를 반영하였다. 보리의 지혜 또한 진리와 하나이기 때문이다. 그러나 세간의 진리로 관찰한 까닭에 앞의 如理智와는 다르다.【초_"보리의 지혜[菩提之智]"이하는 보리를 반영한 논란을 해명한 것이다. 아마 어떤 사람이 이렇게 따져 물었을 것이다.

　"열반의 본성이 다함이란 '어느 것도 다함이 없다.'고 말할 수 있지만, 보리는 성품이 아닌데 어떻게 '어느 것도 다함이 없다.'고 말할 수 있을까?"

　이 때문에 "진리와 하나가 되면 완전히 열반과 같다."고 답한 것이다.

"그러나 세간의 진리[然是世諦]" 이하는 모두 진리에 따라 이해하여, 진리를 가지고 해석한 것이다. 따라서 앞의 如理智와는 잘못 섞인 까닭에 다르다고 해명하였다.

다른 모양은 어떤 것일까? 오히려 相見道 가운데 또한 '말로 표현할 수 없고, 마음으로 생각할 수조차 없는 진여[非安立諦]'를 관찰하지만, 이는 후득지이다. 이것 또한 그와 같아서 비록 진여를 관찰하였을지라도 敎道의 지혜이기 때문이다.】

又後二句는 卽本有今無偈意오 亦是觀緣起法이라 無明行이 爲前際오 生老死 爲後際라 無明滅에 行滅은 自性滅故로 名無所有盡이니 如六地中하다【鈔_ 又後二句下는 更顯別理라 自有兩意하니 一은 卽四出偈이니 謂觀前際後際故는 卽本有今無오 本無今有'며 觀無所有盡故는 '三世有法이 無有是處'라 第五經疏에 已廣分別이라

亦是下는 觀緣生觀이라 然上十智 正觀如來敎化之智라 智之別相에 必由所觀이니 不觀所觀이면 安識佛智리오 佛智로 證彼內法인달하야 四地菩薩도 亦如是證이니 思之어다】

또한 뒤의 2구절은 "본래 있었던 것이 이제는 없다[本有今無]."는 게송의 뜻이며, 또한 연기법을 관찰하는 것이다. 無明과 지어감[行]은 과거이고, 태어나고 늙어가고 죽어가는 것은 미래이다. '무명이 사라지면 行이 사라진다.'는 것은 자성이 사라진 까닭에 "어느 것도 다함이 없다."고 하였다. 이는 6지에서 말한 바와 같다.

【초_ '又後二句' 이하는 다시 별개의 이치를 밝힌 것이다. 그 나름 2가지 뜻이 있다.

'열반경의 9권·15권·25권·26권, 4곳에 말한 게송[四出偈]'이다. "과거 세월과 미래 세월을 관찰한다."는 것은 "본래 있었으나 지금은 없고, 본래 없었으나 지금은 있다."는 뜻이며, "어느 것도 다함이 없음을 관찰한다."는 것은 "삼세에 법이 있다는 것은 옳지 못하다."고 하였다. 제5의 경문과 청량소에서 이미 자세히 분별하였다.

'亦是' 이하는 인연으로 생겨남을 관찰하는 관법이다. 그러나 위의 10가지 지혜는 바로 부처님이 교화하는 지혜를 관찰함이다. 지혜의 개별 양상이 반드시 관찰의 대상으로 연유한다. 관찰의 대상을 관찰하지 않으면 어떻게 부처님의 지혜를 알 수 있겠는가? 부처님의 지혜로 그 내면의 心法을 증득하는 것처럼 4지 보살 또한 이처럼 증득해야 한다. 이런 점을 생각해야 한다.】

◉ 論 ◉

生如來家者는 如十住中初發心住에도 亦名生如來家며 至初地中에도 亦名生如來智慧家며 至此四地에도 亦名生如來家니 有何差別이니잇고

答호되 計其總相컨댄 生如來智慧家는 卽一體無二어니와 若論別相升進인댄 卽有淺深하니 如十住之中에 於妙峯之頂은 明創啓凡情하야 始開佛智慧니 但啓迷解하야 得一分煩惱淸涼일새 故佛果名月이니 如十住位中十箇月佛이 是며 如善財表法中엔 妙峯山上에

見德雲比丘는 且彰佛慧解脫이오 未明智德神通이며 如初地에 生如來家는 雖有智德神通이나 但且得出三界之神智일새 所教化衆生도 亦以如已所知오 未得達世間智慧와 與出世間智慧 自在無礙어니와 此第四地에 生在佛家는 明達世間中出世間智慧故로 與初地中으로 雖入神性共同이나 然出世間世間智慧淺深이 差別이니 明前三位는 但修上二界禪하야 得出三界一單之理오 此位는 觀身受心法이라 故經云 '得彼內法하야 生如來家'라하니 內法者는 明智慧返觀하야 達俗智에 無俗不眞故니라

於三寶中生淨住畢竟不壞故者는 此三寶 是通三界 及三世一切法하야 總三寶攝이오 非如世情三寶일새 故云深心也니라 觀三界法이 性自無性을 是名佛寶오 了三界法 同異總別成壞를 是名法寶오 以自行門으로 和衆生心意하야 方便引接하야 令得應眞 及人天樂을 是名僧寶니라

"여래의 집안에 태어난다는 것은 십주의 초발심주 또한 '여래의 집안에 태어난다.'고 말하였고, 십지의 초지 또한 '여래 지혜의 집안에 태어난다.'고 말했는데, 이 4지에서 또다시 '여래의 집안에 태어난다.'고 말하였다. 여기에는 무슨 차이가 있는가?"

이에 대해 답하였다.

"그 총상을 헤아려 보면, '여래 지혜의 집안에 태어난다.'는 것은 곧 하나로 둘이 없지만, 만약 별상의 올라가는 단계로 논하면 조예의 얕고 깊은 차이가 있다.

예컨대 십주 가운데 妙峯의 정상은, 범부의 情識을 처음 계발

하여 비로소 부처님 지혜를 열어나감을 밝힌 것이다. 이는 다만 혼미한 견해만을 열어주어, 번뇌에 있어 십에 일분의 시원함을 얻었기에 그 佛果를 '月'이라 이름 붙였다. 십주위 가운데 열 분의 '月佛'이 바로 여기에 해당된다.

예컨대 선재동자가 법을 밝힌 부분에서는 묘봉산 정상에서 덕운비구를 친견한 것은 또한 '부처님의 지혜 해탈'을 밝힌 것일 뿐, '지혜 공덕의 신통[智德神通]'을 밝힌 것은 아니다.

초지에서 '여래의 집안에 태어난다.'는 것은 비록 '지혜 공덕의 신통'이 있다지만, 그는 삼계를 벗어나는 신비한 지혜만을 얻었을 뿐이다. 따라서 중생을 교화하는 것 또한 자기가 아는 만큼만 가르친 것이지, 세간 지혜와 출세간 지혜를 걸림 없이 자재하게 쓰는 경지를 얻지는 못하였다.

그러나 제4 염혜지의 '여래의 집안에 태어난다.'는 것은 세간 속에서 출세간의 지혜 통달을 밝힌 것이다. 이 때문에 초지와 함께 신통한 자성에 들어간 것은 모두 똑같지만, 출세간과 세간의 지혜에 관한 얕고 깊음이 차이가 있다.

앞의 3지위[十住, 十行, 十廻向]는 다만 위 二界의 선정을 닦아서, 삼계를 벗어나는 일부분의 이치만을 얻었을 뿐이지만, 제4 염혜지는 몸, 느낌, 마음, 법을 관찰했음을 밝힌 것이다. 그러므로 경문에 이르기를, "내면의 심법을 얻어서 여래의 집안에 태어난다."고 하였다.

'내면의 심법[內法]'이란 지혜로 반조하여 세속의 지혜를 통달하여, 세속의 그 모든 것이 진여 아님이 없음을 밝힌 때문이다.

"삼보에 청정한 신심을 내어 끝까지 무너지지 않은 때문이다."
의 삼보는 삼계와 삼세의 일체 모든 법을 통하여 모두 삼보에 포괄되는 것이지, 세간에서 알고 있는 그런 삼보와 같지 않기에 '깊은 마음'이라고 말한다.

삼계 법의 체성이 그 자체의 성품이 없음을 관찰하는 것을 '佛寶'라 이름하며,

삼계 법의 같은 모습, 다른 모습, 총상의 모습, 별상의 모습, 이뤄지는 모습, 무너지는 모습을 잘 아는 것을 '法寶'라 이름하며,

스스로 자신이 수행한 법문으로 중생의 마음과 뜻을 화합하여 방편으로 이끌어서 부처님[應眞]과 人天의 즐거움을 얻도록 함을 '僧寶'라 말한다.

自下大文第三 對治修行增長分
中에 二니 初는 護煩惱行이오 後菩薩修行如是下는 明護小乘行이라
前은 是大智니 自利니 異凡이오 後는 是大悲니 利他니 異小라 此二相
導하야 成不住道하야 無所不至일세 故攝至一切處廻向也니라
今初는 卽修菩提分法이라 論主는 別有道品論이라 故此不釋이오
今畧爲四門하노라

3. 청정으로 다스려서 수행을 증장하는 부분

이는 2단락이다.

1) 번뇌를 막는 행,

2) '菩薩修行如是' 이하는 소승을 막는 행을 밝혔다.

'1) 번뇌를 막는 행'은 큰 지혜이다. 자리행이니 범부와 다르다.

'2) 소승을 막는 행'은 큰 자비의 마음이다. 이타행이니 소승과 다르다.

이 2가지로 서로 이끌면서 멈추지 않는 도를 성취하여 이르지 않는 곳이 없으므로 제4 至一切處廻向에 속한다.

'1) 번뇌를 막는 행'은 보리 부분의 법을 닦는 것이다.

논주는 별도로 道品論을 쓴 바 있다. 이 때문에 여기에서는 더 이상 해석하지 않고, 이를 간추려 4부분으로 정리하고자 한다.

一은 釋名이라 菩提는 是覺이오 分은 是因義라 此三十七이 爲諸乘의 覺因故로 亦云道品이라 品은 卽是類오 因은 爲果類故라 別名은 至文自顯이니라

제1단락, 명칭의 해석

보리는 깨달음이며, 分은 원인의 뜻이다. 여기서 말한 37가지는 모든 가르침의 깨달음을 얻는 원인이 되는 까닭에 또한 道品이라 말하였다. 品은 종류이며, 因은 결과를 만들어 주는 유이기 때문이다.

37가지의 개별 명칭은 해당 경문에서 잘 말해주고 있다.

二는 顯同異니 瑜伽四十四 大乘菩提分에 乃有多種이니 三十七品은 乃是其中別義니 通於大小니라 涅槃에 亦說 三十七品이 爲涅槃因이오 非大涅槃因이라하고 無量阿僧祇道品에 '爲大涅槃因이라하니 故下五地中에 說'無量道品이라하며 及離世間品에 說道及

助道를 皆各無量이어니와 今約寄位라 故但三十七耳니라
若準智論컨대 但三十七이 無所不攝이니 卽無量道品이 亦在其中이라 如分別四諦에 有無量相이니 但心行大小 不同이라 淨名云 '道品이 是道場이 是法身因이라'하고 大集에 '名菩薩寶炬陀羅尼'라하며 涅槃云 '若人이 能觀八正道하면 卽見佛性이라 名得醍醐'라하니 皆約大說이니라

제2단락, 같고 다른 점을 밝히다

유가사지론 권44의 大乘菩提分에 많은 종류가 있는데, 37품은 그 가운데 개별의 의의로 말한 것이다. 이는 대승과 소승에 모두 통한다.

열반경에서도 또한 "37품은 열반의 원인이지, 대열반의 원인은 아니다."고 하며, 무량아승기도품에서는 "대열반의 원인이 된다."고 하였다.

이 때문에 아래의 제5지에서 '한량없는 道品'이라 하였으며, 제38 이세간품에서는 "道와 助道란 모두 각각 한량없다."고 말하였다. 그러나 여기에서는 지위에 붙여 말한 까닭에 37품만을 말한 것이다.

대지도론에 준하면, 단 37가지 보리분법에 포함되지 않는 것이 없다. 한량없는 도품 또한 그 가운데 있다. 마치 사성제를 분별하면 한량없는 양상이 있는 것과 같다. 다만 마음의 씀씀이가 크고 작은 차이가 있을 뿐이다.

유마경에서는 "37가지 보리분법이 곧 도량이며, 법신의 원인

이다."고 하며,

　　대집경에서는 "보살의 보배햇불 다라니"라 말하였고,

　　열반경에서는 "만약 사람이 팔정도를 관찰하면 바로 불성을 보게 되므로 제호를 얻었다고 말한다."고 하였다.

　　이는 모두 대승을 들어 말한 것이다.

三은 明體性이니 雖三十七品이나 但以十法으로 而爲根本이니 謂信과 戒와 念과 精進과 定과 慧와 除와 喜와 捨와 思惟라 由信二·戒三·念開爲四하고 精進·定·慧 此三이 各八과 餘四各一일새 故成三十七品이니라

復束此十하야 以三蘊爲體하니 謂戒는 是無表色이오 喜支는 是受오 餘皆行蘊이니라 五類法中에 但二 爲體니 謂色及心所라 若取助伴이면 則通五蘊이오 若取所緣이면 通一切法이니라

廣顯差別은 如智論의 二十一과 二와 及五十三과 瑜伽의 二十八·九와 及四十五의 雜集 第十이라 下所解釋은 依此諸論이니라【鈔】 '三明體性' 下는 初는 標列이라 俱舍賢聖品亦云 '此實事는 唯十이니 謂慧와 勤과 定과 信과 念과 喜와 捨와 輕安과 及戒라 尋이 爲體라'하니라 釋曰 尋은 卽此中의 思惟오 輕安은 卽除니 除는 是智論之名이니 卽經猗覺分이니 猗者는 美也니 卽輕安義니라

'由信二' 下는 二 辨義라

言'信二'者는 卽一은 信根이오 二는 信力이라

言'戒三'者는 卽八正中의 正語와 正業과 正命이라

言'念開爲四'者는 一은 念根이오 二는 念力이오 三은 七覺中의 念覺이

오四는 八正中의 正念이라

言精進爲八者는 卽四正勤이 爲四오 五는 精進根이오 六은 精進力이오 七은 精進覺分이오 八은 正精進이라

言定有八者는 謂四神足이 爲四오 五는 定根이오 六은 定力이오 七은 定覺分이니 八은 正定이라

言慧有八者는 四念處가 爲四오 四念은 慧 爲體니 鄰近名念故라 五는 慧根이오 六은 慧力이오 七은 擇法覺分이니 擇法이 卽慧故라 言 正見이니 見은 卽慧故니라

言餘四各一者는 卽除와 喜와 捨와 思惟也라

二는 五蘊出體라 曲有三義하니 初는 剋實出體니 唯有三蘊이오 二는 五類出體니 由攝受行하야 以爲心所라 故於五類에 唯有二類니 則 無心王와 及不相應과 幷無爲故니라 三은 相應出體니 所依心王이 必依於想하야 取心等相故니라 雜集云 '助伴者는 謂彼相應心心 法等이라'하니라

二는 總指宗源이니 不欲繁文하야 令知本故니라 】

제3단락, 체성을 밝히다

비록 37가지 보리분법이지만, 단 10가지 법으로 근본을 삼는다. ① 믿음, ② 계율, ③ 기억, ④ 정진, ⑤ 선정, ⑥ 지혜, ⑦ 없앰, ⑧ 기쁨, ⑨ 버림, ⑩ 사유이다.

믿음은 2가지, 계율은 3가지, 기억은 4가지로 나뉘고, 정진과 선정과 지혜 3가지는 각기 8가지이며, 나머지 4가지[없앰, 기쁨, 버림, 사유]는 각기 하나씩이다. 이렇게 해서 37가지 보리분품이 이뤄진다.

37가지를 다시 10가지 법으로 묶어서 三蘊으로 본체를 삼는다. 계율은 '볼 수도, 들을 수도, 감촉할 수도 없는[無表色]' 것이며, 기쁨의 갈래는 느낌[受蘊]이고, 나머지는 모두 지어감[行蘊]에 해당된다.

5부류의 법[百法五位] 가운데 단 2가지가 본체이다. 형체[色蘊]와 심리작용[心所]을 말한다. 만약 도움이 되는 반려를 들어 말하면 오온에 모두 통하고, 반연 대상으로 말하면 일체 법에 모두 통한다.

그 차이점을 자세히 밝힌 부분은 대지도론 권21·권22·권53, 유가사지론 권28·권29·권45, 아비달마잡집론 권10에서 말한 바와 같다. 아래에 해석한 바는 이처럼 많은 논에 따른 설명이다.

【초_ '三明體性' 이하는 첫째, 명제를 내세우고 나열함이다.

구사론 分別賢聖品에서도 말하였다.

"이의 실질적인 일은 10가지일 뿐이다. 지혜[慧]·부지런함[勤]·선정[定]·믿음[信]·기억[念]·기쁨[喜]·버림[捨]·가뿐함[輕安]·계율[戒]·살핌[尋]이 본체이다."

이를 해석하면 다음과 같다.

살핌[尋]은 여기서 말한 사유에 해당하고, 가뿐함[輕安]은 없앰에 해당한다. 없앰이란 대지도론에서 말한 명칭이다. 곧 경문의 '아름답게 깨닫는 부분[猗覺分]'이다. '猗'는 아름다움이니, 여기에서 말한 몸과 마음이 가뿐하다는 뜻이다.

'由信二戒三' 이하는 둘째, 37가지 명제를 논변한 뜻이다.

'믿음은 2가지'라 말한 것은 ① 믿음의 근본, ② 믿음의 힘이다.

'계율은 3가지'라 말한 것은 八正道 가운데 ① 바른말, ② 바른 행위, ③ 바른 삶을 말한다.

'기억은 4가지로 나뉜다.'고 말한 것은 ① 기억의 근본, ② 기억의 힘, ③ 七覺[擇法, 精進, 喜, 除, 捨, 定, 念覺分] 가운데 기억하여 깨달음[念覺分], ④ 팔정도 가운데 바른 기억을 말한다.

'정진의 8가지'라 말한 것은 4정근[律儀, 斷, 隨護, 修正勤]이 4가지이고, ⑤ 정진의 근본, ⑥ 정진의 힘, ⑦ 정진하여 깨닫는 부분, ⑧ 바른 정진이다.

'선정의 8가지'라 말한 것은 4신족[欲, 勤, 心, 觀神足]이 4가지이고, ⑤ 선정의 근본, ⑥ 선정의 힘, ⑦ 선정으로 깨닫는 부분, ⑧ 바른 선정이다.

'지혜의 8가지'라 말한 것은 4념처[身, 受, 心, 法念處]가 4가지이다. 4가지 생각은 지혜가 본체이다. 지혜는 隣近釋으로 念이라 말하기 때문이다. ⑤ 지혜의 근본, ⑥ 지혜의 힘, ⑦ 지혜로 일체 법을 살펴서 선악을 가려내는 擇法覺分이다. 가려내는 것[擇法]이 곧 지혜이기 때문이다. ⑧ 바른 견해이다. 견해가 바로 지혜이기 때문이다.

'나머지 4가지는 각기 하나씩'이라고 말한 것은 없앰, 기쁨, 버림, 사유이다.

다음은 오온의 실체를 밝힘[出體]이다. 자세히 말하면 3가지 의의가 있다.

① 사실을 파헤쳐[剋實] 실체를 밝힘이다. 오직 三蘊이 있을 뿐이다.

② 5가지 유로 실체를 밝힘이다. 섭수하는 행으로 인하여 마음의 작용을 삼는 것이다. 그러므로 5가지 유에 오직 2가지만 있다. 의식 작용의 본체[心王]가 없음과 상응하지 않음과 아울러 작위가 없기 때문이다.

③ 상응으로 실체를 밝힘이다. 의지 대상의 의식 작용의 본체가 반드시 생각을 의지하여 마음 등의 양상을 취하기 때문이다.

잡집론에서 말하였다.

"도움이 되는 반려는 저 상응하는 의식 작용의 본체와 의식의 작용 등이다."

다음은 종지의 근원을 총괄하여 가리킴이다. 번잡한 문장을 원하지 않아 그 근본을 알도록 한 때문이다.】

四 正釋文은 卽是行相이라

三十七品이 總有七類니

一은 對治顚倒道니 卽四念處요

二는 斷諸懈怠道니 謂四正勤이오

三은 引發神通道니 謂四神足이오

四는 現觀方便道니 所謂五根이오

五는 親近現觀道니 卽是五力이오

六은 現觀自體道니 謂七覺分이오

七은 現觀後起道니 謂八正道니라

此七次者는 若聞法已에 先은 當念持오 次는 卽勤修니 勤故로 攝心調柔오 調柔故로 信等이 成根이오 根增이 爲力이라

次七覺으로 分別이오 八正으로 正行이라 有時에 八正이 在前하니 則未辦을 名道오 已辦을 名覺이라 然上猶寄位어니와 若約行者인댄 初心에 通修은 況入地菩薩가

今初는 對治顚倒道니 名四念處라 四는 謂身·受·心·法이오 念은 謂念慧니 身等이 爲其念慧의 所安住處일새 故亦名念住라 體實是慧니 以慧觀으로 守境이오 由念得住하니 與念으로 相近일새 鄰近名念이니라

【鈔_ 要須明記하야사 慧方住故니 故具以慧由念而住이니라 】

제4단락, 경문의 해석

이는 바로 염혜지 행의 양상이다.

37가지 보리분법은 총체로 7부분이다.

(1) 전도된 도를 다스림이다. 4념처[身, 受, 心, 法念處]이다.

(2) 모든 게으름을 끊는 도이다. 4정근[律儀, 斷, 隨護, 修正勤]을 말한다.

(3) 신통을 이끌어 내는 도이다. 4신족[欲, 勤, 心, 觀神足]을 말한다.

(4) 바로 눈앞에서 직접 명료하게 관하는[現觀: abhisamaya] 방편의 도이다. 이른바 5근이다.

(5) 現觀을 가까이하는 도이다. 5력[信, 精進, 念, 定, 慧力]이다.

(6) 현관도의 자체이다. 7각분[擇法, 精進, 喜, 除, 捨, 定, 念覺分]을 말한다.

(7) 현관 뒤에 일으키는 도이다. 8정도[正見, 正思惟, 正語, 正業, 正命, 正念, 正精進, 正定]를 말한다.

이 7가지의 차례는 법문을 듣고서 먼저 당연히 기억하여 간직

하고, 다음은 부지런히 수행하는 것이다. 부지런히 수행한 까닭에 마음을 거두어 부드럽고 따뜻하며, 부드럽고 따뜻하기에 신심 등이 뿌리가 되고, 뿌리가 더욱 향상되는 것이 힘이다.

다음은 7각분으로 판단하고 8정도로 바르게 실천함이다.

어떤 때는 8정도가 앞에 있다. 완전히 갖추지 못할 적에는 道라 말하고, 이미 갖추면 깨달음이라 말한다. 그러나 위에서는 오히려 지위에 붙여 말했지만, 행으로 말하면 처음 발심할 때 修道에 통하는데 하물며 십지에 들어간 보살이야 오죽하겠는가.

(1) 4념처

전도된 도를 다스림이다. 4념처의 4가지는 몸, 느낌, 마음, 법이다. '念'이란 생각하는 지혜를 말한다. 몸 등이 생각하는 지혜의 안주할 곳으로 삼기에 또한 그 이름을 '念住'라 한다. 본체의 실상이 지혜이다. 지혜의 관찰로 경계를 수호하고, 생각으로 인하여 안주를 얻는다. 지혜는 생각과 가깝기에 鄰近釋으로 '생각'이라 말한다. 【초_ 반드시 분명하게 기억해야 지혜가 비로소 머물게 된다. 이 때문에 구체적으로 말하면, "지혜가 생각으로 인하여 머문다."는 것이다.】

然此四處 皆容各起四倒나 從多計說하야 各語其一이니라【鈔_ 明倒通局이니 容各起四는 卽是通義니 如一身上에 計其相續하야 但住爲常하며 有身이 爲樂하며 身卽是我며 紅輝練色이 如蓮如玉일세 故名爲淨이라 餘三은 準思니라 '從多計'下는 辨其局義니 身多計淨이오 受多計樂等이니라】

그러나 이런 4념처가 모두 각각 4가지의 전도가 일어나는 경우가 있으나, 많은 부분을 따라 말한 까닭에 각각 그 하나라고 말했을 뿐이다.【초_ 전도의 총체와 부분을 밝힌 것이다. "각각 4가지의 전도가 일어나는 경우가 있다."는 것은 총체로 말한 뜻이다. 마치 하나의 몸에 그 서로 이어지는 것으로 헤아려서 잠시 머무는 것을 영원하다고 여기고, 그 몸을 즐겁다고 여기고, 몸이 바로 '나'라고 생각하며, 연지 찍고 분 바르는 것이 연꽃과 같고 구슬과 같기에 청정하다고 여기는 것과 같다.

나머지 3가지는 여기에 준하여 생각하면 알 수 있다.

"많은 부분을 따라 말한다[從多計]."는 부분의 의의를 논변한 것이다. 몸의 많은 부분을 들어서 청정하다고 생각하고, 느낌의 많은 부분을 들어서 즐겁다고 생각하는 따위를 말한다.】

然觀不淨等이 通於大小라 瑜伽四十五云 菩薩이 於聲聞道品에 如實了知함이 如聲聞地인댄 云何大乘如實了知아 謂勝義修와 及世俗修라 世俗修者는 卽觀不淨等이니 然不計實이라 勝義修者는 謂離相性이라하니라【鈔_ 瑜伽에 釋小乘畧指와 大乘의 具二諦修라 其世俗修는 多同小乘이나 但知緣假하고 不計爲實이 則異小耳니라】

그러나 不淨을 관찰하는 따위는 대승과 소승에 모두 통한다.

유가사지론 권45에서 말하였다.

"보살이 성문지의 37가지 보리분법에 대해 사실대로 잘 아는 것이 성문의 지위와 같다면 어떻게 대승법을 사실대로 잘 알 수 있겠는가. 훌륭한 이치에 의하여 닦음과 세속의 이치에 의하여 닦음을 말한다.

　세속의 이치에 의하여 닦음이란 不淨觀 등이다. 그러나 실상으로 헤아림이 아니다.

　훌륭한 이치에 의하여 닦음이란 현상의 모양을 여읨을 말한다."【초_ 유가사지론에서는 소승법에서의 간단한 지적과 대승법에서의 俗諦와 眞諦를 모두 갖춰 수행함을 해석하였다. 그 가운데 "세속의 이치에 의하여 닦음"이란 대부분 소승과 같지만, 다만 반연이 假法인 줄만 알고 실상의 법으로 생각하지 않는 점이 소승과 다를 뿐이다.】

大集과 般若等은 皆性相雙觀이오 智論亦爾라하야 乃至不念身受心法이니라 無行經云 '觀身畢竟空하며 觀受內外空하며 觀心無所有하며 觀法但有名이라'하니 此約如實이니라 然有二意하니 一은 則法性이 湛然하야 常樂我淨으로 卽遣無常等倒오 二는 此入法空으로 俱遣八倒니라【鈔_ 初는 正證修相이오 先은 引二經一論하야 明具二修오 後는 引無行하야 有如實修라 而智論云 '乃至不念身受心法'者는 越於世諦일새 故云乃至오 '觀身空'等도 亦不取空이 眞如實也니라 文中二意하니 通前經論이니 但以法性으로 唯破四倒는 多約性相雙修而說이라 後意에 法空寂寥는 約唯眞實說이라 故中論云 '諸佛或說我하며 或說於非我나 諸法實相中에 無我無非我라'하니 亦應云 '諸佛이 或說常하고 或說於無常이나 諸法實相中에 無常無無常이라'하니라 樂淨도 亦爾니라】

　대집경과 반야경 등은 모두 내면의 체성과 외면의 모양을 동시에 관찰하였고, 대지도론 또한 마찬가지라 하면서, 나아가 신체와 느낌과 마음과 법을 생각하지 않는다.

무행경의 게송에서 말하였다.

"신체는 마침내 결국 공함을 관하며,

느낌의 안팎이 공함을 관하며,

마음이 있는 게 없음을 관하며,

법은 단 이름뿐임을 관하는 것이다."

이는 진여실상의 법으로 말한 것이다.

그러나 여기에는 2가지 의미가 있다.

① 법성은 담담하여 常, 樂, 我, 淨으로 무상 등의 전도를 말끔히 떨쳐버리는 것이다.

② 이처럼 법공에 들어가 8가지 전도를 모두 말끔히 떨쳐버리는 것이다. 【초_ 첫 부분은 바로 수행하는 양상을 증명하였다.

앞에서는 대집경, 반야경과 대지도론을 인용하여 2가지 수행을 모두 갖춘 부분을 밝혔고,

뒤에서는 무행경을 인용하여 진여실상의 수행을 말하였다.

그런데 대지도론에서 "나아가 신체와 느낌과 마음과 법을 생각하지 않는다."고 말한 것은 세속의 진리를 초월한 것이기에 '乃至'라 말한다.

'몸이 공함을 관한다.'는 등 또한 공 그 자체가 진여의 실상이라고 집착함이 아니다.

"그러나 여기에는 2가지 의미[法性湛然, 此入法空]가 있다."는 것

은 앞의 2가지 경문과 하나의 논에 모두 통한다. 다만 법성으로 오직 4가지의 전도를 타파함은 대체로 내면의 본체와 외면의 모양을 동시에 수행한다는 점을 들어서 말한 것이다.

뒤의 의미는 법공의 고요함은 오직 진실한 자리를 들어 말한 것일 뿐이다. 그러므로 중론의 게송에서 다음과 같이 말하였다.

"여러 부처님이 더러는 '나'를 말하고,

더러는 '내'가 아니다 말하지만,

모든 법의 실상에는

'나'라는 것도, '내'가 아니라는 것도 없다."

그러나 이는 또한 당연히 다음과 같이 말했어야 한다.

"여러 부처님이 더러는 떳떳하다 말하고,

더러는 무상하다 말하지만

모든 법의 실상에는

떳떳한 것도, 무상한 것도 없다."

樂과 淨 또한 이와 마찬가지이다.】

勝鬘에 亦說四念하야 能除八倒니라【鈔_ 顚倒衆生이 於五陰中에 無常常想하고 苦生樂想하고 無我我想하며 不淨淨想이어니와 一切羅漢과 及辟支佛 淸淨智者는 於一切智境界와 及如來法身에 本所不見이니라 或有衆生은 信佛語故로 起常想과 樂想과 我想과 淨想인 非顚倒見하나니 是名正見이라

何以故오 如來法身은 是常波羅蜜이라 於佛法身에 作是見者는 是名正見이라 正見者는 是佛眞子니 從佛口生이며 從正法生이며 從

法化生이니 得法餘財니라

從'或有衆生'下는 明其正見이니 謂破生死無常常想等은 爲二乘淨智오 見如來法身 常樂我淨은 爲菩薩正見이라 破常等倒는 廣病而畧藥하고 不言修無常行하야 以破常等이라 故顯如來常은 但擧其藥이오 而畧其病이며 不言二乘이 謂法身等을 亦無常等故니라 故云'勝鬘亦說四念能除八倒'라하니라 】

승만경에서도 또한 4념처를 말하여 8가지 전도를 없앤다. 【초_ 전도된 중생이 5陰 가운데 무상함을 영원하다고 생각하고, 괴로운 삶을 즐겁다고 생각하며, '나'라고 할 것이 없는데 '나'라고 생각하며, 청정하지 않은 것을 청정하다고 생각한다. 그러나 청정한 지혜를 지닌 일체 아라한과 벽지불도 一切智의 경계와 여래의 법신에 대해서는 본래 보지 못한 부분이다.

간혹 어떤 중생은 부처님의 말씀을 믿는 까닭에 영원하다는 생각, 즐겁다는 생각, '나'라는 생각, 청정하다는 생각을 일으킨다. 이는 전도된 견해가 아니다. 이를 '바른 견해'라고 말한다.

무엇 때문인가? 여래의 법신은 영원한 바라밀이기 때문이다. 부처님의 법신을 이처럼 보는 자를 바른 소견이라 말하며, '바른 소견'을 가진 이는 '부처님의 진정한 아들'이다. 부처님의 입에서 태어났으며, 바른 법으로 태어났으며, 법의 교화로 태어나 불법의 많은 재물을 얻었기 때문이다.

'或有衆生' 이하는 바른 견해를 밝혔다.

생사의 무상을 영원하다고 생각하는 것을 타파하는 등은 이승

의 청정한 지혜이고,

　　여래의 법신이 영원하고 '나'라는 것이 있고, 즐겁고, 청정하다고 보는 것은 보살의 바른 견해이다.

　　영원하다고 생각하는 등의 전도를 타파함은 병은 많은데 약은 적고 무상의 행을 닦아 영원하다는 전도된 생각 등을 타파한다고 말하지 않았다. 이 때문에 여래 법신의 영원함을 밝힌 것은 그 약만을 들어 말했을 뿐, 그 병은 생략함을 밝힌 것이며, 이승이 '법신 등이 무상하다.' 등의 말을 언급하지 않았기 때문이다. 이 때문에 "승만경에서도 또한 4념처를 말하여 8가지 전도를 없앤다."고 말하였다.】

旣除八倒면 則成八行이니 涅槃雙樹 四雙八隻에 四枯四榮이 正表於此니라【鈔_ 言'涅槃雙樹四雙八隻'者는 引事證成이니 如來涅槃之處에 四面에 各有一雙娑羅之樹하니 名娑羅林이라 娑羅는 此云堅固니 法瑤云 '風霜不能改며 四時莫能遷일새 以況法身金剛之質이 老死不能變하고 念念不能易의 常樂之相也'라하니라
言四雙者는 第三十經云 '善男子라 東方雙者는 破於無常하야 以成於常이오 乃至北方雙者는 破於不淨하야 以得於淨'이라하니라
釋曰 旣云'乃至'者는 應言'南方雙者는 破苦得樂이오 西方雙者는 破於無我하야 以得於我니라'
按僧亮云'樹高五丈許니 上合下離하고 其花甚白하며 其實如瓶하야 香味具足이라 今以二樹鮮榮하고 二樹枯瘁로 明法不偏이라하니
釋曰 然未知所據나 理甚昭彰이라 故以一枯는 表世間無常이오 一

榮은 表涅槃常 等이니 人不究之면 但見於事요 不知如來示此徵祥하야 以表八行으로 遣此八倒니라 】

이미 8가지 전도가 사라지면 8가지 행이 이뤄지는 것이다. 2그루씩 줄지어 선 沙羅樹(sālavṛkṣa) 아래에서 열반에 드셨는데, 사라수는 4쌍으로 8그루였다. 그 가운데 4그루는 말라 죽고 4그루는 무성한 것은 바로 이런 법을 나타내고 있다. 【초_ "2그루씩 줄지어 선 사라수 아래에서 열반에 드셨는데, 사라수는 4쌍으로 8그루였다."고 말한 것은 실제 사례를 인용하여 증명한 것이다.

부처님이 열반에 드신 곳의 사방에 각기 한 쌍씩 사라수가 있어 그 이름을 '사라숲'이라 하였다. '사라'는 중국에서는 견고하다는 뜻이다.

法瑤 스님이 사라수에 대해 말하였다.

"찬바람 모진 서리에도 변하지 않으며, 사계절에도 그 모습이 바뀌지 않는다. 이 때문에 법신 금강의 몸이 늙고 죽음으로도 변하지 않고 한 찰나 한 찰나에도 바꾸지 않는 常樂의 모습에 비유하였다."

'4쌍'이라 말한 것은 열반경 권13에서 다음과 같이 말하였다.

"선지식이여, 동쪽의 사라수 한 쌍은 무상을 타파하여 영원함을 이루고, 내지 북쪽의 사라수 한 쌍은 청정하지 못함을 타파하여 청정함을 얻었다."

이에 대한 해석은 다음과 같다.

이처럼 '乃至'라 말한 것은 당연히 보완하여 이렇게 말해야 한다.

"남쪽의 사라수 한 쌍은 괴로움을 타파하고 즐거움을 얻게 하였고, 서쪽의 사라수 한 쌍은 '나'라는 자체가 없음을 타파하여 진정한 자아를 얻게 하였다."

僧亮 스님이 말하였다.

"사라수의 높이는 5발 남짓으로 윗부분은 합쳐져 있고 아랫부분은 떨어져 있으며, 그 꽃은 매우 희고, 그 열매는 항아리처럼 생겼는데, 향기와 맛을 모두 갖췄다."

여기에서 2그루의 사라수는 무성하고, 2그루는 메말라 죽었다는 것으로 법이 치우치지 않음을 밝혔다.

이에 대해 해석하였다.

"그 근거를 알 수 없으나 이치는 매우 분명하다. 하나의 메말라 죽음은 세간의 무상함을, 하나의 무성함은 열반의 영원과 평등을 밝혔다. 사람들이 이를 탐구하지 않으면 보이는 현상만을 볼 뿐, 여래께서 이러한 상서 조짐을 보여 8가지 행으로 8가지 전도를 말끔히 떨쳐버림을 상징하는 것인지 모를 것이다.】

大品에 明以一切種으로 修四念處니라
云何一切種修오 應觀此身之色이 法性緣生故로 一色이 一切色이오 緣生이 卽空故로 一切色이 一色이오 法性中故로 非一非一切니 雙照一一切오 亦非色非不色이니 雙照色不色이라 身念이 旣爾인댄 餘三도 亦然이니라【鈔_ '法性緣生'者는 謂觀此身色이 非唯但是 虛妄顚倒所生之色이라 或謂不淨이며 或謂爲空이 乃是迷於法性이라 令於法性에 隨緣而生을 名爲性起니 以性融相故며 一多自

在이니라

然卽中論四諦品偈意에 '因緣所生法을 我說卽是空이며 亦爲是假名이며 亦是中道義'라하니 此偈四句에 初句는 總顯所依오 下三句는 皆帶此句니 謂二는 因緣故로 空이오 三은 因緣故로 有오 四는 因緣故로 中이라

今'法性緣生故 一色一切色'은 卽因緣故로 有也라 若三乘緣生인댄 但各各緣生이어니와 今是法性緣生이니 法性融故로 令一色一切色이라 大品云 '一切法趣色이면 則一切皆色'이라하니 況十一色가 擧一全收니라

次句云 '緣生卽空故 一切色一色'者는 卽論釋'緣生故空'이니 則差別萬殊但一性空之色이라

次'法性中故 非一非一切 雙照一一切'者는 卽論'因緣故中'이니 雙非는 卽是雙遮辨中이니 以一與一切를 互卽奪故오 下는 雙照辨中에 性相歷然하야 不可壞故니라

'亦非色'等者二는 約性相하야 以明三觀이니 則一多相竝이라 上之數釋은 皆屬相攝이오 非色爲性이라 文但顯中에 畧無空假어니와 若具인댄 應言法性緣生故로 色이오 緣生卽空故로 非色이오 法性卽中故로 非色非不色等이니 亦具遮·照·中道之義니라】

대품반야경에서는 일체종으로 4념처의 수행에 대해 밝혔다.

어떤 것을 일체종의 수행이라 하는가?

당연히 살펴야 할 점은 다음과 같다.

이 몸의 물질이 법성의 인연으로 생겨났기에 하나의 물질이

일체 물질이며,

　　인연으로 생겨남이 곧 공이기에 일체의 물질이 하나의 물질이며,

　　법성의 가운데 있기에 하나도 아니고 일체도 아니니, 하나와 일체를 모두 비추며,

　　또한 물질도 아니고 물질이 아닌 것도 아니니, 물질과 물질 아님을 모두 비추기 때문이다.

　　신념처가 이미 이와 같다면 나머지 3가지 또한 마찬가지이다.

【초_ "법성의 인연으로 생겨난다."고 말한 것은, 말하자면 이 몸의 물질이 허망과 전도에 의해 생겨난 물질일 뿐 아니라, 혹은 부정하다고 말하고, 혹은 공하다고 말함이 바로 법성을 제대로 알지 못함이다. 법성으로 하여금 인연 따라 생겨나게 한 것을 '성품이 일어났다.'고 말한다. 이는 성품으로 모양과 융합한 때문이며, 하나와 많음에 자재한 것이다.

　　그러나 중론 四諦品의 게송에서 말한 뜻은 다음과 같다.

　　"인연으로 생겨난 법을 나는 공이라 말하며,

　　또한 거짓 이름이라 하며, 중도의 이치라고도 한다."

　　이 게송의 4구 가운데, 제1구는 의지처를 총괄하여 밝혔고, 아래의 구절은 모두 이 구절을 따르고 있다.

　　제2구는 인연인 까닭에 공이라 하며,

　　제3구는 인연인 까닭에 있다고 하며,

　　제4구는 인연인 까닭에 중도이다.

여기에서 말한 "법성의 인연으로 생겨났기에 하나의 물질이 일체 물질"이라 함은 '인연인 까닭에 있다.'고 함이다. 만약 三乘이 인연으로 생겨났다면, 다만 각각 인연으로 생겨났지만, 여기에서는 법성의 인연으로 생겨난 것이다. 법성이 원융한 까닭에 하나의 물질이 일체 물질이 되는 것이다. 대품반야경에서 "일체 법이 물질로 향하면 일체 모두가 물질이다."고 하니, 하물며 시방이 하나의 물질이야! 하나를 들어 전체를 거둬들인 것이다.

다음 구절에서 "인연으로 생겨남이 곧 공이기에 일체의 물질이 하나의 물질"이라 말한 것은 논에서 '인연인 까닭에 공'이라고 해석하였다. 천차만별이 하나의 성품이 공한 색일 뿐이다.

다음 구절에서 "법성의 가운데 있기에 하나도 아니고 일체도 아니니, 하나와 일체를 모두 비춘다."고 말한 것은 논에서 "인연인 까닭에 중도"라고 하였다. 동시에 부정함은 동시에 차단하여 중도를 밝힌 것이다. 하나와 일체를 서로 하나가 되고 서로 부정하기 때문이며, 아래는 동시에 비추어 중도를 밝힌 데에 본체의 성품과 현상의 모양이 뚜렷하여 무너뜨릴 수 없기 때문이다.

"또한 물질도 아니고 물질이 아닌 것도 아니다." 등이란 2가지는 본체의 성품과 현상의 모양을 가지고서 3가지의 觀을 밝힌 것이다. 이는 하나와 많음이 서로 함께한 것이다.

위의 몇 가지 해석은 모두 서로 포함한 데 속할 뿐, 물질로 본체를 삼음은 아니다.

경문에서 단 중도만을 밝혔을 뿐, 空觀과 假觀을 생략했지만,

이를 구체적으로 말하면 당연히 이렇게 말했어야 한다.

"법성이 인연으로 생겨난 까닭에 물질이고, 인연으로 생겨남이 바로 공이기에 물질이 아니며, 법성은 곧 중도이기에 물질도 아니고 물질이 아닌 것도 아니다."

이 또한 부정과 긍정과 중도의 뜻을 갖추고 있다.】

云何枯榮으로 表此念處오

謂法性之色은 實非是淨이어늘 凡夫 計淨하니 是名顚倒오 實非不淨이어늘 二乘 計不淨하니 是名顚倒니라

今觀色種 卽空하니 一切卽空이며 空中에 無淨이어니 云何染著이리오 則凡淨倒破면 枯念處 成이니라

色種이 不壞假名하니 則一切 皆假오 分別名相이 不可盡極이라 假智 常淨이어니 云何滯空而取灰斷이리오 言色不淨은 是名二乘이니 不淨倒破면 榮念處 成이니라

是以로 八倒 俱破면 枯榮이 雙立이라 觀色本際의 非空非假이면 則一切 非空非假오 非空故로 非不淨倒오 非假故로 非淨倒라 旣非二邊일새 乃名中道니라 佛證此理일새 故於中間에 而般涅槃이니라 餘三도 類此니라

是則對治法藥이 其數有四하니

法性觀智를 名之爲念이오

一諦와 三諦를 名之爲處라

一切卽空이라 諸倒枯榮이 無不空寂이오

一切卽假라 二邊雙樹 無不成立이오

一切卽中이라 無非法界니라【鈔_ 初는 正結四念이니 如常所明이라 身等이 但是所緣이니 觀無常等하야 但破常等이라 今是法性之四일새 一一皆破八倒일새 故云法藥이라 稱性觀智하야 方稱爲念이라 四念之處에 皆具三諦하야 一切圓融이니라】

어찌하여 메마르고 무성한 사라수로 4념처를 밝혔는가?

법성의 물질은 실제 청정한 것도 아니다. 범부는 이를 청정한 것으로 잘못 생각하기에 그 이름을 '전도'라 한다.

실제로 청정하지 않은 것도 아닌데 이승이 청정하지 않은 것으로 잘못 생각하기에 그 이름을 '전도'라 한다.

이제 살펴보니, 물질의 종자가 공이라, 일체가 공이다. 공에는 청정함이 없는데 어떻게 물들 수 있겠는가. 범부의 청정하다는 전도된 생각을 타파하면 '세간의 무상함을 상징하는 메말라 죽음의 염처[枯念處]'가 성립된다.

물질의 종자는 거짓 이름을 무너뜨리지 못한다. 일체가 모두 假觀이며, 名相의 분별은 끝내 다할 수 없다. 假觀의 지혜가 언제나 청정한데 어떻게 공에 막혀 꺼져버린 재처럼 단절될 수 있겠는가.

'물질이 청정하지 않다.'고 말한 것은 이승의 전도된 견해라 한다. 청정하지 않다는 전도된 생각을 타파하면 '열반의 영원과 평등을 상징하는 무성함의 염처[榮念處]'가 성립된다.

그러므로 8가지 전도를 모두 타파하면, '세간의 무상함을 상징하는 메말라 죽음'과 '열반의 영원과 평등을 상징하는 무성함'이 동시에 성립된다. 물질의 근본이 공도 아니요 거짓도 아님을 살펴보면, 일체가 공도 아니요 거짓도 아니다.

공이 아닌 까닭에 청정하다는 전도가 아니며, 거짓이 아닌 까닭에 청정하다는 전도도 아니다. 이미 양쪽 모두 아니므로 그 이름을 '중도'라 한다.

부처님은 이런 도리를 증득하였다. 이 때문에 중간의 자리에서 열반에 드신 것이다. 나머지 3가지도 이와 같다.

이는 다스리는 '법의 약'은 그 수효가 4가지이다.

법성으로 관찰한 지혜를 '생각'이라 하고,

하나의 영원한 진리와 空諦·假諦·中諦 3가지 신리를 '처소'라 말한다.

일체가 공이라, 모든 '세간의 무상함을 상징하는 메말라 죽음'과 '열반의 영원과 평등을 상징하는 무성함'이 공 아닌 게 없다.

일체가 거짓이라, 양쪽의 사라쌍수가 성립되지 않음이 없다.

일체가 중도라, 법계 아닌 게 없다. 【초_ 첫 부분은 바로 4념처를 끝맺었다. 이는 영원하다는 부분에서 밝힌 바와 같다. 신체 등은 반연의 대상일 뿐이다. 무상함 등을 살펴보면서 영원하다 등을 타파한 것이다.

여기에서는 법성의 4가지이다. 하나하나마다 모두 8가지 전도를 타파하기에 '법의 약'이라 한다. 성품에 걸맞게 관하는 지혜여야 비로소 '생각[念]'이라 말할 수 있다. 4념처에 모두 空諦·假諦·中諦 3가지 진리를 갖추어 모두가 원융하다.】

只一念心이 廣遠若此하니 故深觀念處 以坐道場이라 更不須餘로

대 機宜不同일세 故說餘品이라 一科 旣爾深奧하니 餘六도 倣此可知니라

下文之中에 但畧釋相이나 說者有力하야 一一開示니라 今經에 但云觀身하고 不言淨不淨等은 從通相說이니 顯包含故니라

文中에 二니

初는 別觀身念이오

後'如是'下는 類顯餘三이라

今初는 觀身이라

단 한 생각의 마음이 이처럼 넓고도 원대하다. 이 때문에 4념처를 깊이 관찰하면서 도량에 앉아 있는 것이다. 다시 나머지는 필요로 하지 않지만 적절한 機緣이 똑같지 않기에, 나머지 품류라 말한 것이다. 하나의 과목[四念處]이 이처럼 심오하니, 나머지 6과목[四正勤, 四神足, 五根, 五力, 七覺分, 入正道]도 여기에 준하면 알 수 있다.

아래 문장에서는 간단하게 그 양상만을 해석하였지만, 설법하는 이가 힘을 써서 하나하나 보여주어야 할 것이다.

이의 경문에서는 신체만 살펴보았을 뿐, 청정함과 청정하지 않은 등에 대해서는 말하지 않았다. 이는 공통의 양상을 말한 것이니만큼 포함되었음을 밝힌 때문이다.

경문은 2단락이다.

(ㄱ) 신념처를 별개로 관찰함이며,

(ㄴ) '如是' 이하는 같은 유로 나머지 3가지 念處를 밝혔다.

이는 '(ㄱ) 신념처를 별개로 관찰함'이다.

經

佛子여 菩薩이 住此第四地에
觀內身호되 循身觀하야 勤勇念知하야 除世間貪憂하고
觀外身호되 循身觀하야 勤勇念知하야 除世間貪憂하고
觀內外身호되 循身觀하야 勤勇念知하야 除世間貪憂하며

　불자여! 보살이 제4 염혜지에 머물 적에

　내면의 몸을 살펴보되 몸을 따라 살펴보면서 부지런하고 용맹스럽고 생각하여 알아서, 세간의 탐욕과 근심을 없애고,

　바깥 몸을 살펴보되 몸을 따라 살펴보면서 부지런하고 용맹스럽고 생각하여 알아서, 세간의 탐욕과 근심을 없애며,

　안팎의 몸을 살펴보되 몸을 따라 살펴보면서 부지런하고 용맹스럽고 생각하여 알아서, 세간의 탐욕과 근심을 없애는 것이다.

◉ 疏 ◉

觀身自有內等三觀이라
此三은 智論과 瑜伽에 廣顯其相이니 今畧擧一兩호리라
瑜伽云 '內의 自有情色이 爲內身이오 外의 非情色이 爲外身이오 他
有情數 爲內外身이라 初는 卽自身이니 我愛의 愛故오 次는 卽資具
等이니 我所愛故오 後는 卽眷屬妻子니 彼我의 我愛와 我所愛故라
하며 智論二十八에도 亦廣明此하니라
五十三又云 '自身을 名內오 他身을 名外라하며 而不明內外라
取下釋意인댄 但合前二일새 故所以有此三者는 破三種邪行故니

有人은 著內情多하야 捨妻財以全身하며 有著外情多하야 貪財喪軀하며 爲妻捨命하야 有二俱著이라 破此三邪면 成三正行이라

此約三人하야 對治 各別이어니와 若約一人의 起觀始終인댄 謂先觀自身하야 求淨等을 不可得일세 或當外有하고 次便觀外하야 復不可得일세 便生疑云호되 我觀內時에 於外에 或錯하고 觀外之時에 於內에 或錯일세 次內外俱觀하야 亦不可得이라

初二는 是別이오 後一은 是總이니 以斯二釋으로 明知但合前二하야 爲內外身이니라

今初는 觀內身이니 初는 標別所緣이오 次循身觀者는 總顯修相이니 智論云 尋隨觀察하야 知其不淨等이라하니라

然循有二義하니

一은 尋義니 五種不淨을 徧尋求故오

二는 隨義니 謂雖冥目이나 了見身之影像하야 隨順本質相似性故니라

前標內身은 卽是本質이오 今云循身은 卽是影像이니 此는 雜集意니라【鈔_ 此雜集意者는 論文語隱일세 故取意釋이니 論云 云何修循身觀고 由隨觀分別影像身이 與本質身平等하야 隨觀於身境하야 隨觀身相似性故로 名於身循身觀이니 由隨觀察分別影像身門하야 審諦觀察本質身故라하니라】

　　이는 그 나름 내면 등 3가지 觀法이 있다.

　　이 3가지 관법은 대지도론과 유가사지론에서 그 양상을 자세히 밝히고 있다. 여기에서는 이를 간추려 한두 가지만을 말하고자

한다.

유가사지론에서 말하였다.

"내면의 자신의 유정물질을 '내면의 몸'이라 하고, 외부의 유정이 아닌 물질을 '바깥 몸'이라 하며, 다른 유정의 종류[有情數]를 '안팎의 몸'이라 한다.

첫째, 내면의 몸은 자신을 가리킨다. '나'라고 애착하는 애착이며,

다음, 바깥 몸은 곧 생활 도구 등이다. '나의 것'이라는 애착이며,

뒤의 안팎의 몸은 나의 권속과 부인·자식이다. 그들과 나의 '나'라는 애착과 '나의 것'이라는 애착 때문이다."

대지도론 권28(권19)에서도 이에 대해 자세히 밝히고 있으며, 권53(권48)에서 또한 "자기의 몸을 안이라 하고, 남의 몸을 바깥이라 한다."고 말했을 뿐, '안팎의 몸'에 대해서는 밝히지 않았다. 그러나 아래에서 해석한 뜻으로 살펴보면, 앞의 2가지를 종합하여 '안팎의 몸'이라 말한 것이다.

그러므로 이러한 3가지의 몸을 말한 이유는 3가지 삿된 수행을 타파하기 위함이다.

어떤 사람은 '내면의 몸'에 집착하는 마음이 많아서 아내와 재물을 버리면서까지 자신의 몸을 온전히 하고,

어떤 사람은 '바깥 몸'에 집착하는 마음이 많아서 재물을 탐착한 나머지 몸을 잃기도 하고,

사랑하는 아내를 위해 목숨까지 버리면서 2가지에 모두 집착

하는 경우도 있다.

이런 3가지 삿된 수행을 타파하면 3가지 바른 수행을 이루게 된다.

이는 세 사람을 들어 그에 대한 다스림이 각기 다르다 하지만, 만약 한 사람을 들어서 관법을 일으키는 처음과 끝을 살펴보면, 먼저 자신을 살펴보면서 청정한 몸 등을 찾아봐도 청정함을 찾을 수 없기에, 어떤 사람은 바깥에 있는 것으로 충당하고, 다음으로 '바깥 몸'을 살펴보아도 이 역시 청정함을 찾을 수 없기에, 곧 그는 이런 의심을 한다.

"내가 '내면의 몸'을 살펴볼 적에는 '바깥 몸'을 간혹 그르쳤고, '바깥 몸'을 살펴볼 적에는 '내면의 몸'을 간혹 그르치기도 하였다. 따라서 다음으로 '안팎의 몸'을 모두 살펴봤지만 이 역시 되는 일이 아니었다."

앞의 '내면의 몸'과 '바깥 몸' 2가지는 별상이고, 뒤의 '안팎의 몸' 하나는 총상이다. 이런 2가지 해석을 통하여 단 앞의 2가지를 종합하여 '안팎의 몸'으로 구성했음을 분명히 알 수 있다.

경문의 첫 부분은 '내면의 몸'을 살펴보는 것이다.

첫 구절은 반연의 대상을 개별로 내세움이며, 다음 '몸을 따라 살펴봄'은 수행의 양상을 총체로 밝힌 것이다.

대지도론에서 말하였다.

"찾아 따르면서 자세히 관찰하여 그 몸의 청정하지 못한 부분 등을 살펴보는 것이다."

그러나 "몸을 따라 살펴본다[循身觀]."의 '循' 자에는 2가지 뜻이 있다.

① 찾는다는 뜻이다. 나의 몸에 5가지 不淨[13]을 두루 찾아 구하는 것이다.

② 따른다는 뜻이다. 비록 눈을 감을지라도 신체의 그림자를 잘 보고서 본질과 비슷한 성품을 따르기 때문이다.

앞에서 내세운 '내면의 몸'은 본질이고, 여기에서 말한 '몸을 따른다.'는 몸은 바로 그림자라는 뜻이다. 이는 잡집론에서 말한 뜻이다. 【초_ "이는 잡집론에서 말한 뜻이다."는 잡집론에서 이를 분명히 말하지 않았기에, 그 의미를 취하여 해석한 것이다. 논에서 말하였다.

"무엇 때문에 몸을 따라 관찰함을 닦는가?

분별하는 그림자 같은 몸이 본질의 몸과 평등함을 따라 관찰함으로 인하여, 몸의 경계를 따라 살펴보고, 몸과 비슷한 성품을 따라

---

[13] 5가지 不淨: 種子不淨, 住處不淨, 自相不淨, 自體不淨, 究竟不淨을 말한다.
종자부정이란 과거에 맺은 업과 父精母血로 종자를 삼은 것이다.
주처부정은 모태의 청정하지 못함을 말한다.
자상부정은 사람의 몸에는 두 눈, 두 귀, 두 콧구멍, 입, 항문, 오줌 구멍 등 아홉 개의 구멍이 있는데, 항상 오물이 흘러나오고 있다.
자체부정은 우리의 몸을 구성하고 있는 36가지의 물질이 있다. ① 外相의 12종: 髮·毛·爪·齒·眵·淚·涎·唾·屎·溺·垢·汗. ② 신체 기관의 12종: 皮·膚·血·肉·筋·脈·骨·髓·肪·膏·腦·膜. ③ 내면의 12종: 肝·膽·腸·胃·脾·腎·心·肺·生臟·熟臟·赤痰·白痰이다. 이러한 36가지의 부정한 물질로 합성되어 있는 몸을 말한다.
구경부정은 끝까지 부정하다는 뜻이다. 사후에 흙에 묻히면 벌레와 개미의 먹이가 되어 끝내 벌레의 똥이 되고, 부패하면서 악취가 물씬댐을 말한다.

살펴보는 까닭에 몸에 대한 循身觀이라 한다. 분별하는 그림자 같은 몸을 따라 관찰하여 본질의 몸을 자세히 관찰하기 때문이다."】

次勤勇念知는 顯修之儀니 以貪等世事와 無始惡習은 離之甚難이 過於世間慈父 離於孝子니 故須精進하야사 方能除遣이니라【鈔_ 準雜集云인댄 修習者는 謂欲勤策勵와 勇猛不息과 正念正知와 及不放逸이니 修習差別故라하니라】

다음의 "부지런하고 용맹스럽고 생각하여 안다."는 닦는 의식을 밝힌 것이다. 탐심 등의 세간 일과 시작도 없는 오랜 세월로부터 익혀온 악업을 여의기란 매우 어렵다. 세간의 인자한 아비가 효도하는 자식을 버리는 것보다 더 어렵다. 그러므로 반드시 정진해야만 비로소 이를 없앨 수 있다.【초_ 잡집론에 준하면, 다음과 같다. "수습이란 欲修習, 勤修習, 策修習, 勵修習, 勇猛修習, 不息修習, 正念修習, 正知修習, 不放逸修習을 말한다. 수습에도 차별이 있기 때문이다."】

勤은 卽欲勤策勵오 勇은 謂勇猛不息이오 念은 則明記不忘이오 知는 則決斷無悔니라 又心若馳散하면 當念老病死苦와 三惡道苦와 身命無常과 佛法欲滅이니 名爲念知라 則能鞭心하야 令復本觀이면 便生勤勇이오 具上諸義면 則不放逸이니라【鈔_ 準西域法인댄 維那秉衆이 於晨朝時에 常誦此言하야 以策懈怠라하니라】

　　부지런함은 곧 欲修習, 勤修習, 策修習, 勵修習이며,
　　용맹함은 勇猛修習과 不息修習을 말한다.
　　생각함은 분명하게 기억하여 잊지 않는 正念修習이며,

아는 것은 결단하고 후회 없는 正知修習을 말한다.

또한 마음이 흐트러지면 늙고 병들고 죽음의 고통, 삼악도의 고통, 목숨의 무상함, 불법의 멸망을 생각해야 한다. 이를 생각하여 안다고 하였다. 이는 마음을 채찍질하여 근본으로 돌아와 관찰하면 바로 부지런하고 용맹스러운 마음이 생겨난다.

위의 모든 의의를 갖추면 방일하지 않게 된다.【초_ 서역의 법에 준하면, 다음과 같다.

"유나가 대중을 거느릴 석에 새벽녘에 항상 이 말을 외우면서 게으름을 경책하였다."】

次言'除世間貪憂'者는 卽觀之果니 有所離故라 觀身不淨은 本爲治貪이니 行者旣離五欲世樂코 未得定樂하얀 或時生愛호되 如魚樂水하야 常求樂事하야 還念本欲이라 多生此二일세 故偏遣之니라
又貪爲五蓋之首니 貪除則五蓋盡去니 如破竹初節이오 憂는 於五受之中에 偏能障定이니 如滅惡賊에 先除巨害일세 故偏說之니라
其不淨等은 廣如二論의 如實觀相이니 已如上說이니라
次觀及(外)身과 及內外身은 所觀小異나 觀相은 大同이라

다음으로 "세간의 탐욕과 근심을 없앤다."고 말한 것은 觀法의 결과이다. 여읠 대상이 있기 때문이다. 몸이 청정하지 않음을 살펴보는 것은 본래 탐욕을 다스리기 위함이다. 수행자가 이미 5욕의 세간 쾌락을 여의었지만 아직 선정의 즐거움을 얻지 못했을 적에는 간혹 때로는 애착이 일어나는 것이다. 이는 마치 물고기가 물을 좋아하는 것처럼 항상 즐거운 일을 추구하여 다시 본래의 탐욕을

생각하게 된다. 대부분 탐욕과 근심 2가지가 생겨나기에 이를 유독 떨쳐버리려는 것이다.

또한 탐욕은 5가지 덮개[貪慾蓋, 瞋恚蓋, 睡眠蓋, 掉悔蓋, 疑法蓋] 가운데 첫째이다. 탐욕을 없애면 5가지 덮개가 모두 사라지게 된다. 이는 마치 대나무의 첫 마디를 가르면 절로 내리 쪼개지는 것과 같다.

근심은 5가지 느낌[苦受, 樂受, 憂受, 喜受, 捨受] 가운데 유독 선정의 장애이다. 이는 마치 흉악한 도적을 섬멸할 적에 먼저 큰 우두머리를 제거하는 것과 같기에, 근심만을 들어 말한 것이다.

그 不淨함 등은 대지도론과 잡집론 등에서 자세히 사실대로 그 양상을 관찰한 바와 같다. 이는 위에서 말한 바와 같다.

다음으로 '바깥 몸'과 '안팎의 몸'을 관찰하는 것은 관찰의 대상이 조금 다르지만 관찰하는 양상은 크게는 똑같다.

後例餘三念處

(ㄴ) 앞의 예로 나머지 3가지 염처를 밝히다

經

如是觀內受外受內外受호되 **循受觀**하며
觀內心外心內外心호되 **循心觀**하며
觀內法外法內外法호되 **循法觀**하야 **勤勇念知**하야 **除世間貪憂**니라

이와 같이 내면으로 받아들임, 밖으로 받아들임, 안팎으로 받아들임을 관찰하되 받아들임을 따라 관찰하며,

　내면의 마음, 바깥의 마음, 안팎의 마음을 관찰하되 마음을 따라 관찰하며,

　내면의 법, 바깥의 법, 안팎의 법을 관찰하되 법을 따라 관찰하여,

　부지런하고 용맹스럽고 생각하여 알아서 세간의 탐욕과 근심을 없애는 것이다.

● 疏 ●

餘三念處者는 準瑜伽意인댄 依前內等三身하야 生受心法일새 故受心法이 隨所依生하야 亦有內等이라【鈔_ 釋後三念處라 內等三觀은 引二論明이라 初는 瑜伽意云 如觀上內身하야 以自身五根으로 爲境하야 對之成觸이니 觸故로 生受니 領不淨等을 是名內受오 觀上外身과 及內外身하야 生受도 例然이라 如受旣爾오 心法도 亦然이라'하니라 】

　'나머지 3가지 염처'는 유가사지론에서 말한 뜻을 준하면, 앞의 '내면의 몸' 등 3가지 몸에 의하여, 느낌과 마음과 법이 생겨난 것이다. 따라서 느낌과 마음과 법은 의지 대상의 몸을 따라서 생겨남 또한 '내면, 바깥, 안팎' 따위가 있다.【초_ 뒤의 3가지 염처를 해석한 것이다. '내면, 바깥, 안팎' 등 3가지를 관찰한다는 것은 대지도론과 잡집론 2가지 논을 인용하여 밝힌 것이다.

　첫 부분은 유가사지론에서 말한 뜻에 의하면, 다음과 같다.

"위의 '내면의 몸을 관찰했던 것'처럼 나의 몸에 다섯 감관으로 경계를 삼아, 이를 상대하면서 접촉을 이루게 된다. 접촉으로 인하여 느낌이 생겨나는 것이다. 不淨 등을 받아들이는 것을 '내면의 느낌'이라 말하고, 위의 바깥 몸과 안팎의 몸을 관찰하면서 생겨나는 느낌도 이런 예와 같다. 느낌이 이와 같은 것처럼 '마음'과 '법' 또한 마찬가지이다."】

智論之意도 大同於此니라

論問云 於四念中에 心은 唯是內오 受法은 唯外로되 身通內外어늘 云何於四에 皆有內等고

答이라 受有二種하니 一은 身이오 二는 心이니 心受를 名內오 身受를 名外니라

又意識相應受를 名內오 五識相應受를 名外等이라 心雖是內이나 緣外法故로 名外오 五識은 一向是外니라

又定心이 爲內오 散心이 爲外라 法雖是外나 緣內法心數法은 名內오 緣外法心數法과 及無爲와 心不相應行은 是外라하니라

後三念處도 亦合前二하야 以爲內外오 餘如二論이라 其循歷觀相은 如先總說이니라

대지도론에서 말한 뜻 또한 크게는 이와 같다.

대지도론에 의하면, 어떤 사람이 물었다.

"4념처 가운데 마음은 내면뿐이고, 느낌과 법은 바깥뿐이지만, 신체는 안팎으로 모두 통하는데, 어찌하여 4가지에 모두 '내면, 바깥, 안팎' 등이 있는가?"

이에 대해 답하였다.

"느낌에는 2종류가 있다. 첫째는 몸이요, 둘째는 마음이다. 마음으로 받아들이는 느낌은 '내면'이라 하고, 몸으로 받아들이는 느낌은 '바깥'이라 한다.

또 의식과 상응하는 느낌을 '내면'이라 하고, 전5식과 상응하는 느낌을 '바깥' 등이라 말한다. 마음은 비록 내면이지만 바깥의 법을 반연하는 까닭에 '바깥'이라 말하고, 전5식은 하나같이 '바깥'이다.

또한 선정의 마음은 '내면'이라 하고, 산란한 마음은 '바깥'이라 한다. 법은 바깥에 있지만, 내면의 법인 心數法을 반연하면 '내면'이라 하고, 바깥의 법인 심수법과 無爲와 마음에 상응하지 않는 행을 반연하면 '바깥'이라 한다.

뒤의 3가지 염처 또한 앞의 2가지를 종합하여 안팎으로 삼았다.

나머지는 2가지 논에서 말한 바와 같다. 그에 따라 두루 관찰하는 양상은 앞의 총설에서 말한 바와 같다."

◉ 論 ◉

四念處觀者는 一은 身念處觀者는 循者는 順也니 明善順觀內身의 腸胃肝膽心肺脾腎五藏六腑 都無我人主宰體相이오 勤勇者는 明勤觀不倦이오 念知者는 不忘念也오 除世貪憂者는 勤觀內身하야 善知無主하야 除世貪欲煩惱故라

觀外身循身觀은 循者는 巡身이니【鈔_ 亦云順이오 亦云善이라】周巡觀察外身의 皮肉筋骨과 髮毛爪齒와 眼耳鼻舌과 手足腰臗이

都無主宰我人體相하야 皆從虛妄繫著業生일새 無有實法하야 有業卽有오 無業卽無니 當觀業體가 本無依止하야 大智圓明하고 都無我人하야 內外無依라

勤勇念知는 如前이오

除世貪憂者는 除身見邊見見取戒取邪見上貪憂라

觀內外身하야 周巡徧觀內外身見은 如前이니 前勸別觀이오 此令總觀이니 其身이 內外無主 猶如虛空하야 無有一法도 而可得者니 此是身念處觀이라

已下는 觀內外受에 周巡內外하야 觀能受所受가 內外中間에 性無依止오

已下는 觀內心外心의 能知所知가 都無住處오

已下는 觀內法外法이 無有我人이라

此已上은 是四念處觀이라

　4념처관이란 첫째, 身念處觀이다.

　循이란 따름이다. 몸의 내면에 창자, 위장, 간, 쓸개, 심장, 폐, 지라, 콩팥의 오장육부가 모두 나와 남의 주재 체상이 없음을 잘 살펴보는 것임을 밝혔고,

　勤勇이란 부지런히 관찰하여 게을리하지 않음을 밝혔으며,

　念知란 생각을 잊지 않음을 밝혔고,

　除世貪憂란 내면의 몸을 잘 관찰하여 주재가 없음을 잘 알아서 세간의 탐욕과 번뇌를 없앴기 때문이다.

　바깥 몸을 살피는, 몸을 따른 관찰이라는 '循身觀'의 循은 몸

519

을 순찰함이다.【초_ '巡身'이란 또는 따르다, 또는 잘함을 말한다.】
바깥 몸의 피부, 살, 힘줄, 뼈, 머리털, 털, 손톱, 치아, 눈, 귀, 코, 혀, 손, 발, 허리, 볼기는 모두 나와 남의 몸을 주재함이 없어, 모두가 허망하게 얽매인 집착의 업에서 나오는 것임을 두루 잘 관찰하는 것이다. 진실한 법이 없어 업이 있으면 곧 있게 되고, 업이 없으면 곧 없어진다.

업의 본체는 본래 의지처가 없음을 관찰하여, 큰 지혜가 원만하고 밝으며, 모두 나와 남이 없어서 안팎으로 의지함이 없다.

부지런하고 용맹스럽고 생각하여 아는 것은 앞에서 말한 바와 같다.

세간의 탐욕과 근심을 없앤다는 것은 身見, 邊見, 見取, 戒取, 邪見 上의 탐욕과 근심을 없애는 것이다.

안팎의 몸을 살펴서 안팎의 身見을 두루 관찰함은 앞에서 말한 바와 같다. 앞에서는 개별로 관찰할 것을 권하였고, 여기에서는 총괄하여 관찰하는 것이다. 그 몸이 안팎으로 주재가 없음이 마치 허공과 같아서 그 어느 것도 얻을 수 없음과 같다. 이것이 첫째, 신념처관이다.

이 아래는 내면의 느낌과 바깥의 느낌을 살필 적에 안팎으로 두루 따르면서 느낌의 주체와 느낌의 대상이 내면과 바깥, 그리고 중간에 그 자성의 의지처가 없음을 관찰하는 것이다.

이 아래는 내면의 마음과 바깥의 마음에 앎의 주체와 아는 것의 대상이 모두 머문 곳이 없음을 관찰하는 것이다.

이 아래는 내면의 법과 바깥의 법이 나와 남의 차별이 없음을 관찰하는 것이다.

이상은 4념처관이다.

第二正勤

(2) 4가지 정근

經

復次此菩薩이
未生諸惡不善法을 **爲不生故**로 **欲生**하야 **勤精進**하야 **發心正斷**하며
已生諸惡不善法을 **爲斷故**로 **欲生**하야 **勤精進**하야 **發心正斷**하며
未生諸善法을 **爲生故**로 **欲生**하야 **勤精進**하야 **發心正行**하며
已生諸善法을 **爲住不失故**며 **修令增廣故**로 **欲生**하야 **勤精進**하야 **發心正行**이니라

또한 이 보살이 아직 생겨나지 않은, 악하여 선하지 못한 법을 생겨나지 못하도록 하기 위해 좋은 법을 내고자 부지런히 정진하여 마음을 일으켜 바르게 행하며,

이미 생겨난 악하고 선하지 못한 법을 끊기 위해 좋은 법을 내

고자 부지런히 정진하여 마음을 일으켜 바르게 행하며,

　아직 생겨나지 않은 선한 법을 생겨나게 하기 위해 좋은 법을 내고자 부지런히 정진하여 마음을 일으켜 바르게 행하며,

　이미 생겨난 선한 법을 잃지 않고 안주하고자 하며, 더욱 널리 닦기 위해 좋은 법을 내고자 부지런히 정진하여 마음을 일으켜 바르게 행하는 것이다.

● 疏 ●

正勤者는 四念智火 若得勤風이면 則無所不燒일새 故次辨之니라 精進爲其自體일새 故總名勤이오 揀非九十五種相違之勤일새 故名爲正이라

雖是一勤이나 隨義分四니 前二는 勤斷二惡이니 是止惡行이오 後二는 勤修二善이니 是作善行이니라 二善二惡은 皆所緣境이라 前中에 未生之惡을 遏令不生이오 已生之惡을 斷令不續이라 後二는 未生善을 令生하고 已生을 令廣이니라【鈔_ '未生之惡 遏令不生'者는 遏者는 止也니 經云 '爲不生故'라하니라 瑜伽云 '若未和合과 未現前을 名未生이니 爲令不生하야 發起希願하야 我當令彼一切로 皆不復生'이라하니라

言'已生之惡斷令不續'者는 經云 '爲斷故'니라 瑜伽云 '已和合과 已現前을 名已生이니 先已和合을 爲斷故로 發起希願하야 我當於彼一切를 皆不忍受하고 斷滅除遣'이라하니라

釋曰 只令不續이 卽斷滅除遣이니 故遠公云 '已起는 謝往'이라하니라

云何可除오 此乃斷於已生種類와 在未來者하야 令不相續이언정 非謂斷於起已滅者라하니라

後二未生者는 經云 '爲生故'라하니 瑜伽云 '謂於未得과 未現前인 所有善法을 爲欲令得令現在前하야 發心希願호되 發起猛利하야 希求獲得이오 欲求現前이라하니라

言 '已生令廣' 者는 經云 '爲令增廣'이라하니 瑜伽云 '謂已獲得이나 已現在前所有善法이니 於此善法에 已得不失하고 已得不退니 依是說言 爲欲令住오 於此善法에 明了現前하야 無暗鈍性일새 依是說言 令不忘失이오 於此善法에 已得現前을 數數修習하야 成滿究竟일새 依是說言 令修圓滿이라하니라

今經은 文畧하야 但云增廣이로되 亦攝瑜伽의 '令住明了 及圓滿'言이오 遠公亦云 '已生謝往이어니 云何可崇고'하니 曰 '此亦崇彼已生種類와 在未來者하야 令其續起라'하니 上云圓滿이 已是種類니라】

　정근이란 4념처의 지혜 불길이 정근의 바람을 만나면 불태우지 못할 게 없기에 다음으로 이를 밝힌 것이다.

　精進은 부지런함의 자체이기에 이를 총괄하여 부지런함[勤]이라 말하였고,

　외도의 잘못된 95종 정근이 아님을 구별하기 위해 바르다[正]고 말하였다.

　비록 하나의 정근이지만 의의에 따라 4가지로 나뉜다.

　앞의 2가지는 정근으로 2가지 악을 끊는 것이기에, 이는 악행을 저지함이며,

뒤의 2가지는 정근으로 2가지 선을 닦는 것이기에, 이는 선행을 짓는 것이다.

2가지의 선과 2가지의 악은 모두 반연 대상의 경계이다.

앞의 2가지는 생겨나지 않은 악은 미리 막아서 생겨나지 못하도록 함이며, 이미 생겨난 악은 잘라서 다시는 이어가지 못하도록 하는 것이다.

뒤의 2가지는 아직 생겨나지 않은 선은 생겨나도록 함이며, 이미 생겨난 선은 더욱 넓혀가는 것이다. 【초_ "생겨나지 않은 악은 미리 막아서 생겨나지 못하도록 한다."에서 '막음[遏]'이란 저지하는 것이다. 본 경문에서 "생겨나지 못하도록 한다."고 하였다.

유가사지론에서 말하였다.

"아직 화합되지 않은 것과 아직 앞에 나타나지 않은 것을 '아직 생겨나지 않은 것[未生]'이라고 말한다. 이런 악을 생겨나지 않도록 하기 위해, 희망하고 소원하였다.

'나는 그런 모든 악을 일체 다시는 생겨나지 않도록 할 것이다.'라고…."

"이미 생겨난 악은 잘라서 다시는 이어가지 못하도록 한다."는 것은 본 경문에서 "이를 끊기 위한 때문"이라고 하였다.

유가사지론에서 말하였다.

"이미 화합한 것과 이미 나타난 것을 이미 생겨남[已生]이라 말한다. 먼저 이미 화합한 것을 끊기 위해, 희망하고 소원하였다.

'나는 그런 모든 악을 일체 차마 받아들이지 않겠고, 잘라서 말끔히 없애버릴 것이다.'라고…."

이에 대한 해석은 다음과 같다.

다만 다시는 악이 이어가지 못하게 하는 것이 바로 잘라서 말끔히 없애버린 것이다. 그러므로 혜원 법사는 "이미 일어난 것은 떠나도록 두어라."고 하였다.

어떻게 없애야 할까? 이는 이미 생겨난 종류와 미래에 일어날 것을 잘라서 이어가지 않도록 한다는 것이지, 일어났다가 이미 없어진 것을 끊는다는 말은 아니다.

뒤의 2가지 생겨나지 않은 것은, 본 경문에서 "생겨나게 하기 위한 때문"이라고 하였다.

유가사지론에서 말하였다.

"아직 얻지 못했거나 아직 앞에 나타나지 않은 선한 법을 얻도록 하기 위해서, 앞에 나타나게 하기 위해서 마음을 일으켜 희망하고 소원하였다.

'맹렬한 마음을 일으켜, 얻기를 바라고 앞에 나타나기를 원한다.'라고…."

"이미 생겨난 선은 더욱 넓혀간다."는 것은 본 경문에서 "더욱 넓혀가기 위하여"라고 하였다.

유가사지론에서 말하였다.

"이미 얻었거나 이미 앞에 나타난 모든 선한 법이다. 이러한 선한 법을 이미 얻었으면 다시는 잃지 않고, 이미 얻었으면 다시는 물러서지 않아야 한다. 이러한 말을 인하여 말하기를, '잃지 않고 안주하고자 한다.'고 하였다.

이런 선한 법에 대하여 분명히 알고 앞에 나타나, 혼매하거나 우둔한 성질이 없다. 이러한 말을 인하여 말하기를, '잊거나 잃지 않도록 한다.'고 하였다.

이런 선한 법을 이미 얻었거나 이미 앞에 나타난 것을 자주자주 닦아 익혀서 원만한 최상의 지위를 성취하였다. 이러한 말을 인하여 말하기를, '수행으로 원만하게 한다.'고 하였다."

본 경문에서는 이런 부분을 생략하여 '더욱 넓혀간다.'고만 말했지만, 또한 유가사지론의 '안주하여 분명히 알도록 한다.' '원만하게 한다.'는 말을 포괄하고 있다.

혜원 법사 또한 말하였다.

"이미 생겨난 것이라면 떠나도록 둬야 한다. 어떻게 이를 높이 받들 수 있겠는가."

"이 또한 그 이미 생겨난 종류와 미래에 생길 것을 높이 받들어서 뒤이어 일어나게 한 것이다."고 해석하였다. 위에서 말한 '원만'이 이미 종류이다.】

亦名四正斷이라 後二는 是修어늘 而言斷者는 善是斷處요 正修斷者는 斷懈怠故라 然其善惡이 有通有別하니 別正取前念處觀中의 懈怠五蓋等하야 以爲不善이오 其能對治는 爲所生善이라 約大乘說인댄 勤觀法性이니 除實相之外는 皆名爲惡이라【鈔_ '約大乘' 下는 此言辨通이니 此應有二하니 一은 通一切事惡이오 二는 約理說이니 如今疏文이라 唯實相이 爲善이오 餘皆爲惡이니 則取善相이라도

【 亦名爲惡이니 斯則實敎의 修正斷意라 亦應言 '若有可斷인댄 不名眞斷이라 無斷斷者는 則無所斷이오 無勤之勤이라야 方名爲勤이라 故法句經云 '若起諸精進하면 是妄非精進이오 若能無有妄하면 精進無有涯라'하니라 】

또한 이를 '4가지의 바른 단절[四正斷]'이라 말한다. 뒤의 2가지는 수행인데 끊는다고 말한 것은 선이란 끊은 자리이고, 바로 수행으로 끊는 것은 게으름을 끊었기 때문이다.

그러나 선과 악이란 공통의 부분도 있고 각기 다른 개별 부분도 있다. 개별의 다른 부분으로는 앞 念處의 觀法 가운데, 게으름과 五蓋 등을 들어서 선하지 않다고 하였으며, 그 다스림의 주체는 생겨난 선법이라고 규정지었다.

대승으로 말하면, 부지런히 법성을 살펴보는 것이다. 실상 이외의 나머지는 모두 악이라 말한다. 【초_"대승으로 말하면[約大乘]" 이하는 通相에 대한 논변이다. 여기에는 2가지 뜻이 있다. ① 일체 모든 악의 공통이고, ② 진리의 자리에서 말하였다. 이의 청량소에서 말한 바와 같다. 오직 실상만이 선법이며, 나머지는 모두 악법이다. 선한 모양을 가졌을지라도 또한 악이라 말한다. 이는 대승 實敎의 4正斷을 수행하는 뜻이며, 또한 의당 이렇게 말했어야 한다.

"만약 끊을 수 있다면 진정한 끊음이라 말하지 못한다. '끊어야 할 것을 끊음이 없다.'는 것은 끊어야 할 대상이 없음이며, 부지런함이 없는 부지런함이라야 비로소 부지런함이라 말할 수 있다."

그러므로 법구경에서 말하였다.

"만일 모든 정진을 일으키면 이는 거짓이지 정진이 아니다. 만일 거짓이 없게 한다면 정진은 끝이 없다."】

就一一勤中에 文皆有四하니
今初는 一 '未生不善法'은 此擧所緣이오
二 '爲不生故'는 明修觀意오
三 '欲生'者는 起希願心이니 是修習依止니 卽增上意樂圓滿이오
四 '勤精進'下는 正顯修習이니 卽加行圓滿이라 勤精進者는 常自策勵오 發心正斷者는 謂策心持心이니라 餘三文은 例此可知니라
【鈔─ 雜集云 '正勤者는 謂策勵等이니 於止·擧·捨相作意等中에 若由止等相作意하야 不顧戀所緣境하고 純修對治하면 爾時에 名策勵라하니 卽勤精進字니라 發心正斷者는 謂若沈沒隨煩惱生時니 爲欲損減彼故로 以淨妙等作意로 策練其心이오 若掉擧인 隨煩惱가 生時니 卽以內證묨攝門으로 制持其心하니 爾時에 名爲發起正勤이라하야늘 而疏 '增上意樂加行圓滿'은 卽瑜伽文이니라 彼論結云 '當知此中에 由欲故로 增上意樂가 圓滿이오 由自策勵하야 發勤精進하야 策心持心이라 故加行圓滿이라'하니라】

하나하나 정근 부분의 문장에는 모두 4가지가 있다.

① '아직 생겨나지 않은 불선의 법'은 반연의 대상을 들어 말함이며,

② '생겨나지 않기 위한 때문'은 관법을 닦는 뜻을 밝힘이며,

③ '생겨나게 하기를 원함'은 희망하고 바라는 마음을 일으킴

이다. 이는 닦고 익히는 의지처이다. 곧 더욱 뛰어난 意樂가 원만함이며,

④ '勤精進' 이하는 바로 닦고 익힘을 밝힌 것이다. 이는 加行이 원만함이다. '부지런히 정진한다.'는 것은 항상 스스로 경책하여 힘씀이며, '발심하여 바르게 끊는다.'는 것은 마음을 다잡고 마음을 지닌다는 뜻이다.

나머지 3가지의 정근에 관한 문장은 이의 예로 미뤄보면 알 수 있다. 【초_ 잡집론에서 말하였다.

"正勤이란 策修習, 勵修習 등을 말한다. 止相·擧相·捨相作意 등 가운데 만약 止相作意 등으로 인하여 반연 대상의 경계를 반연하지 않고, 순수하게 닦아서 다스리면, 그러한 때를 策修習, 勵修習이라 말한다. 이는 곧 勤精進이라는 글자이다.

發心正斷이란 만일 마음이 가라앉는 혼침의 수번뇌가 생겨날 때에 그러한 것을 줄이기 위해서, 청정하다거나 미묘하다는 생각으로 그 마음을 경책하고 단련하는 것이다.

만일 마음이 들뜨는 수번뇌가 생겨날 때에 내면으로 略攝門을 증득함으로써 그 마음을 제재하고 유지하는 것이다. 그러할 때를 '정근을 일으킨다.'고 말한다."

그러나 청량소에서 '더욱 뛰어난 의요'와 '가행이 원만함'을 말한 것은 유가론의 문장이다. 유가론의 결론에서 말하였다.

"이 가운데 욕심으로 인하여 더욱 뛰어난 의요가 원만하고, 스스로의 경책과 힘씀으로 인하여 부지런한 정진을 일으켜서 마음

을 다잡고 마음을 지니기에 가행이 원만함을 알아야 한다."】

若二惡을 不生棄捨하며 二善을 得生增廣하면 是는 正勤果니라

　만일 2가지 악을 내지 않고 버리려는 마음을 내며, 2가지 선을 내어서 더욱 넓히면 이는 바른 정근의 결과이다.

―

第三 四神足者는 以勤過散亂에 智火微弱일새 故須定制니 則所欲自在니라

神은 卽神通이오 足은 卽是定이라

瑜伽云 如有足者 能往能還하야 以騰躍勇健하야 能得能證이 世間勝法이라 世殊勝法을 說名爲神이니 彼能到此일새 故名神足이라 하니 此는 擧喩也라

由出世法이 最勝自在일새 是最勝神이오 欲等四定은 能證此故로 名爲神足이니 亦名如意足이니 所欲如心故니라

神足所緣은 卽種種變事로되 神足自體는 卽三摩地오 欲·勤·心·觀은 皆是助伴이라 欲은 謂猛利樂欲이오 勤은 謂精進無間이오 心은 卽是定이니 謂專心守境이오 觀은 卽是慧니 由聞敎法하야 內自揀擇이라

由欲增上力하야 證心一境性은 名爲欲定이라 餘三도 亦然이라 勤觀心性을 名爲上定이니 皆從加行受名이니라 此四加行은 卽前正勤中에 欲生勤精進·發心正斷等이니 以發心中에 持心이 能生心定하야 持太擧故며 策心이 能生觀定하야 策太沈故로 是以로 隨一

念處하야 有四正勤하고 隨一正勤하야 有四神足이니라【鈔_ 此四加行下는 彰其所因이니 因前正勤生故로 前云 欲生이라하고 此名欲定이라하며 前云 勤精進이라하고 此爲勤定이라하니 前發心中에 開出 策心·持心일세 故有心·觀 二定이니라】

(3) 4가지 神足

이는 정근이 지나쳐 산란하면 지혜의 불이 미약해지기에 반드시 선정으로 제재해야 한다. 그러면 원하는 일들이 자재하게 된다.

神은 신통이며, 足은 선정이다.

유가사지론에서 말하였다.

"예컨대 발이 있으면 마음대로 갔다가 돌아올 수 있고, 날뛰며 용맹스럽고 씩씩하여, 얻을 수 있고 증득할 수도 있다. 이는 세간에 뛰어난 법이다. 세간의 아주 뛰어난 법을 신통이라고 말한다. 그는 이런 경지에 이를 수 있기에 '신통한 발[神足]'이라고 말한다."

이는 비유를 들어 말한 것이다.

출세간법이 가장 뛰어나고 자재하기에 이는 가장 뛰어난 신통이며, '욕구의 선정[欲定]' 등 4가지 선정[欲·勤·心·觀定]은 이를 증득할 수 있기 때문에 神足이라 한다. 이 또한 '如意足'이라 말하기도 하니 원하는 바가 마음대로 이뤄지기 때문이다.

4신족의 반연 대상은 갖가지 변화의 일이지만, 4신족의 자체는 삼매[三摩地]이며, 욕구·정근·마음·관법의 선정[欲·勤·心·觀定]은 모두 보조의 반려이다.

욕구란 맹렬하게 좋아하고 원함이며,

정근이란 끊임없는 정진을 말하고,

마음이란 바로 선정이다. 오롯한 마음으로 경계를 지킴이다.

관법이란 지혜이다. 가르침과 법을 들음으로 인하여 마음속으로 스스로 간택함이다.

욕구의 뛰어난 힘으로 인하여 '마음을 하나의 경계로 만드는 성품[心一境性]'을 증득함은 그 이름을 '욕구의 선정[欲定]'이라 한다. 나머지 정근·마음·관법의 3가지 또한 마찬가지이다.

부지런히 마음의 성품을 살펴보는 것을 '가장 훌륭한 선정[上定]'이라 말한다. 이는 모두 加行에 의해 붙여진 이름이다. 이러한 4가지 가행은 곧 앞의 4정근 가운데 '욕구'가 '근정진'과 '發心正斷' 등을 내는 것이다.

발심한 가운데, '마음을 지님[持心]'이 마음의 선정[心定]을 내어 너무 들뜬 마음을 잡아주고, '경책하는 마음[策心]'이 관의 선정[觀定]을 내어 너무 가라앉은 마음을 경책하여 주기 때문에 하나의 念處를 따라서 4가지 정근이 있고, 하나의 정근을 따라서 4가지 신족이 있다. 【초_ '此四加行' 이하는 그 원인을 밝혔다. 앞의 4정근으로 인하여 생겨난 까닭에 앞에서는 '욕구가 생겨난다.'고 말했는데, 여기서는 '욕구의 선정'이라 말하였고, 앞에서는 '부지런한 정진'이라 말했는데, 여기서는 '정근의 선정'이라 말하였다.

앞의 發心 부분에서 策心과 持心 둘로 나눠 말했기에, 心定과 觀定 역시 둘로 말하였다.】

復次此菩薩이
修行欲定에 **斷行**하야 **成就神足**하야 **依止厭**하며 **依止離**하며 **依止滅**하며 **廻向於捨**하고
修行精進定과 **心定**과 **觀定**에 **斷行**하야 **成就神足**하야 **依止厭**하며 **依止離**하며 **依止滅**하며 **廻向於捨**니라

　또한 이 보살은 '욕구의 선정[欲定]'을 수행할 적에 일체 악행을 끊고서 신족을 성취하여, 일체 악행의 싫어함을 의지하며, 일체 악행의 여읨을 의지하며, 일체 악행의 멸함을 의지하며, 일체 악행을 놓아버리는 데로 회향하고,

　정진의 선정, 마음의 선정, 관찰의 선정을 수행할 적에 일체 세간의 행을 끊고서 신족을 성취하여, 일체 세간의 싫어함을 의지하며, 일체 세간의 여읨을 의지하며, 일체 세간의 멸함을 의지하며, 일체 세간을 버리는 데로 회향하는 것이다.

● 疏 ●

文中에 先은 別明欲定이오 後 修行精進 下는 通顯餘三이라
今初에 言修行欲定者는 標擧所修助伴自體오 斷行二字는 總顯修相이오 亦修之果라【鈔_ 標擧所修 者는 欲爲助伴이오 定爲自體니라 '斷行'等者는 對下 '依止厭'等 別明修相'일세 故云總明이오 對下 '成就神足'하야 正明於果일세 故云亦修之果니라 】

　경문의 앞은 개별로 '욕구의 선정'을 밝혔고, 뒤의 '修行精進'

이하는 통틀어 나머지 3가지 선정을 밝혔다.

앞의 첫 구절에서 "욕구의 선정을 수행한다."고 말한 것은 수행의 대상인 보조의 반려와 자체를 들어 내세웠고, '斷行' 2자는 수행의 양상을 총괄하여 밝혔으며, 또한 수행의 결과이기도 하다.【초_ "수행의 대상을 들어 내세웠다."고 말한 것은 욕구는 보조의 반려이고, 선정은 자체이기 때문이다. '斷行 등'이란 아래의 '싫어함을 의지하며' 등의 수행 양상을 개별로 밝힌 부분을 상대로 말한 까닭에 '총괄하여 밝혔다.'고 말하며, 아래의 '신족 성취'를 상대로 결과를 밝힌 것이기에 '또한 수행의 결과'라고 말하였다.】

云何修相고 此復二種이니 一은 修習欲定이니 能斷現行諸惑纏故오 二는 爲欲永害所有隨眠하야 修八斷行이니 謂欲과 勤과 信과 安과 念과 正知와 思와 及捨니라

云何亦果오 若將斷行하야 屬下成就인댄 則斷行成就니 亦神足果니라 次成就神足은 唯是彼果니라【鈔_ 修八斷行者는 疏文具足이어니와 瑜伽二十九에 釋欲勤心觀竟하고 云 如是修習時에 有八斷行하니 爲欲永害諸隨眠故며 爲令三摩地로 得圓滿故로 差別而轉이니 一은 欲이오 二는 策勵오 三은 信이오 四는 安이오 五는 念이오 六은 正知오 七은 思오 八은 捨라하니라

瑜伽意云 欲希望樂欲이니 我於何時에 修定圓滿하야 滅惡隨眠고 二는 策勵不捨加行이오 三은 於上所證에 深生信解오 四는 心生歡喜하야 漸除粗重이오 五는 安住其心於奢摩他오 六은 住毘鉢舍那慧品이오 七은 心造所作이 能順止觀이오 八은 三世之中에 心無染

污이라

結云 由二因緣하야 於隨眠에 斷分別了知니 謂由境界不現見思와 及由境界現見捨故라 對文可知니라】

어떤 것이 수행의 양상인가? 여기에 다시 2가지가 있다.

㈀ 욕구의 선정을 닦고 익히는 것이다. 모든 현행번뇌의 속박을 끊을 수 있기 때문이다.

㈁ 소유한 隨眠煩惱를 영원히 없애기 위해 8가지 斷行을 닦는다. ① 욕구, ② 부지런함, ③ 믿음, ④ 편안함, ⑤ 기억함, ⑥ 바른 지식, ⑦ 사유, ⑧ 버림이다.

어찌하여 또한 결과라고 말하는가? 만약 斷行을 아래의 성취에 붙여보면 이는 단행의 성취이니, 또한 신족의 결과이기도 하다. 다음으로 신족을 성취함은 오직 '욕구의 선정' 결과일 뿐이다.

【초_ "8가지 단행을 닦는다."고 말한 것은 청량소의 지문에 구체적으로 밝혔지만, 유가사지론 권29에서 '욕구·정근·마음·관법의 선정[欲·勤·心·觀定]'을 모두 해석하고, 뒤이어 말하였다.

"이처럼 닦고 익힐 때에 8가지 단행이 있다. 모든 수면번뇌를 영원히 없애고자 위함이며, 삼마지의 원만함을 얻기 위해서 각기 다른 것으로 더욱 닦아가는 것이다.

① 욕구, ② 경책하여 힘씀, ③ 믿음, ④ 편안함, ⑤ 기억함, ⑥ 바른 지식, ⑦ 사유, ⑧ 버림이다."

유가사지론에서 말한 뜻은 다음과 같다.

① 욕구는 희망하고 좋아하고 원하는 것이다. 내가 어느 때, 선

정을 닦음이 원만하여 나쁜 수면번뇌를 없앨 수 있을까를 말한다.

② 경책하여 힘써 가행도를 버리지 않음이며,

③ 위의 증득 대상에 대해 깊은 신심과 이해를 냄이며,

④ 기쁜 마음으로 차츰차츰 추중번뇌를 없애가는 것이며,

⑤ 그 마음을 사마타에 안주함이며,

⑥ 위빠사나 지혜품에 안주함이며,

⑦ 마음으로 하는 일이 止觀을 따름이며,

⑧ 삼세에 더럽혀진 마음이 없음을 말한다.

결론은 다음과 같다.

2가지 인연으로 말미암아 수면번뇌에서 분별의식으로 아는 것을 끊었다. 이는 경계가 나타나 보이지 않음으로 인해 사유하는 것과 경계가 나타나 보임으로 인해 버리는 것이기 때문이다. 이는 문장과 대조하여 보면 말하지 않아도 알 수 있다.】

後'依止厭'下는 復顯修相이오 兼辨所緣이라 準雜集論컨대 '五根已下는 方緣四諦爲境이오 七覺已下는 方有依止厭等하야 以爲修相이라'하니 今經神足은 卽緣四諦而修니 謂緣苦修는 必依厭苦오 若緣集修인댄 必依離欲이오 若緣滅修인댄 必求證滅이오 若緣道修인댄 必趣滅苦之行하야 能捨於苦니라 緣此境時에 必求修習일세 故云廻向이니라

뒤의 '依止厭' 이하는 다시 수행의 양상을 밝히고, 겸하여 반연의 대상을 논변하였다.

잡집론에 준하면, "五根 이하는 바야흐로 사성제의 반연으로

경계를 삼았고, 七覺 이하는 바야흐로 '依止厭' 등으로 수행의 양상을 삼은 것이다."고 하였다.

　　그러나 본 경문에서 말한 4가지 신족은 사성제를 반연하여 닦아가는 것이다. 苦諦를 반연한 수행은 반드시 고통의 싫어함을 의지하고, 集諦를 반연한 수행은 반드시 탐욕의 여읨을 의지하고, 滅諦를 반연한 수행은 반드시 멸제의 증득을 추구하고, 道諦를 반연한 수행은 반드시 고통을 없애는 행을 따라서 고통을 버리는 것이다. 이런 경계를 반연할 때에 반드시 닦고 익힘을 구한 까닭에 '회향'을 말하였다.

● 論 ●

修欲定斷行者는 明勤觀前四念處不亂이 是欲定이니 爲有覺有觀故며 斷行者는 勤觀前四念法하야 斷身見邊見邪見等行과 及色受想行識等行이니 此位는 重治練欲界惑이오 上二界惑은 以五地禪波羅蜜로 重更治之니 前二地는 以戒體治麤오 此四地는 以四念觀으로 治細니라

成就神足者는 以欲界諸天等神足은 是下品十善業報어니와 此約一分法性智通殊勝이니 卽不可比於三界와 及二乘三乘의 有限之通이오 且望後位컨대 卽此位 不如니 雖作觀行이나 皆以理智爲體하야 爲成差別智하고 更令微細故로 觀衆生法起하야 滿本願成大慈悲故니라

依止厭者는 對治不取世惡法故며

依止離者는 性自無著故며

依止滅者는 滅諸惡法하야 令不生故요

廻向於捨者는 至無依處故로 此는 名是非總捨요 至露地智故로 修行精進하야 普救一切衆生故요

心定·觀定斷行者는 一心專作하야 無錯失故니라

'修欲定斷行'이란 앞의 사념처를 부지런히 관찰하여 산란하지 않음이 '욕구의 선정[欲定]'임을 밝혔다. 이는 깨달음이 있고 관조가 있기 때문이다.

斷行이란 앞의 사념처 법을 부지런히 관찰하여 身見, 邊見, 邪見 등에 의한 행, 色, 受, 想, 行, 識 등에 의한 행을 끊음이다. 이 지위는 욕계의 번뇌를 거듭 다스리는 것이며, 색계와 무색계의 번뇌는 제5 난승지의 선정바라밀로써 거듭 다시 다스리는 것이다. 앞의 지계와 인욕바라밀의 두 지위는 戒體로써 추중번뇌를 다스리고, 이의 제4 염혜지는 四念觀으로 미세번뇌를 다스리는 것이다.

神足을 성취한다는 것은 여러 欲界天 등의 신족이란 하품의 十善業報이지만 이는 一分의 法性智의 뛰어난 신통으로 말한다. 따라서 삼계와 이승, 삼승의 한계가 있는 신통과는 비교할 수 없다.

또한 뒤의 제5 난승지를 상대로 살펴보면 이 지위는 그만 못하다. 비록 觀行을 행할지라도 모두 理智로 본체를 삼아 차별지를 성취하고, 다시 미세번뇌 때문에 중생의 법이 일어남을 살펴보면서 本願을 원만하게 닦아 대자비를 성취하기 때문이다.

依止厭이란 세간의 모든 악법을 다스려서 취하지 않기 때문

이며,

依止離란 성품이 스스로 집착이 없기 때문이며,

依止滅이란 모든 악법을 없애어 생겨나지 않도록 함이며,

廻向於捨란 의지한 곳이 없는 데에 이르렀기 때문에 그 이름을 '시비를 모두 버렸다.'고 하며, 露地(佛地)의 지혜에 이른 까닭에 수행정진으로 일체중생을 널리 구하기 때문이며,

心定·觀定의 斷行이란 하나의 오롯한 마음으로 착오와 잘못이 없기 때문이다.

■

第四 五根의 現觀方便道라 增上을 名根이니 五根自體는 卽信等五오 此五 通於生起出世間法하야 而爲增上이니 前四는 復能起後하야 得增上名이라 而信爲上首하야 能起餘四니라【鈔_ 先은 明五根通望出世하야 以得根名이오 前四復能下는 後는 明前四復望於後하야 以得根名이라 謂信起後四하고 進起後三하고 念起後二하고 定起後一이라 其最後慧根은 唯望出世하야 而有增上이니 卽瑜伽意니라】

(4) 五根의 現觀 방편의 도

더욱 뛰어난 것을 근본[根: 바탕]이라 말한다.

5근의 자체는 信根 등 5가지를 말한다. 이 5가지는 공통으로 출세간의 법을 일으키는 것으로 더욱 뛰어남을 삼는다. 앞의 4根[信, 精進, 念, 定根]은 다시 뒤를 일으켜 더욱 뛰어나다는 명칭을 얻

었다. 그러나 믿음이 으뜸으로서 나머지 4근을 일으키는 것이다.
【초_ 앞에서는 5근을 통틀어 출세간과 대조하여 根이라는 명칭을 얻음에 대해 밝혔고, '前四復能' 이하는 앞의 4근은 다시 뒤의 근과 상대하여 根이라는 명칭을 얻음에 대해 밝혔다. 이는 信根은 뒤의 4근을, 精進根은 뒤의 3근을, 念根은 뒤의 2근을, 定根은 뒤의 慧根 하나를 일으킨다. 가장 마지막인 혜근은 오직 출세간에 대조하여 더욱 뛰어남이 있다. 이는 유가사지론에서 말한 뜻이다.】

經

復次此菩薩이
修行信根하야 依止厭하며 依止離하며 依止滅하며 廻向於捨하고
修行精進根과 念根과 定根과 慧根하야 依止厭하며 依止離하며 依止滅하며 廻向於捨니라

　또한 이 보살은 믿음의 근본을 수행하여, 싫어함을 의지하며, 여읨을 의지하며, 멸함을 의지하며, 버리는 데로 회향하고,
　정진의 근본, 생각의 근본, 선정의 근본, 지혜의 근본을 수행하여, 싫어함을 의지하며, 여읨을 의지하며, 멸함을 의지하며, 버리는 데로 회향하는 것이다.

◉ 疏 ◉

文中에 先은 別明信根이오 後는 通顯餘四라

二段中에 各先은 標擧所修요 後 '依止' 等은 別顯修相이라 下之三科도 例此可知니라

今此所修는 卽於諦實에 深忍樂欲이요 餘四는 卽於前所信에 策勤而行하야 明記不忘하야 繫緣一境하고 揀擇是非라 餘如前說이니라
【鈔_ 雜集論中에 皆相躡云호되 '精進根者는 旣於諸諦에 生忍可已하고 爲覺悟故로 起精進行이요

修習念根은 於諸諦實에 發精進已하고 起不忘失行이요

修習定根은 於諸諦實에 旣繫念已하고 起心一性行이요

修習慧根은 已於諸諦에 心旣得定하고 起揀擇行이라'하니라

修習斯慧는 疏文에 雖畧이나 義已備矣니라】

경문의 앞 단락은 개별로 신근을 밝혔고, 뒤는 나머지 4근을 전체로 밝혔다.

2단락 가운데 각기 앞 구절[修行信根, 修行精進根]은 닦음의 대상을 들어 말하였고, 뒤의 '依止' 등은 개별로 닦음의 양상을 밝혔다.

아래의 3과목[五力, 七覺, 八正]도 이런 예로 미뤄보면 알 수 있다.

지금 여기에서 닦아야 할 대상은 곧 사성제의 실상을 깊이 인정하여 좋아하고 원하는 것이며, 나머지 4근은 앞의 믿은 바를 따라 경책하고 부지런히 행하면서 분명하게 기억하고 잊지 않으며, 한 경계만을 반연하고 옳고 그름을 가리는 것이다. 나머지는 앞서 말한 바와 같다. 【초_ 잡집론에서는 모두 서로 이어 말하였다.

"精進根이란 이미 사성제를 인정하고 깨달았기 때문에 정진행을 일으키며,

念根을 닦고 익힘은 사성제의 실상에 정진을 일으키고 잊지 않는 행을 일으키며,

定根을 닦고 익힘은 사성제의 실상에 이미 생각을 묶어두고서 마음이 경계와 하나가 되는 자성[心一境性]의 행을 일으키며,

慧根을 닦고 익힘은 사성제의 실상에 그 마음이 이미 선정을 얻고 간택하는 행을 일으키는 것이다."

이런 혜근을 닦고 익힘에 대해 청량소에서는 그 문장을 생략 했지만, 그 의의는 이미 갖춰져 있다.】

然始入佛法에 卽有信心하고 未有定慧하면 不得名根이라 今由前三科니 則信不可拔이니라【鈔_ '然始入'下는 通妨이니 難云 '佛法大海에 初信能入이어늘 何以至此方立信耶아 通意는 可知니라】

그러나 처음 불법에 들어갈 적에 신심만 있을 뿐, 선정과 지혜가 없으면 이를 '근본[根]'이라고 말하지 못한다. 여기에서는 앞의 3과목[四念處, 四正勤, 四神足]을 따랐기에 신심을 그 누구도 없앨 수 없다.【초_ '然始入' 이하는 논란을 밝힘이다. 논란하여 말하였다.

"불법의 큰 바다는 첫째 믿음만이 들어갈 수 있는데, 어찌하여 여기에 이르러서 바야흐로 믿음을 세웠는가?" 해명한 뜻은 설명하지 않아도 알 수 있다.】

此中의 念은 卽念處中念이오 進은 卽正勤이오 定은 則神足이오 慧는 卽緣四諦慧니 前三이 至此하야 總得名根이니라 若依位者인댄 在於見道之前이니 則以速發現觀하야 而爲其果어니와 今在四地하야 卽應以發後地로 爲果니라

여기에서 말한 념이란 四念處의 念이며, 精進은 四正勤이며, 선정은 四神足이며, 지혜는 사성제를 반연한 지혜이다. 앞의 3과목[四念處, 四正勤, 四神足]이 여기에 이르러야 총괄하여 '根'이라 말한 것이다.

만약 지위에 따라 말한다면, 見道位의 앞에 해당한다. 이는 究竟位의 現觀을 속히 일으키는 것으로 결과를 삼지만, 이의 제4 염혜지에 있어서는 당연히 다음 제5 난승지를 일으키는 것으로 결과를 삼는다.

第五 五力

(5) 5가지 힘

經

復次此菩薩이
修行信力하야 **依止厭**하며 **依止離**하며 **依止滅**하며 **廻向於捨**하고
修行精進力과 **念力**과 **定力**과 **慧力**하야 **依止厭**하며 **依止離**하며 **依止滅**하며 **廻向於捨**니라

또한 이 보살은 믿음의 힘을 수행하여, 싫어함을 의지하며, 여읨을 의지하며, 멸함을 의지하며, 버리는 데로 회향하고,

정진의 힘, 생각의 힘, 선정의 힘, 지혜의 힘을 수행하여, 싫어

함을 의지하며, 여읨을 의지하며, 멸함을 의지하며, 버리는 데로 회향하는 것이다.

◉ 疏 ◉

卽前五根이 增長이라 魔·梵·惑等이 不能屈伏일세 故名爲力이니라 又能損減不信等障일세 故復名力이니라 智論云 '能破煩惱하야 得無生忍일세 故名爲力이라'하니라

이는 앞의 5근이 더욱 커나간 것이다.

마군과 범천과 번뇌 따위가 이를 굴복시키지 못한 까닭에 '힘[力]'이라고 말한다.

또한 불신 등의 장애를 감소시키기에 또한 '힘'이라고 말한다.

대지도론에서 말하였다.

"번뇌를 타파하여 무생법인을 얻었기에 '힘'이라 말한다."

第六七覺

覺은 謂覺了니 若依位說인댄 以現觀自性이 如實覺慧와 覺法自性이니라 覺支自體는 卽念等七이니라

(6) 7가지 깨달음

覺이란 깨달아 아는 것을 말한다.

만약 지위에 따라 말하면, 現觀의 자성이 여실한 깨달음의 지혜와 깨달은 법의 자성이다.

覺支의 자체는 念覺支 등 7가지[念, 擇法, 精進, 喜, 輕安, 定, 捨覺支]이다.

經

復次此菩薩이
修行念覺分하야 **依止厭**하며 **依止離**하며 **依止滅**하며 **廻向於捨**하고
修行擇法覺分과 精進覺分과 喜覺分과 猗覺分과 定覺分과 捨覺分하야 **依止厭**하며 **依止離**하며 **依止滅**하며 **廻向於捨**니라

　　또한 이 보살이 생각의 깨달음 부분을 수행하여, 싫어함을 의지하며, 여읨을 의지하며, 멸함을 의지하며, 버리는 데로 회향하고,
　　법을 선택하는 깨달음 부분, 정진의 깨달음 부분, 기쁨의 깨달음 부분, 가뿐함의 깨달음 부분, 선정의 깨달음 부분, 버림의 깨달음 부분을 수행하여, 싫어함을 의지하며, 여읨을 의지하며, 멸함을 의지하며, 버리는 데로 회향하는 것이다.

● **疏** ●

文中에 亦二니 先은 別明念覺이오 後는 通顯餘六이라 然七覺分이 七皆自體로대 而差別者는 覺爲自體오 餘六은 皆覺之分이라 謂念은 是所依支니 由繫念故로 令諸善法으로 皆不忘失이오 擇法은 是自體支니 覺自相故오

精進은 是出離支니 由此勢力하야 能到所到故오
喜는 是利益支니 由心勇悅하야 身調適故니라
猗·定·捨 三은 是不染污支니
猗는 卽輕安이니 由此不染污故니 謂由安故로 能除麤重이라
定者는 依此不染污故니 謂依止定하야 得轉依故니라
捨者는 體是不染污故니 謂行捨平等하야 永除貪憂니 不染污位로 爲自性故니라【鈔_ 然七覺分 下는 辨相이오 兼顯分義라 於中에 有二니 先은 總明이니 謂七이 於心所에 各別有體니 以覺으로 統餘일새 故擇法一支 以爲覺體오 餘六은 皆分이니 順成覺義니라 謂念是 下는 二는 別示其相이니 全是雜集論文이라】

이의 경문 또한 2단락이다.

앞 단락은 개별로 念覺을 밝혔고,

뒤 단락은 나머지 6覺을 총괄하여 밝혔다. 그러나 7覺 부분은 7각이 모두 자체이지만, 차별을 두어 말하면 覺[擇法覺分]은 자체의 양상이고, 나머지 6각은 모두 覺의 부분들이다.

① 念覺分은 의지의 대상이다. 생각이 떠나지 않기에 모든 선법을 모두 잊거나 잃지 않도록 한다.

② 擇法覺分은 자체의 갈래이다. 覺의 자체 양상이다.

③ 精進覺分은 삼계의 생사를 벗어나는 갈래이다. 이런 힘으로 인하여 도달해야 할 대상에 이르기 때문이다.

④ 喜覺分은 이익의 갈래이다. 마음이 용맹하고 기쁨으로 인하여 몸이 조화롭고 알맞기 때문이다.

⑤猗覺分, ⑥定覺分, ⑦捨覺分 3가지는 오염되지 않는 갈래이다.

⑤猗覺分은 몸과 마음이 가뿐하고 평안함이다. 이처럼 오염되지 않았기 때문이다. 편안함으로 인하여 추중번뇌를 없앰을 말한다.

⑥定覺分은 이에 의해 오염되지 않기 때문이다. 선정에 의지하여 轉依(āśraya-parivṛtti. 또는 所依已轉·變住. 의지 대상이 전변했다는 뜻)를 얻었기 때문이다.

⑦捨覺分은 체성이 오염되지 않은 때문이다. 행하는 것과 버리는 것이 평등하여, 탐욕과 근심을 영원히 없앤 것이다. 오염되지 않은 지위로 자성을 삼기 때문이다.【초_ '然七覺分' 이하는 覺分의 양상을 논변하고, 겸하여 각분의 뜻을 밝혔다.

이는 2부분으로 나뉜다.

앞은 총괄하여 밝혔다. 7가지 각분이 의식의 작용[心所]에 각기 개별의 자체가 있다.

택법각분으로 나머지 6가지 각분을 거느리는 까닭에 택법각분 하나가 각분의 체성이 되고, 나머지 6가지 각분은 모두 부분으로, 택법각분의 의의를 따라 이뤄지는 것이다.

'謂念是所依支' 이하는 각분의 양상을 개별로 보여준 것이다.

이는 모두 잡집론의 문장이다.】

依位所明인댄 能斷見惑으로 以爲其果니라【鈔_ 瑜伽云 '最初에 獲得七覺支故로 名初有學이니 見聖迹已면 則永斷滅見道에 所斷

一切煩惱로되 唯餘修道所斷煩惱라하니라 】

지위를 밝힌다면 見惑을 끊는 것으로 그 결과를 삼는다.【초_ 유가사지론에서 말하였다.

"맨 처음, 7覺支를 얻어야 하기 때문에 그 이름을 '처음 배워야 할 수행[初有學]'이라고 말한다. 거룩한 진리의 자취를 보고 나면, 見道位에서 끊어야 할 대상인 일체 번뇌를 영원히 끊지만, 유독 修道位에서 끊어야 할 번뇌만 남아 있을 뿐이다."】

又雖 ·刹那에 七法이 俱起나 而隨行相하야 各說功能인댄 念은 除妄念이오 擇은 除不正知오 餘는 除懈怠와 惛沉과 粗重과 散亂과 掉擧라 上約通說이니라【鈔_ 謂雖見道迅速이나 有十六心義니 則一刹那中에 七法이 俱起하야 功能不同일새 不可言一이라 如七味香을 擣篩和合이어든 焚如麻子에 七香齊發이니라 '念除妄念'下는 別示異相이니라 】

또 비록 한 찰나에 7가지 법이 모두 함께 일어나지만 행법의 모양을 따라 각기 공능을 말하면 念은 망상을 없애며, 택법은 바르지 못한 앎을 없애며, 나머지는 게으름, 혼침, 추중번뇌, 산란함, 들뜬 마음을 없애는 것이다. 이상은 통설로 말하였다.【초_ 비록 見道가 신속하지만 16가지 마음의 이치가 있다. 한 찰나에 7가지 법이 함께 일어나는데, 그 공능이 똑같지 않기에 하나라 말하지 못한다. 이는 마치 7가지의 맛과 향기를 가루 내어 한데 섞으면 삼씨처럼 작은 것을 태워도 7가지 향이 함께 나오는 것과 같다.

'念除妄念' 이하는 다른 양상을 개별로 보여준 것이다.】

大乘七覺은 不念諸法故며 決擇不可得故며 離進怠相故며 絶憂喜故며 除安心緣코는 皆叵得故며 性定之中에 無定亂故며 亦不見於能所捨故니라【鈔_ 大乘七覺下는 明理觀이니 卽頓門禪意라 不念諸法은 卽是念覺이니 故昔人云 '眞如는 無念이니 非念法能階오 實相은 無生이어니 豈生心能到아 無念念者라야 則念眞如오 無生生者라야 生乎實相이라'하니라 故起信云 '若知離念하야 無有能念所念이면 是名隨順이오 若離於念하면 名爲得入이라'하니라 淨名亦云 '常求無念實相智慧라'하니 故般若云 '若念一切法하면 則不念般若波羅蜜이오 不念一切法하면 則念般若波羅蜜等이라'하니 餘可虛求니라】

대승의 7각은

여러 법을 생각하지 않기 때문이며,

가릴 수 없기 때문이며,

정진이나 게으른 양상을 떠났기 때문이며,

근심과 기쁨이 끊어졌기 때문이며,

편안한 마음으로 반연함을 제외하고는 모두 얻을 수 없기 때문이며,

성품의 선정 가운데 안정과 산란함이 없기 때문이며,

또한 버리는 주체와 대상을 찾아볼 수 없기 때문이다.【초_ '大乘七覺' 이하는 이치로 관찰함을 밝힌 것이다. 이는 頓門의 선종의 주장이다. '여러 법을 생각하지 않음'은 바로 念覺이다. 이 때문에 옛사람이 말하였다.

"진여는 생각이 없기에 생각의 법으로 오를 수 있는 게 아니다. 실상은 생겨남이 없는데 어떻게 생겨나는 마음으로 진여에 이를 수 있겠는가. 생각이 없는 생각이어야 진여를 생각할 수 있고, 생겨남이 없는 생겨남이어야 실상에서 생겨남이다."

이 때문에 기신론에서 말하였다.

"만약 생각을 여의어야 함을 알고서 생각의 주체와 생각의 대상이 없으면 이를 '隨順'이라 말하고, 생각을 여의면 正觀에 들어갔다고 말한다."

유마경에서도 말하였다.

"항상 생각이 없는 실상의 지혜를 구한다."

이 때문에 반야경에서 말하였다.

"만일 일체 법을 생각하면 반야바라밀을 생각하지 않음이며, 일체 법을 생각하지 않으면 반야바라밀을 생각함이다."

나머지는 허심탄회하게 추구해야 한다.】

第七 八正

若依位說인댄 即現觀後起道니 爲斷修道의 諸煩惱故니라【鈔_論云 '八正의 所緣境者는 謂即後時의 四聖諦如實性이니 由見道後의 所緣境界라 即先所見諸諦의 如實性爲體라'하니라 釋曰 即疏文中의 現觀後起意也니라】

(7) 8가지 바른 도

만약 지위에 따라 말하면 現觀 이후에 일으키는 도이다. 修道位의 모든 번뇌를 끊기 위함이다.【초_ 논에서 말하였다.

"八正의 반연 대상의 경계란 바로 이후 시기의 4성제의 如實한 성품이다. 견도위 이후의 대상 경계에 의한 것이다. 앞서 보았던 여러 진리의 如實한 성품으로 체성을 삼는다."

이에 대한 해석은 다음과 같다.

청량소에서 말한 現觀 뒤에 일으킨다는 뜻이다.】

離八邪故로 名爲八正이오 開通涅槃일새 故名爲道라 亦云 八聖道니 聖者의 道故니라 八正自體는 卽正見等이라

8가지 삿된 도를 여의었기에 그 이름을 '8가지 바름'이라 말하고, 열반으로 통하는 길이기에 이를 '道'라고 칭한다. 또는 '8가지 성인의 도'라고도 말한다. 성인의 도이기 때문이다. 8정도의 자체는 正見 등이다.

經

復次此菩薩이
修行正見하야 依止厭하며 依止離하며 依止滅하며 廻向於捨하고
修行正思惟와 正語와 正業과 正命과 正精進과 正念과 正定하야 依止厭하며 依止離하며 依止滅하며 廻向於捨나라

또한 이 보살이 바른 소견을 수행하여, 싫어함을 의지하며, 여읨을 의지하며, 멸함을 의지하며, 버리는 데로 회향하고,

바른 생각, 바른말, 바른 업, 바른 삶, 바른 정진, 바른 생각, 바른 선정을 수행하여, 싫어함을 의지하며, 여읨을 의지하며, 멸함을 의지하며, 버리는 데로 회향하는 것이다.

● 疏 ●

文中에 亦先은 別明正見이오 後는 通顯餘七이라

言正見者는 是分別支니 依前所證하야 眞實揀擇故라

正思惟者는 是誨示他支니 如其所證하야 方便安立하야 思惟名義하야 發語言故니라

次三은 是令他信支니

謂正語者는 善依所證하야 問答決擇하야 令他로 信有見淸淨故오

正業者는 身業進止에 正行具足하야 令他로 信有戒淸淨故오

正命者는 如法乞求하야 依聖種住하야 離五邪命하야 令他로 信有命淸淨故라

正精進者는 是淨煩惱障支니 由此하야 永斷一切結故라

正念者는 是淨隨煩惱支니 由不忘失正止擧相하야 永不容受沉掉等故라

正定者는 是能淨最勝功德障支니 由此하야 引發神通等無量勝功德故니라

若能如上分別誨示等이면 卽是道支之果라 然其八中에 語·業·命 三은 是戒蘊攝이오 念·定은 是定이오 餘三은 是慧라

定慧는 大同諸品이나 但增勝耳오 戒則前來에 未有오 覺支는 雖有

定共律儀나 無表相이 微하고 此中正行일새 故新建立이니 此寄位說이니라 【鈔_ 卽瑜伽意니 以戒定慧三流類로 攝之라 於中에 有二하니 先은 正攝爲三學이오 定慧大同下는 二 對同揀異니 異唯在戒故니라

瑜伽 問云 何故로 此名聖所愛戒오 以諸聖者 賢善正了하고 長時愛樂하야 欣慕悅意호되 我於何時에 當正獲得 諸語惡行과 諸身惡行과 諸邪命等인 不作律儀오 由彼長時를 於此尸羅에 深心愛樂하고 欣慕悅意일새 故獲得時에 名聖所愛戒라 旣獲得已에 終不正知而說妄語等이라 하니라 釋曰 卽新建立意也니라 】

경문은 또한 앞은 正見을 개별로 밝혔고, 뒤는 나머지 7가지 바른 도를 총괄하여 밝혔다.

① 바른 소견이라 말한 것은 앞의 증득한 바를 따라 진실하게 간택하기 때문이다.

② 바른 생각이란 다른 사람에게 가르쳐주는 공덕이다. 그 증득한 바와 같이 방편을 세워서 명제의 의의를 생각하여 언어로 표현해주기 때문이다.

다음 3가지[正語, 正業, 正命]는 다른 이들을 믿게 만드는 공덕이다.

③ 바른말이란 증득한 바를 잘 따라서 문답으로 결정하고 선택하여, 다른 이로 하여금 소견이 청정함을 믿도록 만들어 주기 때문이다.

④ 바른 업이란 몸의 동정에 바른 행이 두루 넉넉하여, 다른 이

로 하여금 계율이 청정함을 믿도록 만들어 주기 때문이다.

⑤ 바른 삶이란 여법하게 법문을 구하여 성인의 종성에 의지하여 안주하면서 5가지 삿된 삶을 여의어, 다른 이로 하여금 삶이 청정함을 믿도록 만들어 주기 때문이다.

⑥ 바른 정진이란 번뇌의 장애를 깨끗이 하는 공덕이다. 이로 인하여 일체의 속박을 영원히 끊어주기 때문이다.

⑦ 바른 생각이란 수번뇌의 장애를 청정하게 해주는 공덕이다. 바른 동정의 양상을 잊지 않음으로 인하여, 흐리멍덩한 마음과 들뜬 마음 등을 영원히 용납하지 않기 때문이다.

⑧ 바른 선정이란 가장 뛰어난 공덕의 장애를 청정하게 해주는 공덕이다. 이로 인하여 신통 등의 한량없는 훌륭한 공덕을 이끌어 내주기 때문이다.

만약 위와 같이 분별하여 가르침 등을 주면 바로 팔정도 공덕의 결과이다.

그러나 팔정도 가운데 바른말, 바른 업, 바른 삶 3가지는 '계의 무더기[戒蘊]'에 속하고,

바른 생각, 바른 선정은 '선정의 무더기[定蘊]'에 속하고,

나머지 바른 소견, 바른 삶, 바른 정진 3가지는 '지혜의 무더기[慧蘊]'에 속한다.

선정과 지혜는 크게 보면 여러 품과 같지만, 갈수록 더욱 뛰어날 뿐이다.

계는 앞에서는 일찍이 없었고, 7각지는 비록 선정이 함께한

律儀가 있지만 나타난 양상이 없어 은미하고, 여기에서 말한 '바른 행'이기에 새로 내세운 것이다. 이는 지위에 붙여 말한 것이다.

【초_ 이는 유가사지론에서 말한 뜻이다. 계율, 선정, 지혜 3가지의 유로 팔정도를 포괄한 것이다.

여기에는 2가지가 있다.

① 바로 계정혜 三學으로 포괄하였다.

② '定慧大同' 이하는 같은 것을 상대로 차이점을 구별하였다. 차이점은 오직 계에 있기 때문이다.

유가사지론에서 말하였다.

"어떤 사람이 물었다.

'무엇 때문에 이를 성인이 사랑했던 계율[聖所愛戒]이라 말하는가?'

모든 성인은 어질고 선량하며, 바르게 잘 알고 오랫동안 사랑하고 좋아하여 흠모하고 기뻐하면서도, '나는 언제쯤이나 모든 말의 악행, 모든 몸의 악행, 모든 삿된 생활 등을 짓지 않는 계율을 얻을 수 있을까?'라고 생각한다. 성자는 오랫동안 계율에 대하여 깊은 마음으로 사랑하고 좋아하여 흠모하고 기뻐함으로 인하여 이를 얻었을 적에 '성인이 사랑했던 계율[聖所愛戒]'이라고 말한다. '성인이 사랑했던 계율'을 얻은 뒤에는 마침내 바르게 알고서 망언을 하지 않는다."

이에 대해 다음과 같이 해석하였다.

이는 새로 세운 뜻이다.】

若依此經 離世間品인댄 八正은 是菩薩道니 '一者正見'은 遠離邪見이오 乃至'第八正定'은 善巧方便이니 於一三昧에 出生菩薩不可思議法인 一切三昧라하니 則與前說로 旨趣懸殊니라【鈔_ 若依此下는 顯權實이니 由上所明이 皆約寄位일새 故示本經의 眞實之義어니와 今文에 畧擧니 具云인댄 '隨順菩提하야 修八聖道 是菩薩道니

所謂正見道는 遠離一切諸邪見故오

起正思惟는 捨妄分別하고 心常隨順一切智故오

常行正語는 離語四過하야 順聖言故오

恒修正業은 敎化衆生하야 令調伏故오

安住正命은 頭陀知足이며 威儀審正하야 隨順菩提하야 行四聖種하고 一切過失을 皆永離故오

起正精進은 勤修一切菩薩苦行하야 入佛十力無罣礙故오

心常正念은 悉能憶持一切言音하야 除滅世間散動心故오

心常正定은 善入菩薩不思議解脫門하야 於一三昧中에 出入一切諸三昧故라하니라

釋曰 據此文證인댄 豈不深玄가】

만일 본 화엄경의 제38 이세간품에 의하면, 팔정도는 보살의 도이다.

'① 바른 소견'이란 삿된 소견을 멀리 여윔이며, 내지 '⑧ 바른 선정'은 뛰어난 방편이다. 하나의 삼매에서 보살의 불가사의한 일체 삼매를 낸다고 하였다.

556

이는 앞에서 말한 바와는 그 뜻이 전혀 다른 것이다. 【초_ '若依此經' 이하는 權敎와 實敎를 밝혔다. 위에서 밝힌 바는 모두 지위에 붙여 말한 까닭에 화엄경의 진실한 뜻을 보였지만, 여기의 청량소에서는 간추려 말한 것이다.

이를 구체적으로 말하면, 다음과 같다.

"보리를 따라서 8가지 성인의 도를 닦는 것이 보살의 도이다.

이른바 바른 소견이란 일체 삿된 소견을 멀리 여의기 때문이며,

바른 생각을 일으킴은 망상의 분별을 버리고, 마음이 항상 일체 지혜를 따르기 때문이며,

항상 바른말을 행함은 말하는 데에 4가지 악업[妄語, 兩舌, 惡口, 綺語]을 여의고 성인의 말을 따르기 때문이며,

언제나 바른 업을 닦음은 중생을 교화하여 조복받기 때문이며,

바른 삶에 안주함은 두타행으로 만족함을 알고 위의를 살펴 바르게 지니며, 보리를 따라서 4가지 성인이 되는 종자[四聖種: 범 catvāra ārya-vaṃśāḥ. 衣服, 飮食, 臥具喜足聖種, 樂斷樂修聖種]를 행하고 일체 허물을 모두 영원히 여의기 때문이며,

바른 정진을 일으킴은 일체 보살의 고행을 부지런히 닦아서 부처님의 10가지 힘에 들어가는 데에 걸림이 없기 때문이며,

마음에 항상 바른 생각을 함은 일체 언어와 음성을 기억하여 세간의 산란한 마음을 없애기 때문이며,

마음에 항상 바른 선정을 함은 보살의 불가사의한 해탈법문에 잘 들어가, 하나의 삼매 속에서 일체 모든 삼매에 들어가고 나오기

때문이다."

이에 대한 해석은 다음과 같다.

위의 문장에 근거하여 증명하면 어찌 심오하고도 현묘하지 않겠는가.】

上之七類를 總以喩顯하면 法性은 如大地요 念處는 如種子요 正勤은 爲種植이요 神足은 如抽芽요 五根은 如生根이요 五力은 如莖葉이 增長이요 開七覺華하야 結八正果니라【鈔_ 婆沙·智論에 皆有此文이나 竝皆以樹況於道品하니 故名道樹라하니라】

위의 7가지를 총괄하여 비유로 밝히면 법성은 대지와 같고, 4념처는 종자와 같고, 4정근은 종자를 뿌림과 같고, 4신족은 싹을 틔움과 같고, 5근은 뿌리 내림과 같고, 5력은 줄기와 잎이 자라나는 것과 같고, 7각지의 꽃을 피워 8정도의 열매를 맺는 것이다.【초_ 비바사지론과 지도론에 모두 이 문장이 있으나, 모두 나무로 37가지 助道品을 비유하였다. 이 때문에 '도의 나무[道樹]'라 하였다.】

第二 護小乘行

2) 소승을 막는 행

菩薩이 修行如是功德은
爲不捨一切衆生故며

本願所持故며

大悲爲首故며

大慈成就故며

思念一切智智故며

成就莊嚴佛土故며

成就如來力無所畏와 不共佛法과 相好音聲이 悉具足故며

求於上上殊勝道故며

隨順所聞甚深佛解脫故며

思惟大智善巧方便故니라

  보살이 이와 같은 공덕을 수행한 것은

  일체중생을 버리지 않으려는 때문이며,

  본래의 서원을 지니려는 때문이며,

  대비의 마음을 으뜸으로 삼은 때문이며,

  대자의 마음을 성취하려는 때문이며,

  일체 지혜의 지혜를 생각한 때문이며,

  장엄 불국토를 성취하려는 때문이며,

  여래의 힘, 두려움 없는 마음, 그 누구도 함께할 수 없는 불법, 거룩하신 모습과 음성을 성취함이 모두 두루 넉넉하고자 한 때문이며,

  위의 위에 수승한 도를 구하려는 때문이며,

  들었던 매우 심오한 부처님의 해탈을 따르려는 때문이며,

큰 지혜와 뛰어난 방편을 생각하려는 때문이다.

● 疏 ●

小乘行中에 十句니 初는 總이오 餘는 別이라

總中에 如是功德은 指前道品이오 爲不捨衆生은 正明護義니 不同二乘之獨善故니라

別中에 具有悲智하야 已出於小은 況以此導前가

九句爲四니 一은 始오 二는 益이오 三은 希오 四는 行이니 前三은 護小心이오 後一은 護小行이라

'一始'者는 大願이 爲起行之本故오

二는 慈悲益物이니 上二는 護狹心이라

三은 思念種智 爲希니 此護小也라

'四行'中에 有五句하니

前四는 自利니

初二는 求果라 一은 修淨土行하야 求佛依報오 二는 修起佛法行하야 求佛十力等正報之法이며

後二는 求因이니 三은 求彼地方便無厭足行이니 謂五와 六과 七地라 故云上上勝道니라 四는 修入不退轉地行이니 卽八地已上에 覺法自性하야 順佛解脫也라

後一은 利他니 卽敎化衆生行을 必須善巧니라

소승의 행을 막는 부분은 10구이다.

제1구는 총상이며, 나머지 9구는 별상이다.

총상 부분의 '이와 같은 공덕[如是功德]'이란 앞의 助道品을 가리키며, '중생을 버리지 않기 위함'이란 바로 소승의 행을 막는 뜻을 밝힌 것이다. 이승의 獨善과 같지 않기 때문이다.

별상의 9구는 大悲와 大智를 갖춰 이미 소승보다 뛰어난데, 하물며 이로써 앞서 인도함이야 오죽하겠는가.

9구는 4부분으로 나뉜다. (1)시작, (2)이익, (3)희망, (4)실행이다.

앞의 3가지는 '소승의 마음'을 막고, 뒤의 하나는 '소승의 행'을 막음이다.

'(1) 시작'이란 큰 서원이 행을 일으키는 근본이기 때문이다.

(2) 자비로 중생에게 이익을 베풂이다.

위의 시작과 자비는 소승의 좁은 마음을 막음이다.

(3) 일체종지를 생각하고 기억함으로 희망을 삼는다. 이는 '소승의 마음'을 막음이다.

(4) 실행 부분은 5구이다.

앞의 4구는 자리행이다. 그 가운데 앞의 2구는 과보를 구함이다.

첫 구절[成就莊嚴佛土]은 정토의 행을 닦아 부처님의 依報를 구함이며,

둘째 구절[成就如來力·無所畏·不共佛法·相好·音聲悉具足]은 수행으로 불법의 행을 닦아서 부처님의 십력 등 正報의 법을 구함이다.

뒤의 2구는 因行을 구함이다.

셋째 구절[求於上上殊勝道]은 그 지위의 방편으로 싫증내지 않는 행을 구함이다. 제5 난승지, 제6 현전지, 제7 원행지를 말한다. 그러

므로 '위의 위에 수승한 도'라고 말하였다.

넷째 구절[隨順所聞甚深佛解脫]은 물러서지 않는 지위의 행을 닦는 것이다. 이는 8지 이상에서 법의 자성을 깨달아 부처님의 해탈을 따르는 것이다.

뒤의 한 구절[思惟大智善巧方便]은 이타행이다. 중생을 교화하는 행을 반드시 뛰어난 방편으로 따르는 것이다.

大文第四는 彼果分中에 卽攝無盡行이니 離障成德하야 窮盡生界하야 爲利樂故라
果有二種하니 一은 離障果니 從護煩惱生이오 二는 成德果니 從護小乘生이라
前中에 又二니 一은 煩惱染生遠離果니 此離惑障이오 二는 業染生遠離果니 此離業障이라
皆言生者는 煩惱染等이 猶如生食이니 今是寄位出世之首일세 能離彼生이라
今初는 離惑이라

4. 그 결과 부분

이 가운데 십행품 제4 無盡行을 포괄하고 있다. 장애를 여의고 공덕을 성취하여 중생계가 다하도록 이익과 즐거움이 되기 때문이다.

결과에는 2가지가 있다.

1) 장애를 여읜 결과이다. 번뇌를 막아낸 데에서 생겨난 것이다.

2) 공덕을 성취한 결과이다. 소승을 막아낸 데에서 생겨난 것이다.

'1) 장애를 여읜 결과' 부분은 또다시 2부분으로 나뉜다.

⑴ 번뇌의 오염을 멀리 여읜 데서 '생겨난' 결과이다. 이는 번뇌의 장애를 여읨이다.

⑵ 업의 오염을 멀리 여읜 데서 '생겨난' 결과이다. 이는 업의 장애를 여읨이다.

모두에 '생겨난'이라고 말한 것은 번뇌의 오염과 업의 오염은 마치 '선밥[生食]'과 같다. 이를 지위에 붙여보면 세간을 벗어난 첫머리이기에, 세간의 그런 것을 벗어난 데서 생겨났음을 말한다.

이는 '⑴ 번뇌의 오염을 여읨'이다.

經

佛子여 菩薩이 住此焰慧地에 所有身見爲首하야 我人衆生壽命과 蘊界處의 所起執著出沒과 思惟와 觀察과 治故와 我所故와 財物故와 著處故인 於如是等에 一切皆離니라

불자여! 보살이 이 염혜지에 머물 적에, '나의 몸이라는 소견[身見: satkāya-dṛṣṭi]'을 가장 먼저 버려야 한다.

'나'라는 집착의 소견,

'남'이라는 집착의 소견,

중생이라는 집착의 소견,

오래 산다는 집착의 소견,

그리고 5온[色·受·想·行·識]·18계[六根·六塵·六識]·12처[六根·六塵]에서 일으키는 집착으로,

선정에서 나와야 한다는 소견,

선정에서 없애야 한다는 소견,

잘못 깊이 생각한 데서 일으키는 소견,

어떤 것은 좋은 것이고 잘 알릴 수 있을까를 관찰하는 소견,

자주 관찰하여 다스려야 한다는 소견,

'나의 것'이라 하는 소견,

나의 재물이라 하는 소견,

법과 선정이라는 곳에 안주하려는 소견,

이런 모든 소견을 일체 모두 여의어야 하는 것이다.

● 疏 ●

先은 擧所離요 後'於如是'下는 結成能離라
就所離中에 '所起執著出沒'은 是此總相이요 餘皆是別이라
總中에 執著은 是前地中의 解法慢也라 論云 '我知大知'者는 我知는 謂執我能知요 大知는 謂執所知大法이라
出沒者는 是前地中의 正受慢也라 出者는 三昧起義故니 謂修起彼定이요 沒者는 三昧滅義故니 謂定所除라 今計我能修此定하니 此定이 卽我所修故라 論云 '我修我所修'라하니 已釋總句니라

別有五種하니 一은 本이오 二는 起오 三은 行이오 四는 護오 五는 過라
本은 卽所有身見으로 至蘊界處히 於中에 身見爲總이오 我等爲別이라 別中에 我人等四는 爲人我慢이오 蘊界處三은 是法我慢이라 而云本者는 有二義故니 一은 以此我로 爲解法·正受 二慢之本이오 二者는 身見이 復爲二我와 及六十二見之本이니 有此差別이니라 此中身見은 若約實位하야 準唯識論컨대 此地에 斷第六識中의 俱生身見과 及所起過하니 由得出世道品治故라 以分別起者는 初地斷故라 是以로 瑜伽에 名爲微細薩迦耶見이라하니라

若約寄位하야 準仁王經인댄 四地를 名須陀洹位니 以寄出世之首故라 則亦得斷分別身見이니라

二.思惟者는 明起니 謂不正思惟하야 而起慢故라

三은 觀察者는 明行이니 謂心行緣中에 多觀所得인 若法若定하야 求覓勝相하야 令他知故니라

四 '治故'下 三句는 明護治者니 數數觀察하야 修治所見이오 我所者는 起於我想하야 取彼勝相하야 屬我已故라 財物者는 如畜財者의 受用護持故라 以上三事는 防護自己所得이니라【鈔_ 以上三事者는 三事는 卽一治故오 二는 我所故오 三은 財物故라 自己有所得은 卽前執著出沒인 法定兩慢이니 此爲所護라 總用三句하야 釋論護字니라】

앞에서는 여읠 대상을 들어 말했고, 뒤의 '於如是等' 이하는 여의는 주체를 끝맺었다.

여읠 대상 부분에서 말한 '일으킨 집착과 나오고 빠짐'이란 총

565

상이며, 나머지는 모두 별상이다.

총상 구절에서 말한 집착은 앞의 제3 발광지에서 말한 '법을 알았다는 아만[解法慢]'이다. 논에서 말한 '我知·大知'의 我知는 내가 잘 안다고 집착함을 말하고, 大知는 큰 법을 알고 있다고 집착함을 말한다.

'나오고 빠짐[出沒]'이란 앞의 제3 발광지에서 말한 '正受[等至]의 거만함'이다.

出이란 삼매에서 일어난다는 뜻이다. 선정에서 일어남을 닦음이다.

沒이란 삼매가 사라졌다는 뜻이다. 선정으로 제거할 대상을 말한다.

여기에서는 내가 이런 선정을 잘 닦았다고 생각하는 것이다. 이런 선정은 곧 내가 닦아야 할 대상이기 때문이다. 논에서는 "내가 닦아야 할 대상을 내가 닦는다."고 하였다. 이상은 총상 구절을 해석한 것이다.

별상에는 5가지가 있다.

① 집착 소견의 근본,

② 아만을 일으킴,

③ 관찰의 행,

④ 다스려서 막음,

⑤ 잘못된 곳이다.

'① 집착 소견의 근본'이란 그가 가지고 있는 '나의 몸이라는 소견'으로부터 5온, 18계, 12처에 이르기까지, 그 가운데 '나의 몸이라는 소견'이 총상이고, 我見 등은 별상이다.

별상 가운데 我見, 人見, 衆生見, 壽命見은 '사람에 대한 아만[人我慢]'이고,

5온·18계·12처 3가지[蘊界處]는 '법에 대한 아만[法我慢]'이다.

그러나 근본이라 말한 데는 2가지 뜻이 있기 때문이다.

㉠ 이런 '나'라는 것으로써 법을 안다는 것, 삼매에 있다는 2가지 아만의 근본이 되며,

㉡ 身見이 다시 '인아만'·'법아만' 및 62見의 근본이 된다. 이런 차이점이 있다.

이 가운데 身見은 실제 지위에 가지고서 유식론에 준하면, 제4 염혜지에서는 제6식 가운데 俱生身見과 거기에서 일으키는 잘못을 끊는 것이다. 출세간의 道品을 얻어 다스렸기 때문이다. 분별심으로 일어나는 번뇌는 초지에서 끊었기 때문이다. 이 때문에 유가사지론에서는 '미세한 薩迦耶見[移轉身見]'이라 말하였다.

만일 지위에 붙여 말한 것으로 인왕경에 준하면, 제4 발광지를 '初果, 즉 見惑을 끊은 성자가 얻은 須陀洹果[srota-āpanna]'라 칭하였다. 출세간에 의탁한 맨 먼저인 까닭이다. 또한 분별로 일어난 身見을 단절한다는 뜻이다.

② '思惟'는 아만의 일으킴을 밝힘이다. 바르지 못한 생각으로 아만을 일으키기 때문이다.

③ '觀察'은 행함을 밝힘이다. 마음의 반연 가운데 얻은 법이나

선정을 많이 관찰하여 뛰어난 모양을 찾아서, 다른 이들이 이를 알아주도록 만드는 것이다.

④ '治故' 이하 3구[治故, 我所故, 財物故]는 막아내고 다스릴 부분을 밝힘이다.

'다스림[治故]'이란 자주자주 관찰함을 통해 소견을 닦아 다스리는 것이며,

'나의 것[我所故]'이란 '나'라는 생각을 일으켜 그 뛰어난 모양을 취하여 자기 자신에게 붙여보기 때문이며,

'재물[財物故]'이란 재산 모으는 이가 수용하고 보호하고 지키는 것과 같기 때문이다.

이상의 3가지 일은 자신이 얻은 바를 잃지 않고 보호하려는 집착이다. 【초_ '以上三事'라는 3가지 일이란 ㉠ 다스리기 때문이며, ㉡ '나의 것'이라는 생각 때문이며, ㉢ 재물 때문이다.

자기가 얻은 것은 곧 앞에서 '집착으로, 선정에서 나오는 것과 선정에서 없애야 할 것'인 '법'과 '선정'에 대한 2가지 아만심이다. 이는 막아야 할 대상이다. 총체로 3구를 인용하여 논에서 말한 '護'자를 해석하였다.】

五는 著處者는 明過니 謂心堅安處法定二事故라
五中에 前三은 起慢方便이오 後二는 隨助慢心이라
上總及顯相은 正是所起니라
後는 結離中에 由得道品正助方便하야 無不離也니라

⑤ 집착하는 곳[著處]이란 허물을 밝힘이다. 마음으로 굳건히

'법'과 '선정' 2가지 일에 안주, 집착하기 때문이다.

이처럼 5가지 가운데, 앞의 3가지[本, 起, 行]는 거만을 일으키는 방편이요, 뒤의 2가지[護, 過]는 아만을 따라 돕는 마음이다.

위의 총상 '所起執著出沒'과 5가지 양상[本, 起, 行, 護, 過]은 바로 아만을 일으키는 대상이고,

뒤 '於如是等 이하'의 '번뇌의 미혹을 여의는 주체를 끝맺은' 부분에서는 37가지 보리분법의 正法과 보조 방법의 방편을 얻음으로 인하여, 번뇌를 여의지 않은 게 없다.

第二,明離業染
(2) 업의 오염 여윔을 밝히다

經

此菩薩이 若見業이 是如來所訶오 煩惱所染인댄 皆悉捨離하며
若見業이 是順菩薩道오 如來所讚인댄 皆悉修行이니라

이 보살이 만약 악업이란 여래께서 꾸중하신 대상이고, 번뇌에 물든 업임을 보았다면, 모두 다 버리고 여의어야 한다.

만약 선업이란 보살의 도를 따르는 것이고, 여래께서 찬탄하신 대상임을 보았다면, 모두 다 닦고 행해야 한다.

● *疏* ●

上修道品에 正離煩惱니 煩惱旣去에 業已隨亡이니 亡不善業而
修善業이라 文中에 先은 亡惡이오 後는 進善이라
惡有二義일새 故不應作이니
一은 佛所不讚者는 尊敬佛故로 不爲오
二는 煩惱染者는 畏惡名故로 不作이니 惡名은 則違利生道故라
進善에 有二義는 反此可知니라
又不作煩惱所染은 異凡夫業이오 作順菩薩道業은 則異二乘이니라

위에서 보리분법을 닦을 적에 바로 번뇌를 여의었다. 번뇌가 사라지자, 업도 따라서 사라졌다. 선하지 않은 업을 없애고 선한 업을 닦는 것이다.

경문의 앞부분은 악업을 없애고, 뒤는 선업으로 나아감이다.

악업에는 2가지 뜻이 있기에 짓지 않아야 한다.

① '부처님께서 찬탄하지 않은 대상'이란 부처님을 존경하는 까닭에 악업을 짓지 않는다.

② '번뇌에 오염된 것'이란 악독하고 흉악한 이름이나 소문을 두려워하는 까닭에 악업을 짓지 않는다. 악명은 중생의 이익에 어긋나는 도이기 때문이다.

선업으로 나아가는 데에 2가지 뜻이 있다. 이는 악업과 반대이니, 이는 말하지 않아도 알 수 있다.

또한 '번뇌에 오염된 바를 짓지 않는다.'는 것은 범부의 업과 다른 것이며, 보살의 도를 따라 선업을 짓는 것은 이승과 다른 부분

이다.

第二 成德果

中에 有四하니

一은 於勝功德에 生增上心欲果오

二는 彼說法尊中에 起報恩心果오

三은 彼方便行中에 發勤精進果오

四는 彼增上欲의 本心界滿足果라

此之四果는 前三은 從前生이오 後一은 復從此三果生이라

前中에 初二는 護小心果오 後一은 護小行果라

前中에 初果者는 由本欲上求下救하야 今更爲物轉轉上求니 故云增上이라

今은 初라

2) 공덕을 성취한 결과

이는 4단락이다.

⑴ 뛰어난 공덕에 대해 더욱 뛰어난 마음의 욕구를 일으킨 결과,

⑵ 그 설법하는 어른의 은혜에 보답하려는 마음을 일으킨 결과,

⑶ 그 방편의 행 가운데 부지런히 정진을 일으킨 결과,

⑷ 그 뛰어난 욕구의 근본 마음의 경계를 만족시킨 결과.

이런 4가지 결과에서 앞의 3가지는 이전부터 생겨난 것이며, 뒤의 하나는 다시 이 3가지 결과에서 생겨난 것이다.

앞의 3가지 가운데 앞 2가지[增上心欲界, 起報恩心果]는 소승의 마음을 막아낸 결과이며, 뒤의 하나[發勤精進果]는 소승의 행을 막아낸 결과이다.

앞의 첫째 '生增上心欲果'는 본래 위로 보리를 구하고 아래로 중생을 구제하려는 마음으로 인하여, 여기에서 다시 중생을 위해 더욱더 위로 구하는 것이기에 '增上'이라 말하였다.

이는 '(1) 뛰어난 마음의 욕구를 일으킨 결과'이다.

經
佛子여 此菩薩이 隨所起方便慧하야 修集於道와 及助道分하야
如是而得潤澤心과 柔軟心과 調順心과 利益安樂心과 無雜染心과 求上上勝法心과 求殊勝智慧心과 救一切世間心과 恭敬尊德無違敎命心과 隨所聞法皆善修行心이니라

불자여! 이 보살이 일으킨 방편의 지혜를 따라서 도와 도를 돕는 부분을 닦고 쌓아가면서,

이와 같은 수행으로 윤택한 마음,

부드럽고 따뜻한 마음,

고르고 유순한 마음,

이익과 안락의 마음,

잡되고 물듦이 없는 마음,

최상에 최상의 뛰어난 법을 구하는 마음,

뛰어난 지혜를 구하는 마음,

일체 세간 중생을 구제하려는 마음,

높은 덕을 지닌 분을 공경하고 가르침과 말씀을 어기지 않는 마음,

들은 법을 따라서 모두 잘 수행하려는 마음을 얻었다.

● 疏 ●

文中에 二니 初는 牒前修因이오 後如是而得下는 顯所得果라
今初는 卽牒前護小乘中總句也라
'隨所起方便慧'者는 牒前不捨一切衆生故니 不捨衆生而修道品이니 是有方便은 則道品慧解라
'修習於道及助道'者는 卽前修習如是功德也니 道는 卽四地證智오 助道는 卽菩提分法이니라【鈔_ 今初에 牒前者는 總句니 經云 '菩薩이 修行如是功德이 爲不捨一切衆生故'니 疏文에 具引經文配釋이니라】

이의 경문은 2부분이다.

① 앞의 수행 원인을 이어 말하였고,

② '如是而得' 이하는 얻은 결과를 밝혔다.

'① 앞의 수행 원인을 이어 말한' 부분은 앞의 '소승을 막는 행 가운데 총상 구절'을 이어서 말하였다.

"일으킨 방편의 지혜를 따라서"라고 말한 것은 앞의 '일체중생

을 버리지 않기 때문이다.'는 구절을 이어서 말하였다. 중생을 버리지 않고 보리분법을 닦음이다. 이러한 방편은 보리분법을 지혜로 이해한 부분이다.

　"도와 도를 돕는 부분을 닦고 쌓아간다."는 것은 앞의 '이와 같은 공덕을 닦고 익힌다.'는 말이다. 道는 제4 염혜지에서 증득한 지혜이고, 助道는 보리분법이다. 【초_ 이의 첫 부분에서 '앞의 경문을 이어왔다.'는 것은 총상 구절이다. 경문에서 "보살이 이와 같은 공덕을 수행함은 일체중생을 버리지 않기 위함이다."고 하였다. 청량소에서는 경문을 구체적으로 인용하여 경문과 짝지어 해석하였다.】

'二 顯所得果'는 有十句하니 初는 總이오 餘는 別이라

總云 潤澤者는 深欲愛敬故니 謂由修二道하야 自有所潤으로 深欲敬上이오 由爲物修하야 潤及含生하야 深欲愛下라

別中九句는 釋彼潤澤이라 有三種勝하니

一 柔軟心者는 明樂行勝이니 謂證法適神故오

二 調順者는 調和善順이니 緣中無礙 是三昧自在勝이라

上二는 是行體오 三 利益下 七句는 明離過對治勝이니 此是行用이라

於中에 初句는 總이니 利他無過故로 利益이오 自利無過故로 安樂이라 下六句는 隨過別顯이니 若不寄對하면 難顯性淨之德이라 六句는 卽離六過라 經中에 皆是能治니

一 無雜染心은 治爲利於貪過와 及爲名妬心過오

二는 治少欲功德過오

三은 治不求勝智過니 上三은 皆自利라

四는 治懈怠不攝衆生過니라

上四는 皆離於行生過요 後二는 離於敎生過니

謂五는 治自見取不遵勝敎過요

六은 治捨爲首不隨說行過라 如說修行하야 於聞思中에 最爲其首라 今捨彼首 所以爲過니라

又上救生은 卽前悲果요 求殊勝智는 卽上求果니라【鈔_ 二治少欲者는 謂不欲布施頭陀等이니 今求上上勝法治之라 三治不求者는 上은 不求功德이요 此는 不求智慧니 此二는 治不攝善이라 初一은 治不離惡이니 則惡止善行이 總爲自利라 四는 卽利他니 則離自利利他二行之過라 亦是自分이라 後二는 亦勝進이니 前解後行이라 五治自見取者는 執取自見하야 以爲勝故니라】

'② 얻은 결과를 밝힘'은 10구이다.

첫 구절[潤澤心]은 총상이고, 나머지 9구는 별상이다.

총상에서 말한 '윤택한 마음'은 깊이 사랑하고 공경하기 위함이다. 自利利他 2가지의 도를 닦아 자신의 윤택한 바로 인하여, 깊이 윗사람을 공경하고자 하고, 중생을 위해 수행함으로 인하여 윤택함이 모든 중생에게 미치어 아랫사람을 깊이 사랑하고자 위함이다.

별상의 9구는 그 윤택함에 대한 해석이다. 여기에는 3가지 뛰어남이 있다.

제1구, '부드럽고 따뜻한 마음[柔軟心]'이란 좋아하는 수행이 뛰

어남을 밝혔다. 이는 법을 증득하여 마음이 즐겁기 때문이다.

제2구, '고르고 유순한 마음[調順心]'이란 조화롭고 착하고 순종함이다. 반연한 가운데 걸림이 없음이 삼매의 자재한 뛰어남이다.

위의 2가지 마음은 수행의 본체이고,

제3구, '利益安樂心' 이하 7구는 허물을 여의고 다스림이 뛰어남을 밝혔다. 이는 수행의 작용이다.

7구 가운데 첫 구절[利益安樂心]은 총상이다. 이타행에 허물이 없기에 '이익'이라 하고, 자리행에 허물이 없기에 '안락'이라 한다.

아래의 6구는 허물을 따라 개별로 밝혔다. 상대로 짝지어 보지 않으면 체성이 청정한 공덕을 밝히기 어렵다. 6구는 6가지 허물을 여읨이다. 경문에서는 모두 다스리는 주체로 말하였다.

첫째, 제4구의 '잡되고 물듦이 없는 마음[無雜染心]'은 탐내는 허물과 명예를 위해 질투하는 마음의 허물을 다스려서 이익을 얻고자 함이다.

둘째, 제5구[求上上勝法心]는 적게 원하는 공덕의 허물을 다스림이며,

셋째, 제6구[求殊勝智慧心]는 뛰어난 지혜를 구하지 않는 허물을 다스림이다.

위의 3가지 마음은 모두 자리행이다.

넷째, 제7구[救一切世間心]는 게을러서 중생을 받아들이지 않는 허물을 다스림이다.

위의 4가지 마음은 모두 수행 중에서 생겨난 허물을 여읨이며,

뒤의 2가지 마음은 가르침 중에서 생겨난 허물을 여읨이다.

다섯째, 제8구[恭敬尊德無違教命心]는 자신의 소견에 집착하여 뛰어난 가르침을 따르지 않는 허물을 다스림이며,

여섯째, 제9구[隨所聞法皆善修行心]는 우두머리가 됨을 포기하여 설법한 대로 수행하지 않는 허물을 다스림이다. 설법한 대로 수행하여, 聞慧와 思慧 가운데 가장 우두머리가 되어야 한다. 여기에서는 그 우두머리가 됨을 버렸기 때문에 허물이 되는 것이다.

또한 위에서 말한 중생을 구제함은 앞의 大悲의 결과이고, 뛰어난 지혜를 구함은 위로 보리를 구한 결과이다. 【초_"둘째, 제5구의 적게 원하는 공덕의 허물"이란 보시와 두타행 등을 원하지 않음을 말한다. 여기에서 최상에 최상의 뛰어난 법으로 이를 다스리는 것이다.

"셋째, 제6구의 뛰어난 지혜를 구하지 않는 허물을 다스린다."는 것은 위의 제5구에서는 공덕을 구하지 않음이며, 여기서는 지혜를 구하지 않음이다. 이 2가지는 선한 법을 받아들이지 않음을 다스린 것이다. 첫째 하나는 악업을 여의지 않음을 다스림이다. 악업이 멈춰지고 선업을 행하는 것은 모두 自利行이다.

넷째, 제7구[救一切世間心]는 利他行이다. 자리행과 이타행의 허물을 여읨이다. 이 또한 자신의 본분이다.

뒤의 2가지 마음[恭敬尊德無違教命心, 隨所聞法皆善修行心]은 또한 잘 닦아나감이다. 앞[無違教命心]은 이해의 지혜[解]이고, 뒤[皆善修行心]는 실천의 수행[行]이다.

"다섯째, 제8구의 자신의 소견에 대한 집착을 다스린다."는 것은 자신의 소견에 집착하여 뛰어난 것으로 잘못 생각한 때문이다.】

___

第二 說法尊中에 起報恩心果니 謂前地中에 從佛聞法일세 是說法尊이오 今起傳法修行之心일세 則爲以報諸佛恩也라 上은 希求種智由知佛有恩故오 今思報 亦上求果니라

(2) 설법하는 어른의 은혜에 보답하려는 마음을 일으킨 결과

앞의 제3 발광지에서 부처님으로부터 법문을 들었다. 이는 설법하신 존귀한 분이다. 여기서는 법을 전하고 수행하려는 마음을 일으킴이다. 이는 부처님의 은혜에 보답하기 위함이다.

위의 제3 발광지는 一切種智를 희망하고 구함이 부처님의 은혜가 있음을 아는 데서 연유한 때문이며, 여기에서 은혜의 보답을 생각함 또한 위로 과덕을 구함이다.

經

此菩薩이 知恩하며 知報恩하며 心極和善하며 同住安樂하며 質直하며 柔軟하며 無稠林行하며 無有我慢하며 善受敎誨하며 得說者意하나니
此菩薩이 如是忍成就하며 如是調柔成就하며 如是寂滅成就니라

이 보살이

은혜를 알고,

은혜에 보답할 줄 알며,

마음이 지극히 화평하고 착하며,

함께 머물면서 안락함을 주고,

질박하고 곧으며,

부드럽고 따뜻하며,

빽빽한 숲처럼 감추는 행이 없으며,

'나'라는 교만이 없고,

가르침을 잘 받으며,

설법한 이의 뜻을 얻는다.

이 보살이 이처럼 참는 일을 성취하고,

이처럼 조련과 부드러움을 성취하며,

이처럼 고요함을 성취하였다.

◉ 疏 ◉

文中에 先은 別明이오 後는 總結이라
今初는 十句니 初는 總이오 餘는 別이라
總云知恩者는 謂若隨順師教하야 行報恩行은 方是知恩故니라
別中에 彼行有九種이어늘 類攝爲七이니
一 知報恩者는 依尊하야 起報恩心이니 尊卽是佛이라 此爲恩主일세
故偏名報恩이라 二 有二句는 依同法하야 起報恩心이니 此明順同
行善友意라【鈔_ '二有二句'者는 卽心極和善과 同住安樂이니 和

善은 自行이오 同住는 不擾於人일세 故共爲同法起報恩이라 此明隨順者는 以爲同行으로 起和順故니라 同行이 卽受善友之敎니 故於善友에 成報恩行이니라 】

경문의 앞부분은 개별로 밝혔고, 뒤는 총괄하여 끝맺었다.

이의 앞부분은 10구이다.

첫 구절은 총상이고, 나머지 9구는 별상이다.

총상 구절에서 "은혜를 안다."고 말한 것은 스승의 가르침을 따라서 은혜에 보답하는 행위를 실천함이란 바야흐로 은혜를 알기 때문이다.

별상의 부분에 그 행위는 9가지인데, 유별로 정리하면 7가지이다.

① "은혜에 보답할 줄 안다."는 것은 존귀한 분의 은혜에 보답하려는 마음을 일으킴이다. 존귀한 분이란 부처님이다. 부처님은 은혜를 입혀주는 주인이기에, 유독 "은혜에 보답할 줄 안다."고 말하였다.

② 2구[心極和善,同住安樂]는 같은 가르침에 의지하여 은혜에 보답하려는 마음을 일으킴이다. 이는 같은 도반의 뜻을 따름을 밝혔다. 【초_ '② 2구절'은 '마음이 지극히 화평함'과 '함께 머물면서 안락함을 줌'이다. '마음이 화평함'은 자신의 행한 바이고, '함께 머물면서'는 남들을 귀찮게 하지 않기에, 이를 모두 "같은 가르침에 의지하여 은혜에 보답하려는 마음을 일으킴"이라 말하였다.

여기에서 따른다[隨順]고 밝힌 것은 같은 도반으로 화평하고 따르는 마음을 일으켰기 때문이다. 같은 도반이 바로 선지식 도반의 가르침을 받아들인 것이다. 이 때문에 선지식의 도반에 의하여 은혜를 갚으려는 행을 성취한 것이다.】

三 '質直·柔軟' 二句는 依法起行이니 謂隨順受敎하야 不違師命일세 故云質直이오 發修行事하야 逢苦能忍일세 故云柔軟이오【鈔_ 依法起行者는 依師受法하야 造緣修行일세 名依法行이라 順師受敎하야 知之言知하고 不知를 言不知일세 故名爲直이라 以石投水에 水能受石인달하야 心能受境이 如水柔軟이니라】

③ '質直'과 '柔軟' 2구는 법에 의하여 행을 일으킴이다.

받은 가르침에 따라서 스승의 말을 어기지 않음으로 '질직'이라 말하고,

수행의 일을 일으켜 고통을 만나면 잘 참아내기 때문에 '유연'이라 말한다.【초_ "법에 의하여 행을 일으킨다."는 것은 스승에게 받은 가르침의 법을 따라서 수행의 인연을 짓기에 '법에 의하여 행한다.'고 하였다.

스승에게 받은 가르침을 따라서 아는 것을 안다고 말하고, 모르는 것을 모른다고 말하기에 '정직'하다고 말하였다.

돌을 물에 던지면 물이 돌을 받아들이는 것처럼, 마음이 경계를 잘 받아들이는 것이 물처럼 '유연'함을 말한다.】

四 無稠林行者는 依受用衣食하야 於施主所에 自過不覆故오【鈔_ '無稠林'一句에 云'無諂曲心'이라하고 論釋云 '不妄說己德'이라하니 經以稠林으로 含於諂曲이어늘 疏以不覆는 亦含自誇이니라】

④ "빽빽한 숲처럼 감추는 행이 없다."는 것은 수용한 의복과 음식에 의지하여 시주의 처소에서 자신의 허물을 감추지 않기 때문이다.【초_ '無稠林' 1구에 대해 "아첨하거나 바르지 못한 마음이 없다." 하였고, 논의 해석에서는 "거짓으로 자신의 공덕을 말하지 않는다."고 하였다. 경문에서 말한 '빽빽한 숲'이란 아첨하거나 바르지 못하다는 뜻을 포함하고 있다. 청량소에서 "자신의 허물을 감추지 않는다."고 말한 것은 또한 스스로 속인다는 뜻도 포함하고 있다.】

五는 雖實有德이나 而不高慢이오
六은 善受敎誨하야 得師言詮이오
七은 於敎不倒하야 得師意旨라
上七品中에 初二는 依人이오 次三은 依行이오 後二는 依敎니 所依가 雖異나 皆同報恩이니라【鈔_ '初二依人'下는 通相收束이어니와 約經인댄 初有三句하니 一句는 於師오 二句는 於友라 次三依行은 經有四句하니 前二는 成德이오 後二는 離過라 後二依敎니 一은 領敎오 二는 得旨니라】

⑤ [無有我慢], 실제로 덕을 지녔음에도 잘난 체하지 않음이며,

⑥ [善受敎誨], 가르침을 잘 받아들여서 스승의 말한 이치를 얻음이며,

⑦ [得說者意], 가르침을 전도되지 않게 스승의 뜻을 받드는 것이다.

위의 7가지 가운데,

① 知報恩과 ② 心極和善,同住安樂 2구는 사람에 의지함이며,

다음 ③ 質直과 柔軟 2구와 ④ 無稠林行, ⑤ 無有我慢 3가지는 행에 의지함이며,

뒤의 ⑥ 善受教誨와 ⑦ 得說者意 2가지는 가르침에 의지함이다.

의지한 바가 비록 다르지만 모두가 은혜에 보답함이다.【초_ '初二依人' 이하는 전체 양상을 통틀어 묶은 것이지만, 경문으로 말하면 첫째 3구 가운데 한 구절은 스승에 관한 내용이고, 2구절은 도반에 관한 내용이다.

"다음 3가지는 행에 의지함"은 경문에서는 4구절이다. 앞의 2구는 공덕의 성취이고, 뒤의 2구는 허물을 여읨이다.

"뒤의 2가지는 가르침에 의지함"은 첫 구절은 가르침을 받음이며, 둘째 구절은 종지를 얻음이다.】

二는 總結이니 謂十句 不出此三이니 忍은 卽心極和善同住安樂이오 調柔는 卽質直柔軟이오 寂滅은 卽通結餘句니라【鈔_ 寂滅等者는 無覆無慢과 受教得旨 皆寂滅義라 此依古釋하야 直順經文이어니와 若準論經인댄 三句가 小異라】

뒤는 총괄하여 끝맺음이다.

10구는 이 3가지에서 벗어나지 않는다.

'忍의 성취'란 '마음이 지극히 화평하고 착함'과 '함께 머물면서 안락함을 줌'이며,

'調柔의 성취'란 '질박하고 곧음'과 '부드럽고 따뜻함'이며,

'寂滅의 성취'란 나머지 구절을 통틀어 끝맺음이다.【초_ 고요

함 등은 덮음이 없고 거만함이 없음과 교법을 받아들이고 종지를 얻음이 모두 고요함의 이치이다. 이것은 예전의 해석에 의지하여 곧바로 경문에 따른 것이지만, 만일 논경에 준하면 3구절이 조금 다르다.】

第三 發勤精進果
謂行二利行하야 勤無怠故라 於前不捨衆生護小行中에 修勤故로 名이니 方便行中에 正是無盡行相이라【鈔_ '謂行二利'下는 釋此果名이오 '於前不捨'下는 辨所生處오 '正是無盡行相'者는 以今經文으로 釋成第四無盡行相이라】

(3) 부지런히 정진을 일으킨 결과

자리이타행을 실천하여 게으름 없이 부지런하기 때문이다. 앞의 '중생을 버리지 않고 소승의 잘못을 막은 행' 가운데 부지런히 수행한 까닭에 붙여진 이름이다. 방편의 행 가운데 바로 제4 無盡行의 양상이다.【초_ '謂行二利' 이하는 결과의 명칭을 해석하였다.

'於前不捨' 이하는 결과가 생겨난 곳을 밝혔다.

"바로 제4 무진행의 양상이다."는 것은 십행품의 제4 무진행의 양상을 해석한 것이다.】

經
如是忍調柔寂滅成就하야 淨治後地業하야 作意修行時에 得不休息精進과 不雜染精進과 不退轉精進과 廣大精進

과 **無邊精進**과 **熾然精進**과 **無等等精進**과 **無能壞精進**과 **成就一切衆生精進**과 **善分別道非道精進**이니라

이처럼 인욕의 성취, 조련과 부드러움의 성취, 고요함의 성취로 다음 제5 난승지의 업을 청정히 다스려서 전일한 마음으로 수행할 적에,

쉼이 없는 정진,

섞이고 물들지 않는 정진,

물러서지 않는 정진,

광대한 정진,

끝이 없는 정진,

치성한 정진,

그 누구와도 같을 이 없는 정진,

무너뜨릴 수 없는 정진,

일체중생을 성취하는 정진,

도와 도 아닌 것을 잘 분별하는 정진을 얻는다.

◉ 疏 ◉

文中에 二니 先은 牒其得時오 後 得不休下는 正顯이라

於中에 十句니 初는 總이오 餘는 別이라

別有九種不休息義하니

一은 不雜染者는 彼精進行平等流注故라 雜染者는 共懈怠하고 共染故니 染則著而太過오 懈則墮而不及이라 若琴絃之急緩어니와

585

若不過不怠 爲平等流니라

二는 不退自乘이니 上二는 自利라

三은 起廣念利他之心이오

四는 爲無邊衆生하야 作利益願하야 起攝取行이니 上二는 利他오 上皆自分이오【鈔_ '若琴絃'者는 此是如來 教富樓那니 彼是大富長者之子라 足不履地러니 出家之後에 精勤修道하야 足下血流어늘 佛問호되 汝曾鼓琴耶아 答云 曾鼓니이다 絃緩 如何오 答云 不鳴이니라 絃急 如何오 答云 則絶이니이다 當如何可오 答云 不緩不急이니이다 佛誨之言하사대 修道亦爾라하니라】

경문은 2단락이다.

앞은 그 얻은 시기를 뒤이어서 말했고,

뒤의 '得不休' 이하는 정진의 양상을 바로 밝혔다. 이는 10구이다.

첫 구절[不休息精進]은 총상이고, 나머지 9구는 별상이다.

별상은 9가지 쉼이 없는 정진의 뜻을 밝혔다.

① "섞이고 물들지 않는다[不雜染精進]."는 것은 그 정진하는 행이 평등하게 흘러 들어가기 때문이다. '섞이고 물든다.'는 것은 게으름과 함께하고, 물듦과 함께하기 때문이다. 물들면 집착이 너무 지나치고, 게으름이란 타락하여 미치지 못함이다. 이는 마치 거문고 줄이 긴박하거나 느슨함과 같지만, 지나치지도 않고 게으르지도 않음이 평등한 흐름이다.

② [不退轉精進], 자신의 가르침에서 물러나지 않는다.

위의 2가지는 자리행이다.

③ [廣大精進], 널리 이타행을 생각하는 마음을 일으킴이다.

④ [無邊精進], 그지없는 중생을 위해 이익을 베풀려는 서원을 세워서 일체중생을 받아들이는 행을 일으킴이다.

위의 2가지는 이타행이다.

위의 4가지는 모두 자신의 본분이다. 【초_ '若琴絃'이란 부처님께서 부루나에게 가르치신 고사이다.

부루나는 대부호 장자의 아들이었다. 맨발로 땅바닥을 밟아본 적이 없었는데, 출가한 뒤에 부지런히 도를 닦다가 발바닥에서 피가 흘렀다.

부처님께서 물으셨다.

"네가 일찍이 거문고를 켜본 적이 있느냐?"

"켜보았습니다."

"거문고 줄이 느슨하면 어떠하더냐?"

"소리가 나지 않습니다."

"줄이 탱탱하면 어떠하더냐?"

"바로 끊어집니다."

"그럼 어찌해야 하겠느냐?"

"느슨하지도 탱탱하지도 않아야 합니다."

부처님께서 가르쳐 말씀하셨다.

"도를 닦는 것도 그와 같다."】

下四는 勝進이라

謂五'熾然'者는 常志順行이 猶如熾火 上進叵減이라 論經에 名光明이니 兼照他地라하니라

六은 修習過餘오

七은 魔惑莫壞니 上三은 自利라

八은 攝取衆生이니 卽是利他니라

上八은 皆行이오 後一은 是解니 謂九는 自斷疑惑이니 決是非故니라 能伏他言이 如無畏故니 若能具此면 爲正修習이라【鈔 九自斷疑'者는 卽善分別道非道라 言'如無畏'者는 謂如四無畏言이니 是出苦道니라 若有難言호되 若言聖道 能出苦者인댄 何故로 阿羅漢이 有瘡疾等고 佛於此難에 正見無由하사 心無怯畏하사 善爲決斷이니라 】

아래 4구는 잘 닦아나감이다.

⑤ '치성한 정진[熾然精進]'이란 언제나 순종하여 행하려는 마음이 거센 불길이 타올라 불길을 잡을 수 없는 것과 같다. 논경에서는 이를 '광명'이라 말하니, 남들까지 모두 비춰주는 지위이다.

⑥ [無等等精進], 닦아 익힘이 지나치게 넉넉함이며,

⑦ [無能壞精進], 마군이 유혹해도 무너지지 않음이다.

위의 3가지는 자리행이다.

⑧ [成就一切衆生精進], 중생을 받아들임이니, 이타행이다.

위의 8구는 모두 실천의 수행이며, 뒤의 한 구절은 이해의 지혜이다.

⑨ [善分別道非道精進], 스스로 의혹을 끊음이니, 옳고 그름을 결

정한 때문이다. 남을 항복시키는 말이 두려운 마음이 없음과 같다. 만약 이를 갖추면 바르게 닦고 익힘이라 할 것이다.【초_"⑨ 스스로 의혹을 끊는다."는 것은 '도'인지 도가 아닌지를 잘 분별함이다.

"두려운 마음이 없음과 같다."고 말한 것은 '4가지 두려움 없음[四無畏]'을 말하니, 고통에서 벗어난 도이다.

어떤 사람이 따져 물었다.

"만약 성인의 도가 고통에서 벗어나게 할 수 있다면, 무슨 까닭에 아라한이 부스럼 따위의 질병이 있는가?"

부처님께서 이런 논란에 이유가 없음을 바르게 보고서 두려워하는 마음 없이 잘 결단하였다.】

第四 彼增上欲本心界滿足果

菩提分心이 是本心界라 正念眞如하야 修上道品일새 故云滿足이니 由精進故라 瑜伽四十八에 躡前精進後하야 卽云 '由此因緣하야 所有意樂와 增上意樂와 勝解界性이 皆得圓滿이라'하니라 故知此果는 從前二果生이니 謂意樂은 卽第一果오 增上意樂은 卽第二果오 勝解界性은 卽此心界니 謂第三精進하야 令前二果增長일새 故云滿足이니라

(4) 그 뛰어난 욕구의 근본 마음의 경계를 만족시킨 결과

보리분법의 마음이 근본 마음의 경계이다. 바르게 진여를 생각하여 위의 보리분법을 닦음으로 '만족'이라고 말한다. 이는 정진으

589

로 연유한 때문이다.

유가사지론 권48에서, 앞서 말한 '정진'을 뒤이어서 말하였다.

"이런 정진의 인연으로 말미암아 소유한 意樂, 뛰어난 의요, 훌륭한 이해의 경계 성품[勝解界性]이 모두 원만하게 된다."

그러므로 이런 결과는 앞의 2가지 결과에 의해 생겨남을 알 수 있다.

意樂는 (1)의 결과[增上心欲界]이며,

뛰어난 의요는 (2)의 결과[起報恩心果]이며,

훌륭한 이해의 경계 성품은 곧 (4)의 이 마음[增上欲本心]의 경계이다.

(3) 發勤精進으로 인하여 앞의 2가지 결과를 더욱 키워주는 까닭에 '만족'이라고 말하였다.

經

是菩薩이 **心界清淨**하며 **深心不失**하며 **悟解明利**하며 **善根增長**하며 **離世垢濁**하며 **斷諸疑惑**하며 **明斷具足**하며 **喜樂充滿**하며 **佛親護念**하며 **無量志樂**을 **皆悉成就**니라

이 보살이 마음의 경계가 청정하고,

깊은 마음을 잃지 아니하며,

깨달아 아는 것이 명쾌하고,

선근이 더욱 커나가며,

세간의 혼탁을 여의고,

모든 의혹을 끊었으며,

밝게 판단함이 두루 넉넉하고,

기쁨이 충만하며,

부처님이 가호와 염려가 있고,

한량없이 좋은 뜻을 모두 성취하는 것이다.

◉ 疏 ◉

文中十句니 初는 總이오 餘는 別이라

別有九種하니

一 '深心不失'者는 彼道品心을 修行增益故라 此一은 自分이오 下皆勝進이라

二는 於五地已上勝上證中에 明鑑決斷故오

三은 卽彼上證因이니 謂對治善根으로 治行過前일새 故云增長이라

四는 除滅所治煩惱障垢오

五는 斷除此地中秘密疑事니 卽是智障이라 微細法慢이 爲秘密疑事니 由無攝受면 則能除之니 上二는 除內障이라

六은 觸境明斷이오

七은 依勝樂行하야 三昧適神이오

八은 上依佛力하야 化衆生故라

九는 論云 依現無量三昧心智障淸淨故라하니 此除定中智障이라 若直就經文인댄 總顯本願이 皆得成就니라

경문은 10구이다.

첫 구절[心界淸淨]은 총상이고, 나머지 9구는 별상이다.

별상은 9가지이다.

① "깊은 마음을 잃지 않는다."는 것은 보리분법의 마음을 수행으로 더욱 이익되게 하였기 때문이다.

이 하나는 자신의 본분도리이고, 아래는 모두 잘 닦아나가는 경계이다.

② [悟解明利], 제5 난승지 이상의 뛰어나고 높은 증득의 가운데 밝게 비추어 결단한 때문이다.

③ [善根增長], 그 뛰어나고 높은 증득의 원인이다. 선근을 다스리는 수행이 이전보다 나으므로 '증장'이라고 말하였다.

④ [離世垢濁], 다스릴 대상인 번뇌장의 허물을 없애는 것이다.

⑤ [斷諸疑惑], 제4 염혜지 가운데 비밀스럽고 의심되는 일들을 결단하여 없애는 것이다. 이는 지혜의 장애이다. 미세하게 법에 대한 아만이 '비밀스럽고 의심되는 일'이다. '아집 등 속박이 없는 無攝受眞如'를 따르면 바로 이를 없앨 수 있다.

위의 ④ 離世垢濁과 ⑤ 斷諸疑惑 2가지는 모두 내면 마음의 장애를 없애는 것이다.

⑥ [明斷具足], 모든 경계를 분명하게 판단함이다.

⑦ [喜樂充滿], 뛰어나게 즐거운 행에 의지하여 삼매로 마음이 기쁨이다.

⑧ [佛親護念], 위로 부처님의 위신력에 의지하여 중생을 교화하기 때문이다.

⑨ [無量志樂 皆悉成就], 논에서는 "한량없는 삼매의 마음으로 지혜의 장애가 청정함을 나타낸 데에 의지한다."고 하였다. 이는 선정 중의 지혜 장애를 없애는 것이다. 만약 직접 경문으로 말하면 본래의 서원이 모두 성취됨을 총괄하여 밝힌 것이다.

第二 位果
中에 亦三이니 初는 調柔라

[2] 제4 염혜지의 과덕을 밝히다
이 또한 3단락이다.
1. 조련과 부드러움의 결과

經

佛子여 菩薩이 住此焰慧地에 以願力故로 得見多佛하나니 所謂見多百佛하며 見多千佛하며 見多百千佛하며 乃至見多百千億那由他佛하야

불자여! 보살이 이 염혜지에 머물 적에 서원의 힘으로 많은 부처님을 친견하는 것이다.

이른바 수많은 1백 부처님을, 수많은 1천 부처님을, 수많은 백천 부처님을, 내지 수많은 백천 억 나유타 부처님을 친견하여,

◉ 疏 ◉

調柔中에 四니 一은 調柔行이오 二'如摩尼'下는 明敎智淨이오 三'此菩薩'下는 別地行相이오 四'佛子'下는 總結地相이라

初中三이니 一은 練行緣이오 以見多佛爲練行之緣也라

조련과 부드러움은 4부분이다.

(1) 조련과 부드러움의 행,

(2) '如摩尼' 이하는 가르침의 지혜 청정,

(3) '此菩薩' 이하는 제4지 행상의 구분,

(4) '佛子' 이하는 4지의 행상을 총괄하여 끝맺음이다.

'(1) 조련과 부드러움의 행'은 다시 3부분으로 나뉜다.

① 행을 연마하는 인연이다. 수많은 부처님을 친견함으로써 행을 연마하는 반연을 삼는 것이다.

經

皆恭敬尊重하고 承事供養하야 衣服臥具와 飮食湯藥과 一切資生을 悉以奉施하며 亦以供養一切衆僧하야 以此善根으로 皆悉廻向阿耨多羅三藐三菩提하며 於彼佛所에 恭敬聽法하고 聞已受持하야 具足修行하며 復於彼諸佛法中에 出家修道하며 又更修治하야 深心信解하야 經無量百千億那由他劫토록 令諸善根으로 轉更明淨하나니라 佛子여 譬如金師 鍊治眞金하야 作莊嚴具에 餘所有金이

皆不能及인달하야 **菩薩摩訶薩**도 **亦復如是**하야 **住於此地所有善根**을 **下地善根**의 **所不能及**이며

　모두 공경하고 존중하고 받들어 섬기고 공양하며, 의복·좌보·음식·탕약, 그리고 일체 살림살이를 모두 받들어 이바지하며, 또한 일체 모든 스님에게 공양하여, 이런 선근으로 아뇩다라삼먁삼보리에 회향하며,

　부처님이 계신 도량에서 공경하는 마음으로 법을 듣고서 받아 지니며, 두루 넉넉히 수행하며, 다시 부처님의 법으로 출가하여 도를 닦으며,

　또다시 닦고 다스려서 깊은 마음으로 믿고 이해하여, 한량없는 백천 억 나유타 겁이 다하도록 모든 선근을 갈수록 더욱 밝고 청정하게 한다.

　불자여! 이는 마치 금을 부리는 이가 진금을 잘 연마하여 장엄 거리를 만들 적에 다른 금들은 모두 여기에 미치지 못하는 것처럼, 보살마하살 또한 그와 같다.

　이 염혜지에 머물면서 닦은 선근은 아래 지위의 선근으로서는 도저히 미칠 수 없다.

● 疏 ●

二는 明能練行이라
一은 供佛行이오 二 以此下는 廻向行이오 三 於彼下는 聽法行이라
於中에 先은 在家오 後 復於下는 出家라 然登地已上에 具十法界

身하니 若出若在에 何適不可리오 然隨義隱顯하야 有無前却이니 以
前三地는 寄同世間하야 還依世法이라 初·二는 人王일세 故有오 三
地는 天王일세 故無오 四地已上은 寄出世之首일세 故重明有호되 表
心出家라 故於調柔行中에 明之니라
欲順天無出家인댄 不於攝報中辨이라 六地已上은 表證法平等하
야 無出無在일세 故皆無出家니라【鈔_ '四地已上'者는 旣爲出世일
세 不依世間法也니라 言'已上'者는 兼五地故로 上明有無니라 表心
出家는 前却이라 何以前二는 在攝報中하고 此在調柔之中고 故云
表心出家는 於行中說이니라 】

② 연마 주체의 행을 밝혔다.

첫째 [皆恭敬尊重… 亦以供養一切衆僧], 부처님께 공양하는 복된 수행,

둘째, '以此善根' 이하는 회향의 수행,

셋째, '於彼佛所' 이하는 법문을 듣는 수행이다.

그 가운데 앞은 재가자의 수행이고, 뒤의 '復於彼諸佛法' 이하는 출가자의 수행이다.

그러나 십지에 오른 이상에서는 10가지 법계의 몸을 갖추고 있다. 따라서 출가이든 재가이든 그 어느 곳을 갈지라도 안 될 곳이 있겠는가. 그러나 이치에 따라서 숨기기도 하고 드러내기도 하여, 있기도 하고 없기도 하고 앞으로 가기도 하고 뒤로 물러서기도 한다.

앞의 환희지, 이구지, 발광지 3지는 세간과 함께하면서 도리어

세간법을 의지하고 있다. 제1 환희지와 제2 이구지는 인간 세계의 왕이기에 있고, 제3 발광지는 天王이기에 없고, 제4 염혜지 이상은 출세간에 의탁한 첫머리이기에 거듭 있다고 밝혔지만 마음은 출가로 나타난다. 이 때문에 '조련과 부드러움의 행'에서 이를 밝힌 것이다.

출가가 없는 천상을 따르고자 한다면 '보답으로 거둔 결과'에서 논변할 수 없다. 제6 현전지 이상은 증득한 법이 평등하여 출가도 없고 재가도 없음을 나타낸 까닭에 모두 출가가 없다. 【초_"제4 염혜지 이상"이란 이미 출세간이기에 세간법을 따르지 않는다.

제4 염혜지 '이상'이라 말한 것은 제5 난승지를 겸하기 때문에 위에서 출가의 유무를 밝힌 것이다.

'表心出家'는 앞으로 나가기도 하고 뒤로 물러서기도 함이다.

"어찌하여 앞의 2가지는 보답으로 거둔 결과에 있고, 이는 '조련과 부드러움의 결과' 속에 있는가?"

이 때문에 "마음은 출가로 나타난다."고 말한 것은 행법 중에서 말하였다.】

三 又更修下는 明所鍊淨中에 有法·喩·合하니 金莊嚴具者는 以三地阿含金으로 現作此四地證智嚴具故라 餘所有金者는 卽未作嚴具之金이니라

③ '又更修治' 이하는 연마 대상의 청정함을 밝힌 가운데 법과 비유와 종합이 있다. 황금 장엄거리는 제3 발광지의 阿含 황금으로써 제4 염혜지에서 증득한 지혜의 장엄거리로 만드는 것을 밝힌

때문이다. 나머지 다른 황금이란 장엄거리를 만들기 이전의 황금이다.

經

如摩尼寶淸淨光輪이 能放光明에 非諸餘寶之所能及이라 風雨等緣이 悉不能壞인달하야
菩薩摩訶薩도 亦復如是하야 住於此地에 下地菩薩이 所不能及이라 衆魔煩惱 悉不能壞니라

마니보배의 청정한 광명 바퀴에서 쏟아내는 찬란한 광명은 나머지 다른 보배로서는 도저히 따라갈 수 없고, 폭풍우 등의 인연으로도 그 광명을 깨뜨릴 수 없는 것처럼, 보살마하살 또한 그와 같다.

이 염혜지에 머물 적에 아래 지위의 보살들은 도저히 따라올 수 없고, 수많은 마군과 번뇌로도 무너뜨릴 수 없다.

◉ 疏 ◉

二는 敎智淨者는 以此地에 成就證淨하야 從體起用故로 偏有此文이라 前은 以敎成證일세 故喩金爲嚴具어니와 今은 從證起敎일세 故喩摩尼放光이라

摩尼寶珠는 卽證智體라 無垢를 名淨이오 寂照를 名光이오 圓滿을 名輪이니 具上三義일세 故稱證智라 言能放光明은 卽放阿含光也니 謂以此證智로 證入無量敎法門義故라 故能照光明은 卽是證智오 所照敎法은 以爲智處니 證能普照하야 示現於敎일세 得敎光

名이오 依證起餤일새 故地名餤慧라【鈔_ 卽放阿含光者는 此地之中에 道品行德이 從教修起일새 故名阿含이라 又道品智로 能知教法을 亦名阿含이라 又此道品差別行德을 可以言顯일새 亦名阿含이라 卽證體上에 有阿含起를 名示現也니라】

'(2) 가르침의 지혜 청정'은 이 염혜지에서 증득한 지혜의 청정함을 성취하여, 본체에서 작용을 일으킨 까닭에 유독 이 문장에만 이를 쓴 것이다.

앞의 제3 발광지에서는 가르침으로 증득한 지혜를 성취하였기에 황금 장엄거리로 비유했지만, 염혜지는 증득한 지혜에서 가르침을 일으켰기에 마니주의 방광으로 비유한 것이다.

마니주는 증득한 지혜의 본체이다. 번뇌가 없음을 '청정'이라 하고, 空寂의 본체와 관조의 작용을 '광명'이라 하고, 원만함을 '바퀴[輪]'라 한다. 위의 3가지 의의를 갖췄기에 '증득의 지혜'라 말한다.

'광명을 쏟는다.'고 말한 것은 아함의 광명을 쏟아냄이다. 이러한 증득의 지혜로 한량없는 가르침의 법문 이치에 증득하여 들어갔기 때문이다. 그러므로 비춰주는 주체의 광명은 곧 증득한 지혜이고, 비치는 대상인 가르침의 법문은 지혜의 의지처이다. 증득한 지혜로 널리 비추어서 가르침을 보여주기에 '가르침의 광명'이라는 이름을 얻었고, 증득한 지혜에 의하여 불꽃을 일으켰기에 이 지위의 이름을 '불꽃같은 지혜'라 하였다.【초_"아함의 광명을 쏟아냄"이라 말한 것은 이 지위에서 보리분법을 수행한 공덕이 가르침을 따라서 수행이 일어났기에 이를 '아함'이라 말하였다.

또한 보리분법의 지혜로 가르침의 법을 아는 것 또한 '아함'이라 한다.

또한 이런 보리분법과 다르게 수행한 공덕을 말로써 밝힐 수 있기에 또한 '아함'이라 말한다.

바로 증득한 지혜의 본체에서 아함이 일어남을 '示現'이라 말한다.】

'非餘寶'下는 對前顯勝이오 風等不壞는 對他彰堅이니라【鈔_ '風等不壞'者는 經云 '風雨等緣이 所不能壞라하니 不似火光이 風飄雨濕에 皆能滅無라 今風吹不斷하고 雨洗還明이니라 而云等者는 餘光不奪이니 不似星月을 日光이 映故라 合中에 下地不及은 卽合上餘寶不及이오 魔合上風이오 煩惱는 合雨니라】

'非諸餘寶' 이하는 앞의 지위를 상대로 보다 뛰어남을 밝혔고, '폭풍우 등이 깨뜨릴 수 없다.'는 것은 다른 지위를 상대로 보다 견고함을 밝힌 것이다.【초_ "폭풍우 등이 깨뜨릴 수 없다."는 것은 경문에서 "폭풍우 등의 인연으로도 그 광명을 깨뜨릴 수 없다."고 하였다. 여느 불빛이란 바람에 날리거나 비에 젖으면 그 빛이 모두 사라지는 것과는 다르다. 이 마니주의 광명은 바람이 불어도 흔들리지 않고 비에 씻기면 더욱더 밝다. 그러나 '等'이라 말한 것은 그 나머지 다른 광명이 마니주의 광명을 빼앗지 못함을 말한다. 별과 달의 광명을 햇빛이 비춰주는 것과 다르기 때문이다.

종합 부분에서 "아래 지위의 보살들은 도저히 따라올 수 없다."고 말한 것은 위의 "다른 보배로서는 도저히 따라갈 수 없다."는 대

목에 종합한 것이며, 마군은 위의 '바람'에, 번뇌는 위의 '비'에 종합한 것이다.】

經

此菩薩이 **於四攝中**엔 **同事 偏多**하고 **十波羅蜜中**엔 **精進**이 **偏多**하며 **餘非不修**로대 **但隨力隨分**이니라
佛子여 **是名略說菩薩摩訶薩**의 **第四焰慧地**니라

이 보살이 4가지 포섭하는 법 가운데 유달리 '일을 함께하는' 부분이 많고, 십바라밀다 가운데 유달리 '정진바라밀다' 부분이 많다. 나머지 부분을 닦지 않음은 아니지만 자신의 힘을 따르고 자신의 분수를 따를 뿐이다.

불자여! 이를 보살마하살의 제4 염혜지를 간추려 말한 것이라 한다.

◉ 疏 ◉

三은 別地行相이오
四는 佛子'下는 總結地相이라【鈔_別地行中에 不捨衆生하고 修道品故로 同事偏多니라】

　　(3) 제4지 행상의 구분,
　　(4) '佛子' 이하는 4지의 행상을 총괄하여 끝맺음이다.【초_ '제4지의 행상을 구분'한 부분에는 중생을 버리지 않고 보리분법을 수행하는 까닭에 유달리 同事攝 부분이 많다.】

二 攝報果
  2. 보답으로 거둔 결과

經
菩薩이 住此地에 多作須夜摩天王하야 以善方便으로 能除衆生의 身見等惑하야 令住正見하며 布施愛語利行同事하나니
如是一切諸所作業이 皆不離念佛하며 不離念法하며 不離念僧하며 乃至不離念具足一切種과 一切智智니라

　보살이 이 염혜지에 머물 적에 흔히 수야마천의 천왕이 되어, 좋은 방편으로써 중생의 신견 등의 의혹을 없애어 바른 소견에 머물게 하며, 보시하고 사랑스러운 말을 하고 이익되는 행을 하고 일을 함께하도록 하였다.
　이처럼 일체 모든 일들이 모두 부처님을 생각하고 법을 생각하고 스님을 생각한 데서 떠난 적이 없으며, 내지 일체 가지가지 지혜와 일체 지혜의 지혜를 두루 원만히 하려는 생각에서 떠난 적이 없다.

● 疏 ●
攝報果中에 破衆生身見者는 自破微細見故라 餘는 例前知니라
　'2. 보답으로 거둔 결과' 부분에서 '중생들의 몸이란 소견'을 타

파한 것은 스스로 미세한 소견을 타파한 때문이다. 나머지는 앞과 전례로 미뤄보면 알 수 있다.

經

復作是念호되 我當於一切衆生中에 爲首며 爲勝이며 爲殊勝이며 爲妙며 爲微妙며 爲上이며 爲無上이며 乃至爲一切智智依止者라하나니

是菩薩이 若發勤精進하면 於一念頃에 得入億數三昧하야 得見億數佛하고 得知億數佛神力하야 能動億數世界하며 乃至能示現億數身에 一一身이 億數菩薩로 以爲眷屬이니라

또 이런 생각을 하였다.

'나는 당연히 일체중생 가운데,

머리가 되고 나은 이가 되고 아주 나은 이가 되며,

묘한 이가 되고 미묘한 이가 되며,

위가 되고 위없는 이가 되며,

내지 일체 지혜의 지혜에 의지한 자가 될 것이다.'

이 보살이 만약 부지런히 정진하면 한 생각의 찰나에

1억 수효의 삼매에 들어가 1억 수효의 부처님을 친견하고,

1억 수효의 부처님 신통력을 알고,

1억 수효의 부처님 세계를 진동하며,

내지 1억 수효의 몸을 나타내고,

하나하나의 몸마다 1억 수효의 보살로 권속을 삼을 것이다.

三 願智果
3. 서원과 지혜의 결과

> **經**

若以菩薩殊勝願力으로 **自在示現**인댄 **過於此數**하야 **百劫千劫**과 **乃至百千億那由他劫**에도 **不能數知**니라

만약 보살의 훌륭한 원력으로 자재하게 나타내면, 이런 수효보다 훨씬 뛰어나 백 겁 천 겁 내지 백천 억 나유타 겁에도 이를 헤아려 알 수 없을 것이다."

第三 重頌
제3. 금강장보살의 게송

> **經**

爾時에 **金剛藏菩薩**이 **欲重宣其義**하사 **而說頌言**하사대

그때, 금강장보살이 그 뜻을 다시 말하고자 게송으로 말하였다.

菩薩已淨第三地에　　**次觀衆生世法界**와

空界識界及三界하야　　心解悉了能趣入이로다

　　보살이 앞서 제3 발광지를 닦고

　　다음으로 중생계, 세계, 모든 법계

　　허공계, 식계 및 삼계를 살펴보고

　　마음으로 모두 이해하고 그 자리에 들어갔노라

● 疏 ●

有十七頌을 分三이니 初十二頌은 頌位行이오 次四는 頌位果오 後一은 顯名結說이라

前中四니 初一은 頌增長因分이라

　　17수 게송은 3단락으로 나뉜다.

　　⑴ 12수 게송은 제4 염혜지의 행상을 읊었고,

　　⑵ 4수 게송은 제4 염혜지의 과덕을 읊었으며,

　　⑶ 1수 게송은 제4 염혜지의 명제를 밝혀 설법을 끝맺었다.

　　'⑴ 12수 게송'은 다시 4부분으로 나뉜다.

　　첫째, 1수 게송은 增長의 원인 부분을 읊었다.

經

始登焰地增勢力하야　　生如來家永不退하며
於佛法僧信不壞하야　　觀法無常無有起하며

　　염혜지에 처음 올라 힘이 더욱 커져서

　　여래 가문에 태어나 길이 물러서지 않고

삼보를 믿는 마음 무너지지 않아

법이 무상하고 일어나지도 않는 것을 살펴보며

觀世成壞業有生과　　**生死涅槃刹等業**하며
觀前後際亦觀盡하야　　**如是修行生佛家**로다

세간의 성괴는 중생의 업으로 일어남과

생사, 열반, 국토 등의 업을 살펴보며

과거와 미래 또한 모두 다함을 살펴보면서

이처럼 수행하여 여래 집에 태어나노라

● 疏 ●

次二는 頌淸淨分이라

'(1) 12수 게송' 가운데, 둘째 2수 게송은 청정 부분을 읊었다.

經

得是法已增慈愍하야　　**轉更勤修四念處**호되
身受心法內外觀하야　　**世間貪愛皆除遣**이로다

이러한 법 얻어 자비심 더하여

사념처 더욱 부지런히 닦되

부정한 몸, 받는 고통, 무상한 마음, 무아의 법을 안팎으로 살펴

세간의 탐욕과 애정 모두 없애노라

菩薩修治四勤行하야　　惡法除滅善增長하며
神足根力悉善修하며　　七覺八道亦如是로다

　　보살이 4가지 정근 닦아
　　악법은 사라지고 선업이 증장하며
　　사신족, 오근, 오력 모두 닦으며
　　칠각분, 팔정도 또한 그처럼 닦노라

● 疏 ●

三은 有四頌은 頌修行增長分이라
於中에 初二는 頌護煩惱요

　'(1) 12수 게송' 가운데, 셋째 4수 게송은 수행의 증장 부분을 읊었다.
　이의 앞의 2수 게송은 번뇌를 막는 수행을 읊었다.

經

爲度衆生修彼行에　　本願所護慈悲首라
求一切智及佛土하며　　亦念如來十種力과

　　중생을 제도코자 행을 닦으며
　　원력으로 보호하고 자비가 으뜸
　　일체 지혜, 불국토를 모두 구하며
　　여래의 열 가지 힘 생각하노라

四無所畏不共法과　　殊特相好深美音하며
亦求妙道解脫處와　　及大方便修行彼로다

　두려움 없는 힘과 함께할 수 없는 법과

　남다른 몸매, 미묘한 음성

　묘한 도와 해탈과

　큰 방편을 얻고자 그러한 행을 닦노라

◉ 疏 ◉

後二는 頌護小乘이라

　4수 게송 가운데, 뒤의 2수 게송은 소승을 막는 수행을 읊었다.

經

身見爲首六十二와　　我及我所無量種과
蘊界處等諸取着을　　此四地中一切離로다

　신견을 첫머리로 한 62견과

　'나'와 '나의 것'이라는 한량없는 집착

　5온, 18계, 12처의 모든 집착을

　염혜지에서 일체 모두 여의노라

如來所訶煩惱行을　　以無義利皆除斷하고
智者修行淸淨業을　　爲度衆生無不作이로다

　여래가 꾸짖으신 번뇌행이여

이익이 없으므로 모두 끊고
선지식이 수행한 청정한 업을
중생 제도 위해 모두 짓노라

菩薩勤修不懈怠에 　　**卽得十心皆具足**하고
專求佛道無厭倦하야 　　**志期受職度衆生**이로다

보살이 부지런히 행을 닦아 게으르지 않으면
열 가지 마음 얻어 모두 구족하고
오롯한 마음 싫음 없이 부처님 도 구하여
법왕의 직책 받아 중생 제도 다짐하네

恭敬尊德修行法하야 　　**知恩易誨無慍暴**하며
捨慢離諂心調柔하야 　　**轉更精勤不退轉**이로다

존귀하신 분의 수행법을 공경하여
은혜 알고 쉽게 가르쳐 성내거나 포학함 없고
교만과 아첨 버리고 마음이 유순하여
부지런히 행을 닦아 물러서지 않노라

菩薩住此焰慧地에 　　**其心淸淨永不失**하며
悟解決定善增長하야 　　**疑網垢濁悉皆離**로다

보살이 염혜지에 머물 적에
청정한 그 마음 길이 잃지 않고

깨달음으로 결정하고 선업이 증장하여

의혹과 더러운 때 모두 여의노라

● 疏 ●

四는 有五頌은 頌修行增長果라

'(1) 12수 게송' 가운데, 넷째 5수 게송은 수행 증장의 결과를 읊었다.

經

此地菩薩人中勝이라　　供那由他無量佛하고
聽聞正法亦出家하니　　不可沮壞如眞金이로다

　　염혜지 보살, 인간 중에 가장 뛰어난 분

　　나유타 한량없는 부처님 공양하고

　　바른 법문 듣고 출가하니

　　무너뜨릴 수 없음이 진금과 같다

菩薩住此具功德하며　　以智方便修行道하니
不爲衆魔心退轉이　　　譬如妙寶無能壞로다

　　보살이 염혜지 머물 적에 공덕 구족하고

　　지혜 방편으로 도를 닦으니

　　마군에게 마음 물러서지 않음이

　　파괴할 수 없는 미묘한 보배와 같다

住此多作焰天王하야 　　於法自在衆所尊이라
普化群生除惡見하고 　　專求佛智修善業이로다

　　염혜지 보살, 흔히 수야마천왕 되어

　　모든 법에 자재하여 대중의 존중 받아

　　중생의 나쁜 소견 없애주고

　　오롯한 마음으로 부처님 지혜 구해 선업 닦노라

菩薩勤加精進力에 　　獲三昧等皆億數어니와
若以願智力所爲인댄 　　過於此數無能知로다

　　보살이 가행정진 힘으로

　　삼매 얻어 1억 수효 부처님 친견하지만

　　서원과 지혜 힘으로 할 수 있는 건

　　이 수효보다 훨씬 더해 알 수 없어라

如是菩薩第四地의 　　所行淸淨微妙道가
功德義智共相應을 　　我爲佛子已宣說이로다

　　보살이 이처럼 제4지에서

　　수행하는 청정하고 미묘한 도여

　　공덕과 진리와 지혜에 상응하는 일들을

　　나는 불자 위해 모두 말했노라

● 疏 ●

餘竝可知로다

　나머지는 모두 말하지 않아도 알 수 있다.

● 論 ●

身見爲首六十二者는 明有身見에 卽六十二見이 俱生이니 以是義故로 修觀身受心法하야 以用治之하야 得無身受心法에 卽諸見이 總無하야 唯智所見也니 名悟佛知見하며 入佛知見하야 生佛家故라 六十二見者는 於五陰上에 各有三世어든 於三世上에 橫計有四句니 爲色受想行識이 各有四見하야 一世上에 有二十이어든 三世에 爲六十하고 斷常이 二見하야 共爲六十二어니와 若以四念觀門인댄 諸見이 總爲佛事니 爲身見이 無性하야 總是佛知見故니라

　'身見을 첫머리로 한 62견'이란 身見이 있으면 곧 62견이 함께 생겨남을 밝힌 것이다. 이런 이치가 있기 때문에 不淨한 몸, 받는 고통, 무상한 마음, 무아의 법을 두루 관찰하여 이로써 다스려서 부정한 몸, 받는 고통, 무상한 마음, 무아의 법이 없음을 증득함에 모든 견해가 다 없어서, 오직 지혜로 보는 것이다. 이에 그 이름을 '부처님의 지견을 깨달음이며, 부처님의 지견에 들어가 부처님의 집안에 태어남'이라 말하기 때문이다.

　62견이란 五陰 상에 각기 삼세가 있는데, 삼세 상에 횡으로 헤아리면 4句가 있다. 色, 受, 想, 行, 識에 각기 4가지 견해가 있어, 一世에 20견이 있다. 삼세면 60견이 있고, 斷見·常見 2가지 견해

를 모두 합하여 62견이 이뤄진다. 그러나 四念處의 觀門으로 살펴보면 모든 소견이 모두 佛事를 위함이다. 身見이 자성이 없어 모두 부처님의 知見이기 때문이다.

第四地 竟하다

제4 염혜지를 끝마치다.

십지품 제26-7 十地品 第二十六之七
화엄경소론찬요 제66권 華嚴經疏論纂要 卷第六十六

화엄경소론찬요 ⑭
華嚴經疏論纂要

2023년 11월 13일 초판 1쇄 발행

편저자 혜거
발행인 박상근(至弘) • 편집인 류지호 • 편집이사 양동민
편집 김재호, 양민호, 김소영, 최호승, 하다해 • 디자인 쿠담디자인
제작 김명환 • 마케팅 김대현, 이선호 • 관리 윤정안
콘텐츠국 유권준, 정승채, 김희준
펴낸 곳 불광출판사 (03169) 서울시 종로구 사직로10길 17 인왕빌딩 301호
　　　　대표전화 02) 420-3200 편집부 02) 420-3300 팩시밀리 02) 420-3400
　　　　출판등록 제300-2009-130호(1979. 10. 10.)

ISBN 978-11-93454-03-9 04220
ISBN 978-89-7479-318-0 04220(세트)

값 30,000원

잘못된 책은 구입하신 서점에서 바꾸어 드립니다.
독자의 의견을 기다립니다. www.bulkwang.co.kr
불광출판사는 (주)불광미디어의 단행본 브랜드입니다.